智慧城市轨道交通系列丛书

Metro Cloud Based on Chinese Standards
Technical Systems and Applied Practices

中国标准城轨云
技术体系与应用实践

《中国标准城轨云 技术体系与应用实践》编委会◎编著

人民交通出版社

北 京

图书在版编目（CIP）数据

中国标准城轨云 ：技术体系与应用实践 ／《中国标准城轨云 技术体系与应用实践》编委会编著. — 北京 ： 人民交通出版社股份有限公司, 2024. 12. — ISBN 978 -7-114-19905-9

Ⅰ. U239.5-39

中国国家版本馆 CIP 数据核字第 20241E9H63 号

Zhongguo Biaozhun Chengguiyun　　Jishu Tixi yu Yingyong Shijian

书　　名：中国标准城轨云 技术体系与应用实践
著 作 者：《中国标准城轨云 技术体系与应用实践》编委会
责任编辑：张　晓　 高鸿剑
责任校对：赵媛媛　 魏佳宁
责任印制：张　凯
出版发行：人民交通出版社
地　　址：（100011）北京市朝阳区安定门外外馆斜街 3 号
网　　址：http://www.ccpcl.com.cn
销售电话：（010）85285857
总 经 销：人民交通出版社发行部
经　　销：各地新华书店
印　　刷：北京交通印务有限公司
开　　本：787×1092　1/16
印　　张：25.75
字　　数：546 千
版　　次：2024 年 12 月　 第 1 版
印　　次：2025 年 6 月　 第 1 版　 第 2 次印刷
书　　号：ISBN 978-7-114-19905-9
定　　价：158.00 元

（有印刷、装订质量问题的图书，由本社负责调换）

编审委员会

序言一

习近平总书记指出："中国式现代化是强国建设、民族复兴的康庄大道，开辟的是人类迈向现代化的新道路，开创的是人类文明新形态"[①]；"城市轨道交通是现代大城市交通的发展方向；要继续大力发展轨道交通，构建综合、绿色、安全、智能的立体化现代化城市交通系统"[②]。

在现代化强国和交通强国建设中，我国的城市轨道交通行业以"交通强国，城轨担当"的强烈使命感，以习近平新时代中国特色社会主义思想为指导，贯彻落实国家社会主义现代化强国建设、《交通强国建设纲要》以及"碳达峰碳中和"等战略部署，以"创新、协调、绿色、开放、共享"的发展理念，坚持以人民为中心，坚持世界眼光、中国特色的战略思维，坚持自主创新、安全可控的技术路线，按照统筹规划、目标导向的总体要求，结合城轨交通的发展实践，统筹谋划了"智能智慧化、绿色低碳化、多元融合化和国产自主化"四大战略，以期全面推进城轨交通可持续高质量发展，助推中国式城轨交通现代化建设。

2020年3月12日，《中国城市轨道交通智慧城轨发展纲要》"破茧而出，顺利问世，绘新篇、为人先"，绘就"1-8-1-1"蓝图，旨在全面贯彻落实国家交通强国战略，将智能智慧化作为技术发展的主方向，铸就了我国城市轨道交通行业的第一个发展规划，通过数字化转型，促进城市轨道交通行业的信息化、智能化、智慧化发展。历经4年多的强力推进，智慧之树渐长大，根深叶茂，智慧化创新成果初见成效。

2022年8月，《中国城市轨道交通绿色城轨发展行动方案》发布实施，铺画"1-6-6-1-N"发展蓝图，旨在全面贯彻落实国家"双碳"目标，将绿色低碳化作为城轨发展的基本盘，通过绿色转型，在践行国家战略的同时，促进城轨交通行业的绿色化发展。历经近两年的积极行动，城轨交通行业绿色化发展全面展开，增绿添彩，节能降碳行动无处不在。

2024年6月，《中国城市轨道交通融合城轨发展指南》发布实施，制定"1-9-3-5-5"发展蓝图，旨在全面落实国家可持续高质量发展战略，突破传统理念、模式、边界和结构，将多元融合作为城轨交通行业发展新质生产力的增效器，促进城轨交通行业可持续发展。历经近两年的深入研究，城轨的融合化发展形成高度共识，厚积薄发，聚焦"引客流、增收益、降成本"三大方向，笃行致远。

2024年7月，《中国城市轨道交通中华城轨发展规划》编制会启动，贯彻国家关于交通强国、制造强国、科技强国、质量强国建设等战略决策和轨道交通装备创新发展的

---

①《习近平为第六批全国干部学习培训教材作序》，《人民日报》2024年3月1日。
②《习近平出席投运仪式并宣布北京大兴国际机场正式投入运营》，《人民日报》2019年9月26日。

相关任务要求，完善协会智慧城轨建设、绿色城轨建设、融合城轨建设、中华城轨建设四大方向的指导性文件，论述中华城轨内涵，总结创新发展经验，推动中华城轨建设，锚定城轨交通装备自主化创新发展方向，通过自主化，打造新兴产业和未来产业，凝心聚力，推进城轨交通行业技术装备自主安全发展。

云计算技术是新兴信息技术的典型代表，是发展新质生产力的重要基础设施。云计算技术与5G（第五代移动通信技术，5th-Generation Mobile Communication Technology）、物联网、人工智能等新技术的融合，带动了新兴信息技术的创新发展；云计算技术的创新与产业创新融合，形成了千行万业数字化、智能化、绿色化发展的强劲动力。

城轨交通行业是国民经济的基础性、先导性、战略性产业和服务性行业，是发展新质生产力的重要领域。在《中国城市轨道交通智慧城轨发展纲要》中，创建了具有城轨交通行业特色的云计算平台（简称"城轨云"），作为智慧化基础设施，将"城轨云与大数据平台"绘入了发展蓝图。城轨云在前期探索研究基础上，经过实验室严格测试，在呼和浩特地铁建成投产；城轨云"1-3-5-3"（即：1个总体规范，3个技术规范，5个关键技术规范，3个实用规范）标准规范体系的发布实施，与城轨云在全国30多个城市建成或正在建设的实践，已成为城轨交通行业普遍采取的信息技术架构、支撑"四大战略"发展的"数据底座"，在城轨交通行业数字化、智能化、绿色化发展中发挥着不可或缺的重要作用。

即将问世的这本《中国标准城轨云 技术体系与应用实践》，填补了城轨云创建和应用五年多来无完整技术文献的空白。本书简述了云计算技术的起源及优势，研析了城轨交通行业的需求及特点，揭示了城轨云的体系架构及内涵，解析了云平台及大数据平台、通信网络及网络安全的架构及方案，简述了云平台运维体系的职责和内容，分享了城轨云成功建设和应用的典型案例，是一本理论深厚、内容全面、体系先进、案例翔实、通俗易懂的"良师益友"型图书，是一本汇聚城轨交通行业系统运维、工程设计、系统集成等专家智慧结晶的经典之作，望与业界同人共享。

城轨云作为新兴技术，要在创新中扩大应用，在应用中优化完善。希望广大读者结合各自从事的职业，继续深化研究，持续创新；不断扩大应用，提高效益；加强运营维护，保证安全；注重投入产出，降本增效，凝心聚力，推进城轨云守正创新，为城轨交通可持续高质量发展增光添彩。

中国城市轨道交通协会创始会长

序言二

21世纪以来，伴随着第四次工业革命的步伐，新一轮科技革命和产业变革风起云涌，云计算、大数据、物联网、人工智能和区块链等新兴信息技术的融合与创新，开启了人类社会跨入信息时代的新征程。

云计算技术是新兴信息技术的核心和典型代表，是信息技术领域的一次重大飞跃。从最初的虚拟化技术萌芽，到网格计算、公用计算的探索，再到云计算概念的正式提出，历经数十年的演进，已经形成了完整、成熟的技术体系和应用生态。云计算技术的弹性扩展、按需服务、高可用性与可靠性、高安全性与隐私保护等特征，改变了传统计算模式，重塑了数据处理、存储和传输的基本架构。云计算技术以其卓越的灵活性、可扩展性和高效性，为互联网、金融、医疗、教育等众多领域，以及人们的日常生活提供了高效的算力支撑，发挥了不可替代的基石作用，展现了强大的生命力和广阔的应用前景。

城轨交通是现代城市公共交通的重要组成部分，是城市人民出行的主要交通方式。城轨交通行业践行习近平总书记"构建综合、绿色、安全、智能的立体化现代化城市交通系统"的指示精神，紧紧跟踪世界信息技术的发展趋势，全面推进以智慧化、绿色化和融合化为战略方向的现代化城市交通系统建设。在深入研究云计算技术特性和城轨交通行业需求的基础上，创造性地研发了城轨交通统一的云平台及技术体系，破解了城轨交通应用系统自建、体系架构独立、信息孤岛严重、网络安全基础薄弱、技术标准缺失等难题，为解决资源利用率低、维护成本高、信息共享困难等问题，提供了强有力的技术手段。城轨云在技术支撑层面，以其统一的云平台，实现了计算、存储、网络和安全等资源的高效整合、动态调度和按需供给，打造了统一的"数据底座"；在业务服务层面，实现了对城轨交通业务的全面承载，为轨道交通行业的乘客服务、运输组织、运营维护、企业管理、资源管理以及建设管理的智慧化建设，奠定了信息技术基础。

城轨云诞生5年多来，在技术发展方面，体系架构日臻完善，资源利用合理高效，网络安全不断强化，运维管理持续改进，技术标准有序演进，云计算技术体系日益成熟；在推广应用方面，30多个城市按照城轨云体系架构及技术标准建设带有各自特色的城轨云，为实现乘客服务舒适便捷、运输组织高效安全、企业管理高质量现代化，推进城轨交通信息化、智能化、绿色化发挥了重要作用。

尽管城轨云的应用效果良好、发展前景广阔，但在实际应用过程中，仍面临诸多挑战：如何确保城轨云平台的安全稳定运行，如何实现数据价值的最大化，如何培养一支高素质的城轨云运维队伍等，都是城轨云发展过程中亟须解决的问题。《中国标准城轨云技术体系与应用实践》一书，在全面总结和系统阐述云计算技术在城轨交通领域应用的基础上，深入剖析了城轨云建设的关键技术、应用案例和发展趋势，是一部集理论性、实践性、创新性于一体的佳作，不仅为轨道交通从业者提供了宝贵的理论指导和实践经验，也为推动城轨云技术的进一步发展和应用奠定了坚实的基础。

本书的出版，正值我国城轨交通向数智化、绿色化转型的重要时期。它将为城轨交通行业的从业人员、研究人员和管理者提供全面、系统的技术参考，助力提升我国城轨交通系统的智能化水平和综合竞争力。相信在未来的发展中，城轨云技术将不断创新和发展，为实现智慧城轨、绿色城轨和融合城轨建设发挥更大的作用。

中国工程院院士

北京交通大学教授

序言三

近年来，我国城轨交通行业以习近平新时代中国特色社会主义思想为指导，锚定"构建综合、绿色、安全、智能的立体化现代化城市交通系统"的方向，践行"交通强国，城轨担当"使命，大力推进信息化、数字化和智慧化建设。

中国城市轨道交通协会按照习近平总书记重要指示精神，以智慧、绿色、融合为抓手和突破点不断推动城轨交通高质量发展。云计算作为当今世界新兴信息技术发展的重要先行领域，也是智慧城轨建设的重要组成和主攻方向。为此，2017年初，协会分析国内外城轨交通现状与云计算技术趋势，在城轨信息化"1-3-5-3-1"发展蓝图中首提搭建"城轨交通统一云平台"理念，开启城轨交通云计算技术研究与应用征程。2019年12月，中国标准城轨云在呼和浩特城轨交通成功应用，开行业先河。2020年3月，协会发布《中国城轨交通智慧城轨发展纲要》，将"城轨云和大数据平台"列入智慧城轨"1-8-1-1"蓝图。同时，协会研究编制了城轨云"1-3-5-3"系列技术规范。在各方的不懈努力下，城轨云作为智慧城轨"数据底座"正在为越来越多的城市所重视，据不完全统计，30余城市已应用或在建城轨云，实现从"上不上云"研究到"如何上云、上好云、用好云"决策实施的跨越，推动了行业信息化体系架构演进。城轨云作为基础设施，在智慧城轨建设、绿色低碳发展和融合城轨建设中的支撑作用愈发重要。

2017年起，我先后参加了城轨交通信息化技术规范研究启动会、呼和浩特城轨云体系研究与应用研讨会，再到参加编写《中国城轨交通智慧城轨发展纲要》、参与协会智慧城轨建设领导小组工作……几年间参与并见证了城轨云建设从萌芽到发展的过程，为之感到高兴；也目睹了李中浩、邢智明二位专家在推动城轨信息化和城轨云建设中的努力和担当，为之感到敬佩。

《中国标准城轨云 技术体系与应用实践》就是二位专家组织编写的，对于我国城轨云建设发展具有特殊的意义。这本书叙述了云计算和城轨云发展的简史，介绍了城轨云的技术体系，尤其是汇入了9个城轨云的应用案例。可以说，城轨云技术体系的论述清晰完整、易学易用，城轨云应用案例的介绍特色突出、可借鉴可复制。这本书是一本凝聚着全行业专家智慧和经验结晶的技术著作，是一本指导全行业城轨云建设和运维的实用宝典，也是一本轨道交通及相关行业云计算研究和应用的技术资料，还是一本高等、中等院校师生研究和学习的讲义教材。

技术创新呈波浪式前进、应用效果呈螺旋式上升是科技革命规律，城轨云亦如此。

城轨云建设与应用已获显著效果，但随着研究深化、范围扩大，难免会出现新问题和新困难。希望业界同人借本书出版契机，继续关注、建设、优化城轨云，为城轨交通行业可持续高质量发展再作贡献。

中国城市轨道交通协会副会长兼秘书长

当前，新一轮科技革命和产业变革深入发展，数字技术、生物技术、能源技术、绿色技术等持续涌现，跨领域科技融合不断推进，科研手段和创新方式深刻变革，云计算、大数据、物联网、人工智能等新兴信息技术的融合与创新，推动千行百业发展日新月异。

我国城市轨道交通经过多年的建设，运营里程、载客数量、发展速度、装备产业等方面取得了举世瞩目的成就。当前正进入运营与建设并举的新阶段，全行业深入贯彻落实习近平总书记"构建综合、绿色、安全、智能的立体化现代化城市交通系统"的重要指示精神、国家《交通强国建设纲要》以及"碳达峰碳中和"等战略部署，精心谋划、凝聚共识，全力实施智能智慧化、绿色低碳化、多元融合化和国产自主化四大发展战略，以期推动城轨交通可持续高质量发展。

我来中国城市轨道交通协会两年多的时间，到现场调研考察的智慧城轨建设成果和推进绿色城轨、融合城轨发展过程中，欣喜地看到新一代信息技术对城轨交通创新发展的支撑作用和应用成效，尤其是具有行业特点的城轨云的发展，无文不写"云"，无话不说"云"，城轨云已经成为支持城轨交通转型发展的必备、必建、不可或缺的"数据底座"。

城轨云是智慧城轨"1-8-1-1"蓝图的重要组成部分。"城轨交通统一的云平台"为乘客服务、运输组织、能源管理、全自动运行、技术装备、基础设施、运维安全、企业管理等8个体系提供算力基础和数据共享平台，实现系统功能的提升和智慧化潜质的挖掘，为智能智慧化发展赋能。

城轨云是绿色城轨"1-6-6-1-N"战略实施的重要平台，将在新一代乘客服务系统、新一代牵引供电系统、新一代智能调度及灵活编组系统、新一代动力照明系统、新一代智能绿色建造系统、新能源利用和替代系统等绿色城轨标志性领域，发挥基础平台作用，为节能减排和绿色低碳化助力。

城轨云是融合城轨建设的载体，为区域、四网、多交、线路、站城、系统、绿智、业务、文旅等多元融合发展提供算力支撑，在"引客流、增效益、降成本"三大方向发挥资源聚合作用，为可持续高质量发展增效。

城轨云是实施融合策略的典型案例，在行业转型层面，推进城轨业务和信息技术的融合；在业务层面，基于云平台推进城轨交通各个业务系统的融合；在技术层面，实现计算、存储、网络和安全资源的融合；在管理层面推进生产力和生产关系的融合。城轨云技术体系是对传统信息技术体系的革命性提升，算力资源的创新性配置，新质生产力的实用性发展。

城轨云在推动城轨数智升级，促进绿色低碳发展，发挥多元融合效力，实现城轨交通高质量发展的进程中，正在发挥或仍将发挥不可或缺的重要作用。

在中国城市轨道交通协会全力实施四大发展战略，推进行业可持续发展之际，看到《中国标准城轨云 技术体系与应用实践》成稿，颇有及时雨的感觉。书中对云计算技术的起源及优势，城轨交通行业的需求及特点，城轨云的体系架构及内涵，云平台及大数据平台、通信网络及网络安全的架构和方案，云平台运维体系的职责和内容作了系统的叙述，并分享了城轨云成功建设和应用的典型案例，是云计算技术和城轨业务有机融合的系统性总结，也是行业实践成果的示范性展示，兼具理论性、技术性、实用性、参考性和指导性。

希望这本书能够为城轨交通行业的从业者、研究者以及相关行业的爱好者提供有价值的参考和启示，共同推动城轨云技术的演进完善、助力行业的可持续高质量发展。

中国城市轨道交通协会副会长

序言五

云计算、大数据、物联网和人工智能等新兴信息技术作为新质生产力的关键要素，在新一轮科技革命和产业变革中迅猛发展，云计算技术的创新应用与新兴产业的深度融合，汇聚成数字化、智能化、绿色化发展的强劲动力，在千行百业高质量发展中发挥着巨大作用。

多年来，城轨交通行业大力推进信息化建设，在改善服务质量、提高运输效率和加强企业管理等方面取得了一定成效。2017年初，我到协会专家学术委员会工作，随即兼任了《市域快轨交通技术规范》（T/CAMET 01001—2019）主编，针对城轨交通行业信息化规划和技术标准缺失、基础设施利用率低、信息资源共享度低、应用系统效益低等现象，按照"紧抓历史机遇，创新驱动发展，规范研究先行，标准指导建设"的原则，提出了在规范中增加"运营控制中心和信息化"章节，这是在城轨交通行业首次将"信息化"作为独立的章节写入技术规范。随后，李中浩和邢智明两位专家委员组织行业信息化领域的专家，对规范的内容进行深化研究和编写，对云平台、信息共享平台、网络安全等信息化内容进行了顶层设计和技术规定，形成了首部信息化的总体规范。

此后，协会专家学术委员会遵循"创新、协调、绿色、开放、共享"的发展理念，顺应信息技术和城轨业务融合的发展形势，因势利导，陆续强力组织了信息化技术规范的编制工作。

2019年，协会组织编写的《智慧城轨信息技术架构及网络安全规范》的《第1部分：总体需求》（T/CAMET 11001.1—2019）、《第2部分：技术架构》（T/CAMET 11001.2—2019）、《第3部分：网络安全》（T/CAMET 11001.3—2019）3部上位技术规范发布实施。

2020年，协会组织编写的《城市轨道交通云平台构建技术规范》（T/CAMET 11002—2020）等5部关键技术规范发布实施。

2021年以来，协会又相继组织编写了《城轨交通信息化工程设计规范》（T/CAMET 11007—2022）、《城轨交通大数据平台数据规范》（待发布）、《城轨交通云边缘计算服务规范》（待发布）3部实用技术规范，目前正在陆续发布。

这些技术规范的陆续发布实施，逐步形成由1部"总体规范"、3部"上位技术规范"、5部"关键技术规范"和3部"实用技术规范"组成的城轨信息化"1-3-5-3"系列标准规范体系，开创了城轨交通信息化规范化建设、标准化运营的历史，填补了城轨交通信息化标准的空白。信息化"1-3-5-3"系列标准规范体系已成为城轨交通行业数智化"数据底座"建设的指导性技术规范。

2019 年 12 月，呼和浩特地铁城轨云平台顺利投产应用，开启了云计算在城轨交通行业的应用。2020 年 3 月，《中国城市轨道交通智慧城轨发展纲要》将具有城轨交通行业特色的"统一城轨云与大数据平台"，作为城轨交通智慧化的基础设施绘入了发展蓝图。从此，城轨云如火如荼地在城轨行业大范围、快速推广应用。目前，城轨云已在全国 30 多个城市建设和应用，对城轨交通行业智慧化建设、绿色化发展的作用日益彰显。

《中国标准城轨云 技术体系与应用实践》一书针对城轨交通行业的需求和特点，叙述了云平台、大数据平台、通信网络、网络安全等技术方案，以及城轨云建设、应用的典型案例，尤其是云平台运维体系的内容，在当前城轨云进入大范围应用的时期显得弥足重要。该书是中国城市轨道交通协会专家和学术委员会与行业各领域专家研发城轨云的经验总结和智慧结晶，填补了城轨云创建和应用五年多来无完整技术文献的空白，既是具有理论、技术和实践的技术著作，又是通俗易懂的科普读物，望各界读者共享。

值此，再次感谢为推进城轨云研究建设和为城轨交通行业科技进步付出艰辛、作出贡献的专家和同人。

中国城市轨道交通协会副会长
中国城市轨道交通协会专家和学术委员会执行副主任

序言六

2017年初，为了推进城轨交通行业信息化建设，我举荐本书的主编、曾在铁道部信息中心搭过班子的邢智明同志进入中国城市轨道交通协会，开启了我们在轨道交通信息化领域的第二次合作。

那时城轨行业信息化只是在企业管理领域开展，停留在办公自动化、财务信息化阶段。在生产运营领域，也只有某些专业采用了计算机技术，例如自动售检票、信号、车辆等独立系统的应用。由于总体规划缺失，信息孤岛比比皆是，更谈不上数据共享和综合应用，城轨交通信息化尚处于初始应用阶段。

国家铁路信息化的建设起步较早，在20世纪70年代初就开始了计算机应用的探索。由于铁路是客、货运输兼有的国民经济大动脉，运能和运量的矛盾十分突出，尤其是货物运输组织非常复杂。货物的承运、装车、集结、运输、编解、卸车、交付等作业过程复杂，5000多个发到站、成千上万种货物、超过43万辆货车、2万多台机车均需在全国几万公里的铁路网上按照客户的需求有序运送，货物运输过程点多线长，货运组织难度大，路网径路计算庞杂，货场站作业条件艰苦，数据采集难度极大。当时，世界银行投资专家评述中国拥有全世界最复杂的货物运输管理系统。1994年，铁道部经过反复论证，决定建设铁路运输管理信息系统(Transportating Management Information System, TMIS)，拟建立铁道部、路局、分局、车站、计算机运行保障体系五大系统，系统涵盖货运组织、货车追踪、运输管理、车辆维修、调度指挥等9个子系统，预算23亿人民币，工程十分艰巨、难度极大。十年磨一剑，历经艰辛，2004年底，以邢智明同志带领队伍建成最后一个分局行车调度台为标志，宣告世界上最复杂、最庞大的铁路运输管理信息系统全面建成。鉴于TMIS在运输生产中的良好应用效果，2005年3月，铁道部以此为支撑开展了全国铁路运输生产力布局调整的重大改革，一月之内，一举撤销全路43个铁路分局，变革为铁道部、铁路局、站段三级架构，TMIS系统功不可没。与此同时，铁道部、铁路局和站段建立了一支近5000人的信息技术队伍。

我们觉得应该把国家铁路信息化建设成功的经验因地制宜地应用于城轨行业，并发扬光大，搞好顶层设计，避免国家铁路在信息化建设过程中走过的弯路。

21世纪初，随着以云计算为代表的新一代信息技术的迅猛发展，我们以武汉地铁信息化建设为背景，以朱东飞同志研究城轨交通业务和信息技术的深度融合为主体内容，写了《以信息技术助推城轨交通快速发展的研究》一文。文章在详细研究云计算技术和城轨交通业务的基础上，提出了"1-3-5-3-1"的城轨交通信息化建设蓝图，阐述了打造一个门户（地铁的门户网站），构建 3 个中心［生产〔应急〕指挥中心、乘客服务中心、企业管理中心］，拓展 5 大领域（运营生产、运营管理、企业管理、建设管理、资源管理），依托 3 张网络（安全生产网、内部服务网、外部服务网），搭建 1 个平台［城轨交通统一云平台（简称"城轨云"）］的城轨交通信息化总体规划。文章于 2017 年 4 月在同济大学《城轨交通研究》期刊上发表，获得了业界的高度共识，逐步形成了建设城轨交通行业统一的信息化底座的基本思路，纳入了《中国城市轨道交通智慧城轨发展纲要》。

随着计算机技术的发展，现已进入云架构的时代，公有云技术取得了长足的进步，但在各行业建立与业务紧密结合的私有云刚刚起步。万事开头难，一个行业的信息化总体技术体系需要从编制标准开始建设。我们在中国城市轨道交通协会专家和学术委员会的平台上，开始谋划、编制城轨云的系列规范。制定规范的过程，也是统一思想的过程，由仲建华同志主编，业界一百多位专家经过一年多的努力，在《市域快轨交通技术规范》（T/CAMET 01001—2019）的第十六章中加入了"运营控制中心与信息化"的内容，第一次在城轨行业的技术规范中有了信息化的明确位置，这就是后来称为"1-3-5-3"城轨云系列规范中"1"的总体规范，"1"虽然只有 19 页，但在城轨交通各个专业中为信息化争得了一席之地。紧接着对这 19 页的内容分需求、总体架构、网络安全编制了 3 个规范，谓之系列规范的"3"，这些规范还只是在需求层，但也可以作为这本书的源头了吧。为了使城轨云更扎实地落地实施，2018 年初，邢智明同志提出继续开展城轨云关键技术深化研究和编制关键技术规范的动议，其中包括云平台构建、大数据平台、网络拓扑架构、网络安全和线网运营指挥中心系统等 5 个关键技术研究和规范的编制，这是系列规范之"5"。随着城轨云建设的深入，我们又陆续编制了信息化工程设计、大数据平台数据规范、站段云边缘服务 3 个实用规范，构建了"1-3-5-3"城轨云系列规范，这些规范是这个本书的灵魂。

我们遇到的第一个知己是原呼和浩特城市交通投资建设集团有限公司的董事长刘占英同志，他有信息化建设的经验和先进的管理理念，主动在运输生产领域推动城轨云，利用呼和浩特地铁建设工程，主动在华为苏州的开放实验室将城轨交通各个专业的应用移植到私有云架构上。实验表明，各个专业移植到城轨云上时运行性能非常好。实验室的成功应用给城轨云的设计打下了基础。呼和浩特城轨交通建设是一张白纸，可以画最新最美的图画，按城轨云规范建设的呼和浩特地铁城轨云于 2019 年底开通，发挥了非常好的示范作用。还要提及一位具有强烈改革意识的同志——原太原轨道交通集团有限公司董事长白晓平，他坚持要发挥后发优势，建设最先进的地铁，在太原地铁建设中积极推动城轨云的建设。在他的大力推动下，2020 年底开通的太原地铁第一次实现了全自动运行的列车运行监控系统（Automatic Train Supervision，ATS）上云，ATS 信息是运输运营管理数据共享的基础，这是城轨云建设成功的最重要标志。这些工程实践的内容也反映在这本书中，为广大从事城轨信息化的工程技术人员提供参考。

中国城市轨道交通协会的创始会长包叙定是一位非常睿智的领导，他敏锐地发现信息化建设本质是城轨的智慧化。2018 年 4 月，在包会长的组织领导下，编制组用一年多的时间制定了《中国城市轨道交通智慧城轨发展纲要》（简称《纲要》），在《纲要》中确定了城轨云的地位，提出了"1-8-1-1"（1 张蓝图、8 个重点体系、1 个城轨云和大数据平台、1 套技术标准）蓝图。2020 年 3 月 12 日《纲要》发布以后，城轨云的建设进入了快车道，武汉、西安、合肥等城市按系列规范要求建设了城轨云，打造统一的数字化底座成为行业的共识。在呼和浩特、太原城轨云建设中发挥了主要作用的张义鑫、马博超、刘海川等一批优秀的工程技术人员成长起来了，他们也是《中国标准城轨云 技术体系与应用实践》这本书的主要作者。

智慧城轨是城轨领域数字化转型的典型应用，城轨行业的数字化要建立在业务覆盖范围横向到边、数据采集纵向到底的数字化底座之上，城轨云是城轨行业数字化的不二选择，是新质生产力的具体表征。数字化底座要一次建成，而"转型"会遵循螺旋上升的规律，随着企业的发展、管理的深入，永远在路上；所有的应用，包括运输经营、企业管理、旅客服务都要根植在一片云上；网络安全与数据共享孪生，城轨云网络安全要遵循规范中的"20 字方针"；共享数据是城轨行业大数据平台的实质，共享数据平台随应用而设，数据的运用首先要强调其真实性，然后才是共享与应用；信息系统与专业系统在云、边、端架构中共生、共荣，专业系统也可以采用云架构等。这些在实践中产生的宝贵经验始终贯穿全书。

智慧城轨在城轨云上的一些典型应用，如路网调度指挥中心、全自动运行系统、灵活编组、智能运维、智慧站段、出行即服务（MaaS）、网络化能源控制平台、5G 公专网络等已经在各个城市取得成功，希望这些应用案例能抛砖引玉，给读者以启示。

邢智明同志是个不用扬鞭自奋蹄的人，带着他在城轨云技术研究、规范编制和推进建设过程中结识的年轻人，在业界专家广泛参与下，一同编写了这本书。我相信本书定能获得业界的广泛认可，同时为其他行业数字化转型，建设数字化底座提供借鉴。

原铁道部信息技术中心主任

中国城市轨道交通协会专家和学术委员会原副主任　　李中浩

前　言

当前，新一轮科技革命和产业变革迅猛发展，信息化、智能化、智慧化已成为推动经济社会发展的巨大动力。中国城轨交通行业努力践行交通强国战略，勇担城轨交通高质量发展的历史使命，强力推进城轨交通高质量发展。截至 2023 年底，我国开通城轨运营城市达 58 个，运营里程 11224.56km，年客运量达 294.66 亿人次。开通运营城市之多、运营线路之长、客运量之大均居世界第一，我国已成为名副其实的城轨交通大国。

城轨信息化伴随着我国城轨交通的发展，跟踪着世界信息技术的演进，在城轨交通快速发展中发挥了重要作用。与此同时，也面临着系统架构陈旧、信息孤岛严重、安全基础薄弱、标准规范缺失等诸多挑战，不适应交通强国战略实施、城轨行业高质量发展和乘客高品质服务的需求。

2017 年初，中国城市轨道交通协会（以下简称"协会"）践行"创新、协调、绿色、开放、共享"的新发展理念，以"交通强国、城轨担当"的精神，站在推进城轨行业高质量发展的高度，审时度势，勇于应对挑战，敢于化挑战为机遇，紧紧抓住城轨信息化建设中的薄弱环节补强和关键核心技术突破，研究编制了城轨交通行业"1-3-5-3-1"信息化总体规划，即：打造 1 个城轨交通门户网站；构建生产（应急）指挥、企业管理和乘客服务 3 个中心；拓展运营生产、运营管理、企业管理、资源管理和建设管理 5 大领域；依托安全生产网、内部管理网和外部服务网 3 张应用网络；搭建 1 个城轨交通统一的云计算平台（简称"城轨云"）。统筹设计了以云计算平台为核心的 IT（信息技术）架构，贯彻"资源整合、数据共享"理念的大数据平台，实施以《中华人民共和国网络安全法》为指导的网络安全纵深防御体系，集中统建的数据中心以及适应城轨云架构的综合运行维护体系等，力图使城轨交通信息化居于世界领先地位。

几年来，在"紧抓历史机遇，创新驱动发展，规范研究先行，标准指导建设"的原则指导下，城轨交通行业以信息技术与城轨业务深度融合为驱动，着力推进以技术规范为先导的信息化建设策略，协会专家组织全行业运营企业、设计院所、系统供应商等领域的 101 个单位、160 多位专家，以编制《市域快轨交通技术规范》（T/CAMET 01001—2019）第十六章"运营控制中心和信息化"为契机，并随着信息技术的发展和业务应用的深化，将城轨信息化标准体系逐步演进发展为"1-3-5-3"系列标准体系，即："1 个总体规范，3 个上位技术规范，5 个关键技术规范，3 个实用技术规范"，填补了城轨交通信息化标准的空白，开启了城轨交通信息化规范化建设、标准化运营的历史。信息化系列标准体系已成为指导城轨交通行业信息技术架构搭建、"数据底座"建设的指导性技术标准。

2019 年 12 月，呼和浩特地铁第一个按照城轨云标准体系建立的城轨云平台顺利投产应用，创造了中国城市轨道交通行业应用云计算平台支撑城轨交通业务的历史。

2020 年 3 月，在《中国城市轨道交通智慧城轨发展纲要》中，将具有城轨交通行业特色的"统一城轨云与大数据平台"，作为城轨交通智慧化的基础设施绘入了发展蓝图。从此，城轨云如火如荼在城轨行业广泛推广应用。目前，全国有 30 多个城市建成或正在建设城轨云，在支撑城轨交通行业数字化、智能化、绿色化和高质量发展中发挥着重要作用。

在城轨交通以信息化、数智化推进高质量发展的今天，为将城轨交通信息化技术规范体系及城轨云技术应用的成功实践在行业发扬光大，我们组织了在标准体系编制、城轨云工程设计、城轨云运行维护等工作中颇有造诣的专家志愿者，编纂了这本《中国标准城轨云 技术体系与应用实践》。

编写过程中，协会领导统筹组织、鼎力支持，顾问团队高屋建瓴、把关定向；指导专家献计、献策、献智慧；参编人员夜以继日、精心编写。正是他们刻苦钻研、精益求精的工作，方使本书得以问世，分飨读者。

尽管在本书编著过程中，编委精心总结编写，专家悉心指导，历经数十次研讨修编，但受技术水平和编撰时间等因素局限，不尽如人意、不妥之处在所难免，诚请读者批评指正，谨表衷心感谢。

再次向参与城轨交通信息化标准规范体系研编、提供应用案例以及为推进城轨云建设付出艰辛劳动的无私奉献者致以诚挚的谢意！

主编

2024 年 8 月 1 日

目 录

附录　城轨云应用案例

参考文献

第1章

概述

为了深入贯彻落实国家《交通强国建设纲要》以及"碳达峰碳中和"等战略部署，中国城市轨道交通协会以"创新、协调、绿色、开放、共享"的发展理念，结合城轨交通的发展实践，统筹谋划了"智能智慧化、绿色低碳化、多元融合化和国产自主化"四大战略，以其全面推进城轨交通可持续高质量发展，助推中国式城轨交通现代化建设。

以云计算为代表的新兴信息技术，在推动新一轮科技革命和产业变革中发挥着不可或缺的重要作用，也为城轨交通的智慧化、绿色化、融合化和自主化建设提供了技术支撑。为解决城轨交通行业可持续发展中资源利用率低、运营成本高、信息共享度低、运维体制缺失等问题，城轨交通行业的专家、学者，在深入研究云计算技术特性和城轨行业需求的基础上，创建了城轨交通云计算平台（简称"城轨云"）技术体系，形成了云计算技术与城轨交通深度融合的研究成果，提出了城轨交通建设数字化、信息化发展的"数据底座"的技术标准，为城轨交通数字化转型和高质量发展奠定了坚实的技术基础。

本书重点阐述城轨云的技术体系架构以及云平台、大数据平台、通信网络及网络安全的技术特性，结合城轨云在城轨交通领域的应用实践，重点论述了云计算技术在城轨交通领域应用的技术方案，介绍了云平台运维体系的职责和内容，分享了城轨云成功建设和应用的典型案例，是云计算技术和城轨交通行业深度融合的创新成果和应用实践的系列化总结。

1.1 云计算技术的溯源

云计算技术，正逐步渗透至人们生活的每一个角落，如同水、电一般不可或缺。从日常支付、在线购物到休闲娱乐、各类在线服务，云计算以其无所不在的"身影"，默默支撑着这些活动的顺畅进行。它不仅是数据存储、处理与应用观念的一次深刻变革，更为企业和个人提供高效、便捷的数字服务。云计算的兴起，促进了软件开发与部署模式的根本性创新，使得各类应用能够更加灵活、快速地部署与迭代，极大地提升了技术创新与应用服务的效率。云计算是信息技术发展和服务模式创新的集中体现，同大数据、物联网、人工智能等新兴技术融合，引领着数字化浪潮的深刻变革，是承载千行百业信息化应用的关键基础设施，已成为新一轮科技革命和产业变革趋势的助推剂。云计算概念自提出后，已经经历了从萌芽期、成长期、爆发期、蝶变期等演进过程，与数字技术深度融合、共同引领数字革命深刻的变革，成为当代信息革命中创造新业态、新模式、新动能的不竭动力。

1.1.1 云计算概念的提出

云计算的概念可追溯到 20 世纪 60 年代的分布式计算。当时计算机科学家们面临着单个计算机计算能力的局限性，为了解决这一问题，提出了将多台计算机连接在一起，共享资源的创新性思路。麦卡锡提出，把计算能力作为一种像水和电公用事业一样的"公共计算设施"概念。随着互联网的普及和计算机技术的进步，分布式计算和虚拟化技术的发展为云计算的兴起奠定了基础。随着 20 世纪 80 年代网格计算、20 世纪 90 年代公用计算、21 世纪初虚拟化技术、以服务为导向的架构（Service Oriented Architecture，SOA）、基础设施即服务（Infrastructure as a Service，IaaS）、平台即服务（Platform as a Service，PaaS）、软件即服务（Software as a Service，SaaS）应用等技术发展与演进，云计算作为新兴信息技术，是当今世界科技革命和技术变革的重大创新成果。2006 年 8 月9 日，时任 Google 首席执行官埃里克·施密特在搜索引擎大会首次较完整地提出云计算（Cloud Computing）的概念。

国内云计算也随之迅猛发展，《信息安全技术　云计算安全参考架构》（GB/T 35279—2017）给出了具体的云计算定义："云计算由一个可配置的共享资源池组成，该资源池提供网络、服务器、存储、应用与服务等多种硬件与软件资源。资源池具备自我管理能力，用户只需少量参与就可以方便快捷地按需获取资源，云计算提高了资源可用性"。

1.1.2　世界云计算的发展历程

云计算萌芽期（约 1960—2000 年）： 云计算概念的提出伴随着大型计算机和时间共享系统的出现，1965 年，Christopher Strachey 发表论文，提出了"虚拟化"的概念。论文中指出，虚拟化是云计算基础架构的核心，是云计算发展的基础。20 世纪 90 年代末，随着互联网技术兴起，SaaS 模式开始出现，用户可以通过网络访问客户关系管理（Customer Relationship Management，CRM）软件。1999 年，VMware 推出可在 X86 平台上运行的第一款虚拟机，同年，电气和电子工程师协会（Institute of Electrical and Electronics Engineers，IEEE）颁布了用以标准化虚拟局域网（Virtual Local Area Network，VLAN）实现方案的 IEEE 802.1q 协议标准草案，从而可以将大型网络划分为多个小网络，解决了广播和组播流量不占用更多带宽的问题。同时，利用 VLAN 标记提高了网络的安全性。

云计算成长期（约 2000—2010 年）： 2000 年前后，虚拟化技术逐渐发展成熟，IEEE 颁布虚拟专用网络（Virtual Private Network，VPN）标准，推动了私有网络跨公网构建技术的发展。VMware、Citrix 及微软相继推出 X86 服务器虚拟化方案，实现了单物理机多虚拟机运行，大幅减少服务器需求，提高了系统运行速度与虚拟机配置的灵活性。商用虚拟化成为云计算发展的关键里程碑，催生了多种云计算产品与服务模式，如 IaaS、PaaS、SaaS，以及公有云、私有云、混合云等形态。2006 年 AWS（Amazon Web Services，亚马逊云计算服务）首推云产品，支持企业自建应用；2008 年 Google App Engine（谷歌应用引擎）亮相，提供 Web 应用开发与托管；2010 年微软发布 Azure 云平台服务，包括了数据库服务、Microsoft .Net 服务、分享、储存和同步文件服务，以及针对开发、办公等个性化的一系列服务组件。

云计算爆发期（约 2010—2020 年）： 开源技术极大地加速了云计算的发展，2010 年 7 月，OpenStack 的开源伴随互联网 2.0 同时爆发，全球涌现了许多互联网行业的巨头和独角兽公司，以公有云通过按时计费租借服务器的方式，使得 IaaS 得以大规模兴起和普及。2013 年，在云计算领域发生了一件影响深广的容器技术变革，从虚拟机到容器，整个云计算市场发生了一次重大变革，形成了基于容器技术的容器编排市场。2015 年 7 月，Google 联合 Linux 基金会成立了云原生计算基金（Cloud Native Computing Foundation，CNCF）组织，Kubernetes 成为 CNCF 管理的首个开源项目。2017 年，Docker 发布容器技术可替代 VMware 主机，云计算进入容器与虚拟机共存的时代，相继提出的"云原生"，基于开源软件技术栈，以微服务的方式部署应用，每个应用都打包为各自的容器，并动态编排这些容器，以优化资源利用，丰富了云计算广泛应用的技术手段。

云计算蝶变期（2021 年至今）： 数字经济与人工智能（Artificial Intelligence，AI）技术的深度融合正引发新一轮的科技革命。大数据与人工智能的迅猛发展，为云计算赋予了前所未有的新活力与意义，混合算力与边缘计算等新型架构成为云计算领域的重心，推动云计算内涵和边界的无限扩展，从最初的 IaaS 发展到现在的 PaaS、SaaS、边缘即服务（Edge as a Service，EaaS），以及更高级的数据即服务（Data as a Service，DaaS）等，云计算的服务形态越来越丰富多样。云计算发挥了数字基础设施的作用,结合 AI 与云自身基础设施的能力,全球互联网厂商正积极研发、提供基于云底座的大数据、区块链、人工智能等服务。"数据云""云智一体""AI 底座"等技术的发展已成为全球云计算领域发展的新趋势。

1.1.3 国内云计算的发展历程

在移动互联网、Web 2.0 蓬勃发展之时,中国的信息技术界迅速捕捉到这一发展趋势,2007—2008 年间,云计算开始在国内引起关注,以阿里巴巴、腾讯、百度等互联网巨头的创始布局,率先开启了云计算发展的探索之路。2011 年 7 月 8 日,阿里云上线了国内首个公有云,华为云、百度云、金山云、腾讯云等相继发布上线。2016 年之后,国内云计算运营商、信息技术(Information Technology, IT)领军企业陆续发布了商用云产品,云计算行业借助后发优势,华为云、新华三云、中兴云、浪潮云等风起"云"涌,跨越式提升的云计算技术水平,使我国云计算进入较为成熟和快速发展的阶段,跻身于全球云计算行业第一梯队。

国家战略,引领云计算创新发展。"十三五"规划提出"坚持发展是第一要务"的指导思想,在此期间,国家一系列政策重点培育互联网龙头企业,发挥其对产业发展的辐射作用,推动了云计算产业链的发展。"十四五"期间,国家也将数字经济作为重点发展产业之一,数字产业迎来爆发式发展的黄金机遇期。党的二十大强调,推动战略性新兴产业融合集群发展,构建新一代信息技术等一批新的增长引擎。随着近年来人工智能技术的飞跃发展,以国产数据库、大数据、专有云、操作系统为代表的产品在垂直产业深入应用,特别是在政务、金融、交通、教育等关键基础设施领域,为中国云计算厂商带来了全新市场机遇。中国信息通信研究院和中商产业研究院资料显示,2023 年中国云计算市场规模达 6165 亿元,同比增长 35.5%,大幅高于全球增速。预计 2024 年云计算市场规模将达 8378 亿元,同比增长 35.9%。不仅互联网巨头保持强势,运营商、传统 IT 领军企业,大规模投入云计算研发,产品快速迭代,在华为云、新华三云、中兴云被应用于城轨行业的基础上,天翼云、移动云、联通云、中国电子云等国资背景的服务商迅速崛起,形成多足鼎立的发展态势。

行业数字化,助力快速步入云时代。在我国全面推进数字中国建设的形势下,云计算得到快速发展,从规模分布来看,央企、国企是上云的主力,截至 2023 年第一季度覆盖率已达到 80% 以上,深度用云和丰富云上生态是其发展重点,从简单云化到云上改造,私有云向全栈式专有云改造,逐渐引入信创产品到自身云平台中,另外,央企、国企业务覆盖面广,涵盖产业链上下游多个环节,丰富的云上应用生态不断赋能行业数智升级。从行业分布来看,呈现阶梯式分布。在国家政策的强力支持下,云计算从鼓励上云,到深度用云,从互联网拓展至多个核心领域行业,如政务、金融、电信等行业处于第一梯队,已从全面上云过渡到深度用云,上云已经成为各地政府、金融机构和电信运营商数字化转型的必选项。轨道交通、工业制造、汽车、医疗等行业处于第二梯队,上云、用云企业热度持续攀升，平台建设由外部服务系统向内部生产控制等系统拓展。第三梯队行业上云、用云尚处于探索期，云平台建设与应用处于规划和初始发展阶段，如石油化工、钢铁冶金、煤矿、建筑等行业，主要围绕边缘业务系统优先上云，再逐步改造核心业务系统上云。

自主创新战略，推进云计算产业固本强基。随着国家科技自主创新战略的实施，国内互联网行业巨头大规模投入自研芯片，自主或信创云呈爆发式增长态势，自主创新已成为未来云市场的主要形态之一。云计算处于数字生态的关键环节，因此，其技术支撑作用与广泛的生态兼容性至关重要，华为"鲲鹏"和"昇腾"在云计算领域的服务开发者已超过 350 万人。腾讯"沧海""玄灵""紫霄"芯片已经量产，并在多个头部企业落地应用。阿里云"倚天 710"和"含光 800"高性能 AI 芯片已经在数据中心大规模部署并上线云服务。百度昆仑 AI 芯片量产，已在搜索引擎及云计算用户大范围应用。火山引擎视频云发布了自研的视频编解码芯片。基础通用软件方面，生态极速壮大，产品能力日发增强，实现了开发语言、Web（浏览器）、中间件、数据库、大数据组件、AI 训练框架等全覆盖，全栈数据中心基础设施的其他领域也共同成长、协同发展，正在快速构建具有世界先进水平的云计算解决方案。

AI 算力需求，迎来云计算发展新机遇。人工智能大模型迅猛发展，引爆算力需求，以 Chat GPT-4 为例，依托公有云处理 PB 级数据、万亿级参数，整合万级图形处理器（Graphics Processing Unit，GPU）与中央处理器（Central Processing Unit/Processor，CPU）实现超大规模并行计算。面对复杂异构资源，云计算强化了统一调度能力、高效管理计算、网络与存储资源。一云多芯全新架构通过资源池化兼容多种芯片与指令集，支持多种操作系统、虚拟机、数据库及云原生应用，能够满足多元算力需求，纳管能力持续加强，支撑多业务场景。云计算不局限于算力资源的云化，更是向网络、存储等多维度资源云化进行延伸，同时通过纳管、编排、部署等管理方式的不断升级，逐步发展为算力、网络、云计算相关软、硬件技术高度融合、协同运作的新服务形态，云计算应对新的发展机遇，服务功能日趋完善，技术演进日趋先进。

1.1.4 云计算的基本特性

1.1.4.1 云计算的资源组成

云计算由计算、存储、网络和安全资源组成，云计算资源的池化技术在 21 世纪初期开始发展，是计算资源高效利用的技术手段，特别是虚拟化技术为资源池化提供了技术支持。这些资源可被云计算的用户共享，并且可以通过网络访问，用户无须掌握云计算的技术，只需按照需求申请计算资源即可。继个人计算机变革、互联网发展之后，云计算被看作第三次 IT 浪潮，是新兴信息技术产业的重要组成部分。

云计算是分布式计算（Distributed Computing）、并行计算（Parallel Computing）、效用计算（Utility Computing）、网络存储技术（Network Storage Technologies）、虚拟化（Virtualization）、负载均衡（Load Balance）等传统计算机和网络技术发展融合的产物。

经历了由物理机、虚拟化和云计算的技术演进过程，如图 1-1 所示。

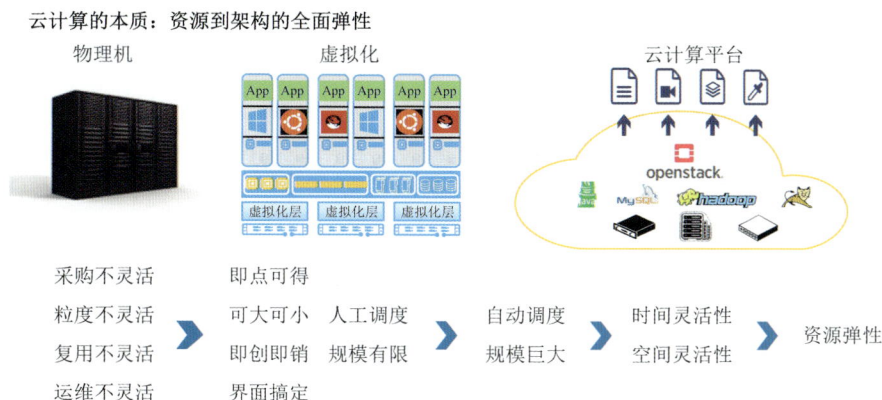

图 1-1 云计算技术演进图

关于云计算的定义，业界有各种各样的定义标准，并且每个标准都有一定的意义。到目前为止，关于云计算的定义已超过 100 种。在这里给出云计算安全联盟（Cloud Security Alliance，CSA）在 *Security Guidance For Critical Area of Focus In Cloud Computing V3.0* 中的定义："云计算的本质是一种服务提供模型，通过这种模型可以随时、随地、按需地通过网络访问共享资源池的资源，资源池的内容包括计算资源、网络资源、存储资源等，这些资源能够在不同用户之间被动态地分配和调整，凡是符合这些特征的 IT 服务都可以成为云计算服务。"

美国国家标准与技术研究院（U.S. National Institute of Standards and Technology，NIST）提出了一个定义云计算的标准 "NIST Working Definition of Cloud Computing/NIST 800-145"，这个标准中提出云计算具备的五个基本要素：通过网络分发服务、自助服务、可衡量的服务、资源的灵活调度、资源池化。

云计算服务组成如图 1-2 所示。

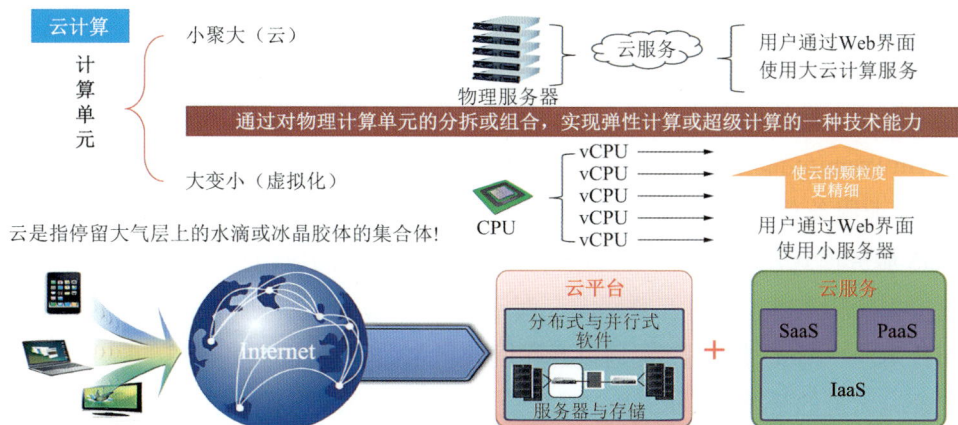

图 1-2 云计算服务组成简图

云计算的服务模式，使用户通过互联网随时获得近乎无限的计算能力和丰富多样的信息服务，并可对计算和服务取用自由、按量付费。云计算融合了以虚拟化、服务管理自动化和标准化为代表的大量革新技术。云计算借助虚拟化技术的伸缩性和灵活性，提高了资源利用率，简化了资源和服务的管理和维护；利用信息服务自动化技术，将资源封装为服务交付给用户，减少了数据中心的运营成本；利用标准化，方便了服务的开发和交付，缩短了客户服务的上线时间。

1.1.4.2　云计算的部署模式

按照用途，云计算分为公有云、私有云、混合云和行业（社区）云四种。

公有云：公有云对一般公众开放，由公有云服务商提供服务。

私有云：私有云是为一个用户/机构单独使用而构建的，可以由该用户/机构或第三方管理。

混合云：同时接入以上两种或两种以上的云服务，且实现统一化管理。

行业（社区）云：有共同利益（如任务、安全需求、政策、遵约考虑等）并打算共享基础设施的组织共同创立的云。

1.1.4.3　云计算的服务模式

云计算从服务模式上可分为 IaaS、PaaS 和 SaaS。

IaaS 服务模式，指把 IT 基础设施作为一种服务通过网络对外提供，并根据用户对资源的实际需求提供算力资源。IaaS 提供给用户的服务包括处理 CPU、内存、存储、网络和其他基本的计算资源，用户能够部署和运行任意软件，包括操作系统和应用程序。用户不管理或控制任何云计算基础设施，但能控制操作系统的选择、存储空间、部署的应用，也有可能获得有限制的网络组件（例如路由器、防火墙、负载均衡器等）的控制。在使用模式上，IaaS 与传统的主机托管有相似之处，但是在服务的灵活性、扩展性和成本等方面 IaaS 具有很强的优势。

PaaS 服务模式，指云环境中的应用基础设施服务，也可以说是平台即服务。用户可使用提供商所支持的编程语言和工具，将自己创建或获取的应用部署在云基础设施上。在传统 On-Premise 部署方式下，应用基础设施即中间件的种类非常多，有应用服务器、数据库、企业服务总线、业务流程管理、门户集成、消息中间件及远程对象调用中间件等。

SaaS 服务模式，指提供商可将运行在云基础设施上的应用软件提供给用户使用，客户可以根据实际需求，通过互联网向厂商定购所需的应用软件服务，按定购的服务多少和时间长短向厂商支付费用，并通过互联网获得 SaaS 平台供应商提供的服务。目前，各行各业都有大量的系统以 SaaS 形式部署，像客户关系管理系统、人力资源管理系统、办公行政系统等。用户一般不会直接对底层云基础设施进行管理或控制。SaaS 服务模式的主要优势是不需要购买、安装、维护或更新软硬件。特别是，对于中小微企业而言，基本不需要增添相关软硬件，使用原有的终端设备，即可以通过 SaaS 的方式使用不断更新的新功能。

云计算技术提供的三种服务类型见图 1-3。

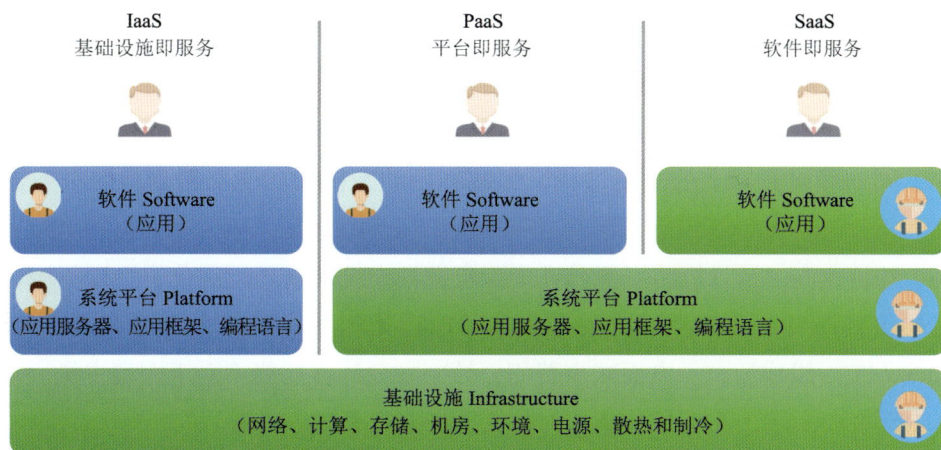

图 1-3　云计算服务类型图

云计算、云服务和云平台的基本功能是：

云计算是一种计算方法，它可以将按需提供的计算、存储、网络和安全资源池化，以服务的形式交付使用。

云服务提供了三个层面的服务：IaaS、PaaS、SaaS，一般所说的云服务就是指三个层面中某类服务。

云平台是为提供云服务的虚拟环境。

1.1.4.4　云计算的基本特点

（1）资源池化。虚拟化是云计算最为显著的特点，通过服务器和操作系统的虚拟化、存储虚拟化、网络虚拟化以及系统管理、资源管理和软件等技术，物理资源转变为逻辑上的虚拟资源，构成资源池，向用户提交组合或划分为一个或多个资源环境，并可自动管理、动态分配和动态可扩展。云计算具有高效的运算能力，在原有服务器基础上增加云计算功能，使计算速度提高，实现动态扩展虚拟化资源达到满足应用需求的目的。

（2）按需服务。云平台可以部署多种应用、程序软件等，云平台能够根据用户的需求，快速配备计算能力及资源，为用户提供服务。

（3）弹性服务。弹性服务指的是云计算的资源分配可以根据应用访问的具体情况进行动态调整，包括资源的增加或减少。在云计算的环境中，资源的扩展方式可以分为两大类：一种是事先可以预测的，比如一些周期性的需求（业务的波峰、波谷）；另一种则是完全基于某种事先设定的规则进行实时动态调整（如 CPU 利用率超 80%）。无论是哪一种，都要求云计算平台提供弹性的服务，而对于业务系统而言能在任意时间根据需要得到所需的计算资源。

（4）灵活性高。目前市场上大多数IT资源、软件、硬件都支持虚拟化，比如存储网络、操作系统和开发软件、硬件等。虚拟化要素统一放在云系统资源虚拟池中进行自动化管理、灵活性配置。

（5）安全可靠性好。云计算具有高容错特性，应用系统独立于硬件，倘若服务器故障，也不影响计算与应用的正常运行。单点服务器出现故障时，可以通过虚拟化技术将分布在不同物理服务器上的应用进行恢复或利用动态扩展功能部署到新的服务器进行计算。

（6）性价比高。云计算将资源放在虚拟资源池中统一管理，优化了物理资源，用户不再需要价格昂贵、存储空间大的主机，可以选择相对廉价的个人计算机（Personal Computer，PC）组成云，一方面减少费用，另一方面计算性能不逊于大型主机。软件和数据集中部署在云端，为信息共享和大数据挖掘奠定基础。

（7）可扩展性强。用户可以利用云管软件的快速部署功能，为既有业务和新业务进行资源更换和扩展。如，既有业务所在的云计算系统中出现设备故障，云管软件将故障资源移除，调动备用资源进行替代，软件系统无感持续运行。新业务上线时，利用云计算具有的动态扩展功能，激活休眠资源进入活跃资源队列，为新投入业务提供算力资源。在对虚拟化资源进行动态扩展的情况下，同时能够高效扩展应用。

（8）节能环保。机房和设备减配，用电量大幅减少，零宕机维护，节省人力资源，降低建设和运营成本。

1.2 城轨交通云计算的应用历程

城轨信息化伴随着我国城轨交通的发展而发展，跟踪着世界信息技术的演进而演进，在城轨交通发展中发挥着不可或缺的作用。与此同时，城轨交通信息化在建设过程中，也面临着顶层设计缺乏、系统架构陈旧、信息孤岛严重、安全基础薄弱、标准规范缺失等诸多挑战。不适应交通强国战略实施、智慧城市建设、城轨行业高质量发展和乘客高品质服务的需求等问题，亟须在推进信息化发展中应对和化解。

1.2.1 云计算在城轨交通应用的探索

城轨交通作为面向公众的服务行业，承担着保障乘客人身和运输安全的重要职责。各城市独立规划建设，各条线路分期建设运营，各应用系统自成体系的"城轨交通建设模式"，造成了工程建设、信息技术、运营维护等资源浪费和标准缺失。面对上述问题，早在2014年，各城市开始跟踪世界信息技术发展的态势，结合城轨交通行业开展了信息系统的研发，城轨交通业务信息系统见表1-1。

城轨交通业务信息系统目录　　　　表 1-1

序号	系统中文名称	简称	系统英文全称
1	自动售检票系统的清分中心	ACC	AFC Clearing Center
2	门禁系统	ACS	Access Control System
3	自动售检票系统	AFC	Automatic Fare Collection
4	列车自动监控系统	ATS	Automatic Train Supervision
5	建筑信息模型	BIM	Building Information Modeling
6	基于通信的列车自动控制系统	CBTC	Communication Based Train Control System
7	地理信息系统	GIS	Geographic Information System
8	视频监控系统	IMS/CCTV	Image Monitoring System Closed Circuit Television
9	综合监控系统	ISCS	Integrated Supervisory Control System
10	线路中心	LC	Line Center
11	城轨交通车地综合通信系统	LTE-M	Long Term Evolution-Metro
12	线网运营指挥中心	NOCC	Network Operation Command Center
13	线网运营指挥中心系统	NOCCS	Network Operation Command Center System
14	出行即服务	MaaS	Mobility as a Service
15	多线路中心	MLC	Multiple Lines Center
16	办公自动化系统	OA	Office Automation System
17	运营控制中心	OCC	Operating Control Center
18	公共广播系统	PA	Public Address System
19	乘客信息系统	PIS	Passenger Information System

据初步回顾，云计算技术的探索历程大致可分为以下几个阶段：

2015 年前：管理信息系统的云化探索。云计算技术兴起的初期，虚拟化技术在行业应用，为解决传统 IT 架构下烟囱式建设模式带来的大量硬件采购、业务上线周期长等痛点，将业务系统从传统硬件服务器迁移到虚拟机，但由于此阶段云计算技术不尽成熟，普及度较低，大多城市以管理系统、测试环境等管理信息系统迁移上云为主，如广州地铁信息化系统、无锡地铁 OA 云等，在硬件整合和快速上线等方面发挥了一些作用，收到了一定成效。

2015—2018 年：运营生产系统单专业云化探索。随着管理业务上云的应用和验证，云计算的先进性、可靠性及经济效益逐步得到业界的认可。在技术创新理念的推动下，部分城市逐渐尝试生产系统单专业上云，主要代表有 2018 年温州市域铁路 S1 线综合监控系统，率先实现了将传统地铁生产系统迁移上云。深圳地铁 6 号线、10 号线的专业云承载了以综合监控系统以及安防、OA、车场智能化等应用。郑州地铁的 NOCC 系统和

AFC 系统也应用了专业云技术。与此同时，各个城轨企业和集成商开始探索专业间资源整合、提升资源使用率、简化专业接口的可行性。

一个时期以来，部分城市城轨企业和系统集成企业跟踪世界云计算技术的发展趋势，积极探索云计算技术在城轨行业的应用，在云计算技术的研究上有所突破，在云计算技术的应用上有所收获。但是，由于行业信息化缺乏规划、行业技术标准缺少规范、系统应用缺乏经验，导致行业内"乱云飞渡""信息孤岛"的现象丛生。因此，统筹谋划行业信息化发展规划、深入研究云计算技术应用，已成为城轨交通行业创新发展，亟须破解的重大课题。

1.2.2 "城轨云"理念破茧问世

2017 年初，中国城市轨道交通协会（以下简称：中城协）专家和学术委员会专家分析了国内外城轨交通现状和信息技术的发展趋势，提出了我国城轨信息化"1-3-5-3-1"发展蓝图（图1-4），即：打造一个门户（城市轨道交通门户），构建三个中心（生产指挥中心、企业管理中心、乘客服务中心），拓展五大领域（运营生产、运营管理、企业管理、建设管理、资源管理），依托三张网络（安全生产网、内部管理网、外部服务网），搭建一个平台（**城市轨道交通统一云平台**）。

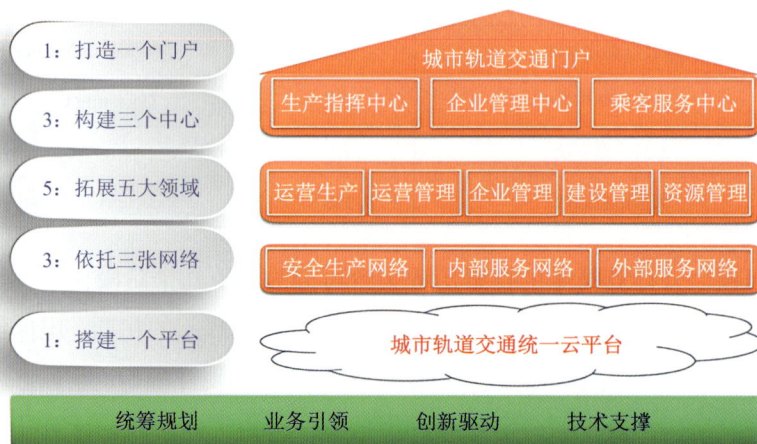

图 1-4　城轨交通信息化 "1-3-5-3-1" 发展蓝图

"城市轨道交通统一云平台" 首次在城轨行业提出，开启了城轨云研究应用的征程，得到了业界的普遍认可和高度共识。2017 年 11 月 13 日，以此为指导进行工程设计的《武汉城轨交通网络信息化建设示范工程》获得中城协立项审批，该项目遵循城轨交通信息化"1-3-5-3-1"发展蓝图，建设内容为：云平台、大数据共享平台、网络安全、管理信息系统云化、线网骨干传输系统、线网运营指挥中心系统、既有线迁移等，实现"双活"线网中心、生产指挥中心、应急指挥中心及线网数据中心的一体化，项目在持续推进中，进展良好，效果可期。

需要阐明的是，由于城轨交通云计算应用在探索阶段，基于单一业务或单个专业云化建设，服务业务范围窄、云平台架构简、云资源规划少，我们形象地称之为"一朵云"；而实施城轨交通行业全业务整体承载时，要求服务业务能持续增加、云平台架构能灵活扩展、云资源能按需扩容，满足上述特点的架构我们称之为"一片云"。顾名思义，不仅"片"的规模比"朵"大，而且"片"的可扩展性、兼容性、开放性都更好，故业界将统一的云平台称为"一片云"。

1.2.3　首片"城轨云"落户呼和浩特

2019 年 12 月 29 日 11 时 13 分，呼和浩特市首列地铁列车正点发车，标志着内蒙古自治区公共交通进入地铁运营的新时代，标志着中国标准城轨云在工程实践中成功应用。

呼和浩特地铁提出并践行"云计算 + 城轨"的发展理念，用云计算、大数据等新技术为城轨交通提供地铁运营生产、企业管理、建设管理、运营管理以及资源管理等服务。从设计、建设、运营全环节搭建智慧云平台，实现信息化业务全覆盖及统一运维管理、安全管控。

为了确保项目的顺利进行，呼和浩特城轨云的建设始终遵循"大胆设想、小心求证、测试先行、确保可靠"的原则，将科技创新"保安全、要效益、提效率"的理念贯穿到轨道建设始终。方案设计阶段，按照 1 个控制中心、1 个车辆段、20 个典型车站的规模，在华为公司苏州生态实验室与业界多家主流业务厂商进行多阶段、多批次、长时间的测试，涉及 8 个业务系统、30 多个主流设备厂家、6 个测试方向，600 余项测试用例；项目交付阶段，在呼和浩特市和林格尔搭建了测试平台，按照项目实际需求进行全仿真模拟测试，保障城轨云方案能够真正落地与成功交付。呼和浩特开创了中国城轨交通行业首片"城轨云"投运的历史，基于云平台的工程实践奠定了云计算技术在城轨交通行业运用的扎实基础，也为后续城轨云全面推广积累了宝贵经验。

2020 年 10 月 1 日，随着地铁 2 号线开通，呼和浩特城轨云再次展现了"一片云"的高性能、可扩展的优势，不到半年时间，完成架构的扩展、资源的扩容以及业务系统的上线验收。

1.2.4　城轨云系列技术规范持续体系化

为了解决专业云、线路云等"乱云飞渡"的状态，中城协启动制定城轨云系列团体标准，旨在规范城轨云总体设计及建设路线，助力城轨云健康发展。中城协专家学术委组织全行业专家，研究提出并逐步形成了城轨云"1-3-5-3"系列技术规范（以下简称：系列规范），如图 1-5 所示。

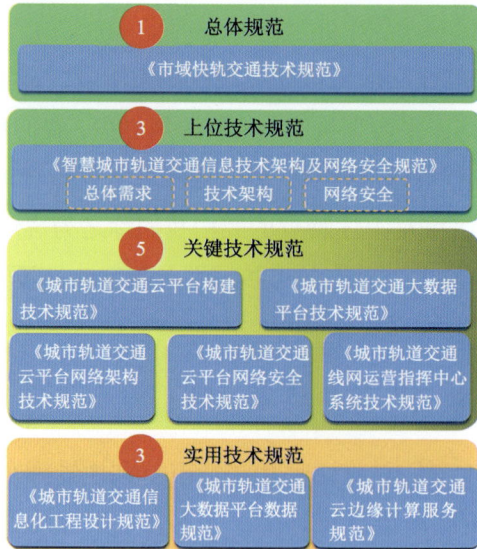

图 1-5　城轨云"1-3-5-3"系列技术规范构成图

系列规范中的"1-3-5-3"即：1 个总体规范、3 个上位技术规范、5 个关键技术规范和 3 个实用技术规范，具体内容如下：

1）1 个总体规范：《市域快轨交通技术规范》（T/CAMET 01001—2019）

本规范的第 16 章"运营控制中心与信息化"，将信息化内容首次作为独立章节纳入城轨交通技术规范，对城轨业务范围，安全生产、内部管理和外部服务三网域，云平台，大数据平台及网络安全等信息化内容进行了顶层设计和技术规定。

2）3 个上位技术规范

《智慧城市轨道交通信息技术架构及网络安全规范》的三个分册，即：

（1）《总体需求》（T/CAMET 11001.1—2019）：基于云平台的总体业务需求、系统构成、系统功能、云平台资源的需求，以及 RAMS 保障等。

（2）《技术架构》（T/CAMET 11001.2—2019）：云平台架构、数据平台架构、网络架构、物理基础设施的环境要求及运维体系等。

（3）《网络安全》（T/CAMET 11001.3—2019）：城轨云安全体系架构、边界安全、云计算环境安全及主要业务系统的安全要求等。

3）5 个关键技术规范

（1）《城市轨道交通云平台构建技术规范》（T/CAMET 11002—2020）：云平台总体架构、云平台构成、计算及存储资源配置、备份及灾备、云管平台等技术要求，云平台运行环境的要求。

（2）《城市轨道交通大数据平台技术规范》（T/CAMET 11003—2020）：大数据平台总体架构、数据源与管理指标、数据平台主要技术、数据管理、大数据安全防护等。

（3）《城市轨道交通云平台网络架构技术规范》（T/CAMET 11004—2020）：网络拓扑架构，安全生产网、内部管理网、外部服务网及运维管理网承载需求，骨干网承载关键技术和网络架构，数据中心、线网数据中心及车站级局域网部署、既有线接入等技术要求。

（4）《城市轨道交通云平台网络安全技术规范》（T/CAMET 11005—2020）：网络安全，系统安全架构及基础设施安全、网络安全防护、云平台安全、主要应用系统安全技术要求及网络安全管理要求。

（5）《城市轨道交通线网运营指挥中心系统技术规范》（T/CAMET 11006—2020）：线网运营指挥中心系统，线网运营指挥中心系统总体架构、线网级运营指挥功能、辅助支撑系统功能及系统平台需求。

4）3个实用技术规范

（1）《城市轨道交通信息化工程设计规范》（T/CAMET 11007—2022）：城轨信息化领域的首本设计规范，包括信息化工程的总体架构、信息化功能需求、云平台、大数据平台、系统网络、网络安全、系统接口、设备用房及机房环境等设计要求。

（2）《城市轨道交通大数据平台数据规范》（待发布）：提出城轨交通大数据平台的业务系统数据需求，规定主数据编码、数据采集、数据存储、指标体系、典型业务场景等标准内容。

（3）《城市轨道交通云边缘计算服务规范》（待发布）：提出云边缘计算的概念，城轨交通云、边、端协同架构，边缘计算架构（信息、控制）、应用部署、网络安全等。

系列规范具有鲜明的中国标准特色。遵循"创新、协调、绿色、开放、共享"的发展理念；按照"统筹规划、顶层设计"的"1-3-5-3-1"信息化总体蓝图；实施"一云遮天"城轨业务的整体承载；实现"一网打尽"行业应用系统的全面覆盖；首创"三域"划分的云资源管理；开源异构、自主可控的云管平台；奠基潜质提升的大数据共享平台；构建安全可控的网络安全纵深防御体系；集中统建的城轨交通数据中心；同步设计的城轨云综合运行维护体系；实验测试与规范编制共享、规范验证与示范工程并举的技术路线；凝聚专家学术委、城轨企业、设计院所、系统供应商等全行业专家领导的智慧结晶。开创了城轨交通信息化规范化建设、标准化运营的历史，填补了城轨交通信息化标准的空白。

系列规范准确把握为智慧城轨建设服务的方向。以适应当前城轨交通发展的态势，适应当前信息技术发展的趋势，两个"适应"体现了系列规范的总体要求。以覆盖城轨交通体系的地铁、轻轨、单轨、有轨电车、磁悬浮以及市域快轨等运输制式，覆盖城轨交通体系的建设、运营、管理、安全、服务等各个领域，两个"全覆盖"为全行业、全系统的信息化统奠定技术基础。在技术先进、安全可靠、经济适用、绿色低碳的原则指导下，为智慧城轨、绿色城轨、融合城轨和中华城轨研发建设，为实现城轨交通高质量发展提供重要的技术支撑。

1.2.5　城轨云已成为行业发展的"数据底座"

以呼和浩特地铁城轨云为代表的标准城轨云落地，标志着城轨交通行业正式进入标准化建设、规模化发展的新阶段。城轨云的安全可靠、运行高效、经济适用、绿色低碳的优势，得到业界的广泛认可。

2020 年 3 月，中城协发布《中国城轨交通智慧城轨发展纲要》（以下简称：《纲要》），制定了"1 张智慧城轨发展蓝图，8 个智能（智慧）体系，1 个城轨云与大数据平台，1 套智慧城轨技术标准体系"的"1-8-1-1"蓝图，将"城轨云和大数据平台"绘入智慧城轨发展蓝图（图 1-6）。

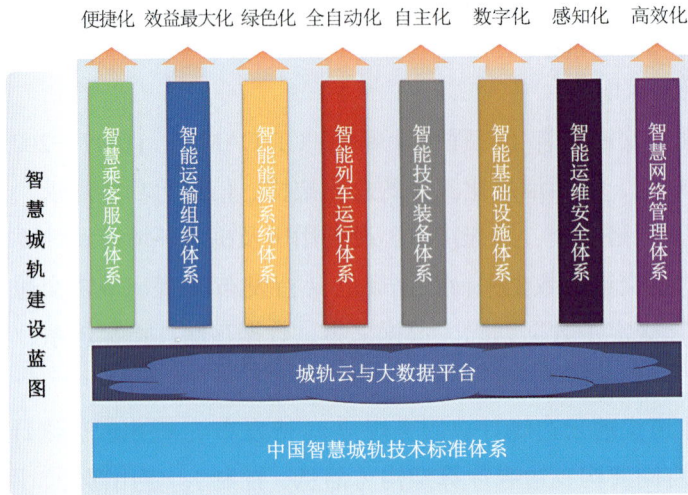

图 1-6 智慧城轨发展"1-8-1-1"蓝图

目前，据不完全统计，全国城轨交通行业已有 30 多个城市采用城轨云技术作为智慧化的"数据底座"，由"上不上云"的犹豫研究阶段，跨入到"如何上云、如何上好云"的决策实施阶段。

继呼和浩特地铁首片云顺利投产应用后，太原地铁于 2020 年 11 月 18 日，建成了全国首列承载全自动运行系统和中央综合调度指挥系统（IDCS）的云平台，并通过 SIL2 安全等级评审。武汉地铁搭建了城轨线网中心主用/灾备云平台、大数据共享平台、网络安全、线网骨干网为核心的城轨云底座，支撑 20 多条新建线路业务、10 多条既有线路业务、线网运营指挥中心系统、企业信息管理系上云，基于"双活"线网中心架构，实现了生产（应急）指挥中心、企业管理中心、乘客服务中心的高可靠一体化建设。北京地铁以 11 号线为初始项目，搭建了标准城轨云的体系架构，为整个线网云化奠定了基础。深圳地铁按照"一云三域"的架构建立的云平台，将控制云纳入云平台统一管理。天津城轨云平台采用中城协系列技术标准，实现了对全线网运营生产系统的全承载。合肥市轨道交通线网云平台项目规划承载 25 条线的线路、线网、企业管理、智能楼宇系统和大数据平台等，分为主系统、灾备系统和测试系统，2024 年底完成一期工程（8 号线）开通。西安地铁建设采用线网城轨云的模式，按照《纲要》的体系架构，结合西安市地铁建设现状和近远期轨道交通建设规划，以及西安地铁集团企业信息化业务发展需求，分期建设西安市地铁线网云平台，并于 2024 年 9 月开通运营。南京地铁构建了面向都市圈的双云中心多节点、云边端协同的云数融合平台，具备兼容异构、混合算力、信息技术 IT 与操作技术 OT 融合、都市圈统一管理的特点，能够提供全栈全链的安全云服务。南京地铁云数平台有效支撑了都市圈建设和运营需求，使得都市圈业务向扁平化、高效协同方向发展，并在行业内首次实现了云平台、大数据平台和 5G 公专网架构的融合发展。

还有许多其他城市也在因地制宜，参照系列规范的要求，结合各自城市的实际，建设以城轨云技术规范体系为标准的数据底座。

1.2.6 城轨云在城轨交通中的重要意义

随着城市化进程的加快，城轨交通作为绿色、高效的公共交通方式，在缓解城市交通压力、提高出行效率方面发挥着越来越重要的作用。城轨交通提出了"智慧化、绿色化、融合化、自主化"四大发展战略，推进城轨交通行业可持续发展，城轨云等新兴信息技术作为支撑城轨交通信息化、智能化发展的关键基础设施，具有十分重要的现实作用和极其深远的历史意义。

（1）城轨云是建设智慧城轨的平台。《纲要》绘就"1-8-1-1"蓝图，旨在全面贯彻落实国家交通强国战略，将智能智慧化作为技术发展的主方向，推进城轨交通高质量发展。城轨云平台扮演着智慧城轨"数据底座"的角色，集成先进的信息技术和通信技术，为城轨交通提供统一的数据处理和存储平台。通过实时收集来自各个子系统的数据，集中存储、数据分析和潜值挖掘，为城轨交通运营者提供智慧化决策支持，提升城轨交通的乘客服务质量、运营生产效率和企业管理现代化水平。

（2）城轨云是建设绿色城轨的基石。《中国城轨交通绿色城轨发展行动方案》（以下简称：《方案》）部署的"1-6-6-1-N"战略是绿色发展的基本盘。绿色低碳是当前社会发展的重要趋势，城轨交通作为公共交通的重要组成部分，其绿色低碳的运营方式对于城市的可持续发展具有重要意义。城轨云在"聚人、节能、洁能"三个方向发挥着关键技术支撑作用。

（3）城轨云是建设融合城轨的载体。《中国城轨交通融合城轨发展指南》（以下简称：《指南》）的发布实施，旨在全面落实国家可持续高质量发展战略，将多元融合作为城轨交通行业发展新质生产力的增效器，促进城轨交通行业可持续发展。城轨云是承载各种融合发展，锚定"引客流、增效益、降成本"三大方向，实现可持续发展的倍增器。

综上所述，城轨云在推动智慧城轨建设，促进绿色低碳发展，发力融合城轨建设，实现城轨交通高质量发展中发挥着不可或缺的重要作用。

1.2.7 基于城轨云发展的简要思考

城轨云在城轨交通行业落地生根、开花结果，在规划建设、运营生产和企业管理中发挥着十分重要的作用，在其发展过程中可能存在以下机遇与挑战。

（1）城轨云符合新兴信息技术的发展趋势。云计算、大数据、人工智能等新一代信息技术已成为世界信息技术、人工智能发展的新兴产业，云计算是当今世界新兴信息技术发展的重要先行领域，云计算先进的体系架构为千行百业高质量发展提供了信息基础支撑，城轨交通行业理应顺势而为，勇立潮头。

（2）城轨云有其鲜明的行业特色。在研究创建"城轨云"过程中，总结出中国标准城轨云的十大显著特征：①"一云遮天"，一片云整体承载全部城轨业务；②"三域分治"，安全生产、企业管理和外部服务三个网域划分，具有中国特色，且为城轨首创；③"一数共享"，搭建数据共享平台，前瞻统筹，为大数据潜值挖掘奠基；④"一台统管"，采用开源云管平台，实行计算、存储、网络和安全资源统管，且基础资源异构；⑤"一网打尽"，构建线网、线路一张网，实现应用系统全面覆盖；⑥"一墙护网"，遵照"系统自保、平台统保、边界防护、等保达标、安全确保"的"20字方针"，建立纵深防御体系，实现网络安全可控；⑦"一个体系"，创建适应云架构的运维体系，实现保障措施创新；⑧"一套标准"，研编城轨云系列技术标准，规范建设、协同推进；⑨"三段协同"，建云初期测试验证、建云中期规范编制、建云后期工程实践三阶段协同并举；⑩"四位一体"，协会专家委、城轨企业、设计院所、系统供应商四位一体的研究创建云平台体系、谋划运维体制机制，共研共用共维护。中国标准城轨云是集云计算技术优势和城轨交通行业特点而有机融合的产物，是全国城轨交通行业及相关产业工程技术人员集体智慧的结晶。

（3）城轨云理念内涵及技术体系成为业界共识。"1-3-5-3-1"城轨信息化发展蓝图、"1-3-5-3"城轨云系列技术规范、网络安全的"20字方针"以及呼和浩特地铁城轨云的成功示范，这些理念、内涵和实践，已经成为业界的普遍共识和广泛采用的技术标准，为城轨交通云计算的广泛应用奠定了扎实的基础。

（4）城轨云技术体系和应用实践的效益凸显。按照标准的城轨云技术体系在多个城市建设的城轨云工程实践，收到了较好的应用效果和效益。其应用效益主要体现在：①系统运行稳定可靠，城轨云平台运营以来运行稳定、资源配置灵活、系统扩展性强、资源利用率高、云上承载的业务运行状态良好；②智能运维效果好，云管平台的状态监测达到0.1秒级，可实时检测网络波动、设备状态，实现故障精准预测、定位、分析、处置；③资源利用率高，实现了资源和信息的集中承载、按需分配及动态调整，计算资源利用率平峰时提高20%~30%，高峰时达50%，存储和网络资源利用率均提高30%以上；④安全可靠性高，基于"网间隔离、网内防护"和"20字方针"的纵深安全防御体系，通过了网络安全三级等保认证，提升整个平台安全性80%以上，提升业务系统可靠性50%以上；⑤建设投资低，按照工程建设的程序，依托某一两条线构建城轨云和大数据平台的投资，相应减少传统城轨信号、通信、综合监控、售检票、门禁等专业系统的投资，和传统方案投资相近，由于为后续线路建设接入预留条件，将节省大量投资；⑥运维成本低，共享计算、储存、网络、安全等资源，减少设备采购量和机房面积，设备利用率提高，能耗降低，运维人员减少，人力成本节约近50%。

（5）城轨云促进行业核心竞争力的显著增强。因城轨云技术奠定的数据底座，强力赋能智慧城轨建设，使应用效益显著提高；因城轨云技术广泛采用，城轨交通行业各设计院的设计队伍不断壮大，人才素质大幅提升；因城轨云技术需求增大，系统供应商群体不断扩大，已由华为一枝独秀，拓展为新华三、中兴、浪潮等系统供应商群体，为城轨交通云平台提供了坚实的技术支撑；因城轨云技术应用范围不断扩大，业主企业的信息化专业人员深入研究、学习城轨云技术蔚然成风，逐步成为城轨云平台的运维主力军；因城轨云技术成为城轨交通业务的主要基础设施，运行维护的体制机制也在探索中逐步建立健全，适应城轨云这一先进生产力的生产关系，也将随之作出新的变革和提升，城轨新质生产力也将随之焕发新的活力。

（6）城轨云建设领域仍存在一些不足，需要持续改进和完善。城轨云作为信息技术发展的新兴技术，虽然取得显著的应用效果和较好的经济效益，但是，作为创新发展中的新兴技术，亦应关注体系架构更新换代期间的不足和问题：①上云应用系统的资源需求过高，造成资源过度配置的浪费和投资的增大；②云资源初期配置和后续拓展扩容标准欠缺，造成资源异构的功能、性能匹配不畅；③云平台和应用系统协同运维欠缺，平台和应用统筹运维的机制需加强；④云管平台和其他运维平台整合力度不够，云网数安智综合运管平台功能需融合完善；⑤运维人员的技术素质和成为行业"数据底座"的城轨云技术不相当，人员的素质亟须培养提升。

第2章

城轨交通
数智化发展基础

2.1　简述

在新一轮科技革命和产业变革的浪潮推动下，我国城轨交通行业信息化建设步入快速发展阶段，信息化建设的成果初具规模，改变了传统的建设模式、服务手段和经营方式。但是，鉴于全国城轨交通建设起步不一，所处阶段不同，特别是对"城轨交通 + 信息化"的认识程度深浅有别、信息化标准因地而异，致使各个城轨交通的信息化进程参差不齐，应用程度和水平差异较大，服务产品开发和管理信息应用不适应当前形势发展的需要。与此同时，随着云计算、大数据、物联网、人工智能、5G、卫星通信、区块链等新兴信息技术的飞速发展，京沪穗等先行城市的城轨云、智慧车站、智能运维等建设已经起步，一批后发城市跃跃欲试，将很快遍及全行业。

城轨交通系统包括车辆、机电、土木、供电、信号、通信、运输、客运、环境控制等专业，各专业既相对独立又密切相关。目前，我国各大城市均已建立起较为完善的城轨交通信息化系统，涵盖了从列车运行控制、车站管理到乘客服务等各个环节。信息化技术在城轨交通中的应用十分广泛。例如：通过自动售检票系统和智能服务设施，可以使乘客便捷乘车、舒适出行；通过先进的列车自动控制系统，可以实现对列车的精准调度和运行监控；通过智能监测系统，可以实现对车站和列车的全方位监控和保障。这些数智化技术的应用，提高了服务质量、运营效率和韧性水平，为城轨交通可持续发展奠定了扎实的信息技术基础。

2.2　城轨交通运营组织架构

城市轨道交通企业是城市有序运行、创新发展的重要组成部分，既承担繁重的乘客运输业务，又要承担企业可持续发展的重任。各个城市在轨道交通建设和运营中，因地制宜，创新发展，在组织机构建设、运营生产组织等方面做了大量的探索和创新，创建了各具特色、行之有效的运营管理体制机制，保障了市民安全便捷出行，获得了人民群众的赞誉和好评。在广泛调研城轨交通运营企业现状的基础上，提炼出城轨交通运营企业运营生产和企业管理两个领域的组织架构。以此为原型，研究生产组织的规律、生产系统的组织架构以及支撑生产运营的信息系统；研究企业管理的规律、管理工作的组织架构以及支撑企业管理的信息系统。在此基础上，提出既有信息系统和新建信息系统基础设施的需求，为建设承载城轨交通业务的城轨云提供依据。

2.2.1　运营生产组织架构

城轨交通运营生产组织架构通常采用三级生产组织管理，即：线网运营指挥中心、线路控制中心和车站（段）。线网运营指挥中心负责制定全线网的运营组织策略、监控整个线网的运行状态，并进行跨线路运营工作的组织协调和调度指挥。线路控制中心负责具体线路的日常运营，包括列车调度、乘客服务、设备维护等。站（段）是运营组织架构的最基层组织，负责具体的乘客服务、列车接发、设备巡检等工作。

运营生产组织架构如图 2-1 所示。

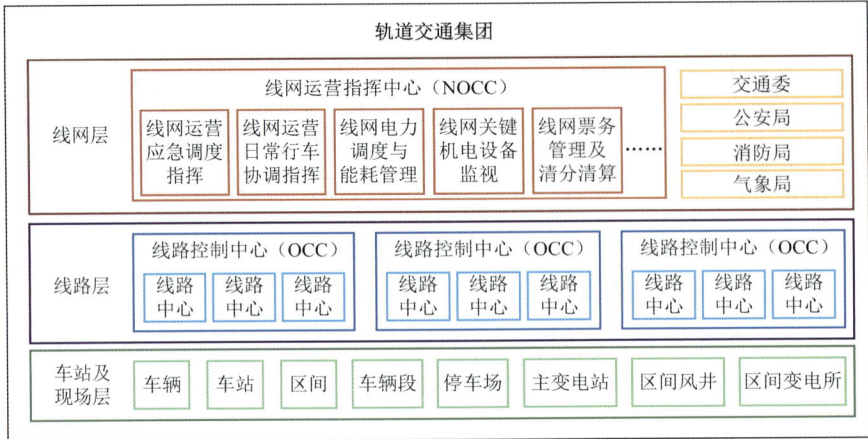

图 2-1 运营生产组织架构示意图

2.2.2 企业管理组织架构

城轨交通集团（公司）的企业管理组织架构通常也采用两级管理。第一级是集团层面或总公司，负责制定整体的战略规划和政策，人力资源、劳动工资、财务管理、物资采购、计划投资、资源开发、工程建设等；第二级是各个运营公司或站（段），负责具体的运营管理工作。这种两级管理架构有助于实现资源的优化配置和高效利用。

企业管理组织架构如图 2-2 所示。

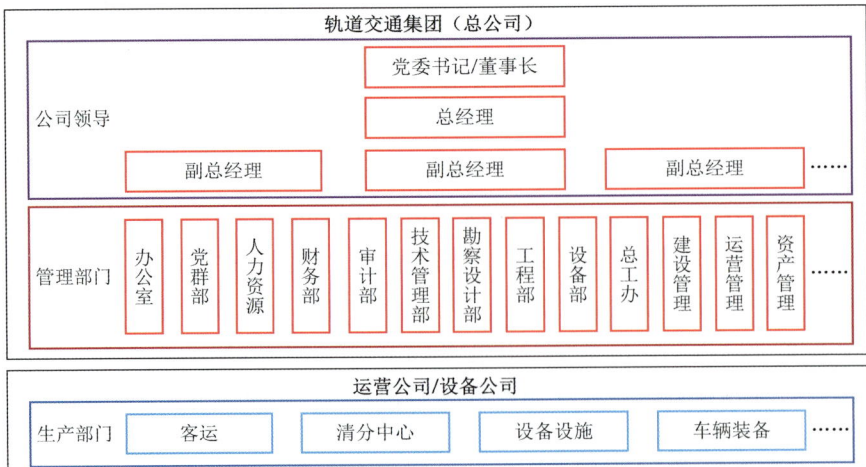

图 2-2 企业管理组织架构示意图

2.3　城轨交通业务数智化现状

中城协自 2020 年起陆续发布了《纲要》《方案》《指南》，指出在自主创新基础上，围绕数字化、智能化、网络化、绿色化，以建设智慧、绿色、融合城轨为主题，以城轨交通的关键核心业务为主线，大力应用新技术成果并与城轨交通业务深度融合，其内涵为应用云计算、大数据、物联网、人工智能、5G、卫星通信、区块链等新兴信息技术，全面感知、深度互联和智能融合乘客、设施、设备、环境等实体信息，经自主进化，创新服务、运营、建设管理模式，构建安全、便捷、高效、绿色、经济的新一代中国式智慧型城轨交通。

城轨交通运营业务种类多、范围广，可根据业务属性分为安全生产类业务、内部管理类业务和外部服务类业务，本节将紧紧围绕这三类业务研究云计算技术体系及应用实践。

2.3.1　安全生产类业务数智化

安全生产类业务是城轨交通运营生产的关键业务。多年来，围绕着城轨交通业务开发建设了安全生产大数据应用系统、线网运营指挥中心系统（NOCCS）、列车自动监控系统（ATS）、自动售检票系统（AFC）、综合监控系统（ISCS）、门禁系统（ACS）、乘客信息系统（PIS）、专用电话系统、车地综合通信系统（LTE-M）、智能运维系统等业务应用系统。

线网运营指挥中心系统具备线网运营管理、应急指挥、运营绩效指标统计分析、运营大数据分析、运营管理评估、运营信息服务等功能，并对运营线网的车辆、客流、设备、应急实施监控协调，实现线网的指挥调度、协调管理、生产数据分析、运营考核、应急决策指挥等功能。

列车自动监控系统具备列车自动识别/跟踪/车次号显示、时刻表编制及管理、进路自动/人工控制、列车运行调整、列车运行和设备状态自动监视、操作与数据记录/回放/输出及统计处理等功能。

自动售检票系统具备售票、检票、计费、收费、统计、清分、管理等功能。①清分中心系统（ACC）具备票务收入统计、线路间清分、与其他平台间清分、互联网售检票清分等功能；②多线路中心/线路中心系统（MLC/LC）具备收集管辖范围内车站的各类票务数据，提供管辖范围内车站、终端设备的运行状态，对线路内运营情况、收益、票卡的使用等情况进行统计分析；③车站级系统（SC）具备监控和管理车站终端设备及票收益统计等功能。

综合监控系统具备设备控制、状态监视、报警管理、趋势分析、报表生成、权限管理、系统组态、档案管理、系统维护和诊断等功能。①线网/线路中心级综合监控系统可对全线被集成系统以及互联系统的监控和联动进行控制管理；②站级综合监控系统可对本站段被集成系统进行监控和管理，并对互联系统的监控和联动进行控制管理。

门禁系统具备对出入口监控和安全管理，根据运营管理需求提供门禁卡片管理、门禁授权管理、黑名单管理等功能，并可完成全局监控和业务分析统计等工作。

乘客信息系统可为旅客提供运营相关信息，新闻、天气预报、道路交通等公共信息及公益广告等信息。①线网级乘客信息系统可接收城轨外部信息、存储和转发媒体信息等功能；②站段级乘客信息系统可实现从线网中心接收发布的信息，在液晶显示器（Liquid Crystal Display，LCD）上播放，并对车站设备进行统一的控制和管理。

专用电话系统，提供用于运营、管理、维修等业务的调度电话、站间行车电话、站（场）内电话等功能。

车地综合通信系统支持行车及服务数据传输功能的 LTE-M 系统，为列车运行控制系统、车地通信、列车紧急文本下发、列车运行状态监测、车载视频监视、PIS 车载视频等业务提供数据通信支持，并具备集群调度业务功能。

智能运维系统，包括车辆、供电、通号、机电等多专业的智能运维。①具备设备设施的状态信息感知、实时数据汇集与传输的等功能；②具备数据接入和解析、故障预警、故障诊断、状态评估、应急响应、自动分析、分布式数据存储等功能；③具备状态监控、健康管理、数据查询与统计等功能。

在线网集约化方面开展的应用系统建设，主要聚焦于线路运营控制中心（OCC）与线网运营指挥中心（NOCC）的功能集成，横向跨专业整合，纵向跨层级贯通，实现各专业、各部门之间的数据共享与协同指挥，通过数字化转型和智能化改造，形成"一张网"运营、一体化管理的格局，实现城轨交通安全高效运营。

2.3.2　内部管理类业务数智化

多年来，城轨交通运营企业紧紧围绕运营管理、企业管理、经营管理、工程建设等领域，持续开展信息系统研制开发，由单个系统开发向数智化转型顶层设计、统筹规划方向转变，由能耗统计、车辆检修等单点突破向立体感知、综合平台、管控中心等综合一体化发展转变，由协同办公、财务管理、人力资源、资产管理等业务领域向设备设施运维、资源经营开发、数字基础设施等生产管理领域拓展，使城轨交通行业在云计算、大数据、人工智能、物联网、数字孪生等新兴信息技术研究与城轨业务融合不断深化，改变了传统的业务管理模式，优化了业务处理流程，城轨数智化的显著成效在推进城轨交通业务转型中不断显现。

2.3.2.1　运营管理数智化

在运营管理方面，城轨运营企业在运输组织、设备检修、物资供应、客户服务等领域推进信息化建设，该举措在提高运营管理水平、运营组织效率、设备运维智能化等方面发挥了重要作用，并且提高了运营管理效率。

在运营安全方面，围绕安全应急管理平台、保护区巡查、防汛防涝监测等业务开展系统研发，提高了城轨交通安全管控能力和水平。

在乘客服务方面，借助"互联网+"票务管理技术，通过多元支付、无感乘车等方式，使乘客进出站更加便捷，提高出行效率。

在智慧车站建设方面，通过多专业系统融合，建立数字化融合管控平台，在巡站巡检、设备联动控制、智能客服等方面实现了人工替代，有效降低了人工作业强度，助力车站的智能化、高效化运营和管理。

在智能运维方面，车辆运维的数字化应用最为丰富，主要是利用数据协同、车地联网和智能轨旁检测等技术，推动车辆维修模式的升级转型。通过对车辆、供电、通信信号、车站机电设备、轨隧桥基础设施、车辆基地等跨多专业集成，采用数字孪生技术和大数据技术，提高运行的安全性、可靠性和经济性，降低运维成本。

在基础设施安全管理方面，通过对基础设施的健康监测，及时发现潜在的安全隐患和损伤，为预防性维修和紧急抢修提供科学依据，提高轨道、桥梁、隧道等结构的安全性和稳定性。

在绿色智能融合方面，20多座城市发布了绿色城轨行动方案。永磁牵引系统、双向变流牵引系统、智能空调系统及光伏发电系统等新技术的试点落地，带动了新场景的创新变革。

2.3.2.2　企业管理数智化

企业管理是城轨企业普遍开展的信息化领域，尤其是在财务管理和协同办公等方面效益更加明显。

在集成办公方面，重点围绕统一工作流、统一人身认证、统一通信、视频会议等方面，实现流程的标准化、自动化，信息的快速传递、协同工作和资源共享。

在人力资源管理方面，普遍建立员工信息档案，实施在职培训与素质教育管理，为企业人力资源管理和高素质队伍建设提供技术支持。

在财务管理方面，以信息化手段严格财务流程、财务制度管理，从财务共享业务视角出发，聚焦价值流、业务能力和运作组织，构建财务服务运营生产，运营生产增加财务收入的融合发展体系，支撑城轨企业可持续发展。

在知识共享方面，促进企业内部知识的传播与共享，提升企业文化对企业稳定、持续发展的作用，增强员工的凝聚力、创新能力。

在数字化培训方面，通过搭建多专业仿真平台，提升员工专业能力和对数字化工具的运用能力。

2.3.2.3　经营管理数智化

城轨企业资产规模庞大、类型繁多，精细化的资产管理对控制成本至关重要，通过信息化手段，对资产进行全面规划、控制和协调，确保资产的安全、完整和高效利用。经营管理包括对物业、广告资源、通信等附属资源的管理，以及房地产开发管理。轨道交通生态经营以车站及周边、物业、土地等资源为核心，通过信息化和数字化手段，在资产管理、乘客出行链延伸及公共交通为导向的开发（Transit-Oriented Development，TOD）三大方面，有效支撑并推动业务的发展。

随着城轨交通业态的发展，在规划初期便建设数字化平台，利用数字孪生技术精准对接城市功能，实现站城的高度融合，以数字化平台全面支撑建设和运营全过程，为城轨企业打造可持续的发展空间，为城市繁荣发展赋能助力。

2.3.2.4　工程建设数字化

在工程建设方面，以建筑信息模型（Building Information Modeling，BIM）和地理信息系统（Geographic Information System，GIS）为核心的数字孪生技术，在城轨工程建设项目中已得到广泛应用。在全业务、全组织、全流程和全要素的精细化管控下，通过三维协同设计与设计施工一体化建设管理模式，"共画一张图""一张图干到底"，实现了竣工转运营的无缝移交。BIM+GIS 的应用，实现了信息共享与协同，显著提高了设计、施工和管理效率，同时也有效节约了成本。

2.3.3　外部服务类业务数智化

互联网时代的城轨交通已然与外界组织机构及乘客融为一体，实现服务、信息的互联互通。

大数据平台系统，具备对城轨外部服务业务的数据交换和共享，并在共享数据的基础上提供大数据分析功能，实现对各类业务系统大数据分析的技术支撑。

企业门户网站系统，具备企业对外窗口、企业形象宣传、运营信息发布、政策宣传等功能。

互联网售检票系统（iAFC），具备与 AFC 系统深度融合，为乘客提供实名认证管理、二维码扫码乘车、移动支付等功能。

乘客服务系统，实现城轨交通乘客运输中的信息发布、信息查询、微信互动、公益宣传、乘车引导、城市文化宣传等功能。

线网智慧客流组织系统具备以下功能：①内外部信息交互，与政府部门、其他交通管理机构的相关信息的互联互通和信息共享；②客流组织信息，实时监测列车、车站、线路及全线网客流变化，协调运力资源、组织客流引疏，并和运营系统互联互通、信息共享；③客流信息发布，向 PIS 和 PA 等系统发布运营、商务、政府、其他交通方式的相关信息；④智慧客流引导，提供最短径路、最快捷、换乘少、避开客流拥堵以及其他交通方式运行状态等智慧出行径路的参考方案。

视频监视系统（IMS），具备视频采集、图像传输、视频控制、图像存储、图像分析、图像显示等功能，为提高服务水平和安全管控提供技术支持。

出行即服务系统（MaaS），搭建城轨乘客出行服务平台，整合城市各种公共交通工具的资源，提供各种交通方式的动态信息、出行规划和便捷换乘的咨询建议以及碳普惠服务等功能，为市民提供安全、舒适、便捷、绿色出行服务。

城轨交通还承载着其他政府相关部门与城轨交通业务互联、信息互通的业务系统。

综上所述，城轨交通行业紧跟时代发展的步伐，围绕城轨业务开展了大量的技术创新，信息技术在城轨行业的各个领域、各个专业得到应用，并得到了良好的效果。但由于信息技术水平的限制、系统开发能力的制约、业务体制机制的约束，整个行业基本处于对传统业务的信息化替代阶段，城轨行业的信息化、数字化、智能化随着新一轮科技革命的热潮亟须加速、高质量推进。

2.4　城轨交通数智化的机遇与挑战

2.4.1　数智化发展呈现的机遇

国际 IT 研究与咨询服务公司高德纳（Gartner）发布的技术预测报告提出了近 30 种处于不同发展阶段的新技术，云计算和大数据是基础性、底座型关键技术已成为业界共识。国家提出了网络强国、数字中国等系列发展战略，积极推动新一代信息技术发展，云计算、大数据、物联网、人工智能等信息技术呈现日新月异的发展态势。城轨交通因势利导，紧紧跟踪国际信息技术的发展趋势，全面落实国家有关强国建设的决策部署，以《纲要》为抓手，全力推进信息化、数字化、智能化建设，云计算和大数据技术的应用持续开展，物联网技术的应用场景逐步扩大，人工智能技术的应用日益深化，数字孪生技术应用逐年增长。总之，信息技术的演进发展为数智化建设提供了良好的发展机遇，也为城轨云的建设与应用奠定了坚实的技术基础。

2.4.1.1　云计算技术

云计算技术在企业治理、数字基础设施、工程建设业务领域的融合度较高，新规划都是基于云计算和大数据关键能力开展，表明云计算从试点到推广普及的路径，更多从企业内部管理的业务开始，逐步向工程领域覆盖；运营方面由于存在大量早期建设的非云化系统，其大规模迁移至云平台需综合考虑成本投入、操作复杂性、迁移周期，以及对正常运营业务的潜在影响；设备设施运维自动检测设备或车辆智能设备，其自身高度集成计算系统，有物理独立性特点，资源共享需求较少。

云计算技术作为城轨交通云平台构建的核心技术，应采用业界主流的开源云平台框架 OpenStack，充分融入行业生态，实现硬件与软件的有机解耦，最大限度地保证资源池建设投资。此外，考虑到各城市地铁持续建设，云计算技术应充分考虑可扩展性，支撑城轨云数据中心的资源需要，根据地铁建设数量及业务应用工作负荷需求进行弹性伸缩，IT 基础架构应与业务系统松耦合，在业务系统进行容量扩展时，只需增加相应数量的 IT 硬件设备，实现系统的灵活扩展。

2.4.1.2　大数据技术

大数据技术在运营、企业治理、设备设施运维、工程建设以及资源经营开发等多个业务领域的应用融合度较高，实现了对所有主要业务板块的全面覆盖。在各专业领域，大数据发挥着举足轻重的作用，充分体现了数据要素的核心价值。

（1）智能化运营管理，通过收集和分析大量的运营数据，城轨交通系统可以实现更智能化的运营管理。例如，利用大数据进行客流分析，可以更准确地预测客流高峰，从而优化列车运行图和调度策略，提高运营效率。

（2）预测性维护，大数据技术可以帮助城轨交通系统实现预测性维护。通过对设备运行数据的实时监控和分析，可以预测设备可能的故障和寿命，提前进行维护和更换，从而减少突发故障和运营中断。

（3）安全监控与风险管理，大数据技术可以用于城轨交通的安全监控和风险管理。通过对监控系统、传感器和网络日志等数据源的分析，可以及时发现安全隐患和异常行为，采取相应的措施加以防范和处理。

（4）乘客服务优化，大数据技术可以用于分析乘客的行为和需求，从而提供更个性化的服务。例如，通过分析乘客的出行习惯和偏好，可以提供定制化的出行建议和增值服务，提高乘客的出行体验。

（5）能源管理与节能减排，大数据技术可以帮助城轨交通系统实现能源管理和节能减排。通过对能源消耗数据的实时监控和分析，可以找出能源浪费的环节，采取相应的措施进行优化，降低能源成本。

（6）数据开放与共享，随着大数据技术的发展，城轨交通系统的数据将更加开放和共享。这将促进跨部门、跨行业的数据融合和创新，推动城轨交通与其他领域（如交通、城市规划等）的协同发展。

总之，大数据技术在城轨交通的发展趋势是向着智能化、预测性、安全性和个性化方向发展，以提高运营效率、安全韧性和乘客服务水平。随着技术的不断进步，大数据技术将在城轨交通中发挥越来越重要的作用。通过技术创新，城轨交通信息化将进入一个新的发展阶段。未来的城轨交通将更加智能化、网络化和集成化，为乘客提供更加便捷、舒适和安全的出行体验。

2.4.1.3　物联网技术

在多个细分专业领域中，物联网（Internet of Things，IoT）技术在工程建设和工程安全管控方面的应用尤为突出，主要采用与 BIM 技术相融合的方式，贯穿勘测、设计、施工等各个阶段，构建全方位、全过程安全监控体系，尤其在工程安全方面，对盾构机、作业设备等关键部位进行实时图像和激光成像监测，以确保工程安全。

在工程建设方面，物联网技术与人工智能的紧密结合应用，主要集中对车、隧、轨、轨旁设备的状态图像进行精准扫描与识别，以及在盾构施工中对核心观测点的图像进行细致识别，为设备可靠性和施工安全性提供关键技术保障能力。

在设备设施运维方面，物联网技术发挥了重要作用。针对车辆运维，主要应用了多源异构、移动点巡检和射频识别（Radio Frequency Identification，RFID）等技术，实现车地物联，提高车辆的运维效率和智能化水平。在多专业智能运维方面，注重海量设备的定位和状态的精细化管理，通过物联网技术对各种设备进行实时监测和数据采集，实现设备的智能化管理和维护。

在运营管理方面，物联网技术的应用体现在三方面。首先，运营安全防汛防涝采用了物联网感知技术和专业设备，通过对水位、雨量等实时监测和预警，保障运营安全。其次，车内蓝牙定位技术为"互联网 + 志愿者"公益安全新模式提供了支持。此外，蓝牙技术还被用于为乘客提供基于 App（应用程序，Application）的室内定位服务，减少站内人员询问频次。

在资源经营开发方面，物联网技术的应用，实现了多类型资源资产的数字化管理，拓展了智慧物业、智慧商圈等延伸服务领域，提升了资源经营的智能化水平。

2.4.1.4　人工智能技术

人工智能技术在城轨交通领域的应用主要体现在以下几个方面：

列车自动驾驶。通过人工智能技术，实现列车的自动驾驶功能，提高列车运行的安全性和效率。

设备设施运维领域的应用。车辆、基础设施运维广泛采用图像识别、视觉计算等 AI 技术，提升了运维的智能化水平。

运营领域的应用。人脸识别在多元票务、闸机进出站时，已经成为通用性应用。此外，在客流采集、安防、智能客服机器人等方面也得到了广泛应用。

工程建设领域的应用。主要应用在盾构施工、工地安全作业、深基坑等作业施工，以及在勘察测绘中运用卫星、无人机，并结合 BIM、3D 建模、虚拟仿真等数字孪生技术对大量图像进行处理和应用。

企业治理领域的应用。主要体现在企业身份认证的人脸识别技术，财务领域的机器人流程自动化（Robotic Process Automation，RPA）和光学字符识别（Optical Character Recognition，OCR）应用，提升票据识别和录入效率。

随着人工智能技术的发展，AI 大模型将在城轨交通行业广泛应用，可实现列车运行的智能调度、设备故障的预测性维护、客流量的精准预测以及安全风险的提前预警，并更加聚焦于提升系统的自主决策能力和个性化服务水平，进一步推动城轨交通向自动化、网络化、个性化发展，优化乘客出行体验、提高运营效率。

2.4.1.5 数字孪生技术

数字孪生技术在城轨交通领域应用已逐年提升，在工程建设领域，数字孪生技术的应用主要涉及 BIM 建设全周期的一体化管理和应用，提高工程设计和施工的效率和质量。

在运营领域的应用主要在智慧车站、智能运维、安全应急和地铁保护区等方面。安全应急和地铁保护区多借助 3D GIS 和 BIM 技术构建态势感知能力，实现多专业协同应急处置、仿真推演来提升运营安全管控能力。智慧车站和 App 智慧出行主要应用在增强车站设备和环境远程化、少人化管理能力，提供站内导航、客流引导，改善出行效率。

设备设施运维的应用主要在基础设施健康监测及运维。基础设施健康监测多利用 BIM、云点技术扫描桥梁、隧道和轨道等方面，实现设施设备状态的实时动态监测。同时，多专业智能运维则专注于构建车站全景 BIM 与机电设备综合监测和智能管控系统。

2.4.2 数智化发展面临的挑战

在城轨交通数智化建设中，提升业务系统的数字化水平是核心目标，也是数字化创新的主要任务。数据资源融合共享与业务系统优化扩展至关重要。多年来，各城轨企业在数智化建设的实践中，虽然取得了一定成效，但在建设和创新过程中，无论是新建项目，还是改造升级项目，都遇到了诸多困难与瓶颈，如如何进行信息技术基础设施建设。这些挑战在一定程度上影响了信息化建设的进程和效果，城轨交通传统数智化系统建设呈现烟囱状、资源分散，甚至出现云孤岛等问题，如图 2-3 所示。

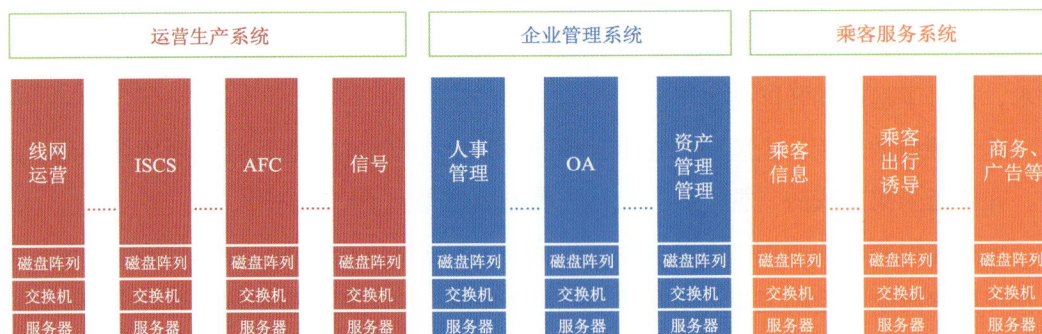

图 2-3　城轨交通传统数智化系统架构图

（1）"烟囱林立"信息孤岛严重，体系架构陈旧

城轨交通信息化建设开展多年，由于无信息化顶层设计，受管理机制和技术水平的局限，以及建设年代久远、信息系统体系架构陈旧的矛盾日益显现，尤其是独立建设的"烟囱式"信息系统，信息孤岛严重，已不适应以云计算为代表的新兴信息技术发展的要求。

（2）基础资源分散，网络资源浪费

大多数城市建立了城轨通信网络，配备了相应的信息化设备，由于各应用系统独立建设，设备设施分别购置安装，设施效能发挥欠佳，应用系统独享网络，容量配置失衡，网络资源浪费。

（3）"云孤岛"现象再现，云资源效能待提高

云计算技术的优势逐步被业界认识，云计算开始在单独的业务系统中应用，形成了新的"云孤岛"，系统算力资源和信息资源没能充分共享，使云计算的效能利用大打折扣。

（4）安全意识淡薄，运维体系失衡

城轨用户网络安全意识淡薄，独立建设的应用系统安全策略难以实施。信息技术专业的建设、运维一体化的管理体系尚不健全，运维体制机制亟须建立完善。

（5）标准规范缺失，监管统筹乏力

由于城轨交通行业缺乏统一的行业标准和规范，在信息技术基础设施建设中存在较大的差异性和不兼容性，增加了建设和维护的成本，也影响了系统的稳定性和可靠性，统筹规划、系统建设、整体运维已成为城轨交通数智化建设中亟须破解的难题。

2.4.3　破解难题的技术路线

面对新一轮科技革命和产业变革的浪潮，城轨交通行业要在数智化建设取得一定成果的基础上，重视、研究和破解城轨行业推进数智化发展中出现的难题，紧跟世界信息技术发展的趋势，因地制宜、因时制宜，坚持系统思维、问题导向和目标导向的技术路线，统筹规划，系统开发，掌握关键技术，持续推进城轨交通行业数智化建设，为城轨交通发展提供坚实的信息技术支撑。

城轨交通行业推进数智化演进路线如图 2-4 所示。

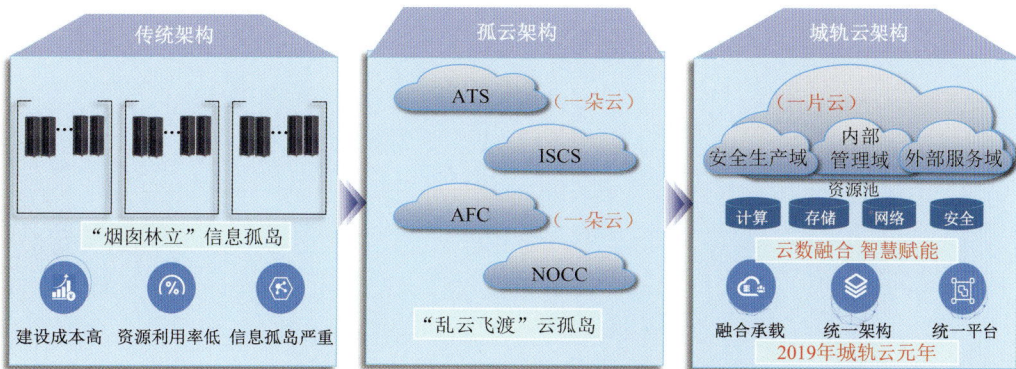

图 2-4　城轨行业数智化演进路线图

随着云计算、大数据、互联网等新一代信息技术的发展，城轨交通行业开始尝试以云计算技术替代传统的技术体系架构，在单项应用系统采用云计算技术，但仍然未跳出缺乏统筹规划的怪圈，出现了"一朵云"承载一个应用系统的现象，与此同时，城轨交通行业出现"乱云飞渡"云孤岛的局面，计算能力的利用率和应用效益有了一定的提高，但云计算技术的效益尚未充分发挥。

基于云计算等新兴信息技术的应用和发展，审时度势、研究探索城轨业务和云计算技术的深度融合，详细分析城轨交通业务内在的运行和发展规律，研究制定以云计算平台为支撑的城轨交通"数据底座"，充分发挥云计算平台算力资源应需动态拓展、安全策略自动部署的特性，构建云数融合的基础支撑能力，打破系统壁垒、消除信息孤岛，将单专业应用的"朵云"，融合为城轨交通整体承载的"片云"，为运营管理、企业管理、经营管理、工程建设等业务领域的智能化、智慧化建设，提供强有力的、技术先进的信息技术平台，助力城轨交通高质量发展。

第3章

城轨交通业务
数智化发展需求

3.1　简述

按照城轨交通业务和云计算等新兴信息技术深度融合的技术路线，进一步规范城轨交通信息化建设，推动城轨交通企业数字化转型和智慧化建设。在解析城轨交通既有应用系统现状和存在问题的基础上，调研城轨交通业务发展及数字化、智慧化建设的需求，总结城轨交通行业推进信息化的成功经验，研究云计算的技术特性，依据城轨交通的业务性质、系统间数据共享程度以及网络安全等级保护的要求，对城轨交通业务进行分类、分级，明确城轨交通应用系统的资源需求，为云平台对城轨交通业务系统的承载和部署提供依据。

3.2　城轨交通业务分类

城轨交通是一个庞大的联动机，有诸多业务系统协同运行，推进城轨交通数智化发展的前提是，对城轨交通业务的深入研究，在详细分析业务关联、信息共享、数据安全等重要因素的基础上，将城轨交通业务分为安全生产、内部管理和外部服务三大类，并将这三类业务的大数据应用系统的前期成果纳入其中。

（1）安全生产类业务包括：安全生产大数据应用系统、线网运营指挥中心系统（NOCCS）、列车自动监控系统（ATS）、自动售检票系统（AFC）、综合监控系统（ISCS）、门禁系统（ACS）、乘客信息系统（PIS）、专用电话系统、车地综合通信系统（LTE-M）、智能运维以及其他业务系统等。

（2）内部管理类业务包括：内部管理大数据平台系统、运营管理、企业管理、资源管理、建设管理以及乘客服务等业务领域的应用系统（各业务领域中的子系统）。

（3）外部服务类业务包括：大数据平台系统、企业门户网站系统、互联网售检票系统（iAFC）、乘客服务系统、线网智慧客流组织系统、视频监控系统（IMS）以及出行即服务系统（MaaS）等具体业务应用等。

新研发的信息系统均可按照上述原则部署在安全生产网、内部管理网、外部服务网网域中。

以既有业务系统为基本项目，分析研究其既有传统层级架构、新型层级架构、服务对象、网络安全等级、可云化范围等，按照城轨交通业务对云平台的要求，分析计算、存储、网络和安全等云资源、业务数据备份时间等适应性需求，为建设技术领先、开放兼容、经济适用、安全可靠的城轨云平台建设提供了技术依据。

3.3 安全生产类业务需求

3.3.1 安全生产类业务总体需求

安全生产类的各项业务的部署需求见表3-1。

安全生产类业务需求
表 3-1

序号	业务系统	传统层级架构	新型层级架构	服务对象	可云化范围
1	安全生产大数据应用系统	无	中心级一级架构	线网运营管理人员	均可采用云化
2	线网运营指挥中心系统（NOCCS）	中心级一级架构	中心级一级架构	线网运营管理人员	中心级系统均可采用云化
3	列车运行监控系统（ATS）	控制中心、站段两级架构	控制中心、站段两级架构	控制中心、车站运营调度管理人员	中心级可采用云化，车站可不上云
4	自动售检票系统（AFC）	清分中心、线路中心（多线路中心）、车站计算机系统、车站终端四级架构	清分中心、车站计算机系统（降级模式）、车站终端三级架构	控制中心和车站票务人员；乘客	自动售检票系统清分中心、多线路中心各类服务器、工作站可采用云化，车站级服务器、工作站也可采用云化
5	综合监控系统（ISCS）	线路中心级综合监控系统、车站级综合监控系统二级架构	线路中心级、车站级（降级模式）两级架构	控制中心各调度员；车站值班员	中心级系统应用服务器、工作站和FEP可采用云化；车站服务器、工作站也可采用云化
6	门禁系统（ACS）	线网级、线路级、站段级三级架构	线网级、车站级两级架构	控制中心、车站工作人员；乘客	线网或线路中心级系统可采用云化
7	乘客信息系统（PIS）	线网级、线路级系统、车站级三级架构	线网级、车站级两级架构	控制中心操作员；车站值班人员；乘客	乘客信息系统核心设备、车站的服务器和工作站均可采用云化
8	专用电话系统	线网级、线路级、车站级三级架构	线网中心、车站两级架构	运营调度管理人员	线网级、线路级各类服务器、工作站等均可采用云化
9	车地综合通信系统（LTE-M）	由核心网、无线子系统、LTE-M终端、承载集群功能的LTE-M应用、集中网管系统、录音及录像系统、接口监测系统及承载网络组成	线网中心、车站两级架构	运营调度管理人员	调度信息服务器、集中网管系统、录音及录像系统、接口监测中心设备均可采用云化
10	智能运维系统	数据采集系统、数据处理系统、业务应用系统三层架构	车载子系统、地面数据平台、业务应用系统三层架构	运营管理人员	数据库服务器、通信服务器、集群管理服务器、计算存储服务器均可采用云化
11	其他业务系统	随需配置	随需配置	随需配置	随需设置

3.3.2　安全生产类业务算力资源需求

根据安全生产类业务需求和云计算平台的技术特性，提出各应用系统的计算、存储（类型）、网络、安全等资源配置需求；根据应用系统的特点和运营需求，提出数据备份的级别；根据应用系统运营需求，提出了系统安装、部署的处所。

安全生产类业务算力资源配置需求见表 3-2。

安全生产类业务算力资源配置需求　　　　　　　　　　　表 3-2

序号	业务系统	计算资源配置需求	存储资源需求	网络资源需求	安全需求	灾备需求	部署需求
1	安全生产大数据应用系统	1. 应用服务器、通信服务器采用虚拟机或裸金属部署（冗余）； 2. 数据库服务器，采用物理机或虚拟机部署（冗余）； 3. 工作站采用物理机或采用云桌面	光纤通道存储区域网络（Fibre Channel Storage Area Network,FC SAN）、基于 IP 协议的存储区域网络（Internet Protocol Storage Area Network, IP SAN）或分布式存储类型	初期带宽 ≥ 1Gbps；未来可扩到 ≥ 10Gbps	三级等保	数据级	线网级
2	线网运营指挥中心系统（NOCCS）	1. 应用服务器、通信服务器采用虚拟机或裸金属部署（冗余）； 2. 数据库服务器，采用虚拟机或物理机部署（冗余）； 3. 调度工作站采用物理机，计划等工作站采用云桌面	建议采用 FC SAN 类型	初期带宽 ≥ 1Gbps；未来可扩到 ≥ 10Gbps	三级等保	数据级	线网级
3	列车运行监控系统（ATS）	1. 应用服务器、通信服务器采用虚拟机或裸金属部署（冗余）； 2. 数据库服务器，采用虚拟机或物理机部署（冗余）； 3. 调度工作站采用物理部署，计划等工作站采用云桌面	建议采用 FC SAN 类型	带宽 ≥ 100Mbps；端到端延时 < 50ms；交换机延时 < 50ms	三级等保	应用级	线网（线路）级
4	自动售检票系统（AFC）	1. 应用服务器、通信服务器采用虚拟机或裸金属部署（冗余）； 2. 数据库服务器，采用虚拟机或物理机部署（冗余）； 3. 工作站采用物理机或采用云桌面	FC SAN 或 IP SAN 类型均可	600Mbps	清分中心三级等保，其他可二级等保	数据级	线网（线路）级/车站级
5	综合监控系统（ISCS）	1. 应用服务器、通信服务器采用虚拟机或裸金属部署（冗余）； 2. 数据库服务器，采用虚拟机或物理机部署（冗余）； 3. 工作站采用物理机或采用云桌面	FC SAN 或 IP SAN 类型均可	综合监控系统骨干网带宽要求为 1Gbps，正常情况下带宽为 200Mbps，最大并发带宽为 400Mbps	三级等保	应用级	线网（线路）级/车站级

序号	业务系统	计算资源配置需求	存储资源需求	网络资源需求	安全需求	灾备需求	部署需求
6	门禁系统（ACS）	1. 应用服务器、通信服务器采用虚拟机或裸金属技术（冗余）； 2. 数据库服务器，采用虚拟机或物理机部署（冗余）； 3. 工作站采用物理机或采用云桌面	FC SAN 或 IP SAN 类型均可	20Mbps	二级等保	数据级	线网（线路）级/车站级
7	乘客信息系统（PIS）	1. 应用服务器、通信服务器采用虚拟机或裸金属部署（冗余）； 2. 数据库服务器，采用虚拟机或物理机部署（冗余）； 3. 工作站采用物理机或采用云桌面	FC SAN 或 IP SAN 类型均可	600Mbps	二级等保	数据级	线网（线路）级/车站级
8	专用电话系统	1. 应用服务器、通信服务器采用虚拟机或裸金属部署（冗余）； 2. 数据库服务器，采用虚拟机或物理机部署（冗余）； 3. 工作站采用物理机或采用云桌面	建议采用 IP SAN 类型	200Mbps	二级等保	数据级	线网（线路）级/车站级
9	车地综合通信系统（LTE-M）	1. 线路级调度信息服务器、录音及录像服务器、应用服务器、通信服务器采用虚拟机或裸金属部署（冗余）； 2. 数据库服务器，采用虚拟机或物理机部署（冗余）； 3. 调度台工作站采用物理机或采用云桌面； 4. 以上设备配备2个10/100/1000Mbps以太网卡	FC SAN 或 IP SAN 类型均可	600Mbps	三级等保	应用或数据级	线网（线路）级/车站级
10	智能运维系统	1. 应用服务器、通信服务器采用虚拟机或裸金属部署（冗余）； 2. 数据库服务器，采用虚拟机或物理机部署（冗余）； 3. 工作站采用物理机或采用云桌面	FC SAN 或 IP SAN 类型均可	200Mbps	二级等保	应用或数据级	线网（线路）级/车站级
11	其他业务系统	随需配置	随需配置	随需配置	随需定级	随需设置	随需设置

在工程实施过程中，可根据线路制式、系统方案、运营需求等因素进行综合考虑，结合资源实际利用率适度扩减。

3.3.3　安全生产类业务数据备份时间需求

综合考虑在安全生产域中部署的应用系统的特点、运营需求和对数据备份的要求，列出各应用系统的备份方式和备份时间，见表 3-3。

安全生产类业务数据备份时间表　　　　表 3-3

类别	序号	业务系统	备份方式	备份时间（月）	考虑因素
安全生产类	1	大数据应用系统	本地及异地	60	业务系统特点、运营需求
	2	线网运营指挥中心系统		36	
	3	列车运行监控系统		1（回放记录）12（运行状态）	
	4	自动售检票系统		12	
	5	综合监控系统		13	
	6	门禁系统		12	
	7	乘客信息系统		6	
	8	专用电话系统		12	
	9	车地综合通信系统		12	
	10	智能运维系统		12	
	11	其他业务系统		随需而定	

3.4　内部管理类业务需求

3.4.1　内部管理类业务总体需求

内部管理类业务应用种类多，服务对象多。在业务需求中简单描述了各主要业务应用系统的系统功能、层级架构、服务对象、可云化范围等，见表 3-4。

内部管理类业务需求　　　　表 3-4

序号	业务系统	系统功能	层级架构	服务对象	可云化范围
1	内部管理网大数据应用系统	1. 通用功能：共享数据采集、数据存储、报表管理、报告管理；2. 综合业务数据处理；3. 数据安全管理；4. 数据备份管理；5. 其他数据管理等	中心级一层架构	运营人员、管理人员等	均可云化
2	运营管理	运行计划、施工计划、设备管理、运维管理、票务管理、站务管理以及其他相关业务系统	中心级一层架构	运营人员	均可云化
3	企业管理	财务管理、人事管理、办公管理、合同管理、资产管理、档案管理以及其他相关业务系统	中心级一层架构	管理人员	均可云化

序号	业务系统	系统功能	层级架构	服务对象	可云化范围
4	建设管理	工程管理、安全管理、资料管理、BIM 管理、设计管理、施工管理、综合管理、总体管理、质量安全管理、合同/投资管理、技术/科研管理以及其他相关业务系统	中心级一层架构	建设领域	均可云化
5	资源管理	资源开发、经营分析、媒体广告、房地产开发、文旅开发、物业管理以及其他相关业务系统	中心级一层架构	资源经营	均可云化

3.4.2 内部管理类业务算力需求

根据内部管理类业务需求和云计算平台的技术特性，提出各应用系统所需的计算、存储（类型）、网络、跨网、灾备和安全等资源配置需求，以及系统安装、部署的处所。

内部管理类算力资源配置具体需求见表3-5。

内部管理类业务算力资源配置需求 表 3-5

序号	业务系统	计算资源配置需求	存储资源需求	网络资源需求	安全需求	灾备需求	部署处所
1	内部管理网大数据应用系统	1. 应用服务器、通信服务器采用虚拟机或裸金属部署（冗余）；2. 数据库服务器，采用物理机或虚拟机部署（冗余）；3. 磁盘阵列采用物理机部署，存储容量随需而配；4. 工作站采用物理机或采用云桌面	FC SAN 或 IP SAN 或分布式存储类型均可	10Gbps	二级等保	数据级	线网级
2	运营管理	1. 应用服务器、通信服务器采用虚拟机或裸金属部署（冗余）；2. 数据库服务器，采用虚拟机或物理机部署（冗余）；3. 工作站采用物理机或采用云桌面	FC SAN 或 IP SAN 类型均可	1000Mbps	二级等保	数据级	线网级
3	企业管理	1. 应用服务器、通信服务器采用虚拟机或裸金属部署（冗余）；2. 数据库服务器，采用虚拟机或物理机部署（冗余）；3. 工作站采用物理机或采用云桌面	FC SAN 或 IP SAN 类型均可	1000Mbps	二级等保	数据级	线网级
4	建设管理	1. 应用服务器、通信服务器采用虚拟机或裸金属部署（冗余）；2. 数据库服务器，采用虚拟机或物理机部署（冗余）；3. 工作站采用物理机或采用云桌面	FC SAN 或 IP SAN 类型均可	1000Mbps	二级等保	数据级	线网级
5	资源管理	1. 应用服务器、通信服务器采用虚拟机或裸金属部署（冗余）；2. 数据库服务器，采用物理机部署（冗余）；3. 工作站采用物理机或采用云桌面	FC SAN 或 IP SAN 类型均可	1000Mbps/10Gbps	二级等保	数据级	线网级

3.4.3 内部管理类业务数据备份时间需求

综合考虑内部管理类应用系统的特点、运营需求和对数据备份的要求，列出备份方式和备份时间，详见表 3-6。

内部管理类业务数据备份时间表 表 3-6

序号	业务系统	备份方式	备份时间（月）	考虑因素
1	大数据应用系统	本地	36	业务系统特点、运营需求
2	其他应用系统	本地	12	

3.5 外部服务类需求

3.5.1 外部服务类业务需求

外部服务类业务应用系统的系统功能、云化层级架构、服务对象和可云化范围等，见表 3-7。

外部服务类业务需求 表 3-7

序号	业务系统	系统功能	云化层级架构	服务对象	可云化范围
1	大数据平台系统	1. 外部系统的共享数据采集、数据存储、报表管理、报告管理等； 2. 建立数据仓库，存储乘客服务管理系统、企业门户网站、线网客流组织等系统数据； 3. 建立数据库，实时存储乘客服务管理系统、企业门户网站、线网客流组织等数据，为智能系统提供数据抽取、转换、查询、访问、展示，为联机数据分析和数据挖掘提供数据平台； 4. 数据安全管理； 5. 数据备份管理； 6. 其他数据管理等	线网中心、终端两层架构	乘客及地铁服务人员	均可云化
2	企业门户网站系统	1. 企业概况、运营信息、服务信息、经营信息及信息发布等； 2. 采用 B/S 架构，支持 PC 机、云桌面、移动智能终端等多种接入； 3. 企业门户网站 Web 应用、App 应用、DB（Database）应用应统一部署在线网中心云平台	线网中心、终端两层架构	乘客、工作人员	均可云化
3	互联网售检票系统	1. 负责二维码及生物识别等传统票卡以外的新形式售检票业务； 2. 互联网票务与互联网交互频繁的业务模块部署在外部服务网，以确保业务安全高效地与互联网进行数据交互	线网中心、车站终端两层架构	乘客、工作人员	均可云化
4	乘客服务系统	1. 发布列车运行时刻信息； 2. 发布运营、商务、政府、其他交通方式的相关信息； 3. 其他乘客关注信息	线网中心、终端两层架构	乘客	均可云化

续上表

序号	业务系统	系统功能	云化层级架构	服务对象	可云化范围
5	线网智慧客流组织系统	1. 实时监测列车、车站、线路及全线网客流变化，协调运力资源、和运营系统互联互通、信息共享； 2. 提供与政府等部门的信息互联互通和信息共享的通道； 3. 向 PIS 和 PA 等系统发布运营、商务、政府、其他交通方式的相关信息； 4. 智慧引导客流，提供便捷出行径路参考方案； 5. 其他有关客流信息	线网中心、终端两层架构	乘客	均可云化
6	视频监视系统	1. 实时监视车站、列车等情况，为行车调度员、车站值班员、列车司机等有关人员以及公安人员办案提供服务； 2. 采用基于网络的高清视频制式，线网中心或车站按 90 天存储； 3. 系统由控制中心和车站两级监视子系统组成	线网中心、终端两层架构	调度员、值班员、公安人员	均可云化
7	出行即服务系统	1. 搭建城轨乘客出行服务平台； 2. 提供动态信息、出行规划和便捷换乘的咨询建议； 3. 碳普惠服务等功能	线网中心、终端两层架构	运营管理人员、市民	均可云化
8	其他	随需配置	随需配置	随需配置	按需设置

3.5.2　外部服务类业务算力资源需求

根据外部服务类业务需求和云计算平台的技术特性，提出各应用系统所需的计算、存储（类型）、网络、跨网、灾备和安全等资源配置需求，以及系统安装、部署的处所。

外部服务类业务算力资源配置需求见表3-8。

外部服务类算力资源配置需求　　　　　　表 3-8

序号	业务系统	计算资源配置需求	存储资源需求	网络资源需求	安全需求	灾备需求	部署处所
1	外部服务类大数据应用系统	1. 应用服务器、通信服务器采用虚拟机或裸金属部署（冗余）； 2. 数据库服务器，采用物理机或虚拟机部署（冗余）； 3. 磁盘阵列采用物理机部署，存储容量随需而配； 4. 工作站采用物理机或采用云桌面	建议采用 FC SAN 类型或分布式存储	1000Mbps/10Gbps	二级等保	数据级	线网级
2	企业门户系统	1. 应用服务器、通信服务器采用虚拟机或裸金属部署（冗余）； 2. 数据库服务器，采用虚拟机或物理机部署（冗余）； 3. 工作站采用物理机或采用云桌面	建议采用 FC SAN 类型	1000Mbps	二级等保	数据级	线网

续上表

序号	业务系统	计算资源配置需求	存储资源需求	网络资源需求	安全需求	灾备需求	部署处所
3	互联网售检票系统	1. 应用服务器、通信服务器采用虚拟机或裸金属部署（冗余）； 2. 数据库服务器，采用虚拟机或物理机部署（冗余）； 3. 工作站采用物理机或采用云桌面	建议采用 FC SAN 类型	10Gbps	三级等保	数据级	线网级/现场级
4	乘客服务系统	1. 应用服务器、通信服务器采用虚拟机或裸金属部署（冗余）； 2. 数据库服务器，采用虚拟机或物理机部署（冗余）； 3. 工作站采用物理机或采用云桌面	建议采用 FC SAN 类型	1000Mbps	二级等保	数据级	线网级/车站级
5	线网智慧客流组织系统	1. 应用服务器、通信服务器采用虚拟机或裸金属部署（冗余）； 2. 数据库服务器，采用虚拟机或物理机部署（冗余）； 3. 工作站采用物理机或采用云桌面	建议采用 FC SAN 类型	1000Mbps	二级等保	数据级	线网级/车站级
6	视频监视系统	1. 应用服务器、通信服务器采用虚拟机或裸金属部署（冗余）； 2. 数据库服务器，采用虚拟机或物理机部署（冗余）； 3. 工作站采用物理机或采用云桌面	建议采用 NAS 或 IP SAN 类型	10Gbps	二级等保	数据级	线网（线路）级/车站级
7	出行即服务系统	1. 应用服务器、通信服务器采用虚拟机或裸金属部署（冗余）； 2. 数据库服务器，采用虚拟机或物理机部署（冗余）； 3. 工作站采用物理机或采用云桌面	建议采用 FC SAN 类型	100Mbps	二级等保	数据级	线网（线路）级/车站级
8	其他	随需配置	随需配置	随需配置	随需定级	随需设置	线网（线路）级/车站级

3.5.3　外部服务类业务数据备份时间需求

综合考虑外部服务类业务应用系统的特点、运营需求和对数据备份的要求，列出备份方式和备份时间，见表 3-9。

外部服务类业务数据备份时间表　　　　　　　　　　表 3-9

序号	业务系统	备份方式	备份时间（月）	考虑因素
1	大数据应用系统	本地	12	业务系统特点、运营需求
2	企业门户网站系统	本地	6	

序号	业务系统	备份方式	备份时间（月）	考虑因素
3	互联网售检票系统	本地	12	
4	乘客服务系统	本地	6	
5	线网智慧客流组织系统	本地	6	业务系统特点、运营需求
6	视频监视系统	本地	3	
7	出行即服务系统	本地	6	
8	其他系统	按需配置	按需配置	

3.6 新研发系统需求

随着城轨交通业务信息化的不断创新发展，新研发的信息系统将会陆续涌现，鉴于云计算技术的高效动态扩展的特性，只需按照前述原则，根据其业务性质和安全等级归纳在安全生产类、内部管理类和外部服务类三类业务中，并提出相关的需求，云平台即可提供相应的算力资源。

第4章
城轨云
技术体系

4.1　简述

在全面了解城轨交通行业运营生产、企业管理的组织架构及职责范围的基础上，广泛调研多年来城轨交通行业开展信息化、数字化的建设现状及应用成果，深入研究城轨交通行业运营管理、企业管理、经营管理、工程建设等领域的业务内容和实现功能，按照城轨交通的业务性质和安全需求，将城轨交通业务分为安全生产类、内部管理类和外部服务类三大类业务，为创建承载全部城轨业务的城轨云提供了依据。

基于城轨交通的行业特点、数智化基础及安全需求，研究适合中国城轨交通发展的云计算、大数据、通信网络、网络安全、基础设施和运维管理等要素组成的城轨云技术体系，实现新兴信息技术和城轨交通业务的深度融合，创建中国标准的城轨云技术体系。

4.2　城轨云技术体系

4.2.1　总体思路

按照系统设计的方法论，从城轨交通行业的全局与整体出发，运用系统论的方法，将城轨交通行业信息化建设的现状和新兴信息技术的发展趋势深度融合、统筹规划，坚持目标导向、问题导向，绘制体现体系前瞻性、技术先进性、应用实用性、经济合理性，且具有城轨交通行业特色的城轨云。

按照"自顶向下"的技术路线，在城轨业务创新发展方面，站在城轨交通行业的高度，尤其是站在城轨运营企业的公益服务、社会责任和经营城轨的高度，打造以信息技术赋能城轨交通发展的数据底座。在城轨交通信息化和数字化发展方面，深入研究以云计算为代表的新兴信息技术的体系架构、发展趋势以及城轨交通的特殊需求，制定综合运管平台、软件即服务（SaaS）、平台即服务（PaaS）、基础设施即服务（IaaS）以及基础设施 5 层组成的城轨云的体系架构。

按照"横向到边、纵向到底"的设计思路，对城轨交通整体业务的云化总体架构进行谋划。①"横向到边"的设计思路：坚持城轨云对城轨业务全覆盖、全承载的总体思路，将城轨交通业务的运营管理、企业管理、经营管理、工程建设等领域的业务，在分类管理的基础上，全部纳入云平台部署。②"纵向到底"的设计思路：在业务层面，满足对城轨交通运营企业线网运营指挥中心、线路控制中心和站段三级生产单位应用系统的支撑；在技术层面，将部署在线网中心、线路中心和站段的计算、存储、网络和安全设备，虚拟化技术、大数据技术、网络安全技术及运维管理技术全部纳入总体设计。同时，也将数据中心和计算（设备）室纳入其中，突出城轨云行业特点。横向到边多专业、多功能全覆盖，不漏项；纵向到底业务管理各层级、技术体系各要素全纳管，保重点。

4.2.2 建设原则

在研究业界私有云的逻辑架构和城轨交通业务特点的基础上，提出了"五个一"的城轨云建设原则，即：

（1）"一云遮天"

建立适合中国城轨交通行业特点的城轨云体系，实现城轨交通安全生产类、内部管理类、外部服务类等业务的全面承载，以及对云平台、大数据平台、通信网络、网络安全、基础设施和运管平台等要素统一管理。

（2）"一云三域"

以云平台技术隔离、数据互通的安全生产、内部管理和外部服务三个区域，满足城轨交通三类业务的不同需求。

（3）"一数共享"

搭建以云计算为技术支撑的大数据平台，为深入挖掘数字资源的潜在价值奠定基础。

（4）"一云三网"

根据应用系统安全等级保护的需求，在一个物理网上设置安全生产、内部管理和外部服务三个应用网域，实现安全管控下的运营业务全面覆盖。

（5）"一墙护网"

构建网络安全的纵深防御体系，确保云载业务安全可控。

4.2.3 体系架构

根据上述总体思路及建设原则，研究制定城轨云体系架构。城轨云体系由云平台（含云边缘节点）、大数据平台、通信网络、网络安全、基础设施和运管平台等关键要素组成。

城轨云技术体系如图 4-1 所示。

1）综合运管平台

建立综合运管平台，部署综合运管门户，实现城轨云的统一运维管控，以及登录认证、集中监视、运营服务、运维管理和资产管理等功能。①云平台管理，包括云平台对各软硬件资源的集中调度和统一编排，提供资源管理、运营管理、异构云管理等功能；②大数据管理，具备数据管理、数据标准和数据资产、数据质量以及数据服务等的数据管理功能；③通信网络管理，具备网络管理中心的职能，对网络配置、网络拓扑、网络性能和软件定义网络（Software Defined Network，SDN）等监控管理；④网络安全管理，具备态势感知、安全预警、安全策略、安全运营、数据安全等管理功能；⑤机房管理，具备机房供电、温度、湿度、消防等管理功能；⑥运维管理，具备云资源、网络、安全、应用等日常运行状态的运维管理功能。

综合运管平台

综合运管门户

| 登录认证 | 集中监控 | 运营服务 | 运行维护 | 数据资产 |

| 云平台管理 | 大数据管理 | 网络管理 | 安全管理 | 机房管理 | 运维管理 |

城轨云技术标准体系　　　城轨云网络安全体系

云平台

软件即服务（SaaS）层

安全生产类业务
- 安全生产大数据应用系统
- 线网运营指挥中心系统（NOCCS）
- 列车自动监控系统（ATS）
- 自动售检票系统（AFC）
- 综合监控系统（ISCS）
- 门禁系统（ACS）
- 乘客信息系统（PIS）
- 专用电话系统
- 智能运维系统
- 其他业务系统

内部管理类业务
- 内部管理大数据应用系统

运营管理
- 运行计划　施工计划
- 设备管理　运维管理
- 票务管理　站务管理
- 其他业务

建设管理
- 工程管理　安全管理
- 资料管理　BIM管理
- 设计管理　施工管理
- 其他业务

企业管理
- 财务管理　人事管理
- 办公管理　合同管理
- 资产管理　档案管理
- 其他业务

资源管理
- 资源开发　经营分析
- 媒体广告　房产开发
- 文旅开发　物业管理
- 其他业务

外部服务类业务
- 外部服务大数据应用系统
- 企业门户网站系统
- 互联网售检票系统
- 乘客服务系统
- 线网智慧客流组织系统
- 视频监视系统
- MaaS系统
- 其他业务系统

平台即服务（PaaS）层

大数据平台

大数据服务
数据应用层	Hadoop
应用支撑层	Hbase
数据存储层	HDFS
数据集成层	Kafka
数据源层	Hive

数据共享平台
统一数据共享平台（企业级）
- 安全生产域数据共享平台　安全隔离
- 内部管理域数据共享平台　安全隔离
- 外部服务域数据共享平台

容器服务
- 容器调度
- 集群管理
- 容器存储
- 容器网络
- ......

中间件服务
- 分布式消息队列
- 分布式日志
- 分布式缓存
- 分布式任务调度
- ......

数据库服务
- 数据库管理
- MPP数据库
- 关系型数据库
- 非关系型数据库
- ......

微服务管理
- 服务注册
- 服务配置
- 服务拓扑
- 服务聚合
- ......

基础设施即服务（IaaS）层

安全生产域
- 线网系统VDC　NOCC VPC　ACC VPC　…
- 信号系统VDC　线路1VPC　线路2VPC　…
- 综合监控VDC　线路1VPC　线路2VPC　…
- 乘客信息VDC　线路1VPC　线路2VPC　…
- 计算资源池　存储资源池
- 网络资源池　安全资源池

内部管理域
- 运营管理VDC　运维管理VPC　票务管理VPC　…
- 建设管理VDC　规划设计VPC　施工管理VPC　…
- 企业管理VDC　财务管理VPC　人事管理VPC　…
- 资源管理VDC　资源开发VPC　经营分析VPC　…
- 计算资源池　存储资源池
- 网络资源池　安全资源池

外部服务域
- 企业门户VDC　企业概况VPC　信息发布VPC　…
- 互联网售票VDC　生物识别VPC　票务处理VPC　…
- 智慧客流VDC　客流监测VPC　信息共享VPC　…
- 综合业务VDC　视频监控VPC　公务电话VPC　…
- 计算资源池　存储资源池
- 网络资源池　安全资源池

物理设备
计算设备	存储设备	网络设备	安全设备
多路服务器　裸金属服务器	FC-SAN　IP-SAN	交换机　路由器	安管平台　安全审计类
GPU服务器　云桌面终端	NAS　分布式存储	负载均衡　SDN	态势感知　防火墙

通信网络
- 运维管理网
- 安全生产网　内部管理网　外部服务网
- 无线网络　骨干传输网　无线网络
- 车载网络　车载网络

云边缘节点

车站	车辆段	停车场
ESaaS	ESaaS	ESaaS
EPaaS	EPaaS	EPaaS
EIaaS	EIaaS	EIaaS

基础设施层

| 线网/线路级主用中心 | 线网/线路级备用中心 | 测试中心 | 车站/段场 | 车辆 |

| 数据机房 | 电源及配电 | 通风空调 | 机房监控 |

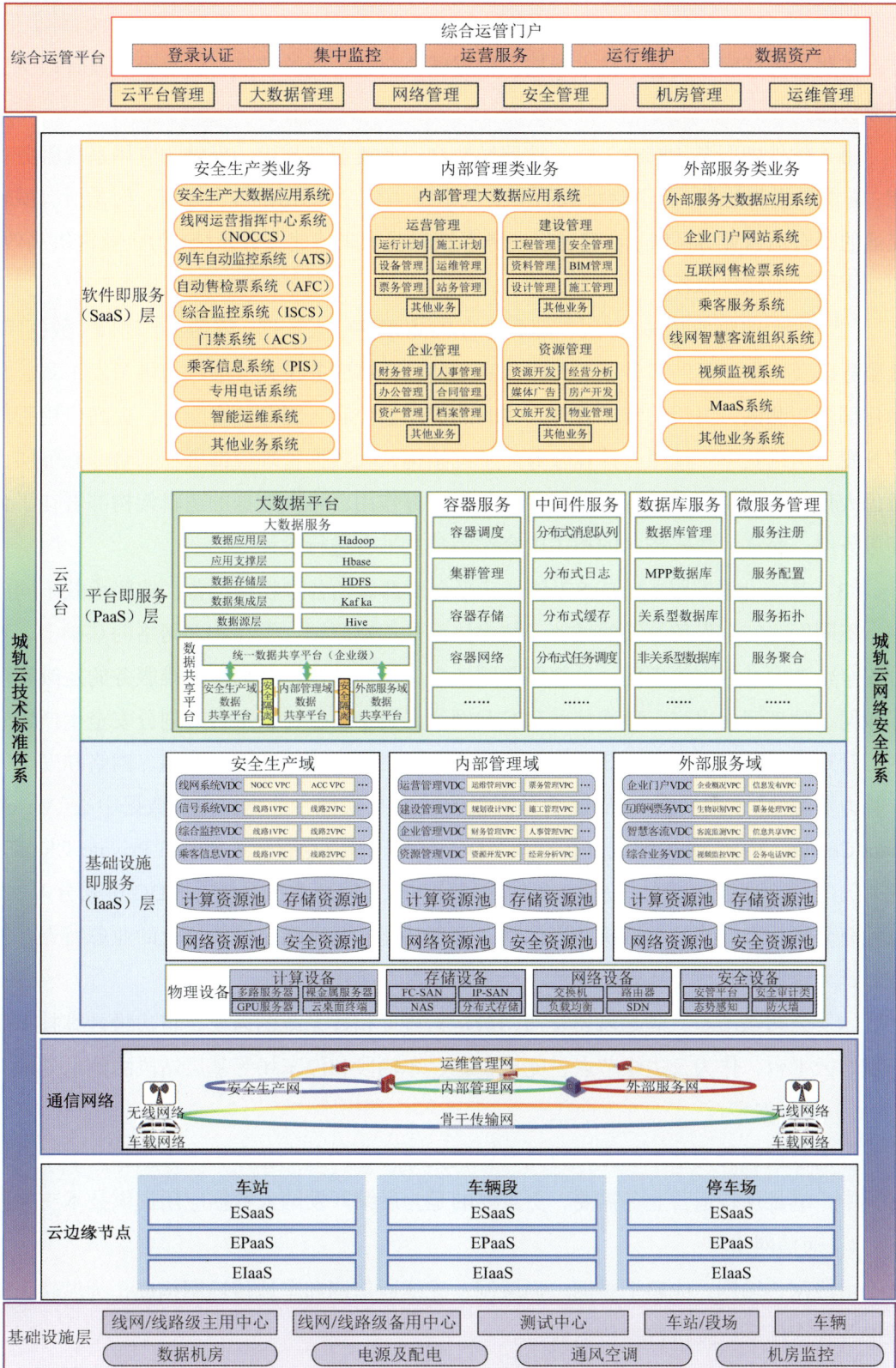

图 4-1　城轨云技术体系示意图

2）云平台

按照云计算服务的基本技术架构，根据城轨交通行业的特点，云平台中设计以下云服务功能：

（1）软件即服务（SaaS）层，按照城轨交通各类业务需求，提供的应用系统服务功能，需重点强调的是，云平台承载的不仅仅是图 4-1 中所列出的业务系统，而是所有城轨交通的既有运营业务系统、在建开发业务系统以及未来待建业务系统，为企业提供高效、便捷和灵活的软件服务。

（2）平台即服务（PaaS）层，云平台的 PaaS 管理，大数据、容器、中间件、数据库、微服务以及开发工具的多种服务，作为高效的云计算服务模式，通过提供开发工具、自动化部署与测试、灵活的资源管理、实时的应用监控和云服务整合能力，提高应用程序的开发和运维效率。按照云计算服务的基础架构，大数据管理应部署在平台即服务层，考虑大数据技术应用在数智化发展中的重要支撑作用，将大数据的逻辑架构部署在平台即服务层，而将大数据技术的相关内容作为独立平台进行设计。

（3）基础设施即服务（IaaS）层，云平台所部署的各种物理设备，按照承载不同应用、不同网络安全保护等级的城轨云技术体系的构建原则：①在物理网络的基础上，划分安全生产网、内部管理网、外部服务网三个应用局域网，并部署运维服务的运维管理局域网。物理网中也将车地通信网和车载网纳入其中。②在云平台上划分安全生产域、内部管理域、外部服务域。③在云平台的三个域中分别构建计算、存储、网络和安全四个算力资源池。④在安全生产域（含外部服务域）中，按照专业划分虚拟数据中心（Virtual Data Center，VDC），按照线路在专业 VDC 中划分虚拟专有云（Virtual Private Cloud，VPC）。⑤在内部管理域中，按照业务领域划分 VDC，按照业务系统在 VDC 中划分 VPC。以此充分利用云计算的虚拟机和资源动态管理功能，紧密结合城轨行业的业务特点，发挥云算力资源的灵活、高效、绿色、经济的技术支撑作用。

（4）云边缘节点，满足城轨交通两级运营调度指挥系统的需要，将边缘计算技术融入城轨云平台，作为云边缘节点，完成车站、车辆段和停车场等基层站段的信息处理。

3）大数据平台

以大数据服务为基本服务，将具有城轨交通特色的三个业务类的大数据共享平台列在其中，满足现行运营业务需要，更重要的是为后续开发的大数据应用提供技术支撑。

4）通信网络

由线网传输网、线路汇聚网、局域网、无线通信网和车地传输网构成，为城轨云承载的各种应用系统提供数据传输通道。

5）网络安全

作为重要内容部署在城轨云技术体系中，将云平台、应用系统、数据、网络和基础设施等内容，落实在安全物理环境、安全通信网络、安全区域边界和安全计算环境的总体要求中。

6）基础设施

在城轨运营行业的生产组织中，均建立了不同规模的数据中心（主用和备用）或计算（设备）室，为城轨云建设、运营发挥了不可或缺的作用，将数据中心机房、机房辅助设备及机房监控系统纳入体系架构中，旨在为城轨云提供可靠的基础设施保障。

7）城轨云技术标准体系和城轨云网络安全体系

城轨云技术标准体系和城轨云网络安全体系是城轨云体系的重要支撑。城轨云技术标准体系是中国城轨交通行业唯一的城轨云标准，是城轨云建设和运营的指导性技术文件；城轨云网络安全体系是落实国家网络安全相关要求的具体实践，体现在城轨云各个环节。

4.3　城轨云平台总体架构

城轨交通由线网运营指挥中心、线路控制中心和车站（车辆段）三级生产单位组成，在地域分布上，具有点多、线长、面广的特点；在业务范围上，具有专业多、业务广、岗位多的特色；在运营组织上，具有车辆多、设备多、网络化的特征。

城轨云的分布式网络和动态算力资源的优势，是城轨交通业务的最佳支撑基础设施。城轨云以其主用中心云平台和站段云边缘节点实现对业务的全承载，并将既有或新建的企业管理云节点（或非云化系统）纳管，实现城轨交通线网的全云覆盖，城轨云资源的全云管理。与此同时，构建灾备中心云平台，以满足城轨交通业务不同等级灾备的需求。

城轨云总体布局如图 4-2 所示。

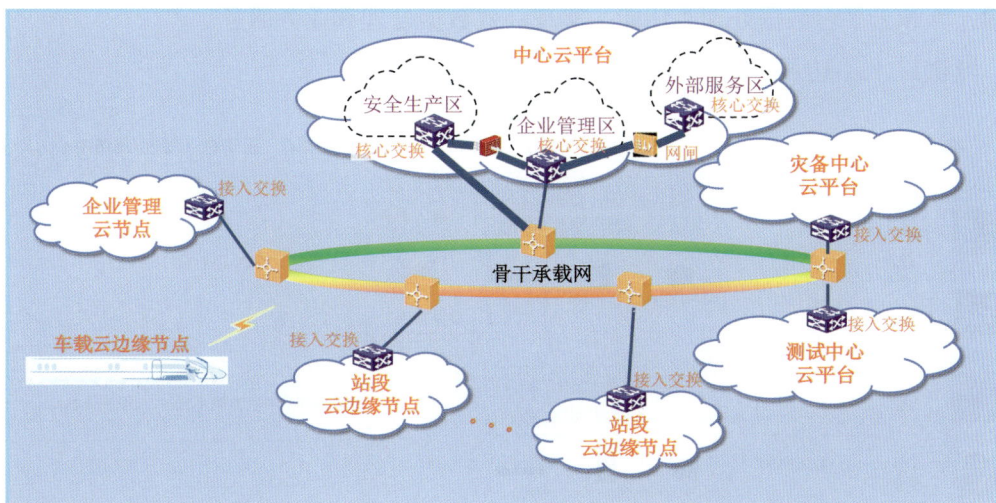

图 4-2　城轨云总体布局示意图

适应运营生产组织架构的需要，城轨云纵向由中心云平台和站段云边缘节点两级组成，横向由主用中心和灾备中心组成。

适应云计算技术和城轨交通业务深度融合的需要，在云平台构建技术隔离、数据互通的安全生产、内部管理和外部服务三个区域，在一个物理网上设置安全生产、内部管理和外部服务三个应用局域网，并分别建立计算、存储、网络及安全资源池，按业务需求为各类业务系统或应用分配资源，实现资源的逻辑统一和高效利用，满足城轨交通三类业务的不同需求。

城轨云平台物理架构如图 4-3 所示。

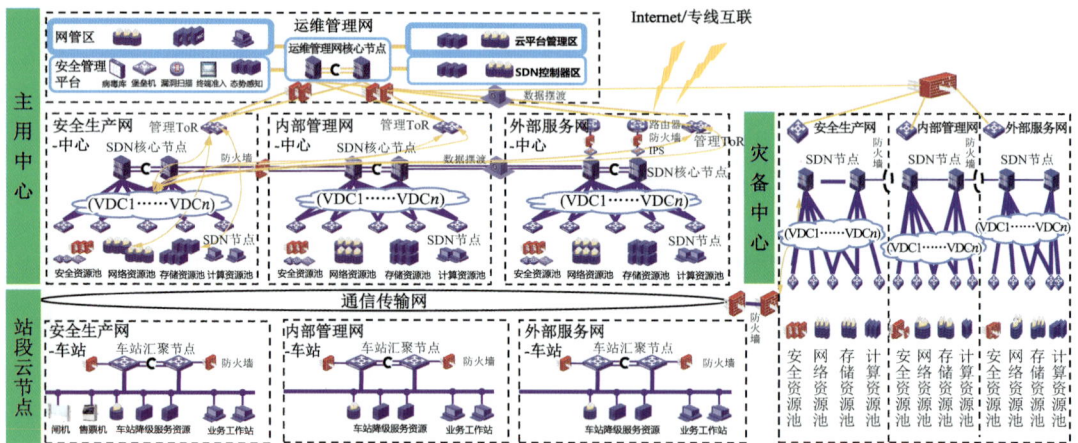

图 4-3 城轨云平台物理架构示意图

鉴于城轨交通由运输现场信息感知和采集设备设施、车站应用系统以及线网（线路）应用系统组成，在云平台设计"云-边-端"系统架构，协同处理端点信息采集、边缘数据传输计算和云平台数据处理等功能，实现高效数据处理和业务服务。

城轨云"云-边-端"体系架构如图 4-4 所示。

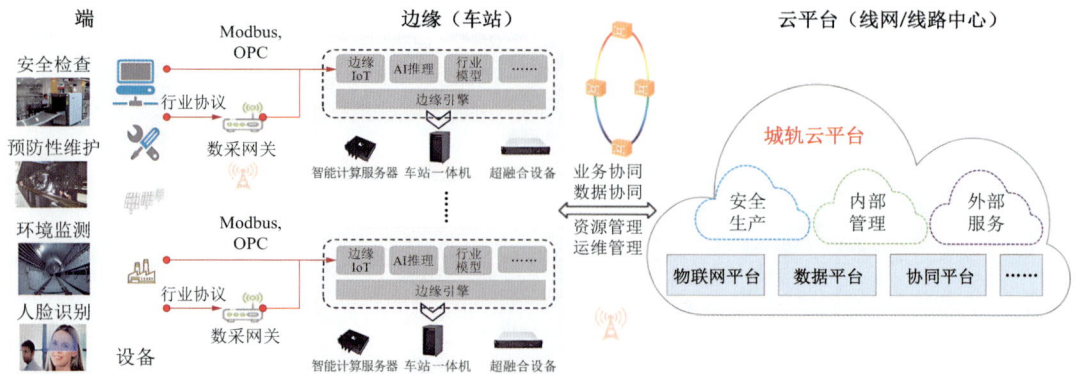

图 4-4 城轨云"云-边-端"体系架构示意图

4.4　城轨云大数据平台总体架构

基于城轨云平台构建大数据平台，大数据平台由三个层级构成：企业级，安全生产、内部管理、外部服务三域各自共享级和应用系统独享级。企业级共享平台存储全企业共享的数据；三域各自共享平台存储本域内共享的数据；应用系统存储区存储各系统自行处理的数据；通常在内部管理域构建企业全量数据的大数据平台。

三域数据共享平台对本域内各类数据源进行集成、存储和计算，构建应用支撑框架，为应用层提供数据交换与共享、数据开发环境以及数据管理服务。大数据应用通过安全防护和数据访问机制共享平台数据。

大数据平台总体架构如图 4-5 所示。

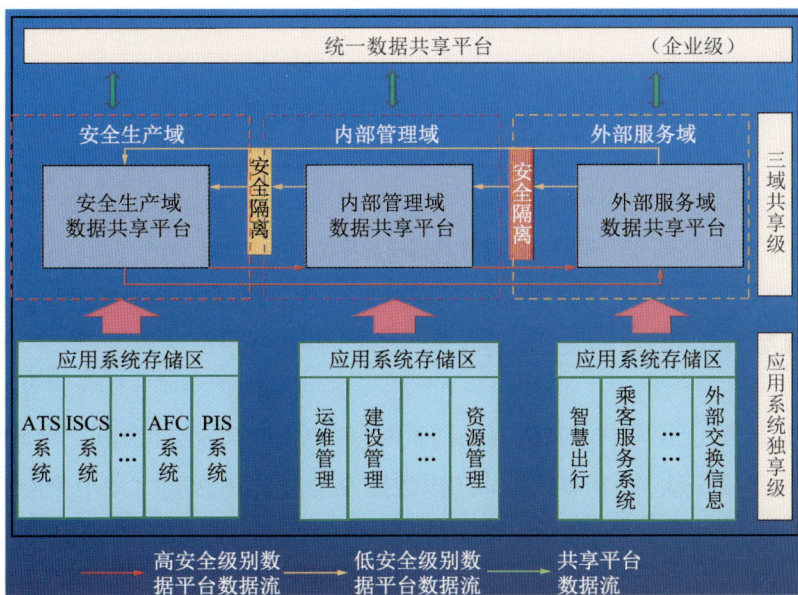

图 4-5　大数据平台总体架构示意图

4.5　城轨云通信网络总体架构

城轨云通信网络由传输网、局域网、无线通信网等组成。

传输网包括线网传输网和线路传输网。

局域网按业务系统功能、安全防护的要求，划分为安全生产网、内部管理网、外部服务网及运维管理网。

无线通信网包括车地通信网等无线传输网络。按国家政策、技术特点以及承载信息类型，划分为使用授权频段和使用非授权频段无线通信网。各业务系统可按功能、业务、安全级别、资源类型、服务等级等要求划分不同的网络分区。

城轨云网络总体架构如图4-6所示。

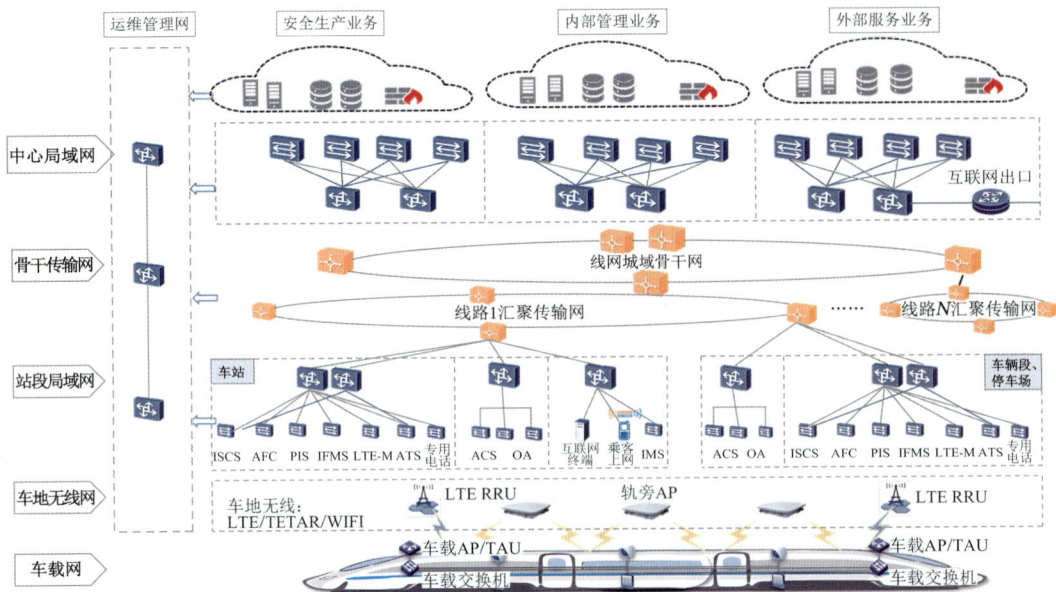

图 4-6 城轨云网络总体架构示意图

4.6 城轨云网络安全总体架构

在城轨云建设、运营中，严格遵循国家网络安全的有关法律法规，全面落实《中华人民共和国网络安全法》《中华人民共和国数据安全法》，在实施"一个中心、四重防护"（安全管理中心、安全物理环境、安全通信网络、安全区域边界、安全计算环境）的基础上，结合城轨交通的行业特点和城轨云的体系架构，提出了"系统自保、平台统保、边界防护、等保达标、安全确保"的方针，以网络安全等级保护为指导，分别搭建云平台、网域边界以及应用系统的安全保护措施，确保城轨云安全可靠运行。

城轨云"一个中心、四重防护"的网络安全体系架构及主要内容见图4-7。

统筹布局、合理划分应用系统云化的安全防护措施，部署云安全资源池，各个应用系统根据各自的安全保护等级进行管控，建立城轨云应用系统自我保护的机制。城轨云"系统自保"网络安全机制见图4-8。

城轨云平台根据各业务系统的特点、安全性和可靠性等方面的需求划分安全域，配置计算资源、存储资源及网络资源。对主机、存储、网络以及终端等基础设施、云平台自身安全防护机制，数据访问控制以及与业务系统 VDC 之间的安全防护形成统一的纵深防御体系，实现城轨云平台的统一保护。

等保2.0解决方案设计：
①一个中心：符合等保要求的一个安全管理中心；
②两个层面：覆盖云平台及用户两个层面范围；
③四重防护：涉及安全物理环境、安全区域边界、安全通信网络、安全计算环境的三重防护。

安全管理中心
对定级系统的安全策略及安全计算环境、安全区域边界和安全通信网络上的安全机制实施统一管理的平台。

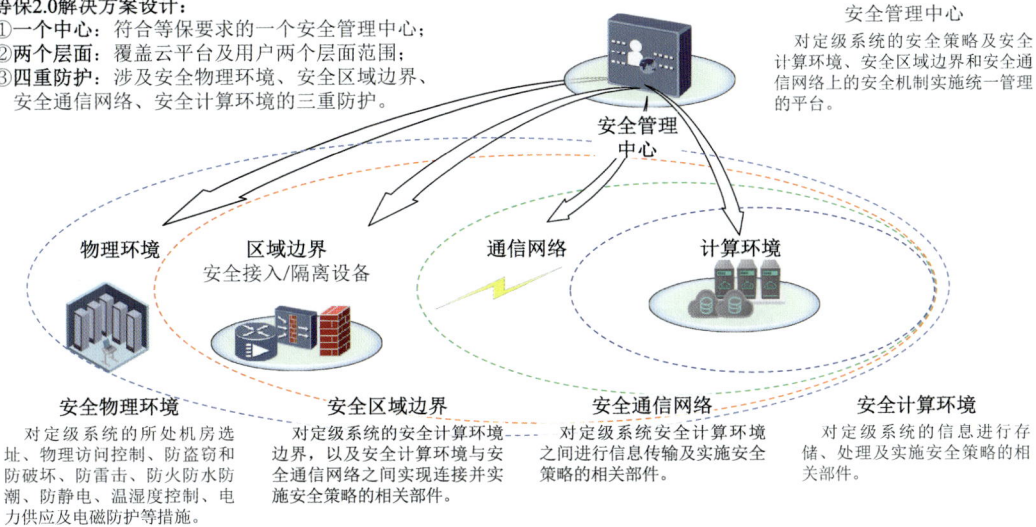

安全管理中心

物理环境　区域边界　通信网络　计算环境
安全接入/隔离设备

安全物理环境
对定级系统的所处机房选址、物理访问控制、防盗窃和防破坏、防雷击、防火防水防潮、防静电、温湿度控制、电力供应及电磁防护等措施。

安全区域边界
对定级系统的安全计算环境边界，以及安全计算环境与安全通信网络之间实现连接并实施安全策略的相关部件。

安全通信网络
对定级系统安全计算环境之间进行信息传输及实施安全策略的相关部件。

安全计算环境
对定级系统的信息进行存储、处理及实施安全策略的相关部件。

图 4-7　城轨云"一个中心、四重防护"网络安全体系架构示意图

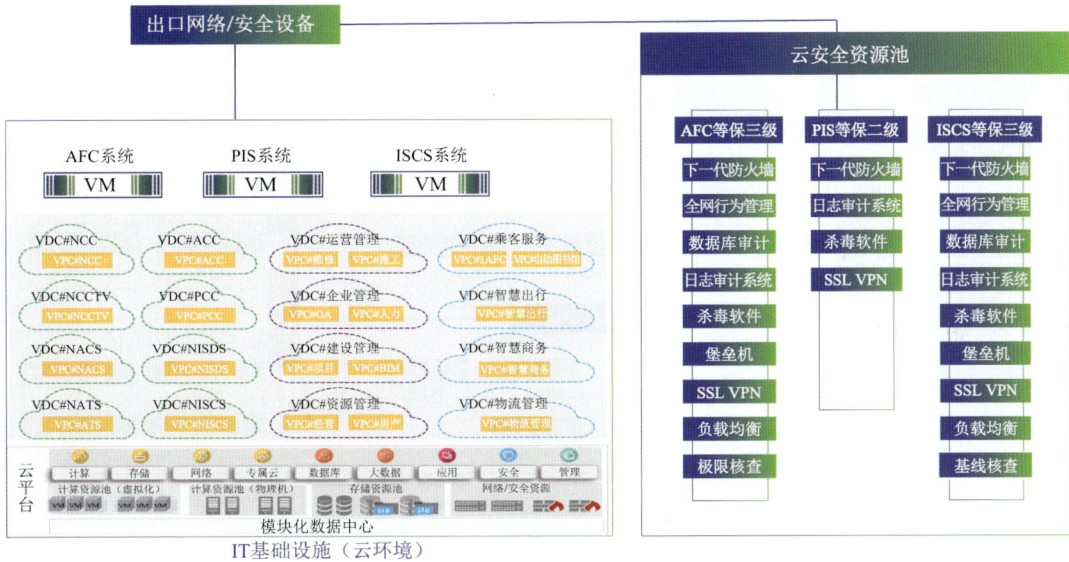

图 4-8　城轨云"系统自保"网络安全机制示意图

城轨云"平台统保"网络安全机制见图 4-9。

城轨云平台实施各个网域间、跨网访问、跨区访问以及跨数据中心访问等的边界防护，以边界防护措施，保证平台、区域和系统安全。

城轨云"边界防护"机制见图 4-10。

本书第 5 章至第 11 章将针对城轨云综合运管平台、城轨云平台、城轨云大数据平台、城轨云通信网络、城轨云网络安全以及城轨云数据中心机房的具体架构及技术特征进行详细介绍。

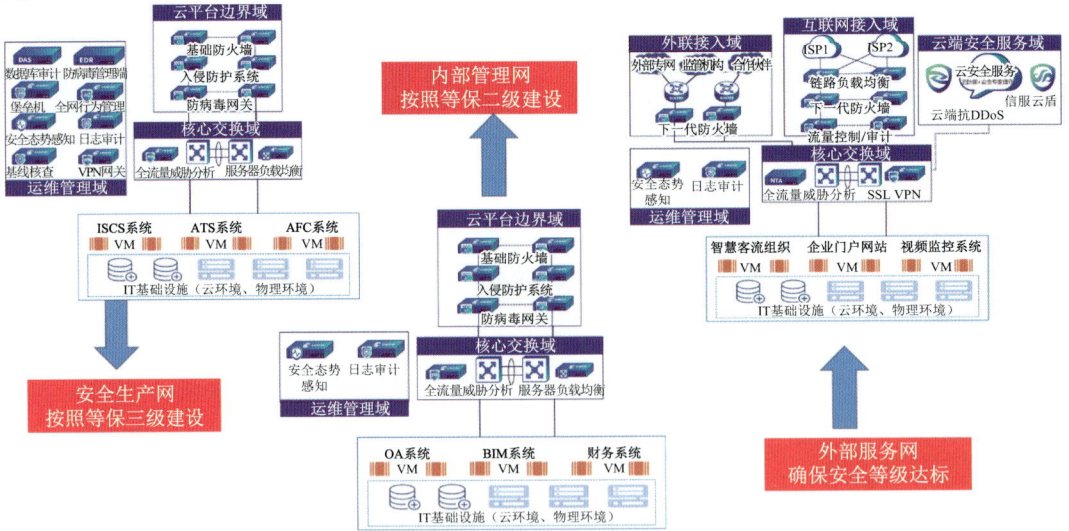

图 4-9　城轨云"平台统保"网络安全机制示意图

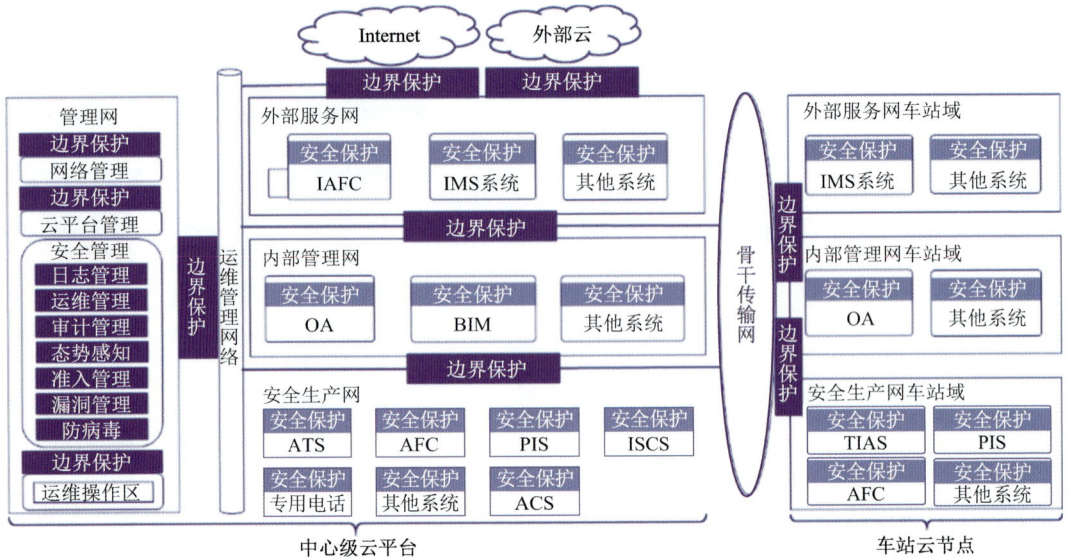

图 4-10　城轨云"边界防护"网络安全机制示意图

第5章
城轨云
综合运管平台

5.1　简述

城轨云是新一代信息技术和城轨交通业务深度融合、集成创新的系统工程，是承载城轨交通全部运营业务不可或缺的重要基础平台，具有涉及专业多、应用技术新、安全要求高、覆盖范围广、集成难度大、运维管理严等特点。要在城轨云体系顶层设计的指导下，将城轨云的运行管理置于工程建设的首位，按照专业协同、建用协同、运管协同的要求，统筹规划、系统设计，建立城轨云集中统一管理的运行管控体系，实行全云统管、监控集中、专业分治、责权清晰、安运确保的机制，构建综合运管平台作为城轨云的门户和窗口。通过研发城轨云平台级运行管理功能，集成城轨云专业级运行管理功能，实现对城轨云基础算力资源、应用系统运行、运维安全效率等统筹管理，保障城轨云安全可靠、稳定高效运行。

5.2　基本原则

按照"平台统管，界面集成；系统分控，功能自治；登录验证，确权履行；统分兼容，高效运营"的建设原则，构建综合运管平台。

（1）平台统管，界面集成

综合运管平台对城轨云的用户登录认证、集中监控、运营服务、运行维护和数据资产等进行统一管理，采用界面级集成的方式，对云平台、大数据平台、通信网络、网络安全、机房监控和运行维护 6 个专业管理平台进行调用，实行平台统一管理和专业系统管理的融合机制，实现城轨云资源和应用系统的统一管理。

（2）系统分控，功能自治

综合运管平台共享云平台、大数据平台、通信网络、网络安全、机房监控和运行维护等专业平台的运管功能，基本不改变专业系统运管功能和操作流程，专业系统的运管功能仍实行自治、自管。

（3）登录验证，确权履行

用户在门户登录，综合运营平台对用户身份认证和权限管理，根据用户的角色，赋予相应的访问权限，按授权进行相应的操作。

（4）统分兼容，高效运营

综合运管平台的"一个综合运管门户、五大综合运管功能、六个专业运管平台"通过登录认证、权限授予分别实施管理，形成平台级总体运管和专业级分别运管相互兼顾融合的机制，提升运维效率，减少运维人员，降低运营成本。

5.3 技术架构

构建"一个综合运管门户、五大综合运管功能、六个专业运管平台"的综合运管平台，在综合运管平台中，采用综合运管门户和专业运管平台两层架构。将综合运管门户和五大运管功能部署在城轨云运维管理域，六个专业平台仍部署在各自专业系统，通过界面集成方式与对应专业运管平台进行互联互通，实现对城轨云运维的一体化管理。

（1）构建一个综合运管门户，实现城轨云平台运行维护的统一管控。

（2）打造五大平台运管功能，实现统一的登录认证、集中监控，运营服务、运维管理和数据资产等功能。

（3）集成六个专业运管平台。

①云平台管理平台，具备对资源管理、运营管理、异构云管理等全面管理功能。

②大数据管理平台，具备数据管理、数据标准和数据资产、数据质量以及数据服务等的数据管理功能。

③通信网络管理平台，具备网络管理中心的职能，对网络配置、网络拓扑、网络性能和软件定义网络（Software Defined Network，SDN）等监控管理功能。

④网络安全管理平台，具备态势感知、安全预警、安全策略、安全运营、数据安全等管理功能。

⑤机房监控管理平台，具备机房供电、温度、湿度、消防等管理功能。

⑥运行维护管理平台，具备云资源、网络、安全、应用等日常运行状态的管理功能。

综合运管平台的技术架构如图 5-1 所示。

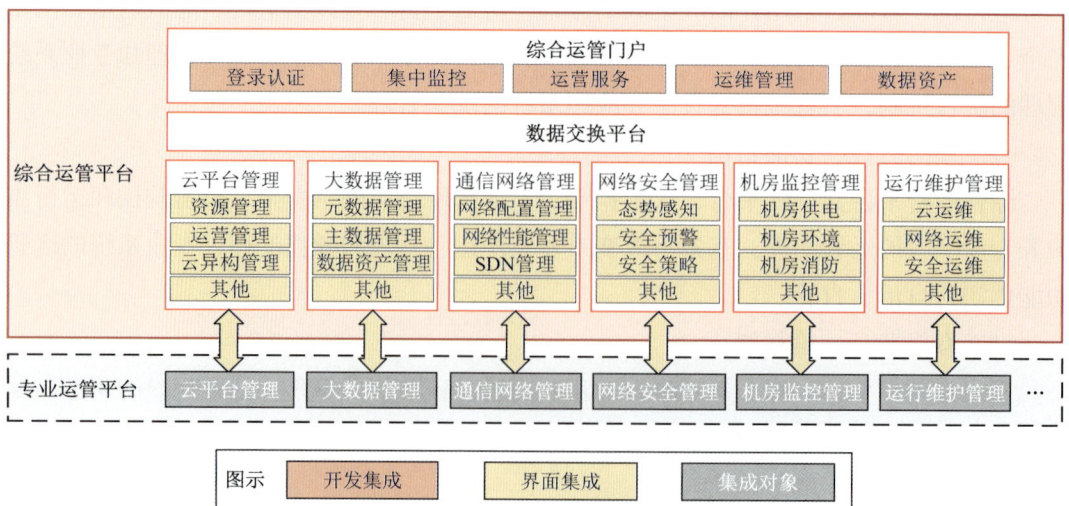

图 5-1　综合运管平台技术架构示意图

5.4 基本功能

综合运管平台的基本功能是：一个综合运管门户，具备登录认证、集中监控、运营服务、运维管理、数据资产等五大平台运管功能，集成云平台、大数据平台、通信网络、网络安全、机房设施和运行维护等六个专业运管平台功能集成，实现对城轨云基础算力资源、应用系统运行、运维安全效率等的统筹管理、全面监控，具体功能如下所述。

5.4.1 综合运管门户

5.4.1.1 登录认证

实行统一的门户登录，对用户身份进行认证和权限管理，根据用户的角色，赋予相应的访问权限，实现用户的统一登录、授权和操作。统一登录主要包含用户管理、角色管理、系统设置、第三方管理、日志管理等门户功能模块。

（1）用户管理

系统用户管理，维护系统用户信息及设置。包括新建用户、编辑用户、删除用户、启用/禁用用户；对用户赋予一个或多个角色；针对用户进行重置密码等。

（2）角色管理

管理所有角色，进行权限及角色设置。保留新建角色、删除角色、启用/禁用角色、对角色分配权限等功能。

（3）系统设置

主要完成系统相关安全设置，包含登录策略、密码限制、自动登录等。

（4）第三方管理

管理对接的所有第三方系统，支持接入新平台，对已接入平台进行编辑、删除，查看版本及厂商信息等。

（5）日志管理

日志管理主要收集本平台中用户重要的一些操作日志，用于审计和安全评估。

5.4.1.2 集中监控

综合运管平台可简单明了查看所集成系统的总览信息，同时提供各个对接系统的相应入口，收集、整合各个对接系统的运行情况、告警情况等，通过分析数据，得出统计分析类指标，进行概括总结，呈现在首页概览中。首页可结合用户角色和组织架构进行显示数据和内容的调整切换。统一监视模块支持大屏、工作站客户端和移动客户端登录和展现方式，满足宏观和微观的不同用户运管监控的需求。主要监控内容包括：

提供对云平台设备的网元级管理，包括数据中心服务器、存储、交换机等物理设备，实现所有物理设备的集中监控，并对网络的配置、服务器的部署、存储的资源配置提供可视化界面，实现对云平台物理设备的统一管理。提供基于任务的性能监控能力，长期监控设备 CPU、内存、设备连通性、设备响应时间、接口流量、网络通断率、利用率等网络性能，支持设置不同的性能阈值。

1）设备监控（资源监控）

实时监测云平台的服务器、存储设备、网络设备安全设备等硬件的运行状态，包括 CPU 使用率、内存占用率、磁盘空间、网络流量等指标。提供可视化的监控界面，对设备的故障和异常情况进行及时报警，以便运维人员快速响应和处理。

（1）服务器监控管理

通过带外监控的方式对服务器中的风扇、温度、电源、CPU 及内存、网卡、硬盘存储、固件、传感器、FRU（Field Replace Unit，现场可更换单元）等指标参数进行监控，可通过概览查看总体情况，也可以打开每个子项查看详情。该功能可帮助实现硬件自动监控，远程开关机，降低人工巡检工作量等功能。

（2）存储设备监控管理

对存储中的风扇、温度、电源、CPU 及内存、硬盘空间等指标参数进行监控，可查看每个子项详情。该功能可帮助实现存储自动监控，可用空间监测等功能。

（3）网络监控

针对路由器、交换机等网络设备的监控功能。根据被管理对象的类型及其属性，采集各类设备的性能数据，并通过拓扑管理显示资源以及资源之间的拓扑关系，关联呈现资源的告警、性能、配置等信息。通过性能管理实现对采集数据的性能分析。

2）系统监控

以系统为监控对象，包括主中心、备中心、测试中心、云边缘节点等整体系统健康状态，包括设备拓扑图、重要性指标、可靠性指标、维护频次指标、运行时间指标、易维护性指标等，在综合运管平台门户上以图表和指示灯形式展示。

3）应用监控

对城轨云承载的关键业务应用进行监控，包括操作系统、数据库、中间件等软件系统的运行状态，如进程状态、服务可用性、日志异常等，以及应用服务的响应时间、吞吐量、错误率等指标，确保业务的正常运行。

从业务应用全局视角，基于业务整体的健康度对系统运行状态进行全方位监控和统计，包括操作系统、数据库、中间件、微服务、服务网关、链路、日志、告警等，为运维人员提供指标分析型工具。

4）运营监视

运营监视模块城轨云平台的计算、存储、网络、安全等资源使用情况进行宏观整体的监视。通过云运营监视模块，实时收集和分析资源数据，以便优化配置，避免资源瓶颈或浪费，确保轨道交通系统的高效运行。

5）安全监视

安全监视是对网络安全、安全告警、安全设备监控等信息的集中收集展示，通过图表可直观地获取所纳管资源和设备的安全运行状态和安全防御状态等信息。

实时监控云平台的安全状况，包括网络流量、系统日志、用户行为等，对安全事件进行预警，及时采取措施进行处理。

通过对接网络安全管理系统，获取相关数据实现对网络安全资源的监控。将数据整合处理后以图表等多种形式展示监控数据，清晰直观。主要监控指标包含主机资产、基线异常、服务器安全感知、终端安全感知、威胁感知。

6）机房监视

机房监视通过采集机房综合运维监控平台的数据，实时监控城轨云数据中心机房的温度、湿度和供电状况等，展示机房整体情况，支持机房 3D 效果显示，统计机房当前状态、设备信息、告警信息、健康度分析、使用情况等多种指标，便于快速了解机房及各个设备运行情况。实现对城轨云数据中心机房模块内供配电设备、空调设备、温湿度设备、漏水检测设备、烟雾设备、视频设备、门禁设备等设备的不间断监控，并具备状态记录、动态调整、实时预警、联动控制等功能，可以进行近端及远端控制。

5.4.1.3　运营服务

（1）运营数据统计

收集和统计云平台的运营数据，如资源使用量、服务申请量、用户活跃度等。提供数据分析工具，帮助企业了解云平台的运营状况和用户需求。

（2）性能分析与优化

分析云平台的性能指标，如响应时间、吞吐量、资源利用率等。根据分析结果，提出性能优化建议，提高云平台的性能和稳定性。

（3）成本分析与控制

云平台的成本结构包括资源成本、服务成本、运维成本等。提供成本控制建议，帮助企业降低云平台的运营成本。

5.4.1.4　运维管理

运维管理模块可实现与各平台对接，实现对被监控操作系统、主机、中间件、数据库等各类设备的运行状态进行自动化巡检；通过自动化运维系统进行故障诊断信息收集、诊断脚本命令的自动化下发。运维自动化模块具备海量任务管理、调度、执行能力，满足自动化作业管理能力，实现任务的自动下发、执行能力；通过告警上报和自动化运维的联动实现智能故障自愈，能够提供简便的场景编排能力将运维专家的经验固化成代码。

（1）服务水平管理

服务级别管理对服务级别与服务目标进行管理，支持服务级别目标的设定及量化考核，通过建立与约定的服务级别考核协议，监视约定的服务级别执行情况，最终统计出相应的服务指标，并形成改善计划和服务水平报告，在对服务级别进行准确分析评估的基础上实现服务优化，来确保服务质量得以维持并逐渐改善。

（2）服务目录管理

提供计算、存储、网络、灾备、大数据基础资源等服务目录，系统管理员可自定义个性化服务目录，如生产环境服务目录，测试环境服务目录等。

服务目录提供一个管理所有交付服务的集中信息源，维护已经或将要转换到生产环境的服务清单，用以表述交付的所有 IT 服务以及这些 IT 服务与支持服务之间的关系。服务目录作为对外服务的窗口，提供清晰和明确服务指导，同时作为运维支持团队沟通和协调的依据。

（3）知识库管理

提供知识库管理功能，可以通过查询知识库获取维护经验，保证知识传递共享，提高运维团队运维水平，减少无效求助，提高 IT 运维效率。

（4）计划任务管理

任务管理流程对信息技术基础架构库（Information Technology Infrastructure Library，ITIL）核心流程是一个重要的补充和改进，此模块服务于其他 IT 服务管理流程，使 IT 服务管理上下贯通，同时有利于企业制定出更加符合企业本身管理目标的流程，也使任务的执行过程得以记录和监控，有利于服务管理水平的分析，提升 IT 服务的质量。

5.4.1.5　数据资产

数据资产是指组织或个人所拥有或控制的，能够为企业或个人带来未来经济利益的，以物理或电子方式记录的数据资源。数据资产可以包括以下几类。

（1）数字资产：包括照片、视频、文件、订单、合同等资源，以电子形式存在，具有潜在的经济价值。

（2）软件资产：包括操作系统、数据库应用程序、网络软件、办公应用系统等。

（3）实物资产：与业务相关的 IT 物理设备或使用的硬件设施。

（4）人员资产：对数据资产、软件资产和实物资产进行使用、操作和支持的人员角色。

（5）服务资产：以购买方式获取的，或需要支持部门特别提供的服务。

（6）其他资产：如信息安全管理体系（Information Security Management Systems，ISMS）的有效性、标准合规、客户要求的符合性等。

数据资产的价值越来越受到重视，已成为城市轨道交通行业可持续发展的重要资产，数据资产管理是通过创造营收、减少成本、改进决策等手段，提高数据资产的价值。

5.4.2　专业运管平台

（1）云平台管理平台

调用云管平台的北向接口，实现云平台管理功能，包括云平台对各软硬件资源的集中调度和统一编排，提供生产管理、运营管理、异构云管理等功能。生产管理方面，云管平台实现对 IaaS、PaaS、SaaS 的生产管理；管理层面具体包括云平台管理、虚拟化管理、容器管理、微服务治理、SDN 管控、网络运维管理、IT 运维管理、安全资源管理等。详见第 6 章城轨云平台章节。

（2）大数据管理平台

调用大数据管理平台的北向接口，实现大数据管理功能，包括数据管理、数据标准和数据资产、数据质量以及数据服务等功能。详见第 7 章城轨云大数据平台章节。

（3）通信网络管理平台

调用网络管理平台的北向接口，实现统一网络管理功能，包括骨干传输网管理、局域网络管理、无线网络管理、车载网络管理等功能，详见第 8 章城轨云通信网络章节。

（4）网络安全管理平台

调用网络安全管控平台的北向接口，实现统一安全管理功能，实现功能主要包含：态势感知、安全预警、安全策略、安全运营、数据安全等。详见第 9 章城轨云网络安全章节。

（5）机房监控平台

调用机房监控系统的北向接口，实时传输双路供电系统、不间断电源（Uninterruptible Power Supply，UPS）的电压、电流等工作状态，实时显示机房温湿度等。详见第 11 章城轨云数据中心机房章节。

（6）运维管理平台

调用运行维护管理平台的北向接口，实现统一运维管理功能，运维主要包含：监控管理、告警管理、拓扑管理、日志管理等功能模块。统一运维管理对象包括云平台、云网络、云安全等。详见第 12 章城轨云运行维护章节。

第6章

城轨云平台

6.1　简述

城轨云平台是以云计算等新一代信息技术为基础，以城轨交通行业为对象，以智慧、绿色、融合为引领，以自主化、标准化、集约化为方向的新一代信息技术平台。

城轨云平台作为城轨交通信息化的"数据底座"，采用私有云服务的部署方式，承载城轨交通全部运营业务，搭建统一运维管理平台，创建两级云体系架构、划分三个网域、构建算力资源池，实现全面承载、标准统一、资源集约、服务融合、数据共享、网络通达、安全可靠、运维便捷，为城轨交通的数智化发展提供信息技术支撑。

6.2　基本原则

（1）构建技术先进的城轨云服务体系

发挥云服务管理平台对计算、存储、网络和安全等云资源的全面管控，以及 IaaS（基础设施即服务）、PaaS（平台即服务）和 SaaS（软件即服务）的综合服务，以满足城轨交通运营环境复杂、多样化的业务需求，实现运营业务和应用场景的全面覆盖，建立统一的资源管理和服务调度机制，确保各类资源的最优配置和高效使用，不同服务之间的无缝连接、协同工作。

（2）构建技术和业务融合的云体系架构

为满足城轨云全面承载城轨交通业务的需求，按照城轨交通生产组织架构、业务性质和网络安全的要求，构建线网中心云平台和站段云边缘节点两级架构组成的云平台，其中，线网中心云平台部署在主用中心和灾备中心，将城轨交通业务分别部署在云平台的安全生产、内部管理和外部服务三个网域，按专业和业务划分虚拟数据中心（Virtual Data Center，VDC）和虚拟私有云（Virtual Private Cloud，VPC）。同时，建立严格的数据管理和访问控制策略，确保不同业务域之间的数据隔离和安全。

（3）构建技术先进、性能稳定、经济合理的云平台

构建云平台时，要考虑 X86 服务器、ARM 架构服务器、VMware 虚拟机、小型机以及公有云等基础设施资源的异构，要综合考虑不同主流供应商的系统和设备，支持多种虚拟化技术，兼容异构设备资源的先进性，实现异构资源池集中管控、动态调整，既保证云平台算力高效，又保证技术和设备供应链的安全可靠。在确保技术先进性和系统稳定性的基础上，云服务体系应考虑经济性，优先选择性价比高的技术和设备，以降低运营成本，提高投资回报率。

（4）构建安全可靠的云灾备方案

城轨云是承载全部城轨业务的基础平台，要确保城轨云在发生灾难和非正常情况时能够正常运营。根据经济实力、风险评估和业务连续性的需求，在地理位置上，可以选择同城或异地建设灾备中心。在业务连续性上，可以选择冷备方案或双活方案。在业务重要性上，可以分为数据级和应用级备份；在备份的时间上，可根据业务性质设定备份的频率和时间。同时，根据运营需求和数据变更的频繁程度制定灾备恢复预案，确保在灾难和非正常情况发生时，城轨业务尽快恢复正常运行。

6.3 技术架构

6.3.1 业务承载

根据创建城轨云"一云遮天"的原则，将按安全生产、内部管理和外部服务三类业务系统全部由城轨云承载，分别承载在云平台的安全生产域、内部管理域和外部服务域中。需特别指出的是，云平台承载的不仅仅是列入名单的业务系统，凡是用于城轨交通业务的应用系统均可部署在城轨云上，只是按照业务性质和网络安全等级保护的分类要求，"对号入类"即可。

城轨云业务系统承载架构见图 6-1。

图 6-1 城轨云业务系统承载架构示意图

6.3.2 云服务要素架构

6.3.2.1 云计算服务要素架构

云计算技术由服务区域（Region）、可用区域（Availability Zone，AZ）、虚拟数据中心（VDC）、虚拟私有云（VPC）四层云服务要素构成。服务区域、可用区域、虚拟数据中心以及虚拟私有云等云服务要素构成了云计算的服务要素。四个云服务要素层级分明、相互关联，共同完成云计算的高效运行与服务功能。

云计算服务要素架构见图 6-2。

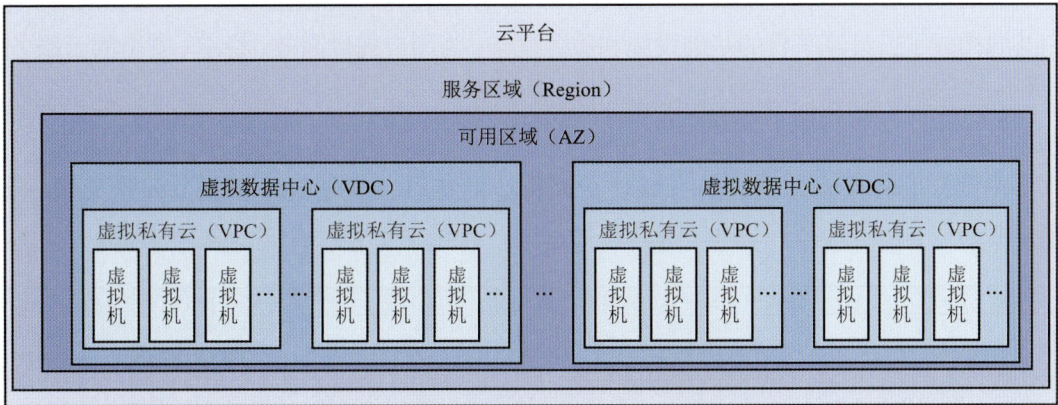

图 6-2　云计算服务要素架构示意图

（1）服务区域（Region）

服务区域为用户提供计算、存储、网络等云服务，服务域的划分有助于实现资源的合理分配与管理，确保服务的稳定性和可用性。

（2）可用区域（AZ）

可用区域是云计算平台中的一个重要因素。是一个或多个物理数据中心的集合，这些数据中心具备独立的基础设施，并在逻辑上将计算、网络、存储等资源划分成多个集群，提供资源隔离和容错能力，确保在部分硬件或网络故障时，服务仍能正常运行。

（3）虚拟数据中心（VDC）

虚拟数据中心是面向用户的资源组合，具备计算、存储、网络方面的资源配额。在私有云场景下，VDC 可以将资源灵活定义并分配给一个业务、应用或部门，实现资源的精细化管理和配额控制。VDC 的概念抽象了物理数据中心的资源，为用户提供了一个统一的、可管理的资源视图。

（4）虚拟私有云（VPC）

虚拟私有云是在 VDC 中为用户建立的逻辑隔离的虚拟网络空间。在 VPC 内，用户可以自由定义网段划分、IP 地址和路由策略，并提供网络 ACL（访问控制列表）及安全组的访问控制。可为用户在云平台上构建出一个隔离的、可管理的虚拟网络环境，提升资源的安全性。

（5）云服务要素的关系解析

①服务区域与可用区域：服务域包含了多个可用域，每个可用域都是服务域中的一个组成部分，为用户提供稳定的云服务。

②可用区域与VDC：可用域为VDC提供了物理基础设施的支持。在可用区域内，管理员可以创建和管理VDC，为用户分配计算、存储和网络资源。

③VDC与VPC：VDC是资源的组合，而VPC则是在这个组合内构建的逻辑隔离网络空间。用户可以在VDC内创建多个VPC，每个VPC都有独立的网段、IP地址和路由策略。

总之，服务区域、可用区域、VDC和VPC在云计算中是相互关联、相辅相成的。它们共同构成了云计算平台的基础设施和服务框架，为用户提供高效、稳定、安全的云服务。

6.3.2.2 云平台服务要素组成

按照云服务要素架构，结合城轨交通行业的特点，规划云平台服务要素架构，见图6-3。

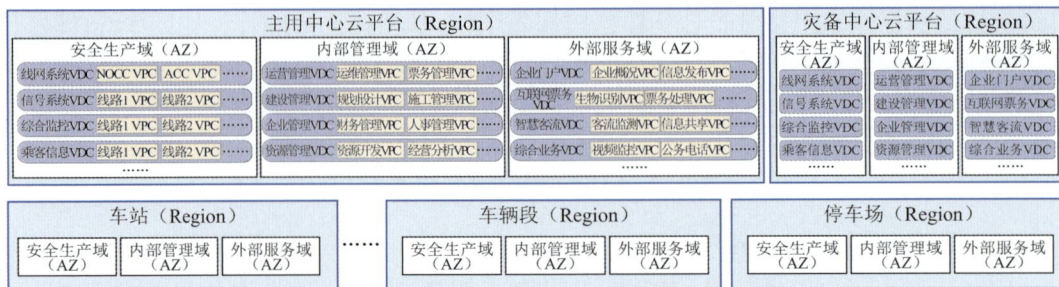

图6-3 城轨云平台服务要素架构示意图

（1）主备中心云平台/站段云边缘节点（Region）

在城轨云中，主用中心、灾备中心以及每个车站、段场都是一个独立的服务区域（Region）。不同Region之间可以互相备份，也就对应了城轨云主用中心和灾备中心形成异地容灾的架构。通过在多个Region中部署业务系统应用程序，企业可以确保在某个Region出现故障时，业务能够在其他Region中继续运行。

（2）安全生产域/内部管理域/外部服务域（AZ）

在城轨云的控制中心Region、灾备中心Region中，通常按照安全生产、内部管理、外部服务来划分AZ。当设备规模较大时，应为每个AZ可配置独立的微模块；当设备规模较小时，可在同一个微模块中为AZ配置专属的机柜。

（3）虚拟数据中心（VDC）

在城轨云中，安全生产域按照专业划分VDC，内部管理域与外部服务域按照业务类别划分VDC。以确保不同专业/业务之间的资源隔离，同时通过统一的云管理平台实现资源的高效管理。

（4）虚拟私有云（VPC）

在城轨云中，在安全生产域已划分的VDC中按线路划分VPC，在内部管理域已划分的VDC中按照具体业务划分VPC，在外部服务域参照安全生产域与内部管理域的原则划分VPC。例如，在综合监控系统（ISCS）专业的VDC中，按照线路规则来构建VPC，形成不同线路的系统虚拟网络，确保各线路之间配置的独立性和安全性。

6.3.3　云平台技术架构

在研究云计算服务要素与城轨交通业务适配的基础上，形成城轨云服务要素，搭建由一个云管平台、两级体系架构、三个可用区域的云平台技术架构。

（1）为适应云平台技术管理和运行维护的需求，构建云资源和服务统一的管理平台。

（2）为适应运营生产组织架构的需要，构建由数据中心级云平台和站段级云边缘节点组成的两级体系架构。在数据中心级分别构建主用中心云平台、灾备中心云平台以及测试平台；在车站、车辆段、停车场构建云边缘节点。

（3）为适应城轨交通业务特性和网络安全的需要，在云平台构建技术隔离、数据互通的安全生产、内部管理和外部服务三个区域，分别建立计算、存储、网络及安全资源池，并按业务需求为各类业务系统或应用分配资源，实现资源的逻辑统一和高效利用，以满足城轨交通三类业务的不同需求。

城轨云平台技术架构见图 6-4。

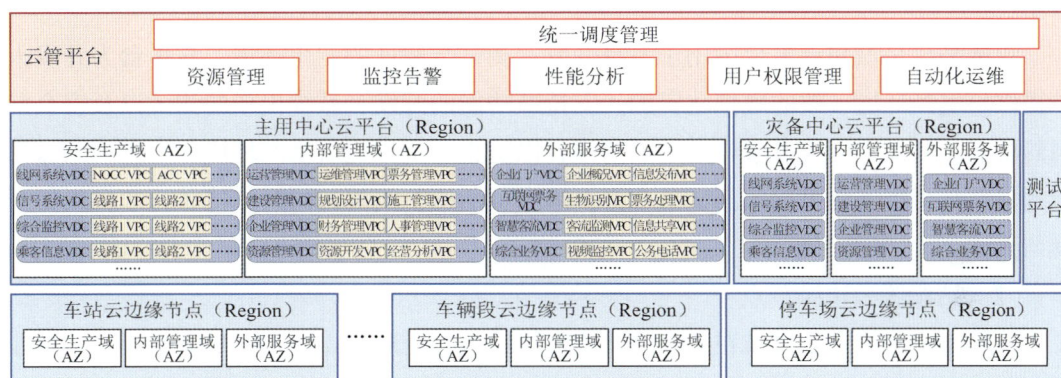

云管平台	统一调度管理				
	资源管理	监控告警	性能分析	用户权限管理	自动化运维

主用中心云平台（Region）

安全生产域（AZ）		内部管理域（AZ）		外部服务域（AZ）	
线网系统VDC	NOCC VPC　ACC VPC	运营管理VDC	运维管理VPC　票务管理VPC	企业门户VDC	企业概况VPC　信息发布VPC
信号系统VDC	线路1 VPC　线路2 VPC……	建设管理VDC	规划设计VPC　施工管理VPC	互联网票务VDC	生物识别VPC　票务处理VPC
综合监控VDC	线路1 VPC　线路2 VPC……	企业管理VDC	财务管理VPC　人事管理VPC	智慧客服VDC	客流监测VPC　信息共享VPC
乘客信息VDC	线路1 VPC　线路2 VPC……	资源管理VDC	资源开发VPC　经营分析VPC	综合业务VDC	视频监控VPC　公务电话VPC
……		……		……	

灾备中心云平台（Region）

安全生产域（AZ）	内部管理域（AZ）	外部服务域（AZ）
线网系统VDC	运营管理VDC	企业门户VDC
信号系统VDC	建设管理VDC	互联网票务VDC
综合监控VDC	企业管理VDC	智慧客流VDC
乘客信息VDC	资源管理VDC	综合业务VDC
……		

测试平台

车站云边缘节点（Region）			车辆段云边缘节点（Region）			停车场云边缘节点（Region）		
安全生产域（AZ）	内部管理域（AZ）	外部服务域（AZ）	安全生产域（AZ）	内部管理域（AZ）	外部服务域（AZ）	安全生产域（AZ）	内部管理域（AZ）	外部服务域（AZ）

图 6-4　城轨云平台技术架构示意图

6.3.3.1　一个云管平台

云管平台是云平台的核心部分，负责对所有云资源的统一管理与调度。其核心功能包括资源管理、自动化运维、监控告警、性能分析以及用户权限管理等。云管平台应具备多租户管理能力，以支持不同业务系统和用户的独立使用需求，同时保证资源的共享性与隔离性。云管理平台的设计应遵循开放兼容、安全可靠、绿色节能的原则，确保未来业务扩展的灵活性。

6.3.3.2　两级体系架构

（1）线网级云平台

线网级云平台作为整个城轨系统的核心数据处理中心，承载着城轨交通业务的计算和存储任务。该层级主要处理全网范围内的运营调度、资源管理以及大数据分析等复杂业务，并通过与各车站级节点的联动，实现数据的集中管理和优化调度。线网级云平台具备高可用性和容灾能力，确保在关键业务场景下的系统稳定性。

主用中心云平台是城轨云的核心计算与存储资源中心，全面承载业务应用和数据处理任务。主用中心云平台具备高可用性和高扩展性，以应对轨道交通系统在未来业务规模增长时的需求。主用中心云平台配置计算和存储资源，并通过虚拟化技术实现资源的灵活调度与优化。该平台应结合城轨交通线网的规划，确保其规模与未来发展相适应。同时，主用中心云平台应搭建在高安全性、低延时的网络环境中，确保系统的稳定性和数据传输的效率。

灾备中心云平台是为保障城轨交通系统在突发灾难情况下的业务连续性而设计的。其主要功能是作为主用中心云平台的备份，当主用中心出现故障或灾难时，能够迅速接管业务，确保系统的正常运行。灾备中心云平台的设计应遵循异地容灾的原则，与主用中心保持一定的物理距离，避免同一事件对主用和灾备中心同时产生影响。灾备中心应具备完整的数据备份与恢复能力，并定期进行灾备演练，确保其在紧急情况下能够快速启动。

测试平台是城轨云平台中用于系统开发、测试与验证的专用环境。该平台为开发人员提供与生产环境一致的虚拟化资源，支持新功能的开发、系统更新的测试以及安全漏洞的检查。测试平台应具备一定的隔离性，以防止测试过程对生产环境产生影响。云平台的弹性与可扩展性可以使测试平台根据需求灵活调整资源，同时支持并行的多项目开发与测试。

（2）站段级云边缘节点

站段云边缘节点是分布在各个站段或车场的数据处理节点，主要负责处理与站段业务相关的本地数据，并在必要时与主用云平台进行数据同步。站段云边缘节点的设计需考虑区域性网络的稳定性和低延迟传输，以保证站段运营的实时性和连续性。站段云边缘节点通过边缘计算技术，减少对主用中心云平台的依赖，降低数据传输的带宽消耗，提升系统的响应速度和实时性。另外，站段云节点需要具备一定的容灾能力，在主用中心云平台出现故障时，能够继续提供基本的业务支持，保障应用系统的不间断运行。

通过线网级与车站级的协同工作，城轨云平台能够实现从全局到局部的多层次数据处理，兼顾了系统的集中管理与分布式计算的需求。

6.3.3.3　三个可用区域

按照城轨交通的业务特点，将城轨云平台服务区域（Region）划分为安全生产、内部管理、外部服务三个可用业务区域（AZ）：

（1）安全生产域

安全生产域涵盖了城轨交通的核心运营业务，如列车自动监控系统（ATS）、综合监控系统（ISCS）、自动售检票（AFC）、乘客信息系统（PIS）、门禁系统（ACS）等。云平台通过为这些关键业务提供高稳定、高可靠的计算和存储资源，确保生产运营的安全性和连续性。此外，安全生产域还通过实时数据的采集和分析，支持智能监控和故障诊断，以提升运营的安全性和效率。

（2）内部管理域

内部管理域主要服务于城轨交通的企业管理业务，包括运营管理、建设管理、企业管理、资源管理等业务。基于云平台的内部管理系统可以有效地整合各类管理数据，打破信息孤岛，实现跨部门的数据共享与业务协同。通过 PaaS 和 SaaS 的支撑，实现了内部管理业务的开发、部署以及日常维护的高效化和自动化。

（3）外部服务域

面向乘客和合作伙伴，外部服务域为城轨企业提供了乘客信息服务、票务系统、公众出行信息发布等功能。通过云平台的 SaaS 应用，乘客可以实时获取列车运行信息、购票信息等服务，有效提升了出行体验。同时，外部服务域还通过开放的应用程序编程接口（API）与城市其他公共服务平台进行数据联动，推动智慧城市建设。

6.4　资源池构建

6.4.1　计算资源池的构建

在城轨云平台的建设与运维中，中心云平台扮演着至关重要的角色。为了确保中心云平台能够灵活、高效、可靠地提供服务，其设计必须遵循一系列规划和配置原则。以下是对中心云平台建设与运维的详细描述，旨在提供清晰、准确、易于理解的内容。

6.4.1.1　软件定义计算技术分析

（1）计算虚拟化技术

计算虚拟化主要针对服务器、工作站等计算设备，按类型可分为全虚拟化、半虚拟化和硬件辅助虚拟化。

全虚拟化是一种完全模拟硬件环境的虚拟化技术，将虚拟机操作系统与底层硬件完全隔离，使得操作系统无需进行任何修改即可运行，代表产品有 VirtualBox、KVM、VMware vSphere 等。

半虚拟化是一种折中的虚拟化方式，要求操作系统与虚拟机管理程序进行一定程度的配合，可以在提供一定程度的硬件访问的同时，提高虚拟机的运行效率，代表产品有 XEN 和 Hyper-V 等。

硬件辅助虚拟化是利用现代处理器（如 Intel VT-x 和 AMD-V）的特定指令集来

实现的虚拟化，允许虚拟机直接访问硬件资源，从而大大减少了虚拟机监控器（Hypervisor）的负担，提高了虚拟机性能的同时保持了良好的隔离性和兼容性，代表产品有 VirtualBox、KVM、VMware ESX 和 XEN。

三种虚拟化技术的优劣分析见表 6-1。

虚拟化技术应用分析表 表 6-1

分类	全虚拟化	半虚拟化	硬件辅助虚拟化
隔离性	高，完全模拟硬件环境	较高，但操作系统需修改以优化性能	高，由硬件支持隔离
性能	较低，完全模拟硬件	较高，减少中间环节开销	最高，直接利用硬件资源
操作系统兼容性	好，无需修改操作系统	较差，需要修改操作系统	好，无需修改操作系统（硬件层面支持）
实现复杂度	中等，Hypervisor 负责模拟硬件	较高，操作系统和 Hypervisor 需紧密协作	低，由硬件提供支持

在城轨云平台中，绝大部分场景均采用了硬件辅助虚拟化技术，我们在城轨云中见到的虚拟机都是基于 KVM 技术实现的。

（2）裸金属技术

裸金属（Bare Metal）是指直接在物理硬件上运行操作系统和应用程序的技术，而不需要虚拟化层或虚拟机监控器（Hypervisor）。在裸金属服务器上，用户可以直接访问和控制底层硬件资源，操作系统直接与物理硬件进行交互，不经过虚拟化层的抽象。因此，裸金属服务器能提供接近物理机的性能和灵活性。

裸金属的主要作用是为用户提供高性能、低延迟的计算环境，特别适用于那些对资源控制、性能要求极高的应用。裸金属通过绕过虚拟化层，消除了虚拟化相关的开销，使用户能够直接利用硬件的全部计算能力。此外，裸金属服务器为用户提供了与传统物理服务器相同的完全控制能力，允许安装特定操作系统、应用程序和管理工具，从而实现高度定制化的部署。

在城轨云应用场景中，裸金属服务器通常用于不适用虚拟化的场景，目前常见的有 SIL2 认证、Oracle 数据库场景。此外，使用容器、大数据、视频存储等开销较大的服务时，将相关业务直接搭建在裸金属服务器，以避免虚拟化对性能的额外开销。

（3）容器技术

容器是一种轻量级的虚拟化技术，它通过操作系统内核层的虚拟化，将应用程序及其所有依赖（如库、配置文件等）打包在一个独立的容器中，从而确保应用程序能够在任何环境中一致运行。容器技术通过共享操作系统的内核来实现隔离和资源管理，避免了虚拟化层的开销，因此具有高效、便携和轻量化的特点。Docker 和 Kubernetes 是目前最流行的容器管理平台，前者提供了创建、管理容器的工具，而后者则专注于容器的编排和自动化管理。虚拟机与容器技术示意如图 6-5 所示。

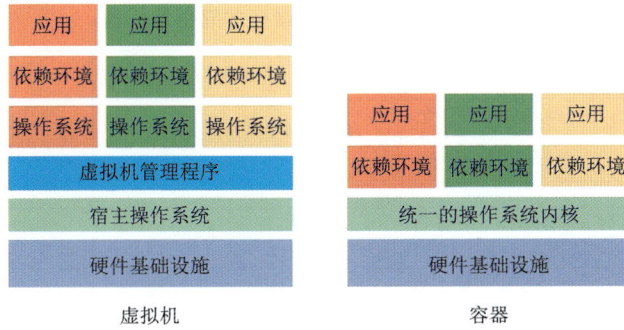

图 6-5　虚拟机与容器技术示意图

与虚拟化技术相比，容器技术具有轻量化、快速启动、资源弹性伸缩、扩展便利等优势，但也存在安全性较低、运维复杂等劣势。两者技术分析见表 6-2。

虚拟化与容器技术分析表　　　　表 6-2

特点	虚拟化技术	容器技术
架构	虚拟机监控器上运行独立操作系统	操作系统内核级别的虚拟化，容器共享内核
资源开销	高，运行完整操作系统	低，轻量级，不需要完整操作系统
启动时间	慢，几分钟启动	快，几秒钟启动
隔离性	高，完全隔离的虚拟机操作系统	低，容器之间共享内核，隔离性相对较差
性能开销	较高，虚拟化带来一定性能损耗	低，接近物理机性能
安全性	高，虚拟机之间完全隔离	低，容器共享内核，需加强安全防护
便携性	高，虚拟机可以跨平台迁移	非常高，容器镜像可以在不同操作系统和平台上运行
适用场景	多租户环境、运行多个不同操作系统的场景	微服务架构、云原生应用、DevOps
管理复杂度	较高，每个虚拟机需要独立管理	低，容器轻量化且易于自动化管理

对于城轨云的使用场景，容器技术可实现资源自动扩展和缩减，实现业务系统对资源的自动释放。容器技术与微服务架构天然适配，当业务采用微服务架构部署时，结合容器技术可加速开发和部署周期，并提升应用的扩展能力，例如微服务架构的清分中心系统（ACC）、综合监控系统（ISCS）具有容器化部署的成功案例。此外，在站段的现场级应用场景下，容器技术更加适配边缘侧业务的轻量化部署，提升现场级业务能力，保证云边端协同。

然而，技术进步并非一朝一夕、一蹴而就的，容器技术优势要充分发挥，必须与业务系统深度适配。这要求从业务场景、应用功能、系统架构以及软硬件机制等多方面进行优化，通过容器等技术对系统进行一定程度的重构，才能实现其最大效益。这无疑对系统的研发、部署和运维提出了更高的要求。

（4）技术应用分析

虚拟化、裸金属、容器技术应用分析见表 6-3。

虚拟化、裸金属、容器技术应用分析表　　　　表 6-3

分析项目	虚拟化	裸金属	容器
运行环境	虚拟机监控器之上运行多个虚拟机	直接在物理服务器上运行	操作系统级别隔离，多个容器共享内核
资源利用率	中等	低	高
性能	较低，因虚拟化操作系统有资源占用	最高，接近物理硬件性能	高，因没有完整虚拟机的资源占用
启动时间	较快，可直接启动虚拟机，无物理硬件自检	较慢，需要一系列硬件的检查	最快，直接启动应用进程
隔离性	高，虚拟机之间完全隔离	物理隔离	较低，依赖操作系统内核的隔离机制
可移植性	支持不同操作系统	无，必须直接访问硬件	高，易于在不同环境中迁移
适用场景	多租户环境、需要不同操作系统的应用部署	性能敏感型应用，如高频交易、实时控制	微服务架构、无状态应用、开发测试环境

虚拟化广泛应用于数据中心和云平台中，用于虚拟化服务器资源，支持不同操作系统的运行。

裸金属主要应用于高性能场景及不适用虚拟化的场景，在城轨云平台中主要用于列车自动监控系统（ATS）等涉及 SIL 认证设备的部署。

容器技术主要应用于采用微服务架构的应用系统。

6.4.1.2　服务器类型分析

计算服务器是云的基石，是云的计算基础设施。服务器的构成包括处理器、硬盘、内存、系统总线等，和通用的计算机架构类似，但是由于需要提供高可靠的服务，因此在处理能力、稳定性、可靠性、安全性、可扩展性、可管理性等方面要求较高。

常见的服务器架构分为机架服务器、刀片服务器、超融合一体机和高密服务器。

（1）机架服务器

机架服务器是目前最为常见的服务器形式，广泛应用于各种计算需求。2 路通用机架服务器适用于基础的文件服务器和邮件服务器等应用，而 4 路或 8 路关键业务服务器则适合高端数据库和 ERP（企业资源计划）系统等关键业务应用。机架服务器因其易于管理和维护的特点，成为云计算和大数据时代的计算基础架构。这种服务器具有高度的扩展性和灵活性，能够适应多种应用场景，确保系统在各种负载下都能高效运行。

（2）刀片服务器

刀片服务器以其高集成度和易于部署的优势，成为现代数据中心的重要组成部分。一个刀片服务器机箱可以容纳多个计算节点、管理节点、网络节点和存储节点，提供一个高度集成的硬件平台。这种设计不仅节省了物理空间，还简化了部署过程，适合快速应用和扩展。刀片服务器配备了强大的管理工具，能够集中管理和监控所有节点，适用于高密度计算环境和数据中心整合需求。

（3）超融合一体机

超融合一体机将计算、存储、网络、虚拟化和管理能力集成在一个系统中，具有高性能、低时延和快速部署的特点。其内置的分布式存储引擎可以有效消除性能瓶颈，适合需要高效计算和存储的应用场景。超融合一体机能够兼容业界主流的数据库和虚拟化软件，如 Oracle、DB2、Sybase IQ、SQL Server、SAP HANA 以及 KVM、XEN 等。通过这种集成化的部署方式，系统可以灵活扩展，满足不断增长的业务需求。

（4）高密服务器

高密服务器融合了高密计算和大容量存储技术，专为云计算和大数据应用优化设计。它们在节省物理空间和降低能耗的同时，提供了高效的计算和存储能力。这种服务器可以快速部署，简化运维，适用于高密度数据中心和需要高性能计算的环境。通过合理的硬件设计，高密服务器能够在有限的空间内提供强大的计算能力，满足现代数据密集型应用的需求。

（5）技术应用分析

机架服务器是目前最为常见的服务器形式，具有广泛的选择空间。从计算能力上，机架服务器覆盖范围包括从普通的一路服务器到高性能的 8 路服务器。机架服务器产品众多，易于管理和维护，具有高度的扩展性和灵活性，适合多种应用场景。2 路通用机架服务器适用于基础的文件服务器和邮件服务器等应用，而 4 路或 8 路关键业务服务器则适合高端数据库和 ERP 系统等关键业务应用。它们在云计算和大数据时代提供了坚实的计算基础架构。经济性方面，机架服务器在价格上较为经济，尤其是两路通用机架服务器，成本相对较低，适用于中小规模的部署需求。4 路或 8 路关键业务服务器虽然价格较高，但提供了更强的计算和处理能力，适合高负载和关键业务应用。在实用性方面，机架服务器适用于多种应用场景，从基本的文件服务器和邮件服务器到复杂的数据库和 ERP 系统，都可以有效支持。其高扩展性使得用户可以根据实际需求灵活配置和扩展系统资源。可维护性方面，机架服务器的维护相对简单，模块化设计使得各组件易于更换和升级。同时，由于其广泛的应用和成熟的技术支持，用户可以方便地获得各种技术服务和备件支持。

刀片服务器作为一种新兴的服务器结构，通过统一机框，集成了服务器周边网络、管理、供电、散热等基础部件及设施于一体，实现多台服务器的一体化部署。经济性方面，刀片服务器初期投资较高，因为其机箱和节点都需要专门采购，但在大规模部署时可以显著节省空间和能源成本。长期来看，刀片服务器在大规模数据中心中的经济效益显著。实用性方面，刀片服务器适用于高密度计算环境和数据中心整合需求。其一体化设计使得服务器的安装和部署更加快捷，适合需要快速扩展和部署的场景。但在硬盘扩展和网卡扩展方面，刀片服务器的灵活性不如机架服务器。可维护性方面，刀片服务器的维护复杂度较高，因为多台服务器集成在一个机箱中，任何一个节点的故障都可能影响整个系统的运行。然而，其集中管理和监控功能可以提高整体系统的可管理性和可维护性。

超融合一体机将计算、存储、网络、虚拟化和管理能力集成在一个系统中，具有高性能、低时延和快速部署的特点。其内置的分布式存储引擎能够消除性能瓶颈，适合需要高效计算和存储的应用场景。经济性方面，超融合一体机的初期投资较高，但其高度集成的特性使得在节省空间和简化运维方面具有显著优势。对于需要快速部署和高效管理的大型企业来说，超融合一体机的综合成本效益较高。实用性方面，超融合一体机适用于需要高效计算和存储的应用，如数据库集群和虚拟化平台。它能够兼容主流的数据库和虚拟化软件，提供灵活的扩展能力，满足不断增长的业务需求。可维护性方面，超融合一体机的维护相对简单，集中管理和监控功能使得系统的维护更加高效。其模块化设计使得硬件的更换和升级更加方便，但由于系统高度集成，出现故障时可能需要专业的技术支持。

高密服务器融合了高密计算和大容量存储技术，专为云计算和大数据应用优化设计。它们在节省物理空间和降低能耗的同时，提供了高效的计算和存储能力。经济性方面，高密服务器的初期投资较高，但由于其能够在有限的空间内提供强大的计算能力，整体运营成本较低，适合大规模部署。其节能特性也能够显著降低长期的能源成本。实用性方面，高密服务器适用于云计算平台和大数据处理等应用，能够在高密度数据中心环境中提供优化的 IT 基础设施。其设计旨在节省空间、提高能效和快速部署，满足现代数据密集型应用的需求。可维护性方面，高密服务器的维护相对简单，通过高密度设计和集中管理功能，可以实现高效的运维管理。其模块化设计使得各组件的更换和升级更加方便，适合大规模数据中心的运维需求。

综上所述，机架服务器、刀片服务器、超融合一体机和高密服务器各有其独特的优势和适用场景。机架服务器广泛应用于多种场景，灵活性高，维护简单；刀片服务器适合高密度计算和快速部署，但维护复杂；超融合一体机集成度高，适合高效计算和存储，但初期投资大；高密服务器适用于大规模云计算和大数据处理，节能高效，便于维护。根据具体需求选择合适的服务器类型，可以确保城轨云平台的高效运行和稳定服务，推动轨道交通系统的智能化和信息化发展。

6.4.1.3　处理器技术分析

在计算资源方面，城轨云提供了多种计算能力，支持 X86、ARM 等不同架构。根据不同业务应用系统的需求，可以选择不同架构的处理器，以满足不同业务的计算资源需求，同时提高系统整体性能。

1）传统处理器技术分析

（1）X86 处理器

X86 处理器是一种基于 CISC（复杂指令集计算）的处理器架构，最早由英特尔（Intel）在 1978 年推出。该架构起源于 Intel 的 8086 处理器，并逐渐演变成现代计算机中常见的处理器架构。它具有较为复杂的指令集和多样化的寄存器设计，适用于高性能计算任务。

X86 架构在个人电脑、服务器和数据中心中非常普及，支持大量操作系统和应用程序，并且在服务器端的高性能计算中表现出色。但是 X86 处理器的功耗往往比其他架构高，并且在某些轻量级任务上的效率低于精简指令集（如 ARM、RISC-V）。

（2）ARM 处理器

ARM 处理器是一种基于 RISC（精简指令集计算）的处理器架构，最早由艾康计算机（Acorn Computers）公司在 1985 年开发，现由 Arm Holdings 设计和授权。ARM 架构的设计目标是功耗低，更加适合嵌入式系统和移动设备，目前广泛用于智能手机、平板电脑和嵌入式设备。

近年来，ARM 处理器在服务器端崭露头角，在云计算和数据中心中具有很大的应用潜力。由于低功耗和高效性能的优势，ARM 服务器可以在数据中心中提供更高的性能密度和更低的能源消耗。同时，ARM 服务器在大规模集群中的横向扩展能力也比较强，可以满足大规模的计算需求。

（3）FPGA 处理器

FPGA（现场可编程逻辑门阵列）是在 PAL、GAL 等可编程器件的基础上进一步发展的产物，是一个可以通过编程来改变内部结构的芯片。FPGA 作为专用集成电路（ASIC）领域中的一种半定制电路，既解决了定制电路的不足，又克服了原有可编程器件门电路数有限的缺点。FPGA 具有高度的灵活性和强大的并行处理能力，但存在开发难度大、功耗高、通用性差的问题。FPGA 广泛用于信号处理、加速深度学习推理、网络通信加速等领域。

（4）RISC-V 处理器

RISC-V 是基于精简指令集计算（RISC）原则设计的一种开放标准指令集架构（ISA）。它允许任何组织或个人在遵守其开源许可协议的前提下，自由地使用、开发、制造和销售基于 RISC-V 的芯片和软件。这种开放性推动了技术创新，降低了进入门槛。在嵌入式应用中，对处理器成本、功耗等因素更为看重的场景下，RISC-V 具有一定优势。但在桌面和服务器领域，当前的 RISC-V 在性能和生态方面尚无法与 X86 相比。

（5）技术应用分析

上述处理器技术应用分析见表 6-4。

处理器架构技术应用分析表　　　　表 6-4

处理器类型	优点	缺点	应用场景
X86	性能强大，广泛支持，向后兼容	功耗较高，架构复杂	个人电脑、服务器、数据中心
ARM	低功耗，定制化强，轻量设计	性能不如 X86，生态相对小	智能手机、嵌入式设备
FPGA	灵活性高，并行处理强，实时性好	开发难度大，功耗高，通用性差	信号处理、深度学习推理
RISC-V	开源架构，定制性强，低功耗	生态系统小，性能提升有限	嵌入式系统、物联网

在通用服务器领域，X86 架构处理器技术成熟、生态完善，长期占据主导地位。根据城轨云平台的业务类型，建议通用服务器采用基于 X86 架构的处理器，对于需要高图形处理能力的业务（如 CCTV 视频智能分析）可采用带有 GPU（图形处理器）的服务器。同时，为响应国产化替代政策，根据业务场景，部分通用服务器可采用国产化芯片服务器。

2）国产处理器技术分析

近年来，国产化处理器在技术先进性和成熟度方面都取得了较大进展，涌现出一批出色的国产化产品。

（1）海光处理器

海光处理器包含 7000 系列、5000 系列、3000 系列，兼容 X86 指令集，拥有丰富的应用生态，迁移成本低，软件适配规模庞大。该处理器性能卓越，尤其在 SPEC 处理器 2006 多核整型分析测试中表现领先，适用于高性能计算需求。该处理器内置专用安全硬件，支持多种先进的漏洞防御技术，满足信息安全需求。

（2）华为鲲鹏处理器

华为鲲鹏处理器基于 ARM 架构，采用多核心、多线程设计，计算性能强大，适用于大数据、分布式存储和高性能计算场景，能耗表现优秀，与华为操作系统、数据库适配完善。

（3）腾云 S 系列

腾云 S 系列高性能服务器处理器兼容 64 位 ARM V8 指令集，最大可达 16 核心，具有较强的计算性能。

（4）龙芯处理器

龙芯处理器包含基于自主 LoongArch 指令集，兼容 MIPS 指令，拥有完全自主知识产权的指令集和芯片设计技术，正在积极构建和完善生态系统，适配厂商逐渐增多。

（5）技术应用分析

据相关报道，海光和鲲鹏处理器在高性能计算领域表现突出，飞腾和龙芯处理器在通用计算领域也有不俗表现。海光由于兼容 X86 指令集，在某些应用场景下可能具有性能优势。鲲鹏和飞腾基于 ARM 架构，功耗表现普遍较优。龙芯和海光也通过优化设计降低了功耗。海光和鲲鹏在生态方面较为完善，尤其是海光兼容 X86 指令集，迁移成本低。飞腾和龙芯则在积极推动自主生态建设。海光和鲲鹏更适用于对性能有较高要求的应用场景，如数据中心、云计算等。飞腾和龙芯则广泛应用于桌面、嵌入式、工业控制等多个领域。

国产化处理器在技术性能、生态建设等方面均取得了显著进步，已经能够满足国内市场的多样化需求。不同品牌在性能、功耗、生态等方面各有优势，形成了良性竞争态势。用户在选择处理器时应根据实际需求和应用场景进行综合考虑，选择最适合的产品。

6.4.1.4　计算资源配置分析

在宿主机的选择上，中心云平台使用 2 路或 4 路服务器，以实现更好的性能和可靠性。宿主机的 CPU（中央处理器）总核心数和内存比例建议为 1∶4 以上，这样可以平衡 CPU 和内存的性能，避免资源的浪费。

在虚拟机和容器的部署上，中心云平台需要根据不同业务网络的需求来计算宿主机的数量。这个计算涉及单线路虚拟机的 vCPU 资源总需求、线路数、冗余比例、宿主机 CPU 路数、单个 CPU 核数、超线程比和损耗系数等多个因素。这些参数的合理配置可以确保虚拟机和容器的稳定运行，同时提高资源的使用效率。

根据中国城市规划协会相关规范要求，在资源规划的利用率方面，中心云平台建议单宿主机的使用率不超过 70%，以预留足够的资源来应对高可用性（HA）迁移的需求。对于专用计算资源池，物理服务器的 CPU 利用率不高于 50%，而对于共用计算资源池，则不高于 60%。此外，云计算节点软件对物理服务器 CPU 的资源占用率不高于 5%，以避免影响其他业务的性能。

此外，中心云平台在物理机、虚拟机和容器的部署和迁移时间方面，需要满足相关规范的参数要求：物理机的准备时长不超过 1 小时，单台虚拟机的部署和交付运行时间小于 20 分钟，虚拟机的在线迁移时间小于 30 秒，离线迁移时间小于 60 秒，容器的下发到交付运行时间小于 10 秒，容器故障后重新调度启动时间小于 20 秒。这些要求确保了业务的快速部署和迁移，同时提高了系统的可用性和灵活性。

6.4.2　存储资源池的构建

云平台需要为安全生产业务、内部管理业务、外部服务系业务提供存储资源池。存储资源池为云平台的计算资源（包括虚拟机和物理机）提供弹性块存储服务，提供自由配置存储容量、随时扩容的功能。

存储资源池支持灵活的属性设置，可支持 FC SAN、IP SAN、分布式存储、流直存等多种存储架构，支持灵活的存储集群部署方式，可独立部署，也可与虚拟计算融合部署。存储资源池支持多种磁盘部署，包括 SAS、SATA 和 SSD 多种类型磁盘的独立部署及混合部署。

云平台根据不同应用系统的特点，对于存储进行不同的选型，对存储对象进行分级管理。云平台存储系统支持平滑增加磁盘框、磁盘等存储设备，并加入统一管理的存储虚拟化资源池中使用。存储资源池支持通过与上层云管平台的对接，可在云管平台上对存储资源池进行统一的资源管理和调配。

6.4.2.1　存储虚拟化技术分析

实现存储虚拟化的方式主要有三种：基于主机的存储虚拟化、基于存储设备的存储虚拟化、基于网络的存储虚拟化。

（1）基于主机的存储虚拟化

基于主机的存储虚拟化通过逻辑卷管理器实现，也称基于服务器的存储虚拟化或者基于系统卷管理器的存储。这种方式不需要额外硬件，虚拟化一般是通过逻辑卷管理来实现的。虚拟机为物理卷映射到逻辑卷提供了一个虚拟层。虚拟机主要功能是在系统和应用级上完成嵌入操作系统中，允许多台个主机之间的数据存储共享、存储资源管理（存储媒介、卷及文件管理）、存储资源，实现数据复制及、迁移、集群系统、远程备份及灾难恢复等功能。它具有较高的性价比，但存在扩展性差、对异构平台支持有限的缺点。比如，集群环境中，为保证元数据一致性，主机间需频繁通信，这会影响性能。

（2）基于存储设备的存储虚拟化

这种方式通过存储设备（如磁盘阵列）的控制器实现虚拟化。许多存储设备内置处理器和嵌入式系统，能提供虚拟磁盘，如支持 RAID 的磁盘阵列。该方案不依赖主机，管理简便，对系统性能影响小，且对用户透明。缺点是它依赖特定的存储模块，异构存储环境下的表现较差，且扩展性有限。

（3）基于网络的存储虚拟化

基于网络的虚拟化在网络设备上实现，主要通过互联设备或路由器进行。基于互联设备的方法易于使用且成本低，但需要依赖主机上的代理软件，主机故障时可能会导致数据访问问题。基于路由器的虚拟化通过将虚拟存储功能集成在路由器固件中，将路由器置于主机与存储系统之间。该方法性能好、效果稳定，并支持动态多路径，但如果路由器发生故障，连接的主机会受到影响，不过冗余设计可以降低这一风险。

6.4.2.2　存储冗余技术分析

（1）RAID 冗余技术

RAID（冗余独立磁盘阵列）是一种将多个物理硬盘组合为一个逻辑存储单元的技术，通过冗余设计提高数据的安全性和读写性能。RAID 技术分为多个级别，如 RAID 0、RAID 1、RAID 5、RAID 6 和 RAID 10。

RAID 0 采用数据条带化技术，将数据分布在多个磁盘上，提高了读写性能。它不提供任何冗余或数据保护。

RAID 1 通过镜像技术将每个磁盘的数据实时复制到另一个磁盘上，提供数据冗余。

RAID 5 通过将数据和奇偶校验信息条带化分布在多个磁盘上提供数据冗余，即使一个磁盘故障，数据也可以通过剩余磁盘上的奇偶校验数据重建。

RAID 6 是 RAID 5 的增强版，使用双重奇偶校验来提供更高的冗余性，它允许最多两个磁盘同时故障而不会丢失数据。

RAID 10（RAID 1 + 0）是 RAID 1 和 RAID 0 的结合，先将数据镜像再进行条带化操作，兼具 RAID 0 的高性能和 RAID 1 的冗余特性。

各级别 RAID 的技术应用分析见表 6-5。

各级别 RAID 技术应用分析表　　表 6-5

RAID 级别	数据镜像	奇偶校验	容错能力	存储效率	读性能	写性能	适用场景
RAID 0	否	否	无	100%	高	高	高性能但不需要数据冗余的任务
RAID 1	是	否	1 个磁盘故障	50%	中高	中	数据安全性高的场景，如数据库
RAID 5	否	是	1 个磁盘故障	$(n-1)/n$	中高	中低	需要冗余和存储效率的文件服务器
RAID 6	否	是	2 个磁盘故障	$(n-2)/n$	中高	低	高冗余要求的企业存储系统
RAID 10	是	否	1 个磁盘组故障	50%	高	高	高性能与高冗余兼顾的场景

（2）多副本冗余技术

多副本通过将同一份数据同时存储在多个节点，每个节点都保存完整的数据，以此来实现数据冗余。分布式存储具有高可用、快速恢复、实现简单的优点，但空间利用率相对较低。

多副本技术广泛应用于分布式存储中，尤其用于需要高可用性和故障快速恢复的场景，例如分布式文件系统（HDFS）、NoSQL 数据库。

（3）纠删码冗余技术

纠删码是一种通过将数据划分为多个数据块和校验块来实现冗余的技术。纠删码通过对原始数据进行编码生成冗余校验数据，允许系统在丢失部分数据的情况下，通过冗余校验数据恢复原始数据。

与多副本相比，纠删码的存储利用率高得多，可以在不需要大量副本的情况下提供与多副本相似的冗余能力。纠删码需要复杂的编码和解码计算，增加了 CPU、内存的开销，在高并发和数据恢复时给 CPU、内存带来显著压力，且数据恢复时间较长。

纠删码技术广泛应用于视频存储、离线数据及冷数据存储场景，在保证数据冗余和恢复能力的同时有效减少存储成本。

（4）冗余技术应用分析

各冗余技术应用分析见表 6-6。

存储冗余技术应用分析表　　表 6-6

技术	数据冗余方式	存储效率	性能	容错性	恢复速度	适用场景	备注
RAID	条带化、镜像、奇偶校验	中等	中到高	低到中（取决于 RAID 级别）	较慢	本地存储、高性能存储	取决于 RAID 级别
多副本	完整数据副本	低	高	高	快	分布式系统、高可用性存储	—
纠删码	数据块 + 校验块	高	中	高	慢	大规模存储、云存储、大数据场景	编码/解码开销大

RAID 是传统存储系统中最常用的冗余技术之一，可以应用于各种存储环境，如独立服务器、NAS 和 SAN 中。其中 RAID 10 的读写性能好、可靠性高，常用于 ATS、ISCS 的历史数据存储场景；RAID 5、RAID 6 存储利用率高，但奇偶校验会造成一定的性能损耗，因此常用于虚拟机的存储中。

多副本、纠删码通常应用在分布式存储中。对于读写频繁、高性能、高可靠的应用场景多采用多副本技术，如 ATS 与 ISCS 的历史数据存储、城轨云虚拟机的存储也可采用基于多副本技术的分布式存储；对于存储空间要求较高、可靠性要求中等的场景可采用纠删码技术，如 CCTV 视频存储、归档后的历史数据等。

6.4.2.3　主要存储方式技术分析

城轨云常用的存储技术有存储区域网络（Storage Area Network，SAN）、网络附属存储（Network Attached Storage，NAS）、分布式存储（Distributed Storage）和软件定义存储（Software-Defined Storage，SDS）技术。

（1）存储区域网络（SAN）

存储区域网络（SAN）是通过专用的网络将存储设备（如磁盘阵列）与服务器连接的一种块级存储架构。SAN 的实现主要有两种：光纤通道 SAN（FC SAN）和 IP SAN。FC SAN 使用独立的光纤通道在存储设备和服务器之间传输数据，网络独立且稳定，具有高性能、高带宽、低延迟的特点，但成本相对较高、部署相对复杂。IP SAN 使用 IP 网络（通常通过 iSCSI 协议）将存储设备与服务器连接，数据通过标准的以太网网络传输，具有低成本、易部署、易管理的特点，但性能相对较低。

（2）网络附属存储（NAS）

NAS 是通过标准网络协议（如 NFS、SMB/CIFS 等）提供文件级存储的设备，用户可以通过网络访问和共享存储资源。它通常作为专用设备存在，允许多个客户端通过网络同时访问存储数据。

NAS 具有配置简单、造价低廉的优势，但性能、可靠性相对较差，通常用于存储对读写性能、可靠性要求不高的非结构化数据，如视频监控（CCTV）等。

（3）分布式存储

分布式存储是一种将数据分散存储在多个物理节点上的存储系统，通常通过软件定义存储技术实现。分布式存储通过集群方式管理存储资源，具有高度的扩展性和容错性。

分布式存储具有高可用、高容错、易扩展、低成本的优势，但对网络性能要求较高，对于网络延迟、网络带宽更为敏感，在大规模部署时应考虑将分布式存储网络独立部署。

（4）软件定义存储（SDS）

软件定义存储（SDS）是一种数据存储技术，它通过软件来配置和管理存储资源，而不依赖于传统的物理存储硬件。在软件定义存储的环境中，存储资源如磁盘阵列、网络连接和其他相关功能都是由软件动态管理和优化的。

在城市轨道交通的信息化架构中，软件定义存储通常是云平台存储资源的一部分，负责处理计算、存储、网络及安全资源的集中管理和优化。这种技术的实施有助于提升城市轨道交通系统的车站智能化水平，促进其向智慧城轨的转型。软件定义存储是一种数据存储方式，物理存储硬件的控制在外部软件中实现。这个软件不是存储设备中的固件，部署在通用服务器上，作为存储操作系统（OS）来使用，有自己的管理操作页面。

软件定义存储是行业发展趋势，其可以保证存储管理的精准性和灵活性。软件定义存储是从硬件存储中抽象出来的，是不受物理系统限制的共享存储资源池。

（5）技术应用分析

以上四种存储技术应用分析见表 6-7。

存储技术应用分析表　　　　　　　　　　　　表 6-7

序号	分析项目	SAN		NAS	分布式存储	软件定义存储
		FC SAN	IP SAN			
1	产品形态	软件硬件一体	软件硬件一体	软件硬件一体	软件硬件一体	软件，与硬件解耦
2	组网	FC 光纤组网	IP 组网	IP 组网	IP 组网	IP 组网
3	存储类型	块级	块级	文件	块、文件、对象	块、文件、对象
4	特点	高性能（高带宽、低时延）高可靠、高扩展性（Scale-up）、数据 RAID	配置简单、弹性伸缩高扩展性数据多副本	高扩展性（Scale-out）部署灵活数据 N + M 冗余	可拓展、存储负荷负载均衡、高可靠、高可用、易拓展	可拓展、存储负荷负载均衡、高可靠、高可用、易拓展。可适配多种通用服务器硬件
5	典型应用场景	数据库应用、虚拟化应用、灾备	研发测试、云桌面虚拟机资源池	文件系统、视频监控、灾备与归档	文件、视频、灾备	虚拟化应用、文件、视频
6	城轨云推荐场景	中心云	中心云	中心云	中心云	边缘云
7	城轨云存储适用业务	ATS、ISCS 等业务数据库应用	企业管理、运营管理、办公 OA、云桌面等应用	CCTV	门禁、PIS、安防集成平台	门禁、PIS、安防集成平台
8	技术性能	高		中等	高	高
9	技术演进	中等	中等	弱	强	强
10	成本	最高	高	中等	低	低

在城轨云应用场景中，虚拟机存储均放置在磁盘阵列中，用于实现虚拟机的迁移、恢复等功能；此外，列车自动监控系统（ATS）、综合监控系统（ISCS）的历史数据库均需部署在磁盘阵列中，通常采用 RAID5 或 RAID10 方式。在视频存储场景中，分布式存储、IP SAN 均有所应用，但近期以分布式存储方式、使用纠删码技术构建视频存储逐渐成为主流方案。

随着技术发展，近期工程实践中利用分布式存储替代 FC SAN 的场景。逐渐增多。

分布式存储不仅能够满足大规模数据存储的需求，还具备更好的弹性扩展能力和与云原生应用的集成优势，但在性能和延迟要求极高的场景下，传统 FC SAN 仍具有一定优势。

NAS 适合文件共享和数据归档，部署简便，适用于非结构化数据存储和中低性能需求的场景，在内部管理业务、外部服务业务中有所应用，在安全生产业务中应用较少。

6.4.2.4　场景应用

综合考虑城轨云平台及信息化业务系统的使用需求，在配置云平台存储资源遵循几项关键原则：一是，理论计算得到的业务存储容量（视频存储除外）不超过存储资源池总容量的 70%，以留出足够的空间应对未来的数据增长和突发情况；二是，对于单个存储资源支持至少 512GB 的按需分配空间，而共享存储则不小于 7TB，以满足不同业务应用的需求；三是，在规划大数据平台的存储容量时，必须考虑到数据冗余机制如三副本等，以确保数据的安全性和完整性。具体的节点数计算方式需综合考虑原始数据量、备份数量、中间数据和索引、数据压缩率以及冗余系数等多个因素。

对于运营生产业务，基于性能以及可靠性考虑，推荐使用 FC SAN 存储。FC SAN 存储的光纤通道网络是基于流控制的封闭网络，而 IP SAN 存储的以太网是基于 CSMA/CD 机制来传输，因此 FC SAN 存储网络的传输效率明显高于 IP SAN 存储网络。FC SAN 由于使用高效的光纤通道协议，大部分功能都是基于硬件实现的，因此性能高于 IP SAN，例如服务器端通过带有 ASIC 芯片的专用 HBA 来进行数据信息处理。NAS 多用来存储多媒体的文件，适合用于 CCTV 的视频媒体文件存储。

车站边缘云因需要压缩硬件设备，通常采用超融合系统，推荐采用软件定义存储（或分布式存储软件），在服务器上与虚拟化软件进行融合部署，实现车站虚拟机的存储业务和文件、对象存储业务。

对于管理信息业务，基于成本和应用考虑，一般情况下推荐使用 IP SAN 存储，原因如下：IP SAN 基于 TCP（传输控制协议，Transmission Control Protocol）/IP 协议，IT 工作人员对 IP 技术熟悉，可以降低维护成本。部署 IP SAN 存储网络采用的是常规以太网交换机，成本低廉，如果部署 FC SAN，则服务器需要部署 HBA 卡，存储网络需要采用存储光纤交换机，需要增加大量设备成本和许可证（License）成本。

6.4.3　网络资源池的构建

6.4.3.1　网络技术分析

（1）VLAN + STP 技术分析

传统的核心、汇聚、接入通过 VLAN 实现租户的隔离，通过 STP 实现多路径保护；

但传统二层网络中部署的 STP 生成树技术协议，部署和维护繁琐，网络规模不宜过大，限制了网络的扩展。而后以厂家私有网络虚拟化技术如 vPC 等网络虚拟化技术，虽然可以简化部署，具备高可靠性，但是对于网络的拓扑架构有严格要求，同时各厂家不支持互通，在网络的可扩展性上有所欠缺，只适合小规模网络部署，一般只适合数据中心内部网络。此外云业务中虚拟机的大规模部署带来的另一个问题就是使传统网络设备二层地址（MAC）表项的大小成了云计算环境下虚拟机规模的关键参数，特别是对于接入设备而言，二层地址表项规格较小，这也将限制整个云计算数据中心业务规模。

（2）TRILL/SPB/FabricPath + VLAN 技术分析

随着数据中心接入规模的要求，新出现了大规模二层网络技术 TRILL/SPB/FabricPath 等，它们通过引入 ISIS 等协议实现多个二层网络的互通，能支持二层网络的良好扩展，但对数据包所经过的沿途所有网络设备有特殊要求，网络中的设备需要软硬件升级才能支持此类新技术，带来部署成本的上升，同时各厂商互通成为一个难以解决的问题。由于采用传统的 VLAN 接入，随着云业务的快速发展，对于租户的数量可能在不远的将来成为制约云向更多规模扩展的瓶颈，因此本次需要寻求更具弹性的网络技术实现云计算的接入。

（3）SDN + Overlay 的网络虚拟化技术分析

Overlay 技术是专门针对云计算环境数据中心建设而引入的技术，在业界知名的互联网数据中心中，以及公有云的建设中成为当前基础网络的首选技术，Ovelay 是一种网络架构上叠加的虚拟化技术模式，其大体框架是对基础网络不进行大规模修改的条件下，实现应用在网络上的承载，并能与其他网络业务分离，并且以基于 IP 的基础网络技术为主，见图 6-6。

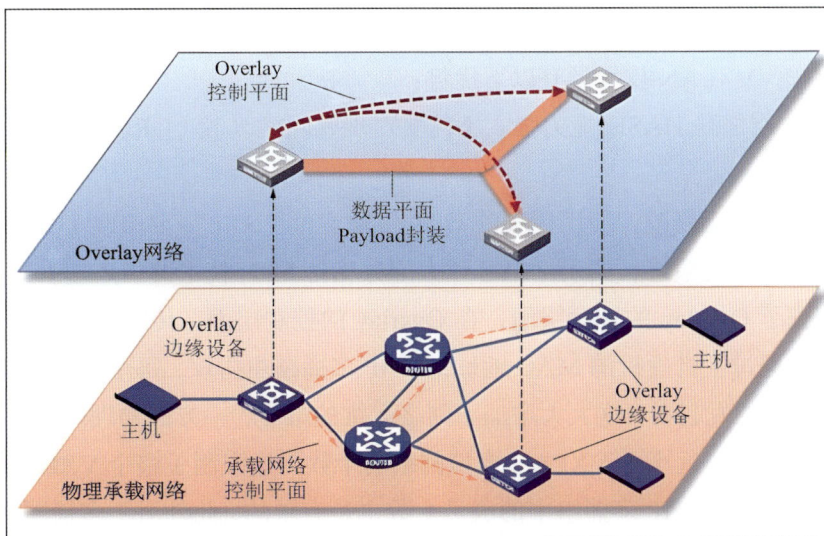

图 6-6　Overlay 网络概念示意图

Overlay 网络是指建立在已有网络上的虚拟网，逻辑节点和逻辑链路构成了 Overlay 网络。

Overlay 网络是具有独立的控制和转发平面，对于连接在 Overlay 边缘设备之外的终端系统来说，物理网络是透明的。

Overlay 网络是物理网络向云和虚拟化的深度延伸，使云资源池化能力可以摆脱物理网络的重重限制，是实现云网融合的关键。

从当前业界的应用情况来看，Overlay 可以满足对于多租户接入、多租户隔离、弹性扩展、大二层组网等需求，因此城轨云网络方案中采用 Overlay 技术实现整个基础网络的构建。

6.4.3.2　SDN + Overlay 技术

互联网工程任务组（IETF）在 Overlay 技术领域提出三大技术方案。

VXLAN：VXLAN 是将以太网报文封装成 UDP（用户数据报协议，User Datagram Protocol）报文进行隧道传输，UDP 目的端口为已知端口，源端口可按流分配，标准 5 元组方式有利于在 IP 网络转发过程中进行负载分担；隔离标识采用 24bit 来表示；未知目的、广播、组播等网络流量均被封装为组播转发。

NVGRE：NVGRE 采用的是 RFC2784 和 RFC2890 所定义的 GRE 隧道协议。将以太网报文封装在 GRE 内进行隧道传输。隔离标识采用 24bit 来表示；与 VXLAN 的主要区别在对流量的负载分担上，因为使用了 GRE 隧道封装，NVGRE 使用了 GRE 扩展字段 flow ID 进行流量负载分担，这就要求物理网络能够识别 GRE 隧道的扩展信息。

STT：STT 是无状态传输协议，通过将以太网报文封装成 TCP 报文进行隧道传输，隔离标识采用 64bit 来表示。与 VXLAN 和 NVGRE 的主要区别是在隧道封装格式使用了无状态 TCP，需要对传统 TCP 协议进行修改以适应 NVGRE 的传输。

总体比较，VXLAN 技术具有以下优势：

（1）L2-4 层链路 HASH 能力强，不需要对现有网络改造（GRE 有不足，需要网络设备支持）。

（2）对传输层无修改，使用标准的 UDP 传输流量（STT 需要修改 TCP）。

（3）业界支持度最好，商用网络芯片大部分支持 SDN 技术的引入。

上面提到了 Overlay 的转发层面，在 Overlay 的控制层面，传统的 Overlay 各 VETP 节点之间需要通过主机虚机的 MAC 地址部署 IP 多播路由协议，每个节点既是多播的接收者，又是多播的发起者。这大大增加了网络运维的难度，一方面物理网络支持的 IP 多播组数量是有限的，远小于 VXLAN 虚拟网络的个数，这限制了整个 VXLAN 网络的租户数量；另一方面每个 IP 多播组中的成员个数也是有限的，此外对于多播网络的维护也是一个复杂的过程，因此在本次提供的方案中，将采用 SDN 的技术，通过引入 SDN 控制器，实现 Overlay 控制层面的简化，同时利用 SDN 的服务链的技术，将整个网络的安全业务部署进一步简化，让 Overlay 能够提供更好的服务。

6.4.3.3　Overlay 方案模型介绍

Overlay 分为三种组网模型。

网络 Overlay：隧道封装在物理交换机完成。这种 Overlay 的优势在于物理网络设备性能转发性能比较高，可以支持非虚拟化的物理服务器之间的组网互通。

主机 Overlay：隧道封装在 vSwitch 完成，不用增加新的网络设备即可完成 Overlay 部署，可以支持虚拟化的服务器之间的组网互通。

混合 Overlay：是网络 Overlay 和主机 Overlay 的混合组网，可以支持物理服务器和虚拟服务器之间的组网互通。

相对于主机 Overlay 和网络 Overlay，混合型 Overlay 网络解决方案具有如下特点：

（1）Overlay 网络是指在传统网络的边缘构架一套全新的智能控制网络。该网络中的结点可以看作通过虚拟或逻辑链路而连接起来的，在 Overlay 方案中，边缘节点设备可以支持逻辑软件和独立的硬件设备。

（2）Overlay 网络具有独立的控制和转发平面，对于连接在 Overlay 边缘设备之外的终端系统来说，物理网络是透明的，只需 IP 可达，并且不再完全限定物理网络是二层网络或是三层网络，具有更高的灵活性。

（3）Overlay 网络是物理网络向云和虚拟化的深度延伸，使云资源池化能力可以摆脱物理网络的重重限制，是实现云网融合的关键。

（4）Overlay 的网络架构是在传统物理网络基础上构建了逻辑的二层网络，是网络支持云业务发展的理想选择，是传统网络向网络虚拟化的深度延伸，提供了网络资源池化的最佳解决方式。

当前主用中心中存在多种不同类型数据库，支撑不同类型业务，有些关键应用为了保证其高性能和稳定性，不建议放在虚拟化环境中，但是依然希望能将其纳入 Overlay 网络中统一管理，针对这种情况，混合型 Overlay 方案能够提供一套包含软硬件的整体解决方案，将云数据中心的所有虚拟机和物理服务器（包含虚拟机宿主和独立承载核心业务的物理主机）同时纳入管理，由 SDN 控制器统一控制下发网络策略。Overlay 控制器作网络管理的核心，和计算管理、存储管理模块一起受云管理平台的统一控制。

6.4.4　安全资源池的构建

安全资源池由三个主系统组成：安全管理平台、安全资源池、虚拟化安全网关。

（1）安全管理平台（安全资源池管理模块）

安全管理平台实现安全资源池和安全资源的统一管理，实现安全策略配置。

（2）安全资源池

通过 SDN 导流、网络功能虚拟化（Network Function Virtualization，NFV）实现安全

资源池化，提供访问控制、入侵防御、Web 防护和病毒过滤等安全功能服务。

（3）虚拟化安全网关

可为用户提供多种灵活选择的安全服务功能，主要包括虚拟化防火墙服务、虚拟化入侵防御服务、虚拟化 Web 防护、虚拟化防病毒服务和虚拟化 VPN 等服务，以上服务主要通过安全资源池来实现。

6.5 云管平台构建

6.5.1 云管平台架构

云管平台部署在主用中心运维管理网，实现对主用中心云平台、灾备中心云平台和站段级云节点的统一运营管理，并向综合运管平台提供相关信息。

统一运营管理指的是对计算、存储、网络和安全等多种资源池进行调度和管理，并对不同厂商的硬件设备、不同虚拟化技术的平台进行统一管理，包括对多个分布式数据中心的资源进行统一的调度和管理，对中心和站段的统一管理，并兼顾虚拟化和容器等技术的多模混合管理，同时监控云平台上虚拟机和物理机的运行状态，采集虚拟机和物理机的 CPU 利用率、内存利用率、网络 IO、硬盘 IO 和硬盘利用率，对采集到的数据，以曲线图、直方图等图形方式展现，为管理员进行优化决策提供依据。综合云管平台可视化界面见图 6-7。

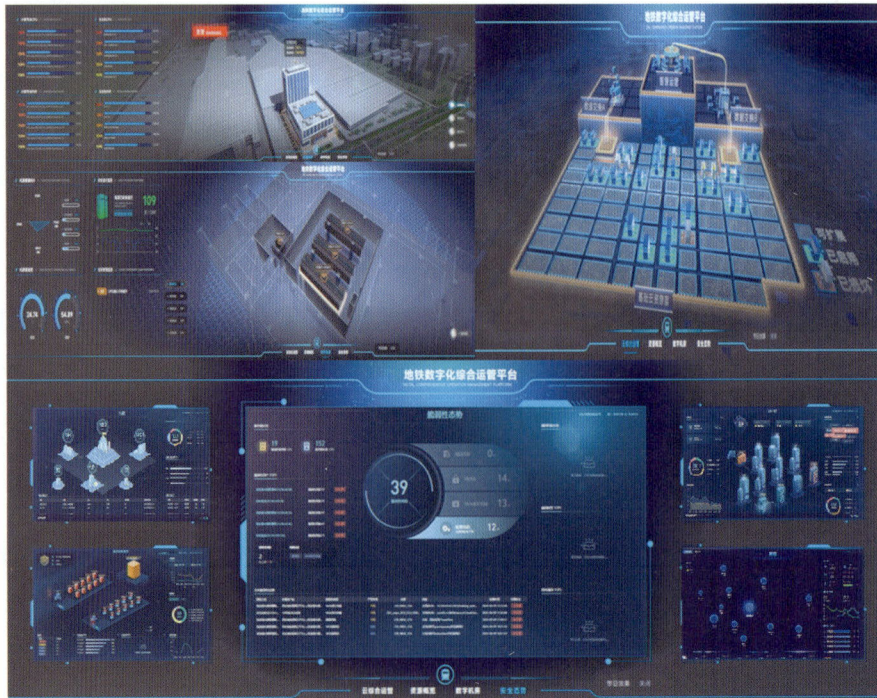

图 6-7　综合云管平台可视化界面

云管平台同时具备和网管平台、安全管理平台接口功能。云管平台支持通过通用接口接入综合运管平台，可通过综合运管平台实现"云、网、数、安、运"的统一管理。

运维管理网采用独立组网的方式，分别与主中心的安全生产域、内部管理域、外部服务域实现互联互通，并在运维管理网边界设置防火墙设备，保证云平台带内、带外管理的数据通信安全性及可靠性。云管平台物理架构见图 6-8。

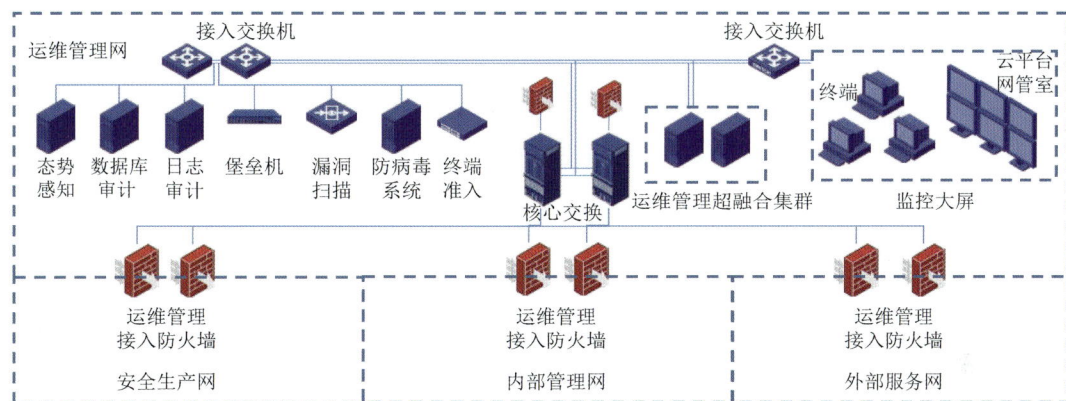

图 6-8　云管平台物理架构示意图

云管平台的物理设备通常为 3 台云平台管理节点、2～3 台网络管理节点、2 台虚拟化管理节点（可选），可满足 300 台服务器规模的资源池管理需求，超过规模后可按需增加管理节点。此外，在技术方案不同时，可以灵活调整管理节点的配置或数量。

6.5.2　云管平台功能

云管平台部署在运维管理网中，用于实现云平台对各软硬件资源的集中调度和统一编排，提供生产管理、运营管理两大类功能。生产管理方面，云管平台实现对 IaaS、PaaS、SaaS 的生产管理；运营管理层面，具体包括云平台管理、虚拟化管理、容器管理、微服务治理、SDN 管控、网络运维管理、IT 运维管理、安全资源管理等。

6.5.2.1　生产管理功能

1）物理设备监控

具备对物理服务器、存储设备、网络设备等云资源中心物理设备的监控功能，并支持云资源中心物理设备的生命周期管理。包括但不限于下列功能：

（1）支持服务器、存储、网络设备的管理。

（2）支持物理设备硬件性能、告警监控。

（3）支持服务器 SNMP（简单网络管理协议）上报告警。

（4）支持周期从物理设备采集性能指标并进行统计分析。

（5）支持设置性能阈值告警，当指标超过阈值时，系统会上报告警。

（6）支持对设备的在线状态进行监控，如果服务器断开，系统也会上报告警。

2）资源池监控

具备资源池维度的监控与分析功能，例如"云→区域→可用区→集群→主机"视角（投标人可根据自身方案和后续设计联络的方案确定视角，此处仅为举例）的资源、容量、负载、告警的监控与分析能力。包括但不限于下列功能：

（1）支持按区域/资源池/可用区/集群/主机/虚拟机等多个层次对计算、存储和网络资源池进行监控。

（2）结合关键性能指标，持续评估资源池的负载情况。

（3）对容量进行容量评估，以指导管理员进行容量规划，扩容等，最终达到提高资源利用率的目的。

3）云资源监控

应具备云资源中心计算资源（如云主机、镜像等）、存储资源（如云硬盘、对象存储、文件存储等）、网络资源（如 VPC 等）等云资源的监控功能，支持管理员搜索云资源，并结合其性能、告警以及强关联资源数据，协助管理员进行故障排查。包括但不限于下列功能：

（1）支持弹性云服务器实例状态和告警监控，支持 CPU/内存/磁盘/网络性能监控。

（2）支持实例告警关联和展示。

（3）支持裸金属实例（物理机）状态和告警监控，支持实例告警关联分析和拓扑展示。

（4）支持镜像实例状态监控。

（5）支持云硬盘实例状态和磁盘读写性能监控。

（6）支持 VPC（虚拟私有云）云服务实例状态监控。

（7）支持 EIP（弹性 IP）云服务实例查看。

（8）支持 vFW（虚拟防火墙）云服务实例状态监控。

4）VDC 资源分析

具备 VDC（虚拟云资源中心）视角的监控与分析功能，包括但不限于下列功能：VDC 的配额、云资源列表、负载等监控与分析功能。

5）云服务监控

能提供云资源中心各云服务、管理系统的统一监控视图。管理员可通过此能力查看各云服务、管理系统的告警及运行状态。包括但不限于下列功能：

（1）支持查看所监控服务的运行状态。

（2）支持查看告警详情。

（3）支持查看监控指标详情。

6）应用全链路观测

具备从业务应用全局视角，对系统运行状态进行全方位监控和统计，包括基础设施、微服务、基础中间件、服务网关、链路、日志、告警等，为运维人员提供指标分析型工具。包括但不限于下列功能：

（1）支持对应用全链路分层拓扑展示。

（2）支持对故障进行时空回溯。

（3）支持对应用进行一键诊断。

（4）支持对应用业务驾驶舱可视化展示。

7）容量管理

应支持通过容量视图，方便管理员了解计算、存储、网络等基础资源的容量信息和容量使用的历史趋势的功能。帮助管理员对资源进行监控和预测，从而保证资源充足、业务正常运行及平滑扩容。包括但不限于下列功能：

（1）支持查看容量视图：可根据区域、资源池、可用区、选择不同位置进行查看。

（2）支持资源池容量指标（计算、存储、网络）的容量使用情况。

（3）计算池展示物理机状态、弹性云服务器状态、CPU 分配率和内存分配率等信息。

（4）存储池展示存储资源概览、存储池分配率、存储池列表等信息。

（5）网络池展示弹性 IP 和网络资源列表等信息。

（6）支持容量使用的历史趋势查询。

（7）查看当前、过去一周、过去一个月、过去三个月及自定义查询时间周期的资源容量信息。

（8）支持导出容量信息，对资源容量的使用情况进行分析。

（9）支持云服务（云主机、云硬盘、弹性 IP 等）容量阈值设置，当容量消耗达到指定阈值时，产生容量风险告警，提醒容量管理员及时发现容量风险。

8）云桌面管理

云桌面把分散在终端（PC）上的计算、存储等资源集中到云中心，实现虚拟化和集中管理，用户通过云终端（Thin Client 瘦客户端），接入云桌面服务。目标是让用户通过任何终端、任何网络接入和使用数据中心的数据和应用。云桌面系统应支持以下功能：

（1）云桌面提供传统 PC 机的功能。

（2）云桌面能够让企业员工实现简单、快捷、安全地接入并访问企业常用应用。

（3）系统要支持集中管理能力，如对操作系统镜像统一管理、软件（含病毒库）补丁统一分发、TC 终端统一管理等。

（4）系统支持互联网终端接入云桌面需求。

（5）系统支持安全架构设计，具有完善的安全防护能力。

（6）系统支持高可用性、动态迁移等可靠性设计。

（7）系统支持通过扩容存储与计算资源实现用户平滑扩容。

（8）系统支持云桌面终端安全组（IP 黑白名单）。

（9）系统支持云桌面终端备份恢复。

（10）系统支持云桌面终端监控。

（11）系统支持暗水印。

6.5.2.2 运营管理功能

云平台是对数据中心的资源进行统一管理、控制的平台管理系统，是面向城轨业务人员以及运营运维人员的管理使用界面，应提供对云平台所管理的资源进行组织、划分、申请、使用的资源管控功能，以及对这些资源进行运维监控的管理功能。

1）裸金属服务自动发放/发现

（1）裸金属服务自动发放功能

云平台应支持物理服务器（即裸金属服务器）的自动发放功能，运维人员可通过管理界面申请物理服务器运行业务。运维人员可指定要申请的物理服务器的规格、所使用的镜像、所使用的网络、网络所属的安全组、需要绑定的弹性 IP 以及指定服务器发放完成后的登录信息。运维人员申请完成后，云平台应能自动完成服务器的操作系统配置、安全配置、IP 地址配置、弹性 IP 绑定等操作。

应支持自行申请物理机服务功能，可以对发放完成的物理机进行生命周期管理，可以对物理机执行开机、关机、重启等操作；应能查看物理机的基本信息，包括物理机的名称、规格、所使用镜像、状态等。

应支持为物理机提供云硬盘服务功能，运维人员可以在申请物理机服务的同一个服务管理界面自行为裸金属服务器挂载存储空间，满足数据库等集群场景对共享存储的需求。

（2）裸金属服务自动发现功能

应能通过单个输入或批量导入物理机服务器信息，系统解析输入信息并自动发现已上电服务器详细信息，包括服务器电源、风扇、CPU、内存、磁盘网卡等信息，将物理服务器纳入系统管理范围。

2）弹性伸缩

管理员可通过配置不同的调度策略，实现智能资源调度，提升设备利用率，满足虚拟机应用对资源弹性伸缩的需求。

应具备集中管理功能，运维人员可设置调度策略，保证资源的合理分配，实现资源最大化利用或实现节能目标等。

云平台应提供弹性伸缩服务功能，可以根据业务系统需求，通过预先配置好的策略自动调整资源以应对业务变化的压力；弹性伸缩服务功能应包括但不限于最大、最小可支持的虚拟机数量、弹性扩充的虚拟机可以使用的网络地址等；应支持配置自动扩容的虚拟机可以从指定镜像或者指定虚拟机进行创建，且保证弹性扩容行为可控，扩容的虚拟机可用。

云平台应支持按资源使用情况来配置伸缩策略的功能，包括但不限于检测到如CPU、内存等资源的使用在一定时间内连续达到阈值，则进行云主机的扩容/减容操作。

云平台应支持自动扩容出来的虚拟机自动配置弹性 IP、自动完成安全组的添加、配置自动扩容出来的虚拟机的登录方式，让弹性伸缩中自动扩容出来的虚拟机可以真正提供安全、可用的服务。

云平台应支持弹性伸缩的管理，可以看到特定伸缩组里面当前的虚拟机数量、历史的弹性情况日志以及伸缩组内资源的性能情况，并支持将伸缩组里面的虚拟机移出或者删除。

3）云资源中心统一运维

云平台应能将不同维度的资源（包含但不限于计算、存储、虚拟化、网络和应用）的性能、告警信息综合分析，以直观的界面呈现业务的健康水平。

云资源中心统一运维功能包含但不限于告警管理、资源管理、性能管理、敏捷报表、容量管理、基础设施监控、资源池监控、人机界面等功能模块，并应支撑日常运维、系统变更、运营分析等运维业务场景，实现多个云资源中心集中运维管理。

云资源数据中心应部署云资源管理系统和物理设备运维系统，负责运维操作、配置和监控数据采集。在中心节点部署统一运维管理系统，将云资源中心内的云资源监控信息和非云资源监控信息都汇聚起来进行统一运维管理。

4）服务定义

应提供服务中心的开箱即用服务功能，包括 VDC、云主机、云磁盘、物理机等服务，这些预置服务应向运维人员等开放所有的服务参数，运维人员在申请服务时可以选择或输入服务参数，由运维人员自定义所要的服务。通过预置服务申请云主机时，包含但不限于运维人员选择云主机的硬件规格、操作系统版本、配置云主机的网络等。

应提供全局管理员或 VDC 管理员根据企业、部门情况，自定义服务目录的功能。包含但不限于全局管理员可以定义"标准测试主机"服务，此服务已经固定使用了哪种操作系统类型、硬件规格，甚至云主机所使用的网络、IP 地址也是由管理员决定的，运维人员申请"标准测试主机"时只能输入数量、申请时长，不能由运维人员决定安装哪种操作系统类型，选择哪种硬件规格。

全局管理员或 VDC 管理员在服务定义时，可定义项目包括但不限于：

（1）服务名称、描述、图标。

（2）运维人员申请服务时可输入哪些服务参数。

（3）配置服务的审批策略：需要审批、不需要审批。

5）服务目录

服务目录方便用户快速部署资源和应用，系统预置的服务目录包含但不限于：

（1）虚拟云资源中心（VDC）

应提供与物理数据中心相等体验的专属虚拟化资源池，可以快速自助完成虚拟数据中心申请，并可根据实际需要在线灵活调整虚拟云资源中心规格；在虚拟云资源中心内，可以对计算、存储和网络资源统一管理。

（2）云主机

云主机服务为运维人员提供申请即用的虚拟机服务，运维人员可以根据业务需要灵活申请指定 CPU/内存/磁盘/网卡规格、指定 OS 类型的云主机用于满足计算需求。

（3）云存储

与云主机结合，提供持久性块存储服务；云硬盘可以独立云主机的生命周期，挂载到同一可用分区下的云主机或者从云主机卸载。运维人员申请云主机时可以指定规格。

（4）物理机

对于一些不适合使用云主机的应用，运维人员可以直接服务目录上申请物理机，管理员可以将已经配置好的物理机分配给用户。

（5）弹性 IP

应具备弹性 IP 的功能，当所关联云主机故障或需要升级时，可以迅速将弹性 IP 地址重新映射到另一个正常工作的备用云主机，无需变更云主机客户端的配置，继续从备用云主机获得服务，从而降低对业务系统的影响。

（6）云安全

依托云平台安全产品或第三方安全产品，应能根据不同的业务系统，结合自身的业务需求，合理的选择部署安全云服务。部署该安全服务后，每个业务系统可以获得逻辑上完全属于自己的防火墙和安全服务等。业务系统可以根据自身需求，设定自身的各种安全防护策略。

云安全→主机安全（杀毒软件）、虚拟防火墙、漏洞扫描、堡垒机、日志审计、Web 应用防火墙、数据库审计、安全态势感知。

6）申请单管理

业务运维人员和云平台管理者、云平台运维人员可以查询申请单状态、进度。申请单中包含有申请的服务申请内容、申请时间、申请状态。在申请单管理中可以完成：

（1）工单审批。支持审批、驳回、转他人审批。

（2）工单撤回。提交人可以对未进行审批的订单进行撤回，撤回的工单可以修改后重新提交。

（3）审批进度提示。工单提交人可以查看自己提交工单的审批进度。

（4）审批提醒。工单提交后，系统根据邮件配置和审批消息配置，给工单审批人发送邮件通知。满足申请人需要及时催办，以便审批流程更快完成的需求，减少沟通成本，提高了审批流程的完成效率。

（5）工单到期提醒。针对即将到期的订单，系统发送邮件通知用户对订单续期或者对订单中实例进行删除。

7）自定义流程审批

云平台应提供配置界面，管理员可配置定制的审批步骤。支持自定义审批流程，支持多级审批流程，最少能支持 5 级审批，每一级可以指定一个或多个审批人，指定的多个审批人员均有处理此订单的权限，任一审批人批准则本级审批通过。

8）自助服务

运维人员可以通过服务目录可以自助完成以下日常服务工作：

（1）服务申请。运维人员可在服务目录中查看到云平台管理员预定义的各类服务，并根据自己的业务需要选择相应的服务跳转到对应的云服务控制台申请云资源。

（2）服务变更。对于已发放的云资源，运维人员可以通过云服务控制台对服务参数进行变更。例如，可以申请将一台已发放的 4GB 内存的虚拟机变更为 8GB 内存。

（3）服务释放。对于不再使用的资源，运维人员可以在各个云服务界面中释放资源，系统会自动释放资源。

（4）服务审批。管理员可以审批来自运维人员提交的服务申请。审批时，审批者可以选择"同意"或者"拒绝"。

（5）服务维护。运营人员可以通过云服务控制台对已申请到的云资源进行维护操作，例如 VNC 登录虚拟机、虚拟机上/下电、虚拟机绑定弹性 IP、磁盘绑定虚拟机等。云平台投标人应提供详细的云服务文档指导并培训运维人员。

（6）VDC 管理。管理员应能通过人机界面完成以下日常自运维工作。

①查询 VDC 的各配额指标的使用率、总量、已用量、未用量。

②VDC 按类型统计已申请资源数量。

③申请 VDC 配额扩容。

④VDC 管理。

⑤VDC 服务目录管理。

⑥VDC 网络环境配置。

⑦审批业务系统的服务申请。

6.6　主用中心云平台构建

6.6.1　主用中心云平台架构

安全生产网用来承载 ATS、ICSC（综合指挥中心，Integrated Command Support Center）、自动售检票、门禁、PIS、专用电话、车辆智能运维、安防集成平台、线网运营指挥中心等安全运营生产类业务相关系统的数据通信。

内部管理网用来承载企业管理、运营管理、建设管理、资源管理等企业信息化相关业务系统的数据通信。

外部服务网用来承载乘客服务管理系统、线网智慧客流组织系统、企业门户网站系统及互联网售检票系统等业务数据通信。

运维管理网用来承载云平台的带外或带内运维管理，包括云平台运维管理、设备管理、安全管理、运维审计等数据通信。

中心局域网的网络架构采用分层分域设计，层次上划分为核心交换区、各应用业务分区、中心互联区以及数据存储分区。其中核心交换区主要解决各业务应用南北向流量以及东西向流量的数据转发处理，核心交换区与数据中心互联区及线网骨干网连接。各业务应用分区［如车辆智能运维业务区（IFMS）、乘客信息业务区（PIS/PCC）、自动售检票业务区（ACC/MLC）、ATS 业务区、NOCCS 业务区、门禁业务区（ACS）、综合监控业务区（ISCS）、云桌面业务区、专用电话业务区、数据共享交换区等］主要提供各业务应用服务资源的接入部署及安全防护；数据中心互联区主要提供主用中心、灾备中心之间的灾备数据互联；存储区则为各业务应用、共享存储提供存储资源。

6.6.2　IaaS 平台构建

6.6.2.1　安全生产域

安全生产域是用于部署信号系统、综合监控系统、自动售检票系统、门禁系统、乘客信息系统、专用电话系统、城市轨道交通车地综合通信系统及线网运营指挥中心系统等安全运营生产类相关业务。安全生产网业务的稳定可靠运行最为关键，考虑业务系统间的管控隔离，攻击发生情况下韧性恢复。主用中心云平台安全生产域结构见图 6-9。

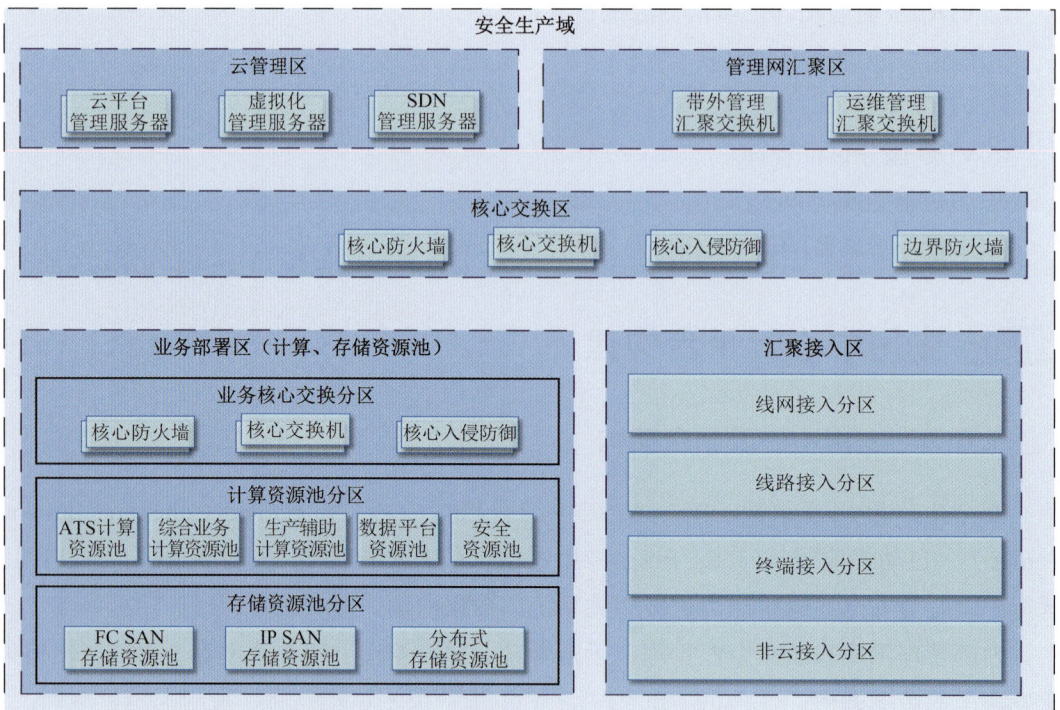

图 6-9　主用中心云平台安全生产域示意图

1）计算、存储资源池配置

（1）整体资源配置

计算资源池包含 X86、ARM 等多种架构，提供裸金属、虚拟化及容器三种资源封装方式，为业务系统提供服务。VDC 按业务划分，资源池可按 VDC 配置，也可多个 VDC 共用。其中，线网运营指挥中心系统、大数据平台、清分中心系统（ACC）、列车自动监控系统（ATS）配置各自的专属资源池，综合监控系统（ISCS）、自动售检票系统（AFC）、乘客信息系统（PIS）、门禁系统（ACS）、专用电话系统、LTE-M 等可以设置共用的综合资源池，也可结合网络等保、建设界面、运维界面等因素的差异进行灵活调整。例如：当综合监控系统（ISCS）集成列车自动监控系统（ATS）时，可将 ISCS 与 ATS 共同设置专属资源池；当综合监控系统（ISCS）与其他系统归属不同运营主体时，可为 ISCS 设置独立的资源池。

根据各地区在建、运营项目统计分析，安全生产域的计算、存储资源配置建议见表 6-8。

安全生产域资源配置建议表　　　　表 6-8

序号	资源池名称	资源需求（建议）	备注
1	大数据平台	—	根据具体业务及功能配置
2	线网运营指挥中心资源池	vCPU 442 核、内存 1180GB、存储（可用）120TB	NOCC 调度指挥功能建议配置，根据不同运营指挥中心接入线路、客流、业务种类进行调整。其他配套功能可按需增加资源
3	AFC 资源池	vCPU 256 核、内存 512GB、可用存储：25TB	规模为 10 条线左右，包含 ACC、MLC 及互联网售检票系统等核心安全业务，可根据具体情况调整。其他配套功能可按需增加资源
4	ATS 资源池	vCPU 64 核、内存 256GB、可用存储：5TB	单线路中央级 ATS 建议配置，可根据具体情况调整。内部按线路划分 VPC
5	ISCS 资源池	vCPU 32 核、内存 64GB、可用存储 5TB	单线路中央级 ISCS 建议配置，可根据具体情况调整。内部按线路划分 VPC
6	综合资源池	vCPU 256 核、内存 512GB；存储（可用）15TB	含 ACS 系统、PIS 系统、专用电话系统、车地宽带无线通信系统、通信集中告警系统。规模为 1 条线路，可根据具体情况调整。内部按专业划分 VDC、按线路划分 VPC

（2）资源池设备配置

服务器是计算资源池构建的核心，在同一资源池内部应尽量保持 CPU 的一致性，同一批次采购的服务器应尽量选用同型号 CPU，以提升硬件兼容性、保证虚机迁移的可靠性及稳定性。CPU 应尽量选用最新代际的产品，从而使服务器性能最优、兼容性最佳、售后服务最有保障。

计算资源池配置时应收集汇总所有业务系统的资源需求，统计每个资源池的 vCPU、内存、存储、网络、等保、HA 等方面的需求，从而进行完整规划设计。

虚拟机及容器的宿主机数量按照下列公式进行计算：

虚拟机及容器的宿主机数量 = MAX［单线路虚拟机 vCPU 资源总需求 × 线路数 × 冗余比例/（宿主机 CPU 路数 × 宿主机单个 CPU 核数 × 超线程比 × 损耗系数），单线路虚拟机内存资源总需求 × 线路数 × 冗余比例/（宿主机内存 × 损耗系数）］

式中，冗余比例宜不小于 1.3；超线程比取 2（Intel 发布的 Xeon 67XX 系列处理器由于采用全小核架构，不具备超线程功能，此项取 1）；损耗系统宜取 0.8～0.9。在资源池计算时，务必对服务器的计算参数物理服务器的 CPU 最高利用率不高于 60%，虚拟机的宿主机 CPU 最高利用率不高于 70%。

存储资源池设置集中式存储，配置共用存储资源池。存储资源池的配置容量应不小于计算容量的 140%，可采用 FC SAN 或分布式存储。

2）网络资源池配置

（1）核心交换区

核心交换区作为数据交换的核心，承担数据中心内部 VDC 间、车站终端数据与数据中心间、数据中心与灾备中心间的数据交换任务，提高全网网络高速转发。

安全生产网核心交换区部署 2 台高性能核心交换机。核心交换机之间通过 40/100GE 网络通道互联，通过 M-LAG、IRF 等堆叠技术来保障网络设备的可靠性。

（2）各业务分区

各业务分区主要为各业务应用提供计算服务器互联网络，为车站或车辆段前端接入提供应用平台，并通过资源池化的方式对业务进行资源分配。

根据各业务应用计算资源需求，各业务分区设置接入交换机，采用双机冗余架构，交换机采用 40GE/100GE 链路聚合与核心交换机互联，各业务分区虚拟机或物理机服务器采用 10GE/25GE 网卡双上行至接入交换机。

ATS 设置 2 台独立的接入交换机，采用 40GE/100GE 链路与核心交换机互联，ATS 物理机、宿主机采用 10GE/25GE 网卡双上行至 2 台接入交换机。

（3）终端接入区

终端接入区主要用于各区域生产终端的接入。

终端接入分区可采用汇聚、接入二层架构；设置 2 台汇聚交换机，采用双机冗余架构，采用 40GE 链路聚合与核心交换机互联；根据终端数量及扩展需求设置多台接入交换机，接入交换机可采用冗余架构，可采用 10GE 链路聚合与汇聚交换机互联，各业务终端可根据业务需要灵活选择采用 GE 网卡双上行或单上行至接入交换机。

（4）非云设备接入区

非云设备接入区主要用于上云系统的非云设备的接入，满足云下业务与云平台内业务互通。

采用汇聚、接入二层架构，由云平台分别设置 2 台汇聚交换机，采用 40GE 链路聚合接入核心交换机；各云下业务设备由各业务系统设置的接入交换机上联至云平台的汇聚交换机。

（5）数据存储分区

数据存储分区一般采用 IP SAN 或 FC SAN 存储架构，专用于部署数据库、存储、备份等数据服务。存储区使用单独的网段进行数据传输，数据流与业务平面分离，独立运行，保证链路状态冗余、可用。

数据存储分区当采用 FC SAN 存储网络时，配置 2 台 FC 交换机，计算节点与存储设备的冗余链路互联，计算节点到 FC 交换机采用不小于 32Gbps 链路；当采用 IP SAN 存储网络时，配置 2 台 IP 交换机，计算节点通过 2 路独立的 IP 通道连接到 IP SAN 存储设备，IP 交换机到存储设备采用不小于 10GE 链路，计算节点到 IP 交换机采用不小于 10GE 链路。

（6）云桌面接入区

云桌面接入区主要用于云桌面服务器、云桌面终端配套设备的接入互联。

云桌面接入区采用汇聚、接入二层架构；设置 2 台汇聚交换机，采用双机冗余架构，采用 40GE 链路聚合与核心交换机互联；设置 2 台接入交换机，采用双机冗余架构，交换机采用 10GE 链路聚合与汇聚交换机互联，云桌面服务器采用 GE/10GE 网卡双上行至接入交换机；根据容量需求设置云终端接入交换机，接入交换机采用双机冗余架构，采用 GE 链路聚合与汇聚交换机互联，与云桌面终端设备实现双网卡冗余接入。

（7）传输网接入区

传输网接入区主要提供各线路、站段数据接入，按照业务的安全等级进行划分相互隔离。传输网接入区设置 2 台汇聚交换机，采用双机冗余架构，用于连接传输网承载的各车站到中心云平台的汇聚流量，采用 40GE/100GE 链路接入核心交换机。

6.6.2.2　内部管理域

内部管理域是用于部署运营管理、企业人财物管理、建设管理、资源管理等面向企业内部用户服务的业务应用，其架构示意见图 6-10。

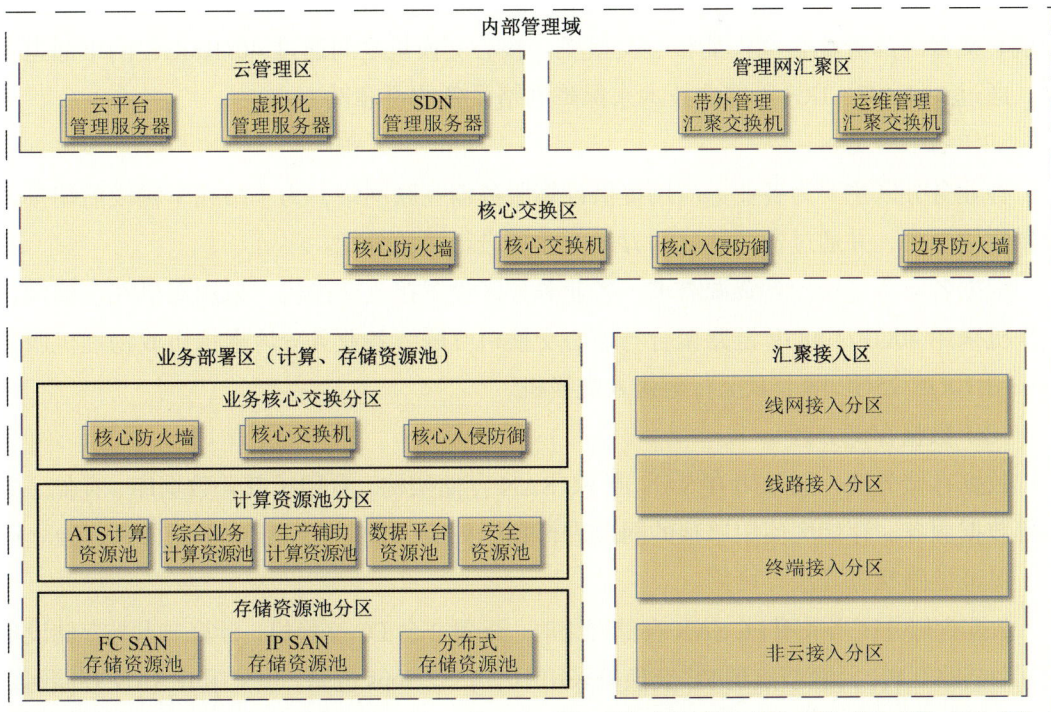

图 6-10　主用中心内部管理域架构示意图

1）计算、存储资源池配置

根据各地区在建、运营项目统计分析，内部管理域的计算、存储资源配置建议见表6-9。

内部管理域资源配置表　　　　　　　　　　　　　　　表6-9

序号	资源池名称	资源需求	备注
1	大数据平台系统资源池	—	根据具体业务及功能配置
2	运营管理资源池	根据内部管理实际业务需求计算	内部划分为运维管理、施工管理、固资管理、合同管理、乘务管理、站务管理等VPC，可根据各项目实际需求调整
3	企业管理资源池	根据内部管理实际业务需求计算	内部划分为财务管理、人事管理、办公管理、合同管理、预算管理、档案管理等VPC，可根据各项目实际需求调整
4	建设管理资源池	根据内部管理实际业务需求计算	内部划分规划设计、投资管理、施工管理、质安管理、验交管理等VPC，可根据各项目实际需求调整
5	资源管理资源池	根据内部管理实际业务需求计算	内部划分为资源开发、经营分析、媒体广告、房产开发、文旅开发、物业管理等VPC，可根据各项目实际需求调整
6	云桌面资源池	vCPU 4核、内存8G；共享存储（可用）100GB	可按照CPU1：2超分配置，采用2路服务器、刀片、高密服务器、超融合等，根据项目需求选择配置

2）网络资源池配置

内部管理域分区可划分为核心交换区、各业务分区、数据存储分区、云桌面接入区及线路接入区。

（1）核心交换区

核心交换区作为数据交换的核心，承担数据中心内部 VDC 间、车站终端数据与数据中心间、数据中心与灾备中心间的数据交换任务，提高全网网络高速转发。安全生产网核心交换区部署 2 台高性能核心交换机。核心交换机之间通过 40/100GE 网络通道互联，通过 M-LAG、IRF 等堆叠技术来保障网络设备的可靠性。

（2）各业务分区

各业务分区主要为各业务应用提供计算服务器互联网络，为车站或车辆段前端接入提供应用平台，并通过资源池化的方式对业务进行资源分配。

根据各业务应用计算资源需求，各业务分区设置接入交换机，采用双机冗余架构，交换机采用 40GE/100GE 链路聚合与核心交换机互联，各业务分区虚拟机或物理机服务器采用 10GE/25GE 网卡双上行至接入交换机。

（3）数据存储分区

数据存储分区一般采用 IP SAN 或 FC SAN 存储架构，专用于部署数据库、存储、备份等数据服务。存储区使用单独的网段进行数据传输，数据流与业务平面分离，独立运行，保证链路状态冗余、可用。

数据存储分区当采用 FC SAN 存储网络时，配置 2 台 FC 交换机，计算节点与存储设备的冗余链路互联，计算节点到 FC 交换机采用不小于 32Gbps 链路；当采用 IP SAN 存储网络时，配置 2 台 IP 交换机，计算节点通过 2 路独立的 IP 通道连接到 IP SAN 存储设备，IP 交换机到存储设备采用不小于 10GE 链路，计算节点到 IP 交换机采用不小于 10GE 链路。

（4）云桌面接入区

云桌面接入区主要用于云桌面服务器、云桌面终端配套设备的接入互联。

云桌面接入区采用汇聚、接入二层架构；设置 2 台汇聚交换机，采用双机冗余架构，采用 40GE 链路聚合与核心交换机互联；设置 2 台接入交换机，采用双机冗余架构，交换机采用 10GE 链路聚合与汇聚交换机互联，云桌面服务器采用 GE/10GE 网卡双上行至接入交换机；根据容量需求设置云终端接入交换机，接入交换机采用双机冗余架构，采用 GE 链路聚合与汇聚交换机互联，与云桌面终端设备实现双网卡冗余接入。

（5）线路接入区

线路接入区主要提供各线路、站段数据接入，按照业务的安全等级进行划分相互隔离。

线路接入区设置 2 台汇聚交换机，采用双机冗余架构，用于连接传输网承载的各车站到中心云平台的汇聚流量，采用 40GE/100GE 链路接入核心交换机。

6.6.2.3　外部服务域

外部服务网是用于部署乘客服务管理系统、线网智慧客流组织系统、企业门户网站系统、互联网售检票系统等面向外部或公众用户服务的业务应用，以及视频监控系统、公务电话系统等相关业务应用。外部服务网连接互联网用户、外联单位，考虑互联网安全防护，并支持动态风险防御，通过抗 DDoS（分布式拒绝服务）、沙箱等技术，提高网络安全风险发现、识别、定位、溯源的综合能力。控制中心外部服务域架构示意见图 6-11。

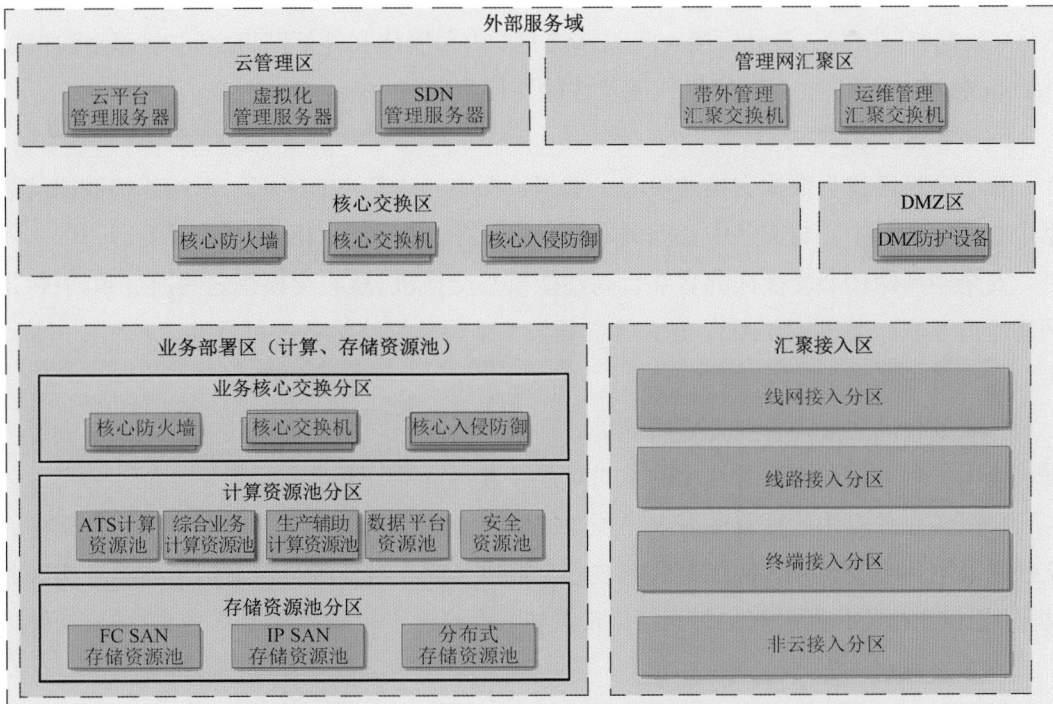

图 6-11　控制中心外部服务域架构示意图

1）计算、存储资源池配置

根据各地区在建、运营项目统计分析，外部服务域的计算、存储资源配置建议见表 6-10。

外部服务域资源配置表   表 6-10

序号	资源池名称	资源需求	备注
1	大数据平台系统资源池	—	—
2	综合资源池	中央级：vCPU64 核、内存 128GB；可用存储：1TB；视频存储：根据存储需求及方式进行计算	规模为 1 条线路的中心级 IMS 系统、公务电话系统，可根据具体线网规模配置。内部按专业划分 VDC、按线路划分 VPC
3	互联网售检票系统资源池	vCPU 48 核、内存 384GB，存储 6TB	包含互联网售检票 App（第三方应用程序）后台业务，核心安全业务与 ACC 合并设置
4	站段资源池	vCPU 16 核、内存 32GB；视频存储：根据存储需求及方式计算	规模为 1 个车站的车站级 IMS 系统，可根据具体线网规模配置

2）网络资源池配置

外部服务数据中心网络采用 Leaf-Spine（叶-脊）架构的扁平化 SDN 网络方案，保障网络性能、安全性及灵活性，以解决传统三层网络架构所不能满足的数据中心内部及数据中心之间网络高速互联的需求。其中 Spine 交换机具备高密度吞吐特性，是数据中心内东西向流量的交换中枢。Leaf 交换机连接集群内的服务器，同时与 Spine 交换机连接。

外部服务网网络分区可划分为核心交换区、各业务分区、终端接入区、非云设备接入区、数据存储分区、云桌面接入区、DMZ 区（内部网络和外部网络之间的区域缓冲区，Demilitarized Zone）、互联网接入区及传输网接入区。

（1）核心交换区

核心交换区作为数据交换的核心，承担数据中心内部 VDC 间、车站终端数据与数据中心间、数据中心与灾备中心间的数据交换任务，提高全网网络高速转发。

安全生产网核心交换区部署 2 台高性能核心交换机。核心交换机之间通过 40/100GE 网络通道互联，通过 M-LAG、IRF 等堆叠技术来保障网络设备的可靠性。

（2）各业务分区

各业务分区主要为各业务应用提供计算服务器互联网络，为车站或车辆段前端接入提供应用平台，并通过资源池化的方式对业务进行资源分配。

根据各业务应用计算资源需求，各业务分区设置接入交换机，采用双机冗余架构，交换机采用 40GE/100GE 链路聚合与核心交换机互联，各业务分区虚拟机或物理机服务器采用 10GE/25GE 网卡双上行至接入交换机。

（3）终端接入区

终端接入区主要用于各区域生产终端、办公终端和外网终端接入。

终端接入分区可采用汇聚、接入二层架构；设置 2 台汇聚交换机，采用双机冗余架构，采用 40GE 链路聚合与核心交换机互联；根据终端数量及扩展需求设置多台接入交换机，接入交换机可采用冗余架构，可采用 10GE 链路聚合与汇聚交换机互联，各业务终端可根据业务需要灵活选择采用 GE 网卡双上行或单上行至接入交换机。

（4）非云设备接入区

非云设备接入区主要用于上云系统的非云设备的接入，满足云下业务与云平台内业务互通。

采用汇聚、接入二层架构，由云平台分别设置 2 台汇聚交换机，采用 40GE 链路聚合接入核心交换机；各云下业务设备由各业务系统设置的接入交换机上联至云平台的汇聚交换机。

（5）数据存储分区

数据存储分区一般采用 IP SAN 或 FC SAN 存储架构，专用于部署数据库、存储、备份等数据服务。存储区使用单独的网段进行数据传输，数据流与业务平面分离，独立运行，保证链路状态冗余、可用。

数据存储分区当采用 FC SAN 存储网络时，配置 2 台 FC 交换机，计算节点与存储设备的冗余链路互联，计算节点到 FC 交换机采用不小于 32Gbps 链路；当采用 IP SAN 存储网络时，配置 2 台 IP 交换机，计算节点通过 2 路独立的 IP 通道连接到 IP SAN 存储设备，IP 交换机到存储设备采用不小于 10GE 链路，计算节点到 IP 交换机采用不小于 10GE 链路。

（6）云桌面接入区

云桌面接入区主要用于云桌面服务器、云桌面终端配套设备的接入互联。

云桌面接入区采用汇聚、接入二层架构；设置 2 台汇聚交换机，采用双机冗余架构，采用 40GE 链路聚合与核心交换机互联；设置 2 台接入交换机，采用双机冗余架构，交换机采用 10GE 链路聚合与汇聚交换机互联，云桌面服务器采用 GE/10GE 网卡双上行至接入交换机；根据容量需求设置云终端接入交换机，接入交换机采用双机冗余架构，采用 GE 链路聚合与汇聚交换机互联，与云桌面终端设备实现双网卡冗余接入。

（7）互联网接入区

互联网接入区用于实现互联网、专线、公共服务等外部互联链路的接入，部署安全防护设备，提供边界防护、入侵防御和准入管控的能力。

外部服务网的互联网接入区设置 2 台路由器和 2 台负载均衡设备。同时结合自身业务需要，按需部署抗 DDoS、沙箱、网站应用级入侵防御系统（Web Application Firewall，WAF）、上网行为管理等网络出口安全防护设备。

（8）线路接入区

线路接入区主要提供各线路、站段数据接入，按照业务的安全等级进行划分相互隔离。

线路接入区设置 2 台汇聚交换机，采用双机冗余架构，用于连接传输网承载的各车站到中心云平台的汇聚流量，采用 10GE/40GE 链路接入核心交换机。

6.6.2.4 运维管理域

运维管理网主要负责提供城轨云平台多云管理、设备管理和安全管理等功能。在运维管理网中划分单独的安全管理区域，用于部署安全设备，实现安全审计、安全设备管理、安全态势感知等功能。运维管理网架构示意见图 6-12。

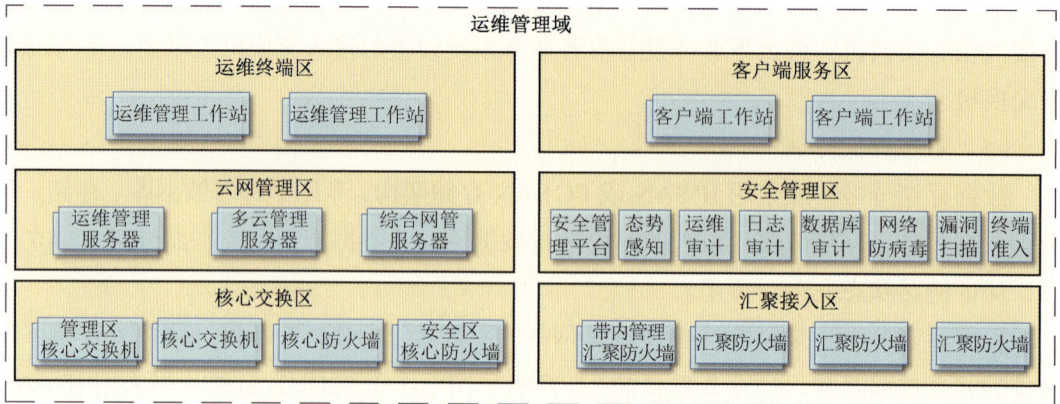

图 6-12 运维管理网架构示意图

1）计算、存储资源池配置

云管理平台、网络管理系统及安全管理中心纳入云平台的设备分别设置专用计算资源池，采用虚拟化计算资源池部署方式。

2）网络资源池配置

运维管理网的网络分区划分为核心交换区、业务接入分区、非云设备接入区、带外管理接入区及云桌面接入区，业务接入分区分为云管理平台分区、网络管理系统分区、安全管理中心分区以及终端接入区。

（1）云管理平台分区

云管理平台分区设置 2 台接入交换机，采用双机冗余架构，云管理平台分别采用 10GE/25GE 网卡双上行至 2 台接入交换机，交换机采用 40GE/100GE 链路聚合与核心交换机互联。

（2）网络管理系统分区

网管系统业务分区设置二台接入交换机，采用双机冗余架构，网络管理服务器分别采用 10GE/25GE 网卡双上行至 2 台接入交换机，交换机采用 40GE/100GE 链路聚合与核心交换机互联。

（3）安全管理中心分区

安全管理中心业务接入分区设置 2 台接入交换机，采用双机冗余架构，安全管理服务器分别采用 10GE/25GE 网卡双上行至 2 台接入交换机，日志审计、运维审计、数据库审计、漏洞扫码等安全设备分别采用 10GE 网卡双上行至 2 台接入交换机。交换机采用 40GE/100GE 链路聚合与核心交换机互联。

（4）带外管理接入区

运维管理网的带外管理接入区设置汇聚层、接入层二层网络；设置 2 台汇聚交换机，采用 10GE 链路聚合与核心交换机互联，根据网络设备的数量设置多台接入交换机，采用 GE 链路聚合与汇聚交换机互联，网络设备、安全设备及负载均衡设备采用专用的带外管理口接入带外管理接入交换机。

6.6.3　PaaS 平台构建

6.6.3.1　数据库服务部署

运营生产业务多个应用系统或者多条线路同专业多套应用系统采用相同的数据库，则可把该数据库部署在 PaaS 平台，为应用系统提供数据库服务。具体部署为：

（1）通过安全生产网的 IaaS 平台为数据库软件提供裸金属服务，部署数据库。

（2）运营生产业务需要数据库时，可通过云管平台申请相应的数据库服务。

6.6.3.2　大数据服务部署

通过 IaaS 平台为大数据软件提供裸金属服务，部署大数据平台。

安全生产网需要部署大数据应用时，可通过云管平台申请大数据库平台，在平台上进行大数据应用的开发。

6.6.3.3　中间件服务部署

对于应用系统开发和部署时会用到中间件（如 WebLogic、WebSphere、Tomcat 等），可将多系统共用的中间件部署在 PaaS 平台，由云平台为业务系统统一提供该中间件服务。具体部署为：

（1）通过 IaaS 平台为应用中间件提供云主机服务，部署应用中间件。

（2）业务在部署时，可通过云管平台申请应用中间件服务资源，完成应用系统部署。

6.6.4　SaaS 平台构建

业务系统部署在云主机等 IaaS 平台上，仍需要安装操作系统，业务运行环境以及部署应用系统。针对运营生产类业务，不同线路、同一线路不同分期都需要部署对应的系统，增加了业务应用的难度以及业务运维的复杂度。因此，需构建 SaaS 平台，为业主提供非常便捷的业务服务。

SaaS 平台的构建要求业务系统基于分布式架构以及非常好的开放性，支撑城轨持续建设的需要。

分布式架构：只有基于分布式架构才能支撑线路不断增加对业务处理能力的要求。

开放性：只有提供标准的接口与前端互联，才能实现服务器端与数据采集端的解耦，也才能真正发挥 SaaS 的价值。

业务系统在云平台上部署完成后，可通过云管平台上申请对应的软件服务，实现 SaaS 能力。

6.7 灾备中心云平台构建

在城轨交通系统的日常运营中，系统数据和业务应用的安全性和可靠性至关重要，为了确保城轨交通系统的安全与高效运行，建设城轨云平台灾备中心以防范可能出现的硬件故障、软件故障、自然灾害或其他意外情况导致的数据丢失和服务中断。灾备中心的建设不仅需要考虑数据的备份和恢复，更重要的是要实现应用的高可用性和业务的持续性。

灾备系统是一套针对应用连续性和数据安全性保护的系统，它通过统一化、自动化的操作对系统应用和数据进行有针对性的保护动作。

按照监管机构关于《信息安全技术 信息系统灾难恢复规范》（GB/T 20988—2007）中重要信息系统应急预案的要求，应急场景应覆盖电力故障、通信线路故障、火情水灾、大规模区域性灾难、治安、病毒暴发、网络攻击、人为破坏、不可抗力、计算机硬件故障、操作系统故障、系统漏洞、应用系统故障以及其他各类与信息系统相关的故障。这些故障由于在爆发的诱因、破坏程度和造成的影响等方面都有所不同，因此应针对不同场景发生时制定相应的应急处置手段和策略。

灾备中心云平台架构、资源池构建、网域划分等技术架构与主用中心云平台保持一致，可根据具体需求细化方案，按需配置。

6.7.1 灾备中心容灾策略

为确保城轨云平台的高效和可靠运作，灾备策略的设计必须综合考虑多个层面的需求和目标。灾备策略的核心组成部分包括恢复时间目标（RTO）、恢复点目标（RPO）的设定，以及数据级和应用级灾备的具体实施方案。

6.7.1.1 灾备等级和目标（RTO/RPO）

恢复时间目标（RTO）： RTO 定义了在灾难发生后，服务需要在多长时间内恢复到可操作状态的目标。对于城轨交通系统，由于其服务的实时性和连续性要求极高，RTO 应设定为尽可能短的时间，例如几分钟到几小时内，具体时间根据系统的关键性和可用备份资源而定。

恢复点目标（RPO）： RPO 指定了在灾难发生前，系统可以容忍的最大数据丢失量的时间窗口。考虑到城轨交通系统数据的重要性，RPO 应尽可能接近零，确保数据的完整性和准确性。

云平台容灾能力分析见表 6-11。

云平台容灾能力分析表 表 6-11

容灾能力	技术实现方式	RTO	RPO	容灾能力分析
数据级容灾能力	通过备份系统实现数据同步	天级	小时级	（1）双中心部署统一的数据备份系统，实现两个中心间的数据层面复制； （2）数据级容灾基本不涉及业务应用与数据库环境的部署
云平台主备容灾能力	通过存储的远程复制技术实现存储数据同步结合虚拟化管理平台来实现虚拟化容灾	分钟级	分钟级	（1）双中心部署同构存储设备实现存储底层数据远程复制：可支持存储数据的同步/异步复制； （2）需要在灾备中心，根据容灾的业务规模进行计算和存储资源的 1∶1 的预留
	数据库同步软件实现跨集群的数据同步	分钟级	秒级	（1）通过数据库同步软件实现双中心数据库数据的复制同步（同步/异步复制）； （2）主备中心需部署业务数据库 Active（主）与 Standby（备）模式
云平台/应用层双活能力	通过同时满足以下 4 层双活技术，可实现业务系统双活架构： （1）应用层双活； （2）数据库层双活； （3）存储层双活； （4）网络层双活	≈0	0	（1）通过网络层、业务应用层、数据库层、数据层的四层双活技术实现业务应用系统双活架构能力； （2）业务双活可实现系统 RTO≈0、RPO=0 的容灾能力； （3）业务应用厂商支持双中心业务应用系统与数据库双活架构部署； （4）云服务商支持双中心存储数据层与网络层的双活架构部署
应用层主备	保证主备中心共同使用一份数据实体，形成地理分散的实时分布式控制系统	=0	0	通过业务应用自身主备冗余技术实现业务容灾热备架构能力

6.7.1.2　灾备类型

1）数据级灾备

此类灾备聚焦于数据的保护和恢复。策略包括但不限于定期的数据备份，备份数据的加密和安全存储，以及快速有效的数据恢复流程。数据备份策略将根据数据的重要性和更改频率进行分类处理，以优化备份过程并减少恢复时间。针对主用中心的业务，需要备份以下数据：

（1）城轨云管理平台相关管理数据。

（2）城轨云平台上部署的虚拟机文件。

（3）城轨云平台上有特别备份要求的业务数据，如对 NAS 文件备份、虚拟机上业务数据。

（4）城轨云提供的数据库备份及裸金属服务器上数据库备份。

2）应用级灾备

应用级灾备考虑到应用服务的连续性和可用性，其中包括云平台具备的存储远程复制技术的灾备机制和应用自身的冷备/热备机制。

云平台存储远程复制技术确保业务应用主机数据在灾备中心云存储上进行同步/异步复制，确保在主用中心故障无法提供服务时，在灾备中心可以将业务系统进行开机继续进行服务。

对于信号 ATS，综合监控等应用系统的灾备功能，在云平台提供的 IaaS 资源基础上，自身构建出主备中心冷备切换热备机制，保障业务应用在任何节点故障时能够迅速切换和恢复，不影响调度终端用户的使用。

6.7.2　灾备中心云平台的构建

城轨交通系统的云平台应根据不同网络（如安全生产网、内部管理网、外部服务网和运维管理网）的具体业务系统需求，提供数据级和应用级的容灾服务。数据级容灾主要针对业务数据进行保护和恢复，而应用级容灾涵盖了应用系统的整体恢复。为满足这些需求，云平台需提供充足的计算、存储和网络资源，并配备相应的灾备应用软件。

主用中心与灾备中心及站段级云节点之间应设置冗余的网络互联链路，以确保在灾难情况下的数据能够顺利传输和接收。这种冗余设计不仅提升了系统的可靠性，还增强了容灾能力。例如，信号 ATS、AFC、ISCS 和线网运营指挥中心等关键业务系统，应采用应用级容灾模式，以确保在系统故障或灾难发生时，能够迅速切换到备用系统，保障运营的连续性。而对于大数据平台和云桌面系统，则可采用数据级容灾模式，保证数据的安全与完整。

在内部管理网方面，大数据平台和云桌面系统同样可采用数据级容灾模式，以确保关键数据在灾难发生时能够得到及时的备份和恢复。其他应用系统则可根据实际需要，选择适合的应用级容灾模式，以实现更高的可靠性和灵活性。外部服务网则主要承担互联网售检票系统、乘客服务管理系统及线网智慧客流组织系统的任务，这些系统宜采用应用级容灾模式，以确保在高峰期的服务不间断。而大数据平台和云桌面系统依然采用数据级容灾模式，以保护和恢复关键数据。

运维管理网的云管理平台、网络管理系统和安全管理中心采用应用级容灾模式，以保证系统的安全和管理功能在灾难发生时能够正常运行。灾备中心的计算、存储、网络和安全资源池与主用中心的规划原则保持一致，这样可以确保在灾难发生时，灾备中心能够无缝接替主用中心的工作，保证系统的连续性和稳定性。

灾备系统由云管理平台进行统一管理，云管理平台具备容灾方案的拓扑管理、性能管理和告警管理等功能。通过这些功能，管理人员可以实时监控容灾系统的运行状态，及时发现和处理潜在的问题。此外，容灾系统还具备仿真容灾演练的能力，可以在不影响业务的前提下，验证容灾系统的可靠性和有效性。这种演练可以帮助管理人员熟悉灾备系统的操作流程，确保在实际灾难发生时能够快速响应，最大限度地减少损失。

6.7.3　数据级灾备的构建

城轨云灾备中心数据级灾备主要针对云平台自身数据和云上业务系统及数据的保护和恢复，主要通过云平台的数据保护备份软件实现。数据备份是灾备系统中的重要组成部分，旨在确保系统中的重要数据在灾难发生时能够得到及时的恢复和保护。数据备份分为本地备份和异地备份，本地备份是在主用中心云平台上设置本地数据备份系统，异地备份是在灾备中心设置异地数据备份系统。对安全生产网、内部管理网和外部服务网的业务系统，根据系统重要性选择本地和异地数据备份，以对数据进行多重保护。

安全生产网承载的各类业务应用系统，需提供本地数据备份，以确保在系统故障时能够迅速恢复。此外，还需为 ATS、ISCS、AFC、PIS、专用电话及线网运营指挥系统提供异地数据备份，以防止因灾难导致的数据丢失；内部管理网承载的各类业务应用系统，同样需要提供本地数据备份和异地数据备份，以确保数据的安全性和可恢复性；外部服务网承载的各类业务应用系统，也需提供本地数据备份，并为互联网售检票系统、乘客服务管理系统及线网智慧客流组织系统提供异地数据备份。大数据平台因其本身就采用数据三副本方式进行建设，因此可以不另行进行数据本地备份，数据平台中的重要业务数据，可以在灾备中心建设备份集群，选取重要业务数据进行备份。

运维管理网承载的云管理平台、网络管理系统和安全管理中心系统数据，需要设置本地和异地数据备份，以确保在灾难发生时能够迅速恢复数据。备份系统应采用集中备份方式，由备份管理服务器、备份介质服务器、备份存储系统、备份软件和备份网络组成，并支持冗余部署和横向扩展。备份系统提供不小于 10GE 的专用数据备份链路，以确保数据的高效传输和备份。

云服务管理平台数据备份机制如图 6-13 所示。

数据备份业务的数据流分为备份服务管理流、本地备份数据流、远程备份数据流。

备份服务管理流：云管理平台根据业务系统功能及重要程度的备份服务需求下发服务，发起任务调度，根据服务指令进行备份服务策略的编排和调度，通知备份软件执行 VM 整机备份，备份软件调用云平台集成的存储驱动触发生产存储创建一致性快照，调用备份驱动触发备份软件执行快照卷的备份。

图 6-13　云服务管理平台数据备份机制

本地备份数据流：备份软件直接通过 SAN 存储网络从生产存储读取快照卷的数据进行备份，将备份数据通过备份服务器写入备份存储。

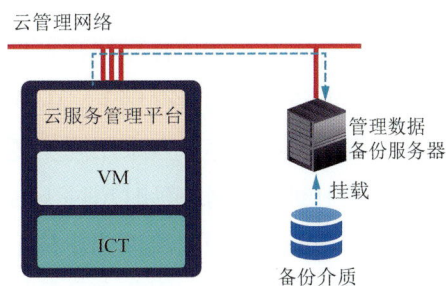

远程备份数据流：备份软件读取本地备份存储的备份数据，通过同一台备份服务器远程复制到远端备份存储，业务租户可以自定义复制策略和备份副本保留策略。

备份系统具备多种备份功能，包括全量备份、增量备份、差量备份和合成备份等，以满足不同场景下的数据备份需求。此外，备份系统还支持本地备份和远程数据复制功能，并在复制结束时自动或手动导入备份索引信息，以确保灾备中心的数据可以恢复。备份软件支持 Windows、UNIX、Linux 等主流操作系统的备份恢复，并提供裸机恢复功能，以提高系统的灵活性和可靠性。

备份系统具备图形化管理功能，实现对分布在不同地点的备份系统进行集中统一管理，并提供完善的备份策略管理功能。通过这些功能，管理人员可以统一定义和修改备份计划策略、存储策略和恢复计划策略等，以提高备份系统的管理效率和灵活性。此外，备份系统提供完善的中文报表系统，可以显示各项任务、各台设备、各种介质的备份历史信息，并提供各种图形化分析报告，以帮助管理人员及时了解备份系统的运行状态和性能。

6.7.4　应用级灾备的构建

应用级灾备主要针对业务应用系统的全面恢复，包括应用运行环境和应用服务的恢复。根据不同的需求，云平台可以采用主备容灾模式或双活容灾模式。主备容灾模式是一种常见的灾备模式，在这种模式下，主用中心和灾备中心轮流提供应用服务。当主用中心不可用时，系统会自动切换到灾备中心，从而保证业务的连续性。在云平台提供主备中心 IaaS 资源时，城轨安全生产业务系统，如信号系统、综合监控系统等，自身也具备主备冗余运行模式，在业务层实现双中心冷备或热备容灾机制。

6.7.4.1　云平台主备容灾模式

在主备容灾模式下，同一时间只有主用中心或灾备中心为业务应用系统提供资源服务。云平台通过存储远程复制技术将主用中心业务系统的虚拟机文件以同步或异步的方式传输到灾备中心的云存储上，其中虚拟机文件就包含了虚机配置数据、操作系统数据、业务应用系统数据等。当采用同步复制时，需要考虑主备中心的物理距离；当主备中心距离超过 100km、网络延时超过 1ms 时，只可以采用异步的方式进行数据复制。需要注意的是，以 KVM 为主流虚拟化技术的云平台，所提供的主备中心容灾方式，无法同步业务主机内存的数据，因此在主备切换时，业务系统虚拟主机启动会有短暂的延时，异步复制会有异步周期内数据丢失的情况。因此有需要零中断和零数据丢失的重要生产系统，需要在业务应用层搭建主备容灾机制。云平台主备中心业务只针对虚拟机可以实现备用机启动和业务拉起，裸金属主机需要在业务应用层实现主备冗余灾备机制。云主机主备容灾机制见图 6-14。

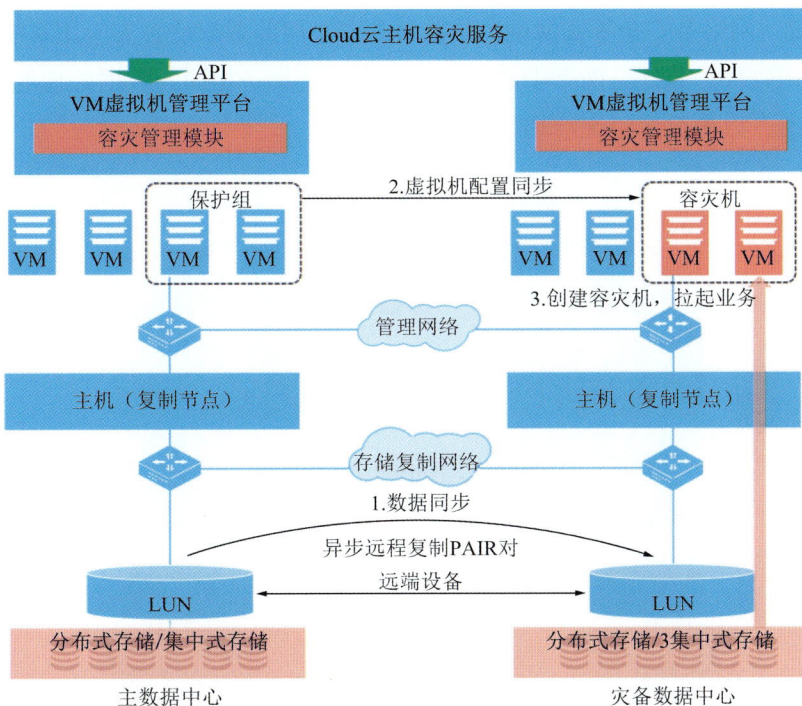

图 6-14　云主机主备容灾机制

正常情况下，主用中心提供应用服务，而灾备中心处于就绪状态。当主用中心发生灾难性故障导致本地主机大面积宕机时，系统会在人工确认后自动部署切换到灾备中心，由灾备中心提供应用的资源服务。为了实现这一功能，灾备中心需配置与主用中心容灾需求相同的计算、存储、网络及安全等资源，在主用中心和灾备中心均部署主备容灾应用系统的数据库、中间件和应用软件。

此外，主用中心和灾备中心的存储需要支持相同的数据同步或异步复制技术，确保灾备中心具备灾难恢复所需的全部业务恢复能力；灾备中心的虚拟网络、物理网络、出口网络带宽及链路配置与主用中心的网络能力相同，以确保在切换时不会影响业务的正常运行。

6.7.4.2　云平台双活容灾模式

双活容灾模式是一种更为高级的灾备模式，要求主用中心和灾备中心同时提供服务，并实现负载均衡。当一个中心不可用时，另一个中心能够承担所有服务。双活容灾模式需要两个中心具备相同的资源配置，并实现实时数据同步，以保证数据的一致性。此外，双活容灾模式还要求提供足够的网络带宽，以支持跨中心的负载均衡。双活逻辑架构见图 6-15。

在双活容灾模式下，主用中心和灾备中心实现计算双活、存储双活、网络双活，同时为业务应用系统提供服务。为了实现这一功能，灾备中心需部署与主用中心相同配置的计算、存储、网络及安全等资源池，并在两个中心均部署双活容灾应用系统的数据库、中间件和应用软件。此外，两个中心的数据处理系统具备相同的数据处理能力，并处于实时运行状态，以确保实时无缝切换。

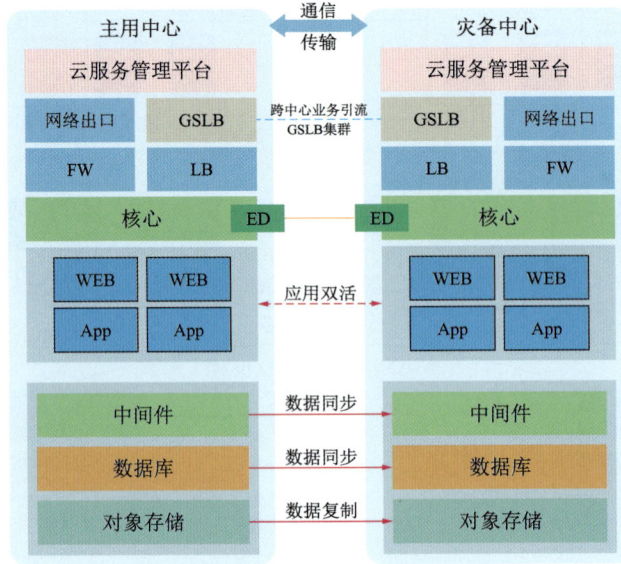

图 6-15　主备中心云平台双活逻辑架构示意图

6.7.4.3　业务应用层主备模式

云平台的主备模式是基于底层资源平台的主备切换来实现业务的容灾运行，但由于并不支持裸金属主机，以及在进行虚拟机跨中心容灾迁移时，业务和数据会产生短暂中断，对于安全生产网重要的行车生产保障业务，是不允许的。因此信号系统、综合监控系统等，在底层 IaaS 资源满足主备中心部署需求后，依靠业务应用自身主备容灾机制，在实现故障情况下的业务连续性。下面以综合监控系统为例，介绍业务应用层主备容灾机制。

综合监控系统通过业务网络的灵活定义和系统组态，所有的现场数据可以在冗余网络之间共享，并实现系统冗余热备。冗余网络内的多台服务器之间实现主备冗余、信息服务同步等管理，确保当一台服务器出现故障时，系统会自动从备用服务器中选择一台升级成"主"状态，保证系统正常运行。中心及灾备中心数据流采集见图 6-16。

当主中心系统发生双点故障时，综合监控系统将自动启用备用控制中心的部分或全部设备，保证非故障点的内部或外部数据不发生切换。

当中心接入子系统或中心前端代理服务器（FEP）故障时，位于备用控制中心的 FEP 会自动将接收到备用控制中心的子系统数据，并上传到位于 OCC 的实时服务器，相应的控制命令也会通过备用控制中心的 FEP 下发，其他设备不受影响，也不会发生数据丢失，见图 6-17。

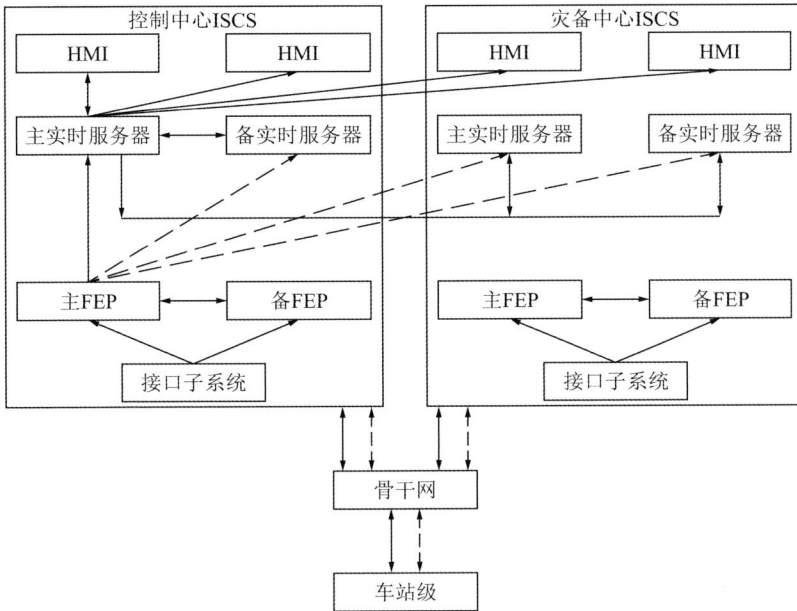

图 6-16　中心及灾备中心数据流采集

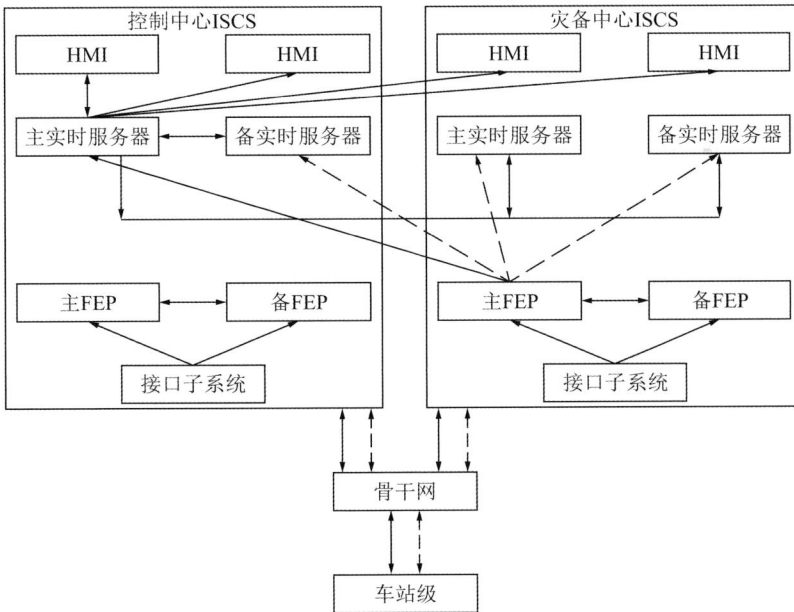

图 6-17　中心接入子系统或 FEP 故障数据流采集

当中心服务器全部故障时，位于备用控制中心的实时服务器切换为主机状态，其他设备不受影响，也不会发生数据丢失，见图 6-18。

在业务应用层进行主备切换时，云平台不需要参与切换业务，需要云平台提供稳定的网络、计算和存储资源即可。

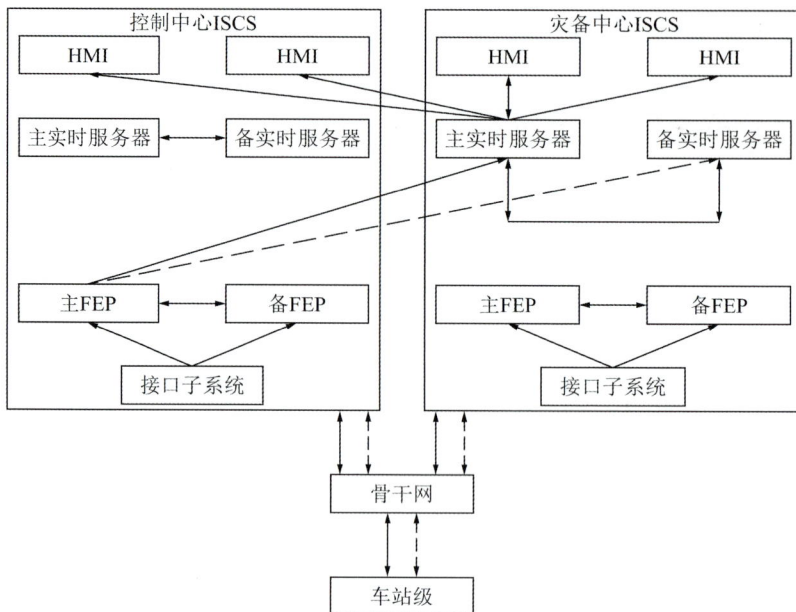

图 6-18　中心服务器故障数据流采集

<h1>6.8 测试平台构建</h1>

测试是城轨云平台的建设与运维过程中至关重要的环节，测试平台的部署、业务系统的迁移需求评估、迁移方案的验证是城轨云稳定、可靠运行的保证。

（1）测试平台的部署

为确保城轨云平台的稳定性和功能，测试平台的合理部署显得尤为重要。通常，我们根据网络功能划分为安全生产网、内部管理网和外部服务网，并针对这三个网络分别部署测试平台。这些平台可以设置在主用中心或灾备中心，旨在为相关业务应用系统提供必要的功能和性能测试服务，涵盖系统调试、迁移和升级等各个环节。

在部署测试平台时，我们推荐数据库服务器采用物理机或虚拟机计算资源，而应用服务器则更宜利用虚拟化计算资源池进行部署。为确保正线业务的正常运行，测试平台使用专用资源进行搭建，以避免资源争抢和潜在的性能影响。此外，测试平台可以与业务系统共享存储资源池，但根据不同网络的业务应用系统测试需求进行合理配置。

测试平台的资源容量规划根据业务系统上云、新线接入和既有业务系统迁移的规模和实施方案来确定所需的计算、存储及网络资源。

（2）迁移需求及评估

在进行业务系统迁移之前，我们需要对迁移方案进行详细的规划和评估。

迁移需求分析是迁移过程中的关键一步，它涉及多个方面，包括但不限于服务器配置、操作系统、资源利用率、存储类型、业务类型、部署模式、外设需求以及业务连续性需求等。

在明确迁移需求后，我们需要对业务系统的兼容性和虚拟化性能进行评估。兼容性评估主要考察虚拟化平台及迁移工具支持的业务场景，以及业务系统对特定功能指标的需求和性能瓶颈。而虚拟化性能评估则基于对历史资源利用率的统计分析，如 CPU 利用率、网络带宽占用等，以确保迁移后的性能不会受到影响。

（3）迁移方案设计

根据迁移评估与分析的结果，我们进行整体迁移方案的设计。这包括资源层（物理资源层、虚拟化平台层、虚拟资源层）、服务层（基础设施服务和平台服务）以及应用层的设计。同时，我们还需要考虑统一的运维管理和安全管理设计，确保迁移后的系统既高效又安全。

迁移方案的设计内容十分丰富，涵盖云平台资源池管理调度、计算、网络、存储资源设计，以及灾备设计、网络安全设计等多个方面。

（4）迁移流程

业务迁移流程包含多个环节，从迁移策略的制定开始，经过迁移准备、创建虚拟数据中心和虚拟私有云、软件部署、数据备份与还原、业务测试、业务割接、试运行，到正式运行和最终验收。在整个过程中，云平台通过自动化部署工具来高效完成应用、中间件、数据库软件的部署安装工作。

6.9　站段云边缘节点构建

6.9.1　边缘计算服务架构

站段边缘计算服务平台总体架构采用云边端架构，由中心云平台、边缘计算服务平台以及端侧设备三部分构成，见图 6-19。

站段边缘计算服务平台包括云边缘节点和边缘控制单元。云边缘节点通过线路骨干网与中心云平台进行数据交互，为站段侧的业务系统提供云计算服务；边缘控制单元通过站段局域网与云边缘节点进行数据交互，在站段边缘侧实现工业总线接入、实时控制、诊断分析等功能。

在端侧设备接入方面，实时性要求强的设备或系统可以直接接入边缘控制单元，实时性要求不强的设备或系统可以直接接入云边缘节点。

根据运营管理需求及业务应用系统的部署需求，边缘计算服务平台设置于车站、车辆段、停车场，一般包括一套云边缘节点也可以包括一套或多套边缘控制单元。

在物理基础设施方面，云边缘节点的物理基础设施包含计算、存储、网络、安全等，采用超融合架构或分布式架构部署。边缘控制单元由通用智能控制器、专用控制器、工业物联网组成，其中通用智能控制器及专用控制器完成边缘计算及控制功能，工业物联网完成现场设备接入及数据汇聚功能，通用控制器采用模块化设计，分为 CPU 模块、网络扩展模块、现场总线扩展模块和算力扩展模块四类。

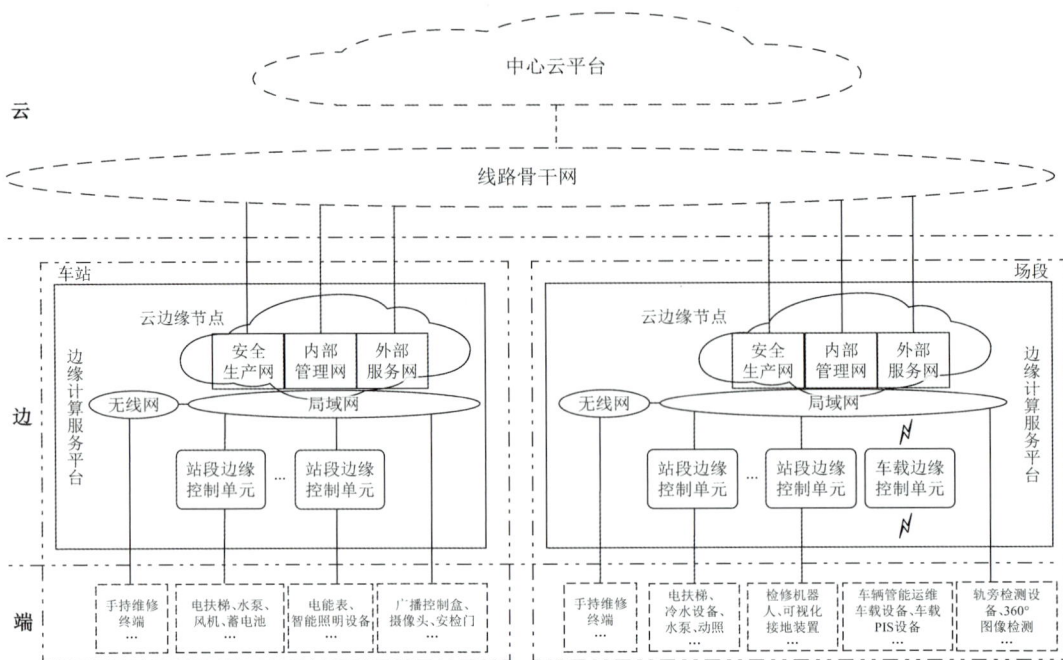

图 6-19　边缘计算服务架构示意图

边缘计算服务平台承载的业务可包括安全生产网、内部管理网和外部服务网三大网域业务系统。其中，安全生产网的系统可以包括 ISCS、环境监控系统（BAS）、变电所自动化系统（PSCADA）、ACS、智能能源、智慧车站、AFC、PA、PIS、智慧安检、安防集成平台、智能运维等业务系统；内部管理网的系统可包括站段运营管理、企业管理、资源管理、建设管理类的业务系统；外部服务网的系统可包括 IMS 及在站段与互联网交互的业务系统。

边缘计算服务平台的逻辑架构包括 EIaaS、EPaaS 及 ESaaS。

对于云边缘节点，其 EIaaS 层为用户提供逻辑化/池化后的计算、存储、网络、安全等软硬件资源池及封装后的多种 EIaaS 服务，用户可在 EIaaS 服务基础上部署和运行包括操作系统和各种边缘应用软件；EPaaS 层可为客户提供部署、管理和运行应用程序的环境和服务，可按需提供应用框架、中间件及相应的部署和管控等能力，可涵盖应用共性需求，如数据库服务、微服务、消息队列服务、内存数据库、AI 服务、物联服务、统一认证、轻量化 BIM、数据共享服务等细分的服务内容；ESaaS 层可为云边缘节点上的安全生产、内部管理、外部服务业务系统提供的应用软件服务。

对于边缘控制单元，其 EIaaS 层通常采用虚拟化技术，基于智能控制器、TSN 工业物联网等基础设施虚拟出多套设备控制器、诊断器等虚拟设备，支撑设备实时控制、智能分析等不同业务场景，并可灵活划分各业务系统的硬件资源和网络，使得各系统安全隔离、灵活扩展；EPaaS 层集成成熟的协议解析、计算引擎等服务，同时提供满足国际标准规范 IEC 61131-3 规定的软件开发平台，具备图形化逻辑编程能力；ESaaS 层包括边缘控制单元上各业务系统提供的软件服务。

6.9.2 业务规划

边缘计算服务平台根据各城市站段业务差异化的系统架构、应用需求及建设运营管理模式，按照统一规划、资源共享、按需扩展的原则进行边缘计算服务平台基础设施配置。云边缘节点承载的业务可以包括安全生产域、内部管理域、外部服务域业务系统；边缘控制单元承载的业务可以包括安全生产网、外部服务网业务系统。

6.9.2.1 安全生产业务规划

（1）车站安全生产业务规划包括：

①车站 ISCS、智慧车站、BAS、PSCADA、AFC、PIS、PA、智慧安检、安防集成平台、IMS、ACS、智能运维系统的服务器、通信处理机所需计算、存储资源在边缘计算服务平台的云边缘节点统一规划、部署和管理。

②车站 BAS、PSCADA、智能低压、智能能源、智能运维等系统工业控制器、数据采集器、诊断分析器及工业物联网网关所需计算、存储资源在边缘计算服务平台的边缘控制单元统一规划、部署和管理。

③车站 ACS、PIS 等系统控制器及工业物联网网关所需计算、存储资源在边缘计算服务平台的边缘控制单元统一规划、部署和管理。

④车站级站台门、信号等涉及行车安全、第三方安全认证或评估的控制器不纳入边缘控制单元统一规划、部署和管理。

（2）场段安全生产业务规划包括：

①场段 ISCS、智慧车站、BAS、PSCADA、PIS、PA、安防集成平台、IMS、ACS、智能运维系统的服务器、通信处理机所需计算、存储资源在边缘计算服务平台的云边缘节点统一规划、部署和管理。

②场段 BAS、PSCADA、智能低压、智能能源、智能运维等系统工业控制器、数据采集器、诊断分析器及工业物联网网关所需计算、存储资源在边缘计算服务平台的边缘控制单元统一规划、部署和管理。

③场段 ACS、PIS 等系统的控制器及工业物联网网关所需计算、存储资源在边缘计算服务平台的边缘控制单元统一规划、部署和管理。

④场段信号等涉及行车安全、第三方安全认证或评估的控制器不纳入工业控制边缘控制单元统一规划、部署和管理。

6.9.2.2 内部管理业务规划

车站/场段的企业管理、运营管理、建设管理、资源管理等业务应用系统所需计算、存储资源在车站/场段边缘计算服务平台的云边缘节点统一规划、部署。

6.9.2.3 外部服务业务规划

（1）车站外部服务业务规划包括：

①车站 IMS 系统视频服务器、视频存储设备所需计算、存储资源在边缘计算服务平台的云边缘节点统一规划、部署。

②车站 IMS 系统的视频编解码所需计算、存储资源在边缘计算服务平台的边缘控制单元统一规划、部署和管理。

③车站其他需要与互联网交互的业务根据需要进行统一规划、部署和管理。

（2）场段外部服务业务规划包括：

①场段 IMS 系统视频服务器、视频存储设备所需计算、存储资源在边缘计算服务平台的云边缘节点统一规划、部署。

②场段 IMS 系统的视频编解码所需计算、存储资源在边缘计算服务平台的边缘控制单元统一规划、部署和管理。

6.9.3 功能需求

6.9.3.1 云边缘节点

（1）云边缘节点 EIaaS 层功能包括：

①具备虚拟化、容器管理等能力，可对资源进行管理、调度、编排和监控。

②支持 HA、热迁移等高可靠技术，避免单点故障保证应用系统存储安全。

③支持动态资源调度，实现负载均衡。

④支持内存复用能力，如内存共享、内存置换、内存气泡等，提升虚拟机密度。

⑤支持 QoS 能力，精细化资源分配，保障虚拟机计算性能，资源有限情况下最大程度复用资源。

⑥采用分布式架构，可配置多副本或 EC（纠删码）等机制，满足不同业务场景的可靠性要求。

⑦支持多种磁盘部署，包括 SAS、SATA、SSD、闪存等多种类型磁盘的独立部署及混合部署。

⑧提供存储容灾能力，支持同步/异步远程复制能力。

⑨支持分布式虚拟交换机能力。

⑩支持网卡直通能力，保障网络性能。

⑪支持网络安全组，对访问虚拟机进行精确管控。

⑫提供 AI 加速能力，可部署信创 GPU 卡和 AI 框架。

⑬提供管理能力，能够图形化监控包括 CPU 占用率、内存占用率、磁盘占用率、磁盘 I/O 写入写出、网络流速等相关指标。

⑭支持告警信息采集，包括但不限于 CPU、内存、磁盘使用率、存储 I/O 延时等。

⑮支持多样化算力并提供跨云边协同框架能力。

（2）云边缘节点 EPaaS 层功能包括：

①提供物联服务，具体包括：

a. 支持 Modbus、MQTT 等主流物联网接入协议，以及设备的统一接入和管理。

b. 与中心平台协同，统一物模型实现设备和应用解耦。

c. 具备数据处理、远程控制、报警管理、本地历史数据管理等功能，具备对设备的管理能力及设备可靠控制的能力。

d. 具备视图、标签、关系等配置，支撑多业务的个性化管理。

e. 具备规则引擎功能，支持可视化方式实现数据计算、报警生成、业务流程等个性配置。

f. 具备高可靠保障机制，单节点故障恢复引起的业务中断时间满足业务可靠性要求。

②提供视频管理服务，具体包括：

a. 实现视频存储设备的管理。

b. 根据实际使用场景和需求设置边缘视频存储时间。

③提供 AI 服务，具体包括：

a. 支持轻量化 AI 推理平台，采用云边协同架构，管理面与业务面分离，降低边缘平台部署消耗。

b. 支持 GPU、NPU 计算加速、支持异构资源调度。

c. 边缘采用 AI 技术，支持一个平台统一对图片、视频、物联等多种应用场景数据进行智能辅助分析，如刷脸过闸、客流统计、火灾检测、异常事件监测、机电运维等。

d. 提供高可靠、分布式、高性能的消息队列，支持通用的 RESTful API 接口调用。

e. 提供缓存数据库服务，支持一键独立部署、分布式高可用架构、无单点故障、横向扩展等功能。

f. 提供能力开放服务，提供基于标准协议的统一 API 接口，实现平台能力共享。

g. 提供信创关系型数据库服务。

6.9.3.2　边缘控制单元

（1）边缘控制单元 EIaaS 层功能包括：

①支持计算、存储、网络、USB、SD、COM 等工业现场常见的硬件资源虚拟化。

②支持 CPU、GPU、FPGA 等多种算力，满足边缘控制单元多样的计算任务需求。

③具备对多个通用智能控制器硬件资源进行管理、调度、编排和监控的能力。

④支持绑定 CPU 核的方式进行实时应用计算资源分配，宜支持直通方式为实时应用分配硬盘存储资源、网络资源。

⑤支持在线查看通用智能控制器的资源利用情况、虚机运行情况、虚机部署信息等常用信息。

⑥具备虚机镜像管理功能，包括虚机镜像制作、删除、保存、查看、部署等基本镜像管理功能。

⑦支持离线运行，可根据配置完成单机情况下控制器的所有功能，满足脱机自治需求，所具备的功能包括但不限于硬件启动、虚机启动、故障重启、硬件资源分配。

⑧按照单个扩展位置设置自动识别和预先配置两种硬件资源上线管理方式，在预先配置方式下，若扩展位置安装的扩展模块与配置不相符，则进行故障报警并保持扩展模块离线状态。

⑨支持扩展模块在线维护，实现模块在线更换后自动按照硬件配置进行资源分配，并加载运行。

（2）边缘控制单元 EPaaS 层功能包括：

①支持的组态语言至少包括 ST、CFC、FBD、LD 四种。

②提供硬件模块组态能力，可对现场 I/O 模块及智能仪表进行硬件组态。

③提供在线调试功能，可在线进行变量的监视、写入、强制操作。

④支持 Modbus TCP、Ethernet IP、ProfiNet、ProfiBus-DP、Modbus RTU、DiviceNet、EtherCAT、PowerLink 等多种现场总线协议，并支持 MQTT、JSON 等物联网协议。

⑤支持序列数据采集，可实现录波数据传输。

⑥支持多个通用智能控制器容器管理，实现镜像、配置、服务部署、服务监控的可视化管理。

⑦支持实时运行环境数据与容器内应用数据的共享。

⑧支持 RESTful API、OPC UA、Modbus 等访问接口，实现周期数据订阅、事件数据订阅、文件查询、自定义数据获取等功能。

⑨提供文件存储能力，满足现场非结构化数据的存储需求及实现短期历史数据缓存功能。

⑩EPaaS 层数据服务组件提供 OPC UA 接口用于数据传输。

6.9.4 部署原则

6.9.4.1 云边缘节点

云边缘节点部署于轨道交通车站、车辆段、停车场等处的边缘服务平台中，按照安全生产网域、内部管理网域和外部服务网域分别设置资源池。云边缘节点硬件部署通过双机冗余或集群方式实现高可用性。各站段云边缘节点按照站段和业务系统进行资源、网络的逻辑隔离，提供安全、隔离的计算、网络和存储环境。

云边缘节点 EIaaS 层部署的规划包括：

①整体规划，能够被管理软件统一管理，支持远程运维。

②提供自动化安装部署工具，实现版本快速切换和升级。

③能提供部署计算、存储、网络、AI 等资源池。

6.9.4.2　边缘控制单元

站段边缘控制单元根据车站、车辆段、停车场和车载的业务需求设置在现场就地侧。

站段边缘控制单元根据业务种类性质设置可分为机电专业边缘控制单元、供电专业边缘控制单元以及通信专业边缘控制单元等，各专业的智能运维系统与对应专业的监控系统部署在同一个边缘控制单元上，便于数据采集和共享。

机电专业中 BAS、智能低压、智能能源、机电智能运维等系统可采用通用智能控制器进行综合承载，门禁系统等可采用专用控制器进行承载。

站段边缘控制单元将为不同专业系统划分 VLAN 或者设置不同网络，实现业务隔离，并针对内部东西向流量通过虚拟防火墙实现隔离防护。

站段边缘控制单元采用分布式部署，通用智能控制器、专用控制器按专业性质集中部署，边缘网关在现场就近部署。

工业物联网可采用 TSN 技术或者现场总线技术进行部署，根据业务系统需求划分为不同的子网。采用 TSN 技术时，将采用 VLAN 方式建设子网；采用现场总线技术时，将根据协议部署多个子网。

工业物联网将按照业务需求选择支持的现场总线协议和物联网协议。

6.9.5　关键技术

6.9.5.1　基于分核技术的资源分配

利用 CPU 芯片多核运行时非对称多处理模式，为不同的 CPU 核分配不同的计算任务和外设资源，实现不同任务的融合，系统结构如图 6-20 所示。

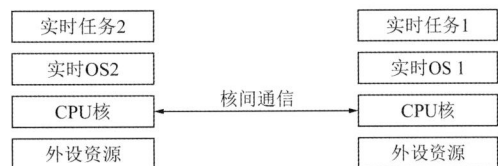

图 6-20　CPU 非对称多处理模式示意图

分核分配方式是一种基本的分配方式，可实现不同类型任务的融合，实现方式简单，但是因为资源分配固定，这类边缘控制平台面向资源相对固定的应用现场，一般应用于复杂设备控制，如分拣设备、焊接设备等工业设备。在分核分配模式下，实时 OS 与硬件层直接耦合，与传统工业嵌入式控制器架构类似，传统嵌入式工业控制器的硬件兼容性问题在这种分配方式下依然存在。

6.9.5.2　基于虚拟化技术的资源分配

虚拟化技术是一种通过组合或分区现有的计算机资源（CPU、内存、磁盘空间等），使得这些资源表现为一个或多个操作环境，从而提供优于原有资源配置的访问方式的技术。

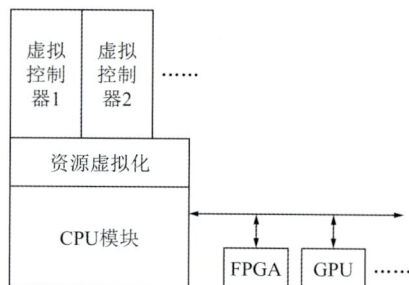

图 6-21 虚拟化技术结构示意图

虚拟化分配方式是利用虚拟化管理软件，将硬件资源统一管理，可灵活分配到不同的任务，其结构示意如图 6-21 所示。

边缘控制单元通过 PCI-e 扩展 GPU、FPGA，采用虚拟化技术，经过建模后统一为硬件资源，支撑逻辑控制、过程控制、运动控制、机器视觉、深度学习等实时任务处理，满足对计算资源及负载能力共享的需求。

虚拟化分配方式中直通方式可实现分核分配方式所有功能及性能，且具备现场硬件资源可调整的优势，可根据现场应用灵活进行任务配置。除此之外，虚拟化可剥离操作系统与硬件平台的兼容关系，让边缘控制平台的软件适应性更强。

6.9.5.3 基于时间敏感网络（TSN）的网络技术

当前基于以太网的工业现场总线主要包括 POWERLINK、PROFINET、Ethernet/IP、EtherCAT 等，可满足不同的工业应用场景。随着智能制造需求的推进，对现场设备的互联也提出了更高要求。

传统的工业以太网考虑到延时，采用 HUB 的透传方式，因此通常不支持交换机网络；传统的工业以太网为了避免传输冲突引起时延不确定，采用轮询机制（如 PROFINET、POWERLINK、Ethernet/IP）或集束帧技术（如 EtherCAT、SERCOSIII），使得标准以太网和实时以太网无法在一个网络中进行数据的传输。

传统的工业现场总线为了提升数据传输的可靠性，一般采用冗余链路传输，工业以太网通常采用环网方式进行数据传输，满足单点故障不影响系统数据传输的可靠性需求。

但是，智能制造现场数据包含了设备控制所需的实时性数据及生产管理与优化所需的非实时性数据，甚至包含新型传感器如机器视觉系统的视频流数据、预测性健康管理（Prognostics Health Management，PHM）系统所需的高速采集数据等。这几类数据在传统的工业控制现场通常采用不同的网络进行传输，加上系统的冗余要求，增加了现场网络部署的复杂度和建设成本，网络复杂度的提高也提高了系统维护难度，降低了系统可靠性。

基于数据类型多样化及可靠性需求，工业物联网采用以 TSN 为基础的环网架构，满足网络可靠性、多数据类型共享统一网络的需求。

工业互联网的网络架构如图 6-22 所示。

网络中包含通用智能控制器和边缘网关两类设备。边缘网关接入现场不同业务的数据，通用智能控制器管理整个现场数据采集网，并实现现场控制、分析等边缘计算任务。边缘网关上部署信息安全组件，确保不同业务之间的数据隔离，通过 VALN 为不同业务划分子网，实现多个业务共享统一的现场数据采集传输网络。相比传统工业数据采集网络，基于 TSN 的工业物联网可充分利用网络带宽，减少现场网络数量，降低系统建设成本。

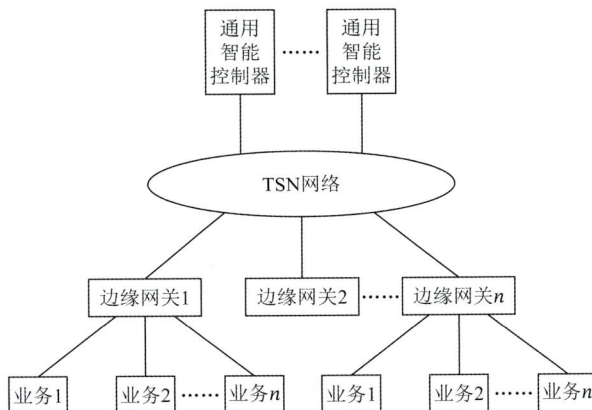

图 6-22　工业互联网网络架构示意图

6.10　车载云节点构建

车载云节点划分为列控域与信息域，将车载列控设备部署在列控域，PIS、CCTV 等信息化业务部署在信息域，两域之间设置安全隔离设备，保证区域间的安全隔离。车载云节点通过提供计算、存储、网络及安全资源，实现列车车载系统的软硬件解耦和上云部署。它能够根据车载业务系统需求进行二次开发，满足乘客服务和列车运营的多样化需求。

车载云节点利用容器集群技术实现车载业务应用的部署和容灾保护。容器化技术使业务应用能够快速部署和隔离，增强系统的安全性和稳定性。容器集群技术支持动态扩展，根据需求调整资源配置，提供灵活性和可扩展性。

车载云节点采用分层架构设计，包括物理层、虚拟层和应用层。物理层主要由嵌入式板卡设备组成，提供基本计算、存储和网络资源。虚拟层通过虚拟化技术将物理资源逻辑化，形成虚拟化资源池。应用层部署各类车载业务应用，通过容器集群技术实现应用隔离和管理。

车载云节点依托列车内部网络实现高效连接和通信。内部网络采用高速以太网技术，确保数据传输低延迟和高带宽。内部网络设置冗余链路，防止单点故障影响系统运行。

车载云节点采用多层次高可用性设计，包括物理层设备冗余、虚拟层资源池化和应用层容器集群。通过这些设计，平台在硬件故障、软件故障和网络故障等情况下保持高可用性，确保业务应用连续运行。

6.11　云桌面系统构建

云桌面系统需支持多样化的接入设备，包括 PC 机、瘦客户机及移动终端，确保用户在不同场景下都能便捷地使用。此外，云桌面系统还应具备对瘦客户端的远程集中管理能力，涵盖维护、配置、部署、安全、资产和性能监控等多方面，从而可简化管理流程、提升运维效率。

此外，系统还支持对客户端的远程批量操作，包括系统恢复、升级和补丁安装等，以及进一步提高维护效率。同时，云桌面系统应兼容 C/S、B/S 应用模式，并支持当前主流的 Windows 版本，允许虚拟机用户在终端上实现单点登录，增强用户体验。

云桌面客户端支持虚拟桌面的自动登录，具备通过代理访问远程桌面的能力。为了满足不同工作需求，系统应支持单客户端同时登录多个桌面，并实现多桌面屏幕间的快速切换。在双屏应用场景下，云桌面应能同时登录并显示两个不同的虚拟机桌面，或在一个屏幕上显示本地 PC 桌面，另一个屏幕显示远程虚拟桌面。

云桌面可以映射包括 USB 接口、串口等多种类型的外设，支持 4K 桌面显示和 4K 视频播放功能，以及 GPU 直通和 GPU 硬件虚拟化高清图形功能，以提供高质量的视觉体验。

在应用虚拟化方面，云桌面系统应支持应用虚拟化和虚拟桌面基础架构（VDI）的统一发放管理，包括应用的创建、发布、查询和删除，提供 VDI 桌面统一应用接入服务，允许用户远程启动/关闭应用。

云桌面系统支持客户端用户账号的绑定，支持三员分立管理。

6.12　云服务功能

6.12.1　计算服务

6.12.1.1　云主机服务

云主机服务是由 CPU、内存、镜像、云硬盘组成的一种可随时获取、弹性可扩展的计算服务器，同时它结合 VPC、安全组、数据多副本保存等能力，为客户打造一个高效、可靠、安全的计算环境，确保城轨云业务服务持久稳定运行。

6.12.1.2　物理主机服务

裸金属服务为用户提供专属的物理服务器，提供卓越的计算性能，满足核心应用场景对高性能、稳定性、高安全性的需求。

在城轨云场景中，针对综合监控、自动售检票、ATS 等关键业务的数据库业务不能部署在虚拟机上，必须通过资源专享、网络隔离、性能有保障的裸金属服务器承载。

6.12.1.3　镜像服务

镜像是一个包含了软件及必要配置的云主机云服务器或裸金属服务器模板，至少包含操作系统，还可以包含应用软件（如数据库软件）和私有软件。镜像分为公共镜像、私有镜像和共享镜像，其中公共镜像为系统默认提供的镜像，私有镜像为用户自己创建的镜像。

镜像服务提供简单方便的镜像自助管理功能。用户可以灵活便捷地使用公共镜像、私有镜像或共享镜像申请弹性云服务器和裸金属服务器。同时，用户还能通过已有的云服务器或使用外部镜像文件创建私有镜像。

6.12.2 存储服务

6.12.2.1 块存储服务

云硬盘是一种虚拟块存储服务，主要给云主机服务器和裸金属服务器提供块存储空间。像使用传统服务器硬盘一样，用户可以对挂载到云服务器上的云硬盘做格式化、创建文件系统等操作，并对数据做持久化存储。支持多种存储类型，如分布式存储、传统企业存储等。

6.12.2.2 对象存储服务

对象存储服务是一个基于对象的海量存储服务，为客户提供海量、安全、高可靠、低成本的数据存储能力，包括创建、修改、删除桶，上传、下载、修改、删除对象等。主要应用于云服务和业务系统的备份归档提供存储。

6.12.2.3 弹性文件服务

弹性文件服务为用户的弹性云服务器提供一个完全托管的共享文件存储，符合标准文件协议（NFS），能够弹性伸缩至 PB 规模，具备可扩展的性能，为海量数据、高带宽型应用提供有力支持。

6.12.3 网络服务

6.12.3.1 虚拟私有云服务

虚拟私有云（VPC）用于构建隔离的、用户自主配置和管理的虚拟网络环境，提升云资源的安全性，简化用户的网络部署。

6.12.3.2 安全组服务

安全组用来实现组内和组间的访问控制，加强虚拟机的安全保护，实现 VPC 内部的网络隔离。

安全组控制云主机网络消息的流入流出，只运行授权的消息通过。当云主机申请成功后，可以将云主机加入某个安全组内，安全组上配置安全规则。

安全组是一组对虚拟机的访问规则的集合，为同一个 VPC 内具有相同安全保护需求并相互信任的虚拟机提供访问策略。

6.12.3.3　VPN 服务

虚拟私有网络（Virtual Private Network，VPN）提供端到端的私有访问通道。

IPSecVPN（Internet Protocol Security Virtual Private Network）业务用于在公用网络上，为远端用户和 VPC（Virtual Private Cloud）之间建立一条安全加密的通信隧道，使远端用户通过 IPSecVPN 直接访问 VPC 中路由网络内的业务资源。

IPSec 提供了一种建立和管理安全隧道的方式，通过对要传输的数据报文提供认证和加密服务来防止数据在网络内或通过公网传输时被非法查看或篡改。

6.12.3.4　虚拟防火墙服务

虚拟服防火墙（Virtual Firewall，VFW），用于子网级别的安全防护。防火墙是一个或多个子网的访问控制策略，根据与子网关联的入站/出站规则，判断数据包是否允许流入/流出关联子网。规则匹配的顺序和配置顺序一致。

VFW 既可以做东西向流量的安全防护，也可以做南北向流量的安全防护。

6.12.3.5　弹性 IP 服务

弹性 IP（Elastic IPAddress，EIP）是可以独立购买和持有的公网 IP 地址资源，通过绑定 EIP 到云上的资源，云上的资源就可以与 Internet 上的资源进行通信。

EIP 是从公有 IP 地址池分配，EIP 可以绑定到云主机实例、弹性负载均衡实例、物理服务器实例。

EIP 是一种 NATIP，通过 NAT 方式映射到了被绑定实例上。因此，绑定了 EIP 的实例可以直接使用这个 IP 进行公网通信，但是在实例上并不能看到这个 IP 地址。

6.12.3.6　弹性负载均衡服务

弹性负载均衡将访问流量自动分发到多台弹性云服务器，扩展应用系统对外的服务能力，实现更高水平的应用程序容错性能。

负载均衡为用户的应用请求提供负载分发的能力，用于将访问请求分担到用户多台虚拟机上，提高用户系统的业务处理能力；可保证访问请求能被转移到正常的虚拟机上，提高用户系统的可靠性。

虚拟负载均衡服务可为 HTTPS、HTTP、TCP、UDP（仅 Type1 支持）协议提供负载均衡。

6.12.4　安全服务

6.12.4.1　数据库安全服务

数据库安全服务是一个智能的数据库安全防护服务，基于反向代理及机器学习机制，提供敏感数据发现、数据脱敏、数据库审计和防注入攻击等功能,保障云中数据库的安全。

6.12.4.2　边界防火墙服务

边界防火墙服务针对云数据中心与外部网络之间的南北向流量,为用户提供边界安全防护功能,支持以弹性公网 IP 为防护对象的入侵检测防御(IPS)和网络防病毒(AV)功能。

6.12.4.3　安全态势感知服务

安全态势感知服务能够帮助用户理解并分析其安全态势,通过收集其他各服务授权的海量数据,对用户的安全态势进行多维度集中、简约化呈现,方便用户从大量的信息中发 现有用的数据。同时,结合大数据挖掘和分析技术,提供全覆盖的从对手分析到全局分析的能力,帮助用户准确理解过去发生的每一件安全事件,以及预测将来有可能发生的安全事件。

6.12.4.4　安全指数服务

安全指数服务是关于云环境的一个安全评估服务,为用户提供统一、直观、多维度的安全视图。用户可以通过安全指数服务了解所使用云环境是否已合理配置,所采取的安全措施是否已经足够,以及主动安全、被动安全的概况。

6.12.4.5　主机安全服务

主机安全服务是终端安全防护服务,提供主机入侵防御(HIDS)等安全功能保障弹性云主机的安全性。

6.12.4.6　程序运行认证服务

程序运行认证服务是一个智能的进程管理服务,基于可定制的白名单机制,对非法运行程序进行检测,保障弹性云服务器的安全性。

6.12.5　数据库服务

6.12.5.1　关系数据库服务

（1）RDS for Oracle 服务

Oracle 数据库服务通过管理多套 Oracle 物理主机或集群组成的资源池,基于 Oracle Container Database（CDB）和 Pluggable Database（PDB）多租户特性,提供即开即用、弹性伸缩、便捷管理的 PDB 数据库实例自助发放和管理服务。

Oracle 数据库服务充分利用 Oracle 12c 的多租户架构特点,通过服务化的方式将数据库实例发放和管理过程自助化、自动化，进一步提升便捷性和使用体验。

借助 Oracle 数据库服务，用户一方面大幅降低数据库发放和管理复杂度，更加专注业务创新；另一方面通过 PDB 共享整合大大提升资源利用率，降低用户投入的硬件建设和软件成本。

（2）RDS（SqlServer/MySQL/PostgreSQL）服务

关系型数据库服务（Relational Database Service，RDS）是一种基于云计算平台的即开即用、稳定可靠、弹性伸缩、便捷管理的在线关系型数据库服务。

RDS 支持 SQLServer、MySQL、PostgreSQL 等关系型数据库的发放和管理，具有完善的性能监控体系和安全防护措施。通过提供专业的数据库管理平台，让用户能够在云中轻松设置、操作和扩展关系型数据库。

通过 RDS 控制台，用户可以自助化完成数据库实例的发放和管理，简化业务流程，减少日常运维工作量，从而能够专注于应用开发和业务发展。

（3）国产数据库

随着国产数据库技术的发展，云平台可提供适配后的国产数据库服务。

6.12.5.2　大数据服务

大数据服务为用户在已有的大数据平台上提供大数据服务能力，为服务的申请者发放一个大数据平台上的租户或者用户，同时为这个租户分配数据权限和资源配额（SLA），申请者作为这个平台的用户使用它，只有使用权，是一种逻辑多租服务。大数据服务为申请者提供的能力分别对应大数据平台的计算与存储能力。大数据具体服务能力包括分布式存储、离线分析、批处理、内存计算、清单查询、流处理、检索等。

6.12.5.3　分析数据库服务

分析数据库服务为用户在已有的分析数据库平台上提供分析数据库服务能力，为服务的申请者发放一个分析数据库平台上的租户或者用户，同时为这个租户分配数据权限和资源配额（SLA），申请者作为这个平台的用户使用它，只有使用权，是一种逻辑多租服务。

6.12.6　灾备服务

6.12.6.1　备份服务

云服务器备份服务可为云服务器创建备份（备份内容包括云服务器的配置规格、系统盘和数据盘的数据），利用备份数据恢复云服务器业务数据，最大限度保障用户数据的安全性和正确性，确保业务安全。

云服务器备份服务的开通是自助完成的，用户只需要指定备份对象、备份策略、复制策略（可选），系统将会自动创建备份服务实例，同时用户也可以根据需要调整备份服务实例。

6.12.6.2　容灾服务

（1）云服务器容灾服务

云服务器容灾服务，为云服务器提供跨中心的容灾保护，当主用中心发生灾难时，可在容灾中心恢复受保护的云服务器。

（2）云服务器高可用服务

云服务器高可用服务为云服务器提供同城数据中心间的高可用保护。当主用中心发生灾难时，被保护的云服务器能够自动或手动切换到灾备中心。

（3）云硬盘高可用服务

云硬盘高可用服务为云服务器中的云硬盘提供本地存储双活保护。当单套存储设备发生故障时，数据零丢失，业务不中断。

6.12.7　云桌面服务

云桌面服务应支持 PC 机、客户机及移动终端等设备接入，支持客户端的集中管理、远程维护、部署配置、安全管理、性能监控及安全认证等功能。

云桌面应支持 CPU 直通、GPU 硬件虚拟化高清图形功能。

云桌面服务支持远程批量恢复系统、升级、打补丁等功能。

云桌面服务应支持映射多种类型的外设，包括 USB 接口外设、串口外设等设备。

6.12.8　应用管理服务

6.12.8.1　容器服务

容器服务提供高可靠高性能的企业级容器应用管理服务，支持 Kubernetes 社区原生应用和工具等，简化云上自动化容器运行环境搭建。

6.12.8.2　云服务目录

云服务目录支持用户将自己开发的应用或中间件发布为服务，供其他用户订购和绑定使用，平台对发布的服务实现生命周期管理。

同时，云服务目录还为用户提供多种便捷的 IT 服务，包括工具类、数据库、中间件、数据资产及数据计算框架等多样服务，帮助用户实现服务的快速使用。

6.12.8.3　弹性伸缩服务

弹性伸缩可根据用户的业务需求和预设策略，自动调整计算资源，使云服务器数量自动随业务负载增长而增加，随业务负载降低而减少，保证业务平稳健康运行。用户可根据业务访问量的变化，配置伸缩策略，通过弹性伸缩服务控制伸缩组中云服务器的数量，进行扩容和减容操作，从而保证服务正常运行。

6.12.8.4 vAPP 服务

vAPP 是一个独立的管理服务，提供云服务器、伸缩组、网络资源的编排、一键式部署以及基于监控指标的应用弹性伸缩功能。vAPP 服务由一个或多个云服务器组成，并通过云服务器网络等互相配合，对外提供某种服务。

第7章

城轨云
大数据平台

7.1　简述

　　城轨云大数据平台是一种综合性的信息处理系统，通过一系列技术和工具对海量、多样化的数据信息进行采集、存储、处理、分析和展示，其核心目标是将分散的数据整合起来，形成一个统一、高效的数据管理和应用平台，从而为决策支持、业务优化和创新应用提供有力支持。

　　城轨云大数据平台遵照"广泛采集、适度梳理、基础完整、主题清晰、接口规范、服务便捷"的基本思路，用于整合和分析来自轨道交通系统各个专业的数据，这些数据包括运营数据、乘客数据、设备数据、环境数据以及管理数据等。通过统一的数据规范、跨网域的数据共享、数据安全和隐私保护、多层次的数据服务体系以及云平台部署和运行，实现数据的高效管理和利用，为城轨交通系统的智慧化发展提供有力的数据支持。

7.2　基本原则

　　（1）统筹规划、分步实施

　　城轨云大数据平台建设结合各城轨交通信息化系统的建设时序，结合不同运营管理模式的建设需求，因地制宜、统筹规划、分步实施，提前做好数据资源的采集、存储工作，为后续数据的分析、挖掘提供条件。

　　（2）开放性和兼容性

　　结合各城轨交通管理企业用户的数据特点、应用需求及运维能力，选择符合自身需求的大数据平台技术架构及工具，大数据平台技术选型需考虑开放性和兼容性，优先选择开源软件平台及组件开发实施。

　　（3）按需定制开发

　　城轨企业可以参考城市轨道交通运营绩效评估体系（Metro Operational Performance Evaluation System，MOPES）、国际地铁协会（Community of Metros，CoMET）指标体系、《城市轨道交通运营指标体系》（GB/T 38374—2019）等基础指标及绩效指标体系，结合自身业务特点和业务要求，制定细化自己的数据源标准及运营生产管理指标体系，细化相应的技术要求、管理要求、安全要求等内容，不能照搬其他企业的大数据平台建设体系。

　　（4）数据共享服务范围

　　大数据平台能够提供数据共享层面的信息交换服务，并用于支撑信息化方向的大数据应用，但考虑到安全和效率的要求，涉及控制、系统联动的信息交互，仍应通过系统间的集成机制完成，不通过大数据平台。

（5）数据共享责任与权益

各系统均需要按数据共享要求向大数据平台提供数据，大数据平台在保证安全的基础上向各系统提供共享数据。应用系统在规划、建设过程中，就要考虑数据向大数据平台进行上报、进行整合的问题，从而保证城轨企业应用系统新建、变更过程中，能够同步考虑数据整合的实现。

数据接口方面，一方面大数据平台考虑提供统一接口，在实际执行过程中，也可以从加快数据整合的角度出发，定义灵活的接口形式。

（6）数据共享安全

安全生产域、内部管理域、外部服务域三域内部及域间的数据交换通过大数据平台进行，大数据平台应通过信息共享和隔离机制，根据国家网络安全等级保护的相关规定做好数据安全防护，保证数据的安全。

7.3 技术架构

7.3.1 大数据技术架构

大数据平台是在安全生产、内部管理和外部服务三个域内，实现跨系统数据共享管理的信息平台。大数据平台逻辑架构包括：数据源层、数据集成层、数据存储层、应用支撑层、数据应用层5个层面，以及标准规范体系、安全保障体系、数据服务体系、运维管理体系4个规范体系，如图7-1所示。

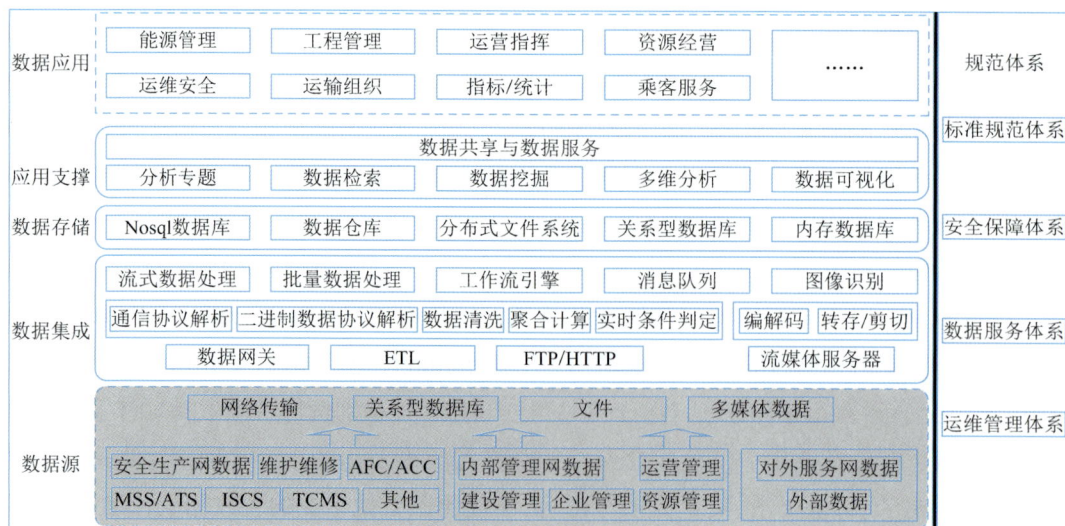

图7-1　大数据技术架构示意图

（1）数据源层：按照三个网络域内业务内容，以应用系统为基础颗粒度，梳理应用系统构成和数据内容，从各应用系统对外数据交换情况着手进行整理和分析，生成轨道交通全域数据资产清单。

（2）数据集成层：通过可监控的数据集成技术，采用消息队列、流式计算、结构化数据同步、抽取—交互转换—加载（Extract-Transform-Load，ETL）等数据集成和预处理技术及技术组合，满足不同业务场景数据集成处理的需要。

（3）数据存储层：采用混合存储技术来支持大数据存储，适配不同数据的存储机制，以满足结构化、半结构化、非结构化三种数据的存储需求。

（4）应用支撑层：通过对城轨交通内外部数据资源的加工、处理、关联，形成向数据应用层提供多种类型服务的能力，实现专题分析、数据计算、数据检索、数据挖掘、多维分析、数据可视化、生产指标等应用支撑能力，并通过数据服务方式对业务系统和用户提供数据共享和服务功能。

（5）数据应用层：在运营指挥、能源管理、运维安全、工程管理、运输组织、资源经营、企业管理、乘客服务等方面开展大数据智能分析和数据挖掘应用。

（6）标准规范体系、安全保障体系、数据服务体系、运维管理体系：对应上层的管理体系和治理制度研究，重点体现安全、数据质量和完整性技术体系，以及对应的数据管理服务体系。

7.3.2　数据共享架构

三网数据集成通过一定的信息共享和隔离机制，保证安全生产网、内部管理网、外部服务网的数据的安全，同时实现数据的充分共享。

三域数据共享架构如图 7-2 所示。

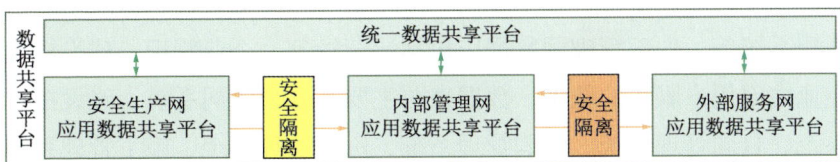

图 7-2　三域数据共享架构示意图

城轨信息系统数据共享架构由一个云中心和多个共享平台组成，安全生产网、内部管理网、外部服务网数据在域内实现数据交换，需要跨网域共享利用的数据通过统一数据共享平台或通过各共享平台跨网域传输；数据共享平台需要在网络边界配置单向隔离网闸，高安全级别的应用系统可直接向低安全级别的数据平台传输或抓取数据，低安全级别的应用系统需通过安全隔离设施与高安全级别数据平台进行数据交换。舆情、支付、政府数据（气象地质等）通过数据共享平台进入，并根据需要提供给生产网使用。网络和数据安全具体内容见第 9 章。

大数据平台分别为主中心安全生产域、内部管理域、外部服务域的应用系统提供跨网域的数据共享服务，并实现网域之间数据的统一管理、统一调度、统一治理和统一运维，数据交换采用安全可信的网络通道进行传输。用于部署大数据平台软件及其配套组件所需的各项硬件资源由云平台统一提供。

大数据平台面向接入的各系统建立统一的数据与接口规范，安全生产域、内部管理域、外部服务域各系统均按数据接入标准要求向大数据平台提供数据，大数据平台在保证安全的基础上向各系统提供数据共享。

7.4 平台功能

大数据平台的功能按照数据集成、数据存储、应用支撑、数据共享、数据服务等功能进行描述。大数据环境下，根据数据形态、体量、接入时效性要求、访问场景的不同，需要采取不同的工具组合。整体上随着 Hadoop（Hadoop 是一个由 Apache 基金会所开发的分布式系统基础架构）生态圈的高速发展和成熟，大部分发行版本对常用工具集都进行了集成。

7.4.1 数据源

数据源并不是大数据平台的直接功能，是大数据平台的数据接入对象。通过对安全生产域、内部管理域、外部服务域各应用系统数据交换需求进行分析，确定大数据平台的接口系统及接口内容。数据源包含各业务系统执行过程中的操作数据，并通过大数据平台形成数据应用的结果数据。

安全生产网数据包括面向运营生产及调度人员服务的数据，数据来源主要包括列车运行监控系统、综合监控系统、列车控制与诊断系统、自动售检票系统/清分中心系统、通信集中告警系统等。内部管理网数据应包括运营管理、企业管理、建设管理、资源管理等面向企业内部用户服务的数据，数据来源主要有办公协同系统、建设招投标系统、人力资源系统、合同管理系统、采购管理系统、资产管理系统、施工管理系统、故障管理系统、资源开发系统、内部培训系统和财务管理系统等。外部服务网数据包括乘客服务类等面向外部或公众用户服务的数据，来源主要有乘客服务管理系统、视频监视系统、互联网售票系统、企业门户网站、互联网信息以及政府管理机构外部系统等。

7.4.2 数据集成

数据集成层通过可监控的数据集成技术，采用消息队列、流式计算、结构化数据同步、ETL 等数据集成、预处理技术或技术组合，满足不同业务场景数据集成处理的需要。支持多源、异构、海量数据的高效集成，实现数据的获取、清洗、转换、装载，为大数据平台建设提供能力支持。

7.4.2.1　数据采集

大数据平台支持结构化数据、半结构化数据和非结构化数据等多源异构数据的采集，支持实时信息、实时文件、多媒体数据、数据库实时同步、数据库批量采集等实时及批量采集方式。

大数据平台支持实时、准实时、离线的数据采集方式，采用并行、分布式的方式进行采集作业。

支持多种数据源的接入。大数据平台应能够支持多种数据源接入适配能力，能够平滑迁移不同来源的数据，以实现 PB 级异构数据资源的整合。

支持多种数据类型的接入。大数据平台支持的数据类型包括结构化数据、半结构化数据、非结构化数据、流式数据等。平台支持多种数据源，包括 Oracle、MySQL、DB2、SQLServer、PostgreSQL 等大部分主流关系型数据库。

支持多种数据抽取方式。针对不同数据源，大数据平台采用相应的数据抽取形式，以满足不同数据的采集需求。平台能够自动为数据源分配不同的采集工具进行抽取，最大化对数据源的抽取效率。支持对数据进行全量抽取和增量抽取，以保证数据能够及时同步与更新。更新频率可自定义配置，以满足数据抽取时效性要求。

采集数据时，采用多线程方式并行进行作业，以达到高性能的工作方式。

7.4.2.2　数据处理

大数据平台支持数据预处理、批处理以及流数据处理的加载方式，支持对数据进行全量加载和增量加载，更新频度可根据需求自定义配置。

进入大数据平台的数据必须是经过标准化处理后的数据，且在数据源头、采集过程中进行处理。

大数据平台具备数据预处理功能，对数据的组织、数据的表达形式、数据的位置等进行一些前置处理，以提升数据质量，使得后继数据处理、分析、可视化过程更加容易、有效。数据预处理包括数据清理、数据集成、数据归约与数据转换等。

大数据平台提供统一的数据资源调度与服务功能对外提供数据处理与访问。大数据平台支持多种数据处理技术框架，包括批处理计算框架、分布式内存计算框架、分布式流计算框架、实时计算框架、准实时计算框架、中文分词处理框架等。

大数据平台支持数据采集的补传、补录以及审计机制，实现数据的更新和修正。

7.4.2.3　数据加载

数据加载是指将抽取转换后的数据加载到大数据平台中，包括数据行加载和数据块加载。在综合考虑效率和业务实现等因素基础上确定数据加载周期和数据加载策略。包括：支持批量数据的数据库直接加载；支持多个数据库连接，能够进行大量数据的并行加载；支持自动与手工预加载的流程；支持多种加载数据的方式，如直接追加、全部覆盖、更新追加等。

7.4.2.4　数据监控

大数据平台提供统一监控体系对数据采集的全流程进行监控，包括数据源状态的监控、数据抽取任务的执行状态、数据抽取作业的资源占用情况、数据存储的完整性等。

7.4.3　数据存储

数据存储是城轨云大数据平台的核心环节，通过合理的数据存储架构和技术选型，可以有效地管理和利用海量、多源异构数据，为平台的各项业务需求提供强有力的支持。

大数据平台需提供混合存储能力，支持结构化、非结构化、半结构化数据的存储，支持对原始数据文件的分布式存储，支持文本、键值对、对象等多种数据特征的数据存储，满足复杂数据源类型的存储需求。

7.4.3.1　非关系型数据库（NoSQL）

NoSQL 数据库支持文档、键值、列族、图等多种数据模型，能够灵活应对多样化的数据类型。通过水平扩展，NoSQL 数据库能够处理大规模数据，支持高并发读写操作。它们适用于存储和管理半结构化和非结构化数据，如 JSON、XML、日志文件等。

在城轨云大数据平台中，NoSQL 数据库适用于存储和管理日志数据和文本数据，可以实时转为结构化数据，也可以直接使用文件系统进行存储。此外，NoSQL 数据库广泛用于存储非结构化的多媒体数据，如图片和视频，支持高效的存储和访问。通过支持高并发读写操作，NoSQL 数据库在需要快速响应和处理大量数据的场景中（如实时监控和在线事务处理），提供了高效的解决方案。

7.4.3.2　数据仓库

数据仓库专门用于存储和分析结构化数据，支持复杂查询和数据聚合。数据仓库能够有效管理和查询大量历史数据，支持长时间跨度的数据分析。通过 ETL（抽取、转换、加载）流程，数据仓库可以整合来自不同数据源的数据，确保数据的一致性和准确性。

在城轨云大数据平台中，数据仓库主要用于存储和分析城轨交通系统的运营数据，如列车运行数据、乘客流量数据、票务数据等，支持运营管理和决策分析。此外，数据仓库在生成各类业务报告和统计分析时，提供了高效的数据存储和查询支持。通过数据仓库进行深度数据挖掘，发现潜在的业务模式和趋势，为运营优化和战略决策提供依据。

7.4.3.3　分布式文件系统

分布式文件系统能够在多个节点上存储和管理大规模数据，提供高吞吐量，并确保可靠性。通过数据复制和分布式存储机制，确保数据的高可用性和容错能力。分布式文件系统广泛用于大数据处理和分析，特别适合批处理任务。

在城轨云大数据平台中，分布式文件系统主要用于存储非结构化的数据，如图片、视频、各种规范文件和通知公文等。这些数据通常极少更改，需要高效的存储和访问。此外，分布式文件系统在需要高扩展性的数据存储场景中发挥重要作用，如设施设备运行状态的数据存储。通过分布式存储机制，确保数据在存储过程中的安全性和可恢复性，保障业务的连续性和数据的完整性。

7.4.3.4 实时数据存储

针对实时数据提出的数据存储、管理与应用需求，采用高性能实时数据库，满足高并发写数据、高并发读数据、海量存储支持等要求，以支持业务运营监控，安全运营分析，设备故障溯源等。

7.4.3.5 大规模并行处理数据库

大规模并行处理（Massively Parallel Processing，MPP）数据库通过将数据和计算任务分布到多个节点上并行处理，显著提升数据处理速度和性能。MPP 数据库能够通过增加节点来扩展系统容量和处理能力，适应大规模数据处理需求。它们支持复杂的 SQL 查询操作，能够高效处理大规模数据分析任务。

在城轨云大数据平台中，MPP 数据库在需要处理和分析大规模数据的场景中，如乘客行为分析和设备故障预测，提供了高效的计算和存储能力。此外，MPP 数据库适用于需要实时数据处理和分析的场景，如实时运营监控和应急指挥，通过 MPP 数据库能够快速响应和处理大规模数据。在高性能数据仓库应用中，MPP 数据库提供了强大的数据存储和查询能力，支持复杂的业务分析和决策支持。

7.4.3.6 图数据库

图数据库以图形结构存储数据，节点和边分别表示数据实体及其关系，适合处理复杂关系数据。图数据库支持高效的关系遍历和查询操作，能够快速发现数据间的复杂关系。它们提供灵活的数据模型，能够动态添加和修改节点和边，适应多变的数据结构。

在城轨云大数据平台中，图数据库主要用于分析复杂关系数据，如人员、设备和设施之间的关系分析。通过图数据库，可以高效地分析城轨交通系统中的关系数据，发现潜在的问题和优化点。此外，通过分析设备间的关系和故障传播路径，图数据库能够有效进行故障诊断和预测，提高系统的可靠性。在乘客行为分析中，通过图数据库可分析乘客的出行模式和偏好，能够提供个性化的服务和推荐，提高乘客满意度。

7.4.4 应用支撑

应用支撑通过对城轨交通内外部数据资源的加工、处理、关联，形成向数据应用层提供多种类型服务的能力，实现专题分析、数据计算、数据检索、数据挖掘、多维分析、数据可视化、生产指标等应用支撑能力。

7.4.4.1 数据检索

数据检索为上层应用及应用支撑其他服务提供数据快速搜索服务，根据数据存储分布、数据采集、数据技术、多维数据库等元数据基础上，可以采用搜索引擎和搜索算法实现快速搜索。

（1）数据检索服务模块可以针对管理域数据、设备状态数据、多媒体数据、图数据、数据计算的中间或结果数据提供数据检索服务。

（2）数据检索服务对外提供统一的服务接口，屏蔽数据存储分布、异构数据库等数据存储的具体技术。

（3）数据检索服务通过搜索引擎实现检索服务的基础管理框架，通过元数据满足算法、业务数据的扩展要求，整合不同数据库的检索技术，实现分布式、异构数据的检索，提供上层应用检索服务。

（4）数据检索服务的算法模式主要基于上层应用对数据检索的要求，同时数据检索服务对数据的存储和数据库选型提供要求。

（5）数据检索服务具有扩展性，通过调整搜索算法，满足上层应用不同的搜索请求。

（6）数据检索服务具有监测与调度功能，根据服务请求并发情况调度服务的提供。

（7）搜索引擎的选型原则为降低和具体数据库的耦合，对于不同数据库类型可以引入新的搜索算法或模式，满足数据库类型的扩展。

（8）元数据管理，共享据存储分布、数据采集、数据技术、多维数据库等元数据的基础上，补充满足数据检索的元数据，诸如检索路径，检索算法等。

7.4.4.2 数据计算

城轨云大数据平台的数据计算类型多样，每种类型都有其独特的功能和应用作用。

（1）离线计算

离线计算实现非结构化及结构化数据的存储和计算，主要用于大规模数据的批量处理、指标汇总计算和数据挖掘等场景。典型的离线计算框架包括 MapReduce、Spark 和 Tez，这些框架为开发者提供了抽象和高层的编码接口，支持离线作业的资源隔离，可以为不同用户分配不同的资源。

在城轨云大数据平台中，离线计算主要用于处理和分析历史数据，如乘客流量数据、票务数据和设备运行数据等。通过离线计算，可以进行复杂的数据挖掘和分析，生成各种统计报表和业务指标，为运营管理和决策提供数据支持。此外，离线计算还用于数据清洗和整合，将来自不同数据源的数据进行处理和存储，为其他计算任务提供高质量的数据输入。

（2）流式计算

流式计算集群主要满足实时性要求非常高的场景，适用于处理实时数据流，例如行车设备数据。流式计算服务能够满足流数据的秒级计算，支持主流计算框架如 Apache Flink、Apache Storm 等，提供高效的实时数据处理能力。

在城轨云大数据平台中，流式计算主要用于实时监控和数据处理，如实时列车调度、设备状态监控和乘客流量分析等。通过流式计算，可以实时分析和处理来自传感器和监控设备的数据，及时发现和处理异常情况，提高系统的响应速度和可靠性。此外，流式计算还用于实时数据的聚合和汇总，支持实时业务决策和应急指挥。

（3）内存计算

内存计算通过将数据加载到内存中进行计算，提供极高的计算速度和并发处理能力。典型的内存计算框架包括 Apache Spark 和 Apache Ignite，这些框架利用分布式内存存储和计算技术，实现高性能的数据处理和分析。

在城轨云大数据平台中，内存计算主要用于需要快速响应和高性能的数据处理任务，如实时数据分析、复杂查询和机器学习模型训练等。通过内存计算，可以显著提高数据处理的速度和效率，满足实时业务需求。内存计算还用于提高批处理任务的性能，通过将部分数据提前加载到内存中，减少磁盘 I/O 操作，加快计算速度。

（4）SQL 查询引擎

SQL 查询引擎支持扩展存储过程 SPL/SQL、机器学习算法 MLlib、Carbon Data、HBase 数据源连接器、Elasticsearch 数据源连接器等功能，丰富应用场景。SQL 查询引擎提供统一的入口和数据操作命令，用户只需通过 SQL 查询引擎就可以完成想要的操作。SQL 引擎具备 100% 的 ANSI SQL2003 语法支持，标准 Java 数据库连接（Java Data Base Connectivity，JDBC）、开放数据库连接（Open Database Connectivity，ODBC）连接，支持完整的数据类型和标准 DDL 操作。

在城轨云大数据平台中，SQL 查询引擎主要用于数据查询和分析，为业务系统和用户提供高效的数据访问接口。通过 SQL 查询引擎，用户可以方便地进行数据查询、统计和分析，生成各种业务报表和数据视图。此外，SQL 查询引擎还支持与其他数据源的集成，如 HBase 和 Elasticsearch，实现跨数据源的联合查询和分析，满足复杂的业务需求。

7.4.4.3　数据挖掘

数据挖掘是指从大量的数据中通过算法搜索隐藏于其中信息的过程。数据挖掘通常与计算机科学有关，并通过统计、在线分析处理、情报检索、机器学习、专家系统和模式识别等诸多方法来实现。

城轨云大数据平台数据挖掘需要支持多种标准数据挖掘任务。例如：预测模型发现、数据总结、聚类、关联规则发现、序列模式发现、依赖关系或依赖模型发现、异常和趋势发现等；具有数据预处理、收集、分类、回归分析、可视化和特征选取；提供一些可扩展的数据分析挖掘算法的实现，以便开发人员更加方便快捷地创建智能应用程序；支持关系数据库、面向对象数据库、空间数据库、时态数据库、文本数据源、多媒体数据库等。

关于数据挖掘的技术和工具，需要结合具体数据体量大小和业务特点选择使用。用票务或客流分析来举例，一开始进行尝试性的数据挖掘和分析的时候，可以选择一条线或一个月的数据，在这样的情况下，采用 R、Python 等语言、MatLab、SPSS 等传统单机工具也可以很好地进行处理。但是当分析对象扩展到全路网或数年数据的情况下，单机处理就会变得非常缓慢甚至无法完成，这种情况下充分利用 Spark 提供的并行计算框架，在集群上进行挖掘是更好的工具选择。

考虑到大数据平台的集团级定位，一般某一个局部业务，其内部的数据挖掘是不显示在共享平台上的。但是如果确实需要大体量数据处理能力的话，集团级平台拥有的计算/挖掘能力的共享输出也可以支持。这种情况下，需要对业务部门数据挖掘任务所能使用的资源［中央处理器（CPU）、内存等］加以限制，避免出现因为一个处理作业影响整个集群运行的情况。

7.4.4.4　数据可视化

数据可视化是城轨云大数据平台中的核心组件之一，旨在为数据开发人员提供一站式数据开发服务，覆盖数据采集、存储、计算、分析、开发、调度等环节的大数据全链路处理能力。数据可视化通过降低用户使用大数据的门槛，帮助用户快速构建大数据处理体系，极大地提升了数据开发的效率和质量。

数据可视化支持可视化拖拽方式进行数据开发和任务流构建。用户可以通过简单的拖拽操作，将各种数据处理组件（如数据源、转换节点、输出节点等）连接起来，形成完整的数据处理流程。可视化开发工具简化了开发过程，降低了技术门槛，使数据开发更加直观和高效。

在城轨云大数据平台中，可视化开发工具极大地简化了数据开发和任务流构建的过程。用户无须编写复杂的代码，通过图形化界面即可完成数据处理任务的设计和配置，提高了开发效率和准确性。

7.4.4.5　多维分析

支持通过数据仓库进行数据建模并通过 BI 工具进行多维度分析。

1）数据仓库模型

城轨大数据的数据仓库模型主要有范式建模、雪花模型、星形建模、星座模型几种。

（1）星形模型

星形模型是数据集市维度建模中推荐的建模方法。星形模型是以事实表为中心，所有的维度表直接连接在事实表上，像星星一样。星形模型的特点是数据组织直观，执行效率高。

（2）雪花模型

雪花模型比星形模型更规范一些，但是由于这种模型不太容易理解，性能方面需要关联多层维表，性能比星形模型要低。一般不是很常用。

（3）范式建模

范式建模是在数据库建模中使用的建模方法，特点是体系化、扩展性好、避免冗余、避免更新异常。在数据仓库的 EDW 层建模中，提倡使用第三范式建模。但是数据仓库的集成和反映历史变化的特征意味着数据量非常之大，表和表之间的关联效率比较低，所以有些时候完全规范的范式建模并不是最好的选择，通常我们会选择非规范化处理，增加一些冗余的字段来避免表之间关联的次数，这样能节约大量的时间。

（4）星座模型

星座模型是从星形模型延伸而来，星形模型是基于一张事实表的，而星座模型是基于多张事实表的，而且共享维度信息。通过构建一致性维度，来建设星座模型，也是很好的选择。比如同一主题的细节表和汇总表共享维度，不同主题的事实表，可以通过在维度上互相补充来生成可以共享的维度。

2）BI 工具

BI 工具用来将城轨云大数据平台中现有的数据进行有效的整合，快速准确地提供报表并提出决策依据，帮助企业做出明智的业务经营决策。城轨大数据 BI 工具应可以对接多种形式的数据源。

（1）传统关系型数据库包括 Oracle、SQLServer、Mysql 等。

（2）大数据生态系统包括 Impala、hive、SparkSQL 等。

（3）NoSQL 数据库。

（4）CUBE 工具，基于数据模型的一种空间换时间的数据预处理技术，如开源的 Kylin，可以提供高并发高实时的数据访问，对 SQL 的支持也非常友好。

（5）多维分析数据库包括 Teradata、SAP Hana、Greenplum、SAP Sybase 等。

（6）BI 工具应可以支持业务用户可使用拖放操作可视化其数据，而无须编写复杂的 SQL、Java 代码或 MapReduce 作业，并支持用户生成以下两类报表：

①固定式报表。自动完成各类指标计算如 RAMS、MOPES。

②自助式报表。支持用户针对数据仓库中各主题数据模型，自定义统计维度组合，

支持下钻与上卷。

7.4.4.6 数据共享

1）数据共享需求分析

城轨各领域数据通过治理后形成了主、专题数据资产，这些数据要被上层各应用消费才能最终体现数据价值。如何让应用快速地获取想要的数据，如何让数据能够被更多应用调用，是数据共享和服务需要解决的问题。

通过业务调研，我们发现很多数据共享的需求，典型需求如下：

（1）共享行车信息。与各线路子系统及其他机构共享整个线网的列车运行信息，通过制定统一的信息总线框架，保证对线路接口及外系统接口的灵活性和可扩展性。

（2）自然环境预警（如气象、地质活动等）和社会环境预警（如大客流等）。

（3）通过大数据平台获取后期设备资料，包括设备运维情况的历史数据，并进行趋势分析，生成各类设备曲线图，为后期新线的建设提供决策支持。

（4）供应商管理：建设单位目前对供应商主数据没有专门的管理，未来希望能实现供应商的一体化管理。实现对参建单位进行管理，包括参建单位的基本信息，经营信息，信用评价信息等。

（5）实现资产的从上到下的打通，价值流、信息流、数据流的打通等。

按照上层应用对数据获取的实时性、数据量要求，通常采用 API、消息、数据库表开放等几种不同的数据共享服务，其中 API、消息满足中小规模数据共享需求，数据库库表开放满足大规模数据共享需求。

2）数据共享方式

（1）WebService

WebService 使用标准技术，应用程序资源基于 HTTP、XML 和 SOAP 等标准协议在不同的语言和不同操作系统上运行通信。

RESTful 定义可表示流程元素/资源的对象。在 REST 中，每一个对象都是通过 URL 来表示的，对象用户负责将状态信息打包进每一条消息内，以便对象的处理总是无状态的。

（2）文件

文件接口定义了服务端与客户端文件存放路径、文件名命名规则和文件格式，并开发相应的读写操作权限，由服务器端将文件写入，客户端定时查看路径下是否有新文件。网络传输方式支持对通信服务器的 IP 地址、账户、口令、存取目录验证，接口支持主流的网络协议：FTP，FTAM 等。

（3）数据库接口

在严格权限管理的前提下，数据库表可以对外进行公开。源系统数据发生变更时，数据共享平台会通过定期同步机制先掌握到此项变更。但是，需要使用此数据的目标系统不一定能立刻感知这一变化。一般情况下，也通过定期同步机制感知此项变化。

（4）实时交换接口

出于运营调度或设备监控等目的，需要实时交换的数据一般通过聆听式服务或 ESB 实现。需要说明的是，大数据平台是信息系统之间实现数据交换的平台，系统间的控制指令交换可以不通过大数据平台进行。

7.4.4.7 数据服务

数据服务是基于数据分发、发布的框架，将数据作为一种服务产品来提供，以满足业务部门的数据需求。它能复用并符合企业和行业标准，兼顾数据共享和安全。大数据平台提供交换服务、共享服务、应用服务以及目录服务，实现各业务系统数据的交换共享，支持安全生产域数据多维度的数据交换和共享。

数据服务和传统的数据集成方式有很大区别，数据服务使得数据的使用方不再需要点对点寻找数据来源、进行数据集成，从而形成错综复杂的集成关系，而是通过公共数据服务按需获取各类数据。数据服务体系的建设有利于提升数据一致性、维护数据源唯一原则，并使数据消费方不必关心技术细节、快速获取数据，数据消费者按需取用数据的设计也同样减轻供应方持续的互联网技术（IT）开发需求。

完整的数据服务生命周期包括服务识别与定义、服务设计与实现、服务运营三个主要阶段。

（1）服务识别与定义：业务与数据握手，识别服务的业务价值、准入条件与服务类型，减少数据服务的重复建设，提升数据服务的重用度。

（2）服务设计与实现：业务、数据、IT 三方协同，使设计、开发、测试与部署快速迭代以实现服务的敏捷交付，缩短数据服务的建设周期。

（3）服务运营：通过统一数据服务中心及服务运营机制，保障服务 SLA 与持续优化。

7.4.5 数据应用

大数据平台在运营指挥、能源管理、运维安全、工程管理、运输组织、资源经营、企业管理、乘客服务等方面开展大数据智能分析和数据挖掘应用。数据应用通常由应用系统进行开发建设，大数据平台主要提供数据共享与数据服务支撑。

7.5 数据管理

大数据平台提供数据管理功能，包括主数据管理、元数据管理、数据标准管理、数据质量管理、数据资产管理以及数据服务管理内容。

7.5.1 主数据管理

主数据管理提供主数据定义管理功能以及增加、修改、删除主数据定义的功能。包含主数据模型管理、主数据创建发布、主数据运维管理和主数据应用服务等主要功能。根据地铁业务现状建立主数据编码体系，将相关信息系统接入主数据管理系统。

7.5.2 元数据管理

（1）元数据管理模块将系统各个功能模块和处理环节中分散的各类元数据进行统一管理，并提供元数据管理的各类应用。

（2）元数据管理内容包括元数据获取、元数据存储（包括业务元数据、技术元数据、管理元数据）、元数据应用等内容。

（3）元数据应用范围包括元数据维护、元数据导入/导出、同步检查、实体查询、过程查询、实体关联度分析、实体差异分析、影响分析、血缘分析、版本管理、元数据统计、变更通知、主机拓扑图分析、元数据质量检查、元数据使用情况和指标一致性分析等功能。

7.5.3 数据标准管理

标准管理覆盖数据标准的全生命周期，包括标准的编制、发布、执行、维护与停用等任务，确保数据平台数据的标准化。

7.5.4 数据资产管理

数据资产管理提供统一的数据资产目录，并且应提供分类导航、搜索定位、分类统计等服务功能。

（1）数据资产管理提供数据字典管理功能，提供对数据资产的数据定义概述、数据管理体系、数据安全等级、数据业务标签、数据生命周期的管理等功能，并提供数据字典详细结构修改申请审核功能。

（2）数据资产管理提供数据安全管理功能，能够实现数据管理体系结构、数据安全等级体系结构的管理，并且基于这两个体系构建整体数据资产的安全体系，为所有的数据资产分配数据管理体系和数据安全等级，并基于等级的相应要求，实现不同的安全存储策略，保证符合流程管理规范、数据管理规范和安全管理规范。

（3）数据资产管理提供血缘关系管理功能，实现关系追溯、影响分析等功能。

7.5.5 数据质量管理

建设数据质量管理系统实现数据约束检查和业务规则检查功能；数据质量管理提供可视化质量管理界面，监控整个数据流程的数据质量。

（1）信息采集及处理监控：系统数据处理包含多个过程，包括接口数据抽取、数据转换/加载、数据集市发布等，在主要过程中部署信息采集点，支持对数据质量的全局监控。

（2）数据稽核：数据稽核是数据质量检查的基本功能，是根据元数据库中预先配置的规则、算法和质量检查度量，对数据的正确性、合理性等多角度进行检查，并及时发现数据质量问题。

（3）质量报告：数据质量管理以检查结果报告形式体现。检查结果报告环节是一个自动过程，根据数据质量检查环节的结果信息，以规范的格式和特定的方式展现在数据质量监控界面上。

（4）问题处理：在检查过程中发现数据质量问题时，系统能根据问题的严重级别，启动相应的问题处理过程。问题处理过程应包括数据问题隔离、问题分析处理阶段。

（5）数据质量总结：问题处理环节结束后，数据质量监控模块能启动总结环节，对问题处理的全过程进行记录和总结，并生成数据质量统计报表。

7.5.6　数据服务管理

数据服务管理具有服务注册、服务审核、服务发布、服务撤销、服务权限管理、服务统一视图、服务监控等功能，所有发布的数据服务具备断点续传能力以及数据合法性验证能力。

（1）数据服务基本信息包括服务编号、服务名称、服务功能描述、服务约束条件、服务开发商、服务所属地市、服务所属应用、服务所属业务领域等内容。

（2）数据服务接口信息包括接口访问地址、接口参数、参数类型、参数业务含义、服务返回信息的类型及业务含义等内容。

（3）数据服务部署信息包括服务部署 IP、端口、目录，如果服务以集群方式部署，还记录每个节点的部署信息。

7.6　资源配置

大数据平台资源配置是构建、部署和维护大数据解决方案过程中的关键步骤，涉及对硬件、软件、网络和其他资源的合理规划和分配，以确保大数据平台能够高效、稳定地处理和分析大量数据。大数据平台硬件资源通过云平台统一提供并统筹管理。

7.6.1　硬件资源配置与部署

7.6.1.1　资源部署

（1）大数据平台采用线网中心一级架构，并在安全生产、内部管理及外部服务三域部署。

（2）大数据平台采用分布式架构，提供数据接入、存储、计算、交换及共享服务等能力。

（3）大数据平台的系统设置数据接入服务器、数据网关服务器、负载均衡服务器、数据库服务器、计算及存储节点服务器、管理服务器、网络等设备。

（4）大数据平台的各类服务器采用云平台部署方式。

7.6.1.2 硬件配置

大数据平台所需的各类计算及存储资源采用云平台提供的物理机资源，存储采用分布式存储架构。

数据接入服务器包含 2 台负载均衡服务器和至少 2 台数据网关服务器，数据网关服务器可根据需要进行扩展。单台负载均衡服务器配置不低于 CPU 20 核、内存 16GB、硬盘 2TB（SAS 硬盘）+ 1TB（SSD 硬盘），单台数据网关服务器配置不低于 CPU20 核、内存 64GB、硬盘 2.4TB（SAS 硬盘）+ 1TB（SSD 硬盘）。

数据库服务器采用双机冗余配置方案，单台服务器配置不低于 "CPU 20 核、内存 128G、硬盘 2TB + 1TB（固态硬盘）"，并根据数据库容量可配置外置 FC SAN 磁盘阵列存储设备。

管理、控制服务器采用双机集群配置方案，至少包含 2 台管理、控制节点服务器，单台服务器配置不低于 "CPU 20 核、内存 256GB、硬盘 2.4TB + 1TB（SSD 硬盘）"。

计算及存储节点服务器采用不少于 3 台集群方式，单台服务器配置不低于 "CPU20 核、内存 256GB、硬盘 1.2TB×24（SAS 硬盘）"。计算及存储节点服务器可根据需要进行扩展，近期计算及存储的数据节点数可参照表 7-1 进行配置。

大数据平台数据节点资源配置表　　　　表 7-1

原始数据量（TB）	HDFS 备份×3（TB）	中间数据和索引×1.5（TB）	压缩×0.8（TB）	冗余÷0.7（TB）	单机存储量（TB）	数据节点数（个）
30	90	135	108	154	24	7
50	150	225	180	257	24	11
100	300	450	360	514	36	15
200	600	900	720	1029	36	29
300	900	1350	1080	1543	36	43
500	1500	2250	1800	2571	36	72
800	2400	3600	2880	4114	36	114
1000	3000	4500	3600	5143	36	143
2000	6000	9000	7200	10286	36	286
5000	15000	22500	18000	25714	48	536

系统基于实时处理数据的点数、缓存时长等内容，配置实时流处理、缓存数据库等其他组件节点。单台服务器配置不低于 "CPU20 核、内存 256GB、硬盘 1.2TB×24（SAS 硬盘）"。

7.6.2　软件资源配置与管理

大数据平台的软件资源配置对于确保数据的高效、安全、可靠处理至关重要，下面针对大数据平台软件资源配置进行详细分析。

7.6.2.1　数据存储

（1）Hadoop Distributed File System（HDFS）

HDFS 是 Hadoop 生态系统中的核心存储组件，用于存储和处理大规模数据集。它支持分布式存储，将数据分块并存储在不同的节点上，从而实现数据的容错性和可扩展性。

对于主节点（Name Node），每 100 万个文件需要大约 1GB 的内存。在企业级应用中，Name Node 的内存配置建议为 4GB 至 12GB。

（2）其他存储系统

根据具体需求，还可以考虑使用其他存储系统，如 S3（亚马逊提供的云存储服务）或 NFS（网络文件系统）。

7.6.2.2　计算框架

（1）MapReduce

MapReduce 是 Hadoop 生态系统中的并行计算框架，用于处理大规模数据集。它将复杂的计算任务拆分成多个简单的 Map 和 Reduce 任务，并在集群的多个节点上并行执行。

Map 任务的资源来源于 NodeManager，根据集群规模和任务需求，每个 NodeManager 的内存配置建议为 2GB 至 4GB。

（2）Spark

Spark 是一个快速、通用的大规模数据处理引擎，支持实时数据分析和数据挖掘。与 MapReduce 相比，Spark 提供了更高效的内存计算和更灵活的编程模型。在配置 Spark 时，需要根据集群规模、内存和 CPU 资源等因素进行调优。

7.6.2.3　分布式协作框架

ZooKeeper 是一个分布式协调服务，用于维护配置信息、命名、提供分布式同步和提供组服务等。在大数据平台中，ZooKeeper 常用于管理 Hadoop、HBase、Kafka 等组件的元数据。ZooKeeper 节点的内存配置建议为 2GB。

7.6.2.4　集群资源管理

YARN（Yet Another Resource Negotiator）是 Hadoop 2.0 版本引入的集群资源管理系统，负责集群资源的管理和调度。YARN 将 JobTracker 的两个主要功能（资源管理和任务调度/监控）分离成两个独立的组件：Resource Manager（RM）和 Node Manager（NM）。Resource Manager 的内存配置建议为 2GB 至 4GB，Node Manager 的内存配置建议为 2GB。

7.6.2.5　数据库和存储系统

根据数据处理的需求，可以选择合适的数据库和存储系统，如 HBase、Hive、Cassandra 等，并进行相应的配置和调优。这些系统通常与 HDFS 和 MapReduce/Spark 等组件配合使用，以实现高效的数据存储和查询。

7.6.2.6　操作系统和网络

（1）操作系统

选择合适的操作系统，并进行相关的优化配置，以提供更稳定和高效的数据处理环境。例如，关闭不必要的服务、调整操作系统的参数等。

（2）网络

应确保有足够的网络带宽用于数据的传输和处理，避免网络拥塞导致的数据处理延迟。在生产环境中，建议使用万兆或更高带宽的网络设备。

7.7　主要应用场景

城轨云大数据平台通过整合和分析多源异构数据，为轨道交通系统的各个方面提供了强有力的支持。这些应用场景不仅提升了城轨交通的运营效率和服务水平，还为智慧城市和智慧交通的发展提供了坚实的技术基础。

（1）运输组织

基于客流数据分析，优化运输组织方案，提高服务质量。大数据平台可以对乘客流量进行实时监控和预测，调整列车班次和运营计划，减少乘客等待时间，提高乘客满意度。例如，在高峰时段增加列车班次，在低峰时段减少运营成本，从而实现资源的合理配置。

（2）运营指挥

通过实时数据分析和智能化决策支持系统，大数据平台可以显著提高运营指挥的效率和准确性。例如，平台可以整合来自不同子系统的数据（如列车运行监控系统、综合监控系统、列车控制与诊断系统、自动售检票系统/清分中心系统等），提供实时的运营状况监控和预警功能，帮助运营管理人员及时做出决策，确保轨道交通系统的平稳运行。

（3）应急管理

大数据平台在应急管理方面也发挥着重要作用。通过对突发事件的实时监控和数据分析，平台可以快速响应并协调各方资源进行应急处理。例如，在突发事件（如设备故障、自然灾害等）发生时，平台可以提供实时的应急预案和指挥调度方案，确保乘客安全和系统快速恢复。

（4）乘客服务

通过数据分析，提供更为个性化和便捷的乘客服务。大数据平台可以分析乘客的出行习惯和偏好，提供个性化的出行建议和信息服务。例如，通过乘客信息系统终端、App和门户网站发布实时的列车运行情况和换乘信息，提升乘客的出行体验。

（5）能源管理

能源管理是城轨交通系统中的一个重要应用场景。大数据平台可以通过分析能源消耗数据，优化能源使用策略，提高能源利用效率。例如，平台可以监控和分析车站和列车的用电情况，发现能源浪费的环节，并提出改进建议，从而实现节能减排的目标。

（6）运维安全

运维安全管理是保障城轨交通系统稳定运行的关键。通过对设备运行数据的监测和分析，大数据平台可以预测和预防设备故障，提高运维工作的安全性和可靠性。例如，对列车和轨道的实时监控可以及时发现潜在的故障隐患，并通过数据分析制定相应的维护计划，减少故障率。

（7）工程管理

在工程管理方面，大数据平台可以通过数据分析优化施工流程和资源配置，提高工程项目的管理效率。例如，平台可以对施工进度、资源使用和成本进行实时监控和分析，发现和解决施工过程中的问题，确保工程项目按时、按质完成。

（8）资源经营

通过对各类资源数据的分析，提升资源利用效率和经营效益。大数据平台可以帮助城轨企业优化资源配置，提升经营管理水平。例如，通过分析票务数据和乘客行为数据，制定更加合理的票价策略和营销方案，增加企业收入。

（9）企业管理

大数据平台支持企业内部的各项管理工作，提高管理效率和决策水平。例如，平台可以整合各类业务数据，提供全面的企业运营分析报告，帮助管理层了解企业的运营状况，做出科学的决策。

第8章
城轨云
通信网络

8.1 简述

通信网络是城轨交通系统中的重要环节,是指不同地点、不同设备传输信息的数据通信网络系统,通过各种传输介质(如光纤、电缆、无线电波等)和通信设备(如路由器、交换机、基站等)实现数据、语音和视频等信息的传递。城轨云通信网络是城轨云的重要组成部分,是连通主用中心与备用中心、主备中心与线路中心、线路中心与车站、各业务系统/终端的重要信息化基础设施。城轨云通信网络架构如图8-1所示。本章主要从总体架构、网管中心、传输网络、局域网、车载网络、无线通信网络等方面对城轨云网络通信系统进行介绍。

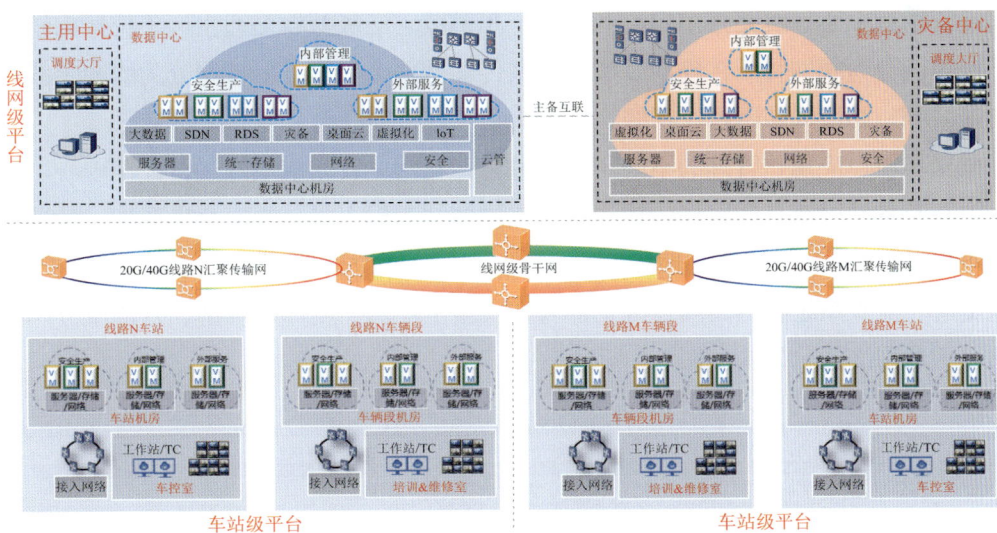

图 8-1 城轨云通信网络架构示意图

8.2 基本原则

(1)基础设施集约化

城轨交通云平台网络架构应符合云平台的统一规划,满足信息化平台管理、业务承载及运营维护的需求,在网络体验上仍要保持专网的品质,既保证效率也保障效果,要求建设统一的高带宽、低时延基础网络,为数据共享提供更可靠的保障,同时实现基础网络设施集约化。

(2)城轨服务实时化

城轨云和大数据分析的应用需要信息实时采集和调用,同时实现业务海量数据在共享平台上实时交换，这就要求通信网络的业务接入便捷、信息传递准确，为城轨列车、站段基础设施数字化采集、传输提供有线无线网络通道，为快速扩展和开通应用网络通道提供支撑。

（3）建设运营安全化

城轨交通向着智能化迈进的过程中，未来将重点聚焦建设、运营、基础设施运维和应急指挥等方面。要建立协同交互、实时调度、上下联动的智慧化平台，需强化通信网络安全管理，加大城轨数据共享力度的同时构建以数据为中心的网络安全运营服务能力。

8.3 技术架构

8.3.1 总体架构

城轨云通信网络主要由骨干传输网、局域网、无线通信网络和车载网等组成。按照线网运营指挥中心、线路控制中心和车站（车辆段）三级城轨交通生产单位架构情况，骨干传输网分为线网骨干传输网、线路汇聚传输网两个层级，局域网分为线网（线路）中心局域网、站段局域网两个层级。

根据功能、应用、管理的不同定位，骨干传输网主要完成线网运营控制中心、线路控制中心及各站段节点的数据传输。各节点局域网逻辑上划分为安全生产网、内部管理网、外部服务网、运维管理网四张网络，这四张网络独立部署，分布实现域内防护功能，轨道交通各业务系统根据其属性分别部署在安全生产网、内部管理网、外部服务网中。城轨云平台网络逻辑架构如图 8-2 所示。

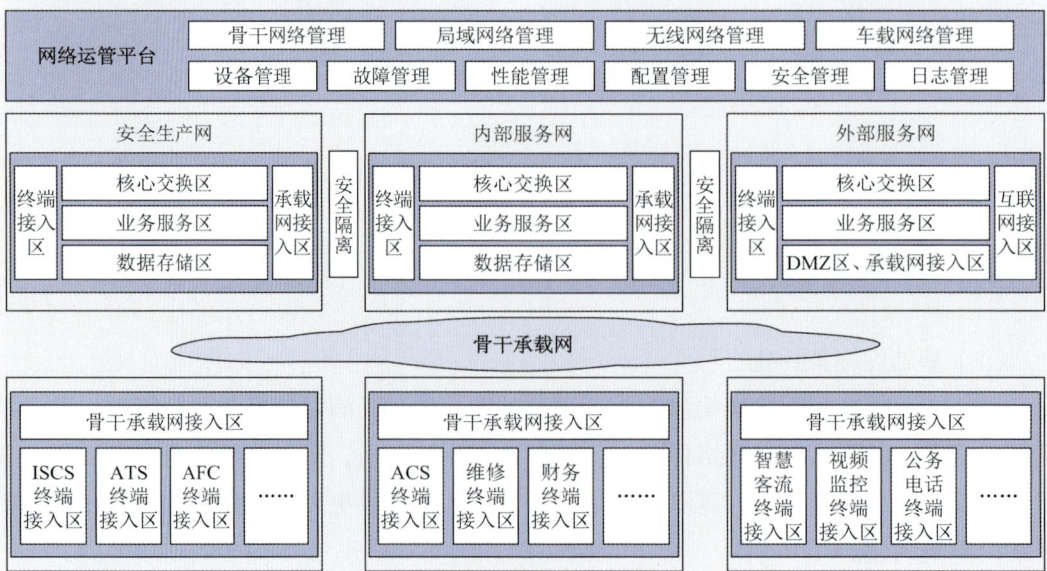

图 8-2　城轨云平台网络逻辑架构示意图

8.3.2　骨干传输网技术架构

骨干传输网络由线网骨干传输网和线路汇聚传输网组成。第一层是线路汇聚传输网，实现线路各车站业务之间互联以及汇聚到线路中心，保证网络设备高可靠性和高安全性。第二层是线网骨干传输网，采用不小于 100Gbps 速率线路带宽的传输系统，实现线网所有线路的车站业务汇聚到城轨云主用中心和灾备中心。骨干传输网架构如图 8-3 所示。

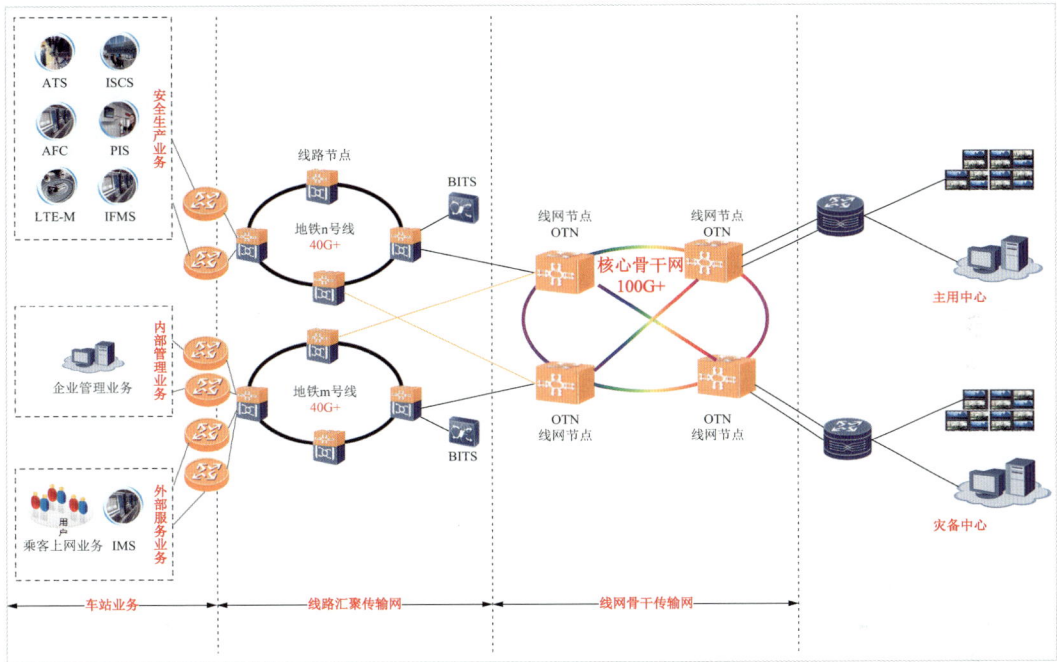

图 8-3　骨干传输网架构示意图

安全生产网、内部管理网、外部服务网可共用线路汇聚传输网和线网骨干传输网络。线路汇聚传输网和线网骨干传输网通过时隙或波段隔离技术，对安全生产业务、内部管理业务和外部服务业务进行相应级别的强隔离。骨干传输环网中任何节点和链路的故障倒换时间应控制在 50ms 以内，切换时不影响正常使用。

8.3.2.1　线网骨干传输网

线网骨干层传输系统建议采用光传输网络（OTN）设备，提供不小于 100Gbps 速率的线路带宽。对于新建线路，建议线路层级不设线路 OCC，业务统一到线网中心进行业务处理。对于既有线路，建议通过在 OCC 和车辆段新增设置 OTN 设备，基于 OTN 设备接入线网骨干网络。建议线网级骨干传输设备支持 40 波/80 波，满足未来业务带宽扩容需求；当系统检测到信号丢失、帧丢失、告警指示信号、超过门限的误码缺陷及指针丢失时，系统进行自动倒换，保护倒换时间不大于 50ms。线网骨干网架构如图 8-4 所示。

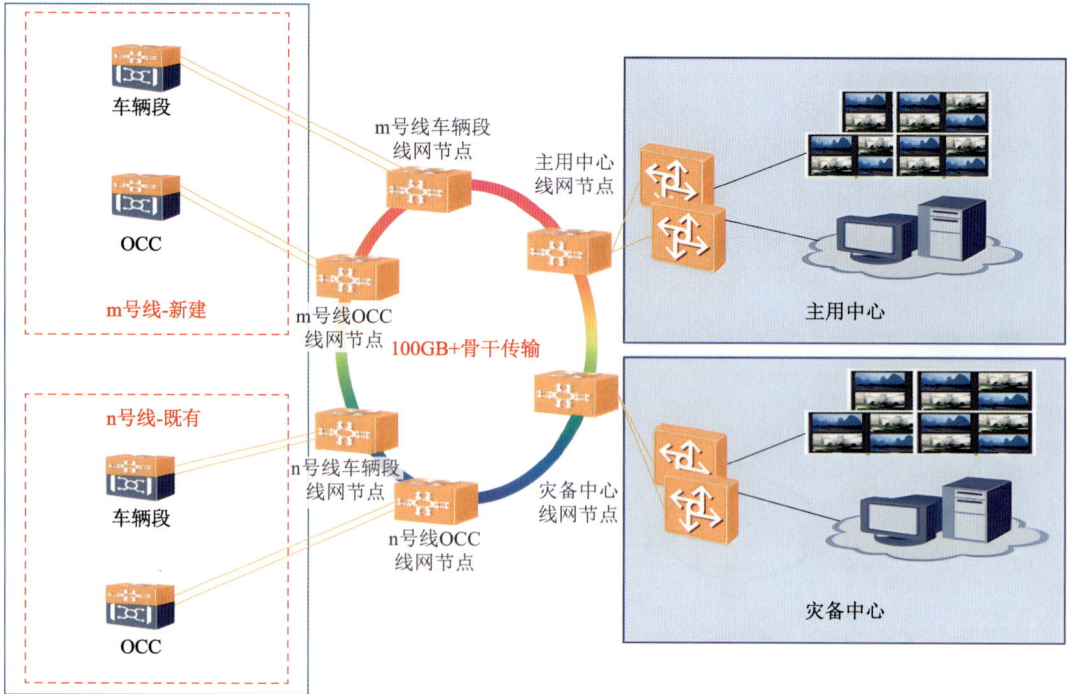

图 8-4　线网骨干网架构示意图

8.3.2.2　线路汇聚传输网

线路汇聚传输网按照城轨交通线路建设，是各线路的通信网络骨干，它为城轨交通系统各设备、设施提供信息传送服务和通道，打通线路控制中心至车站（车辆段、停车场等）、车站至车站（车辆段、停车场等）的信息传输通道。线路汇聚传输网架构如图 8-5 所示。

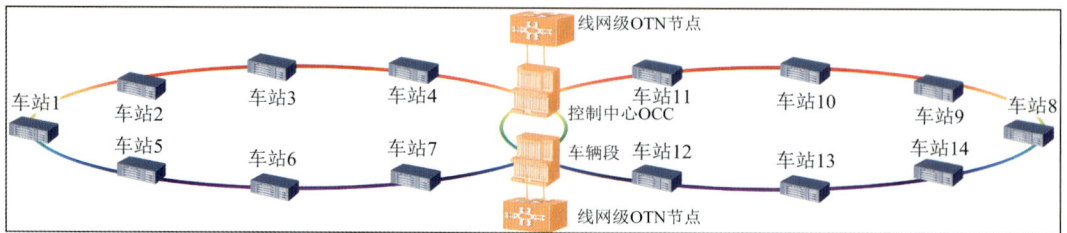

图 8-5　线路汇聚传输网架构示意图

线路汇聚传输网建议结合线路车站数量采用单环或双环架构，在 OCC 及车辆段分别设置线路汇聚节点作为线路级双环相交节点；并上行接入线网级骨干网络，以便与主用中心、灾备中心核心交换机互联，实现线路业务与线网中心业务互通。线路汇聚传输网可采用 MS-OTN 或者 SPN 设备，对于既有线路还需兼容低速业务。

8.3.2.3　主备中心互联

主备中心互联架构如图 8-6 所示。

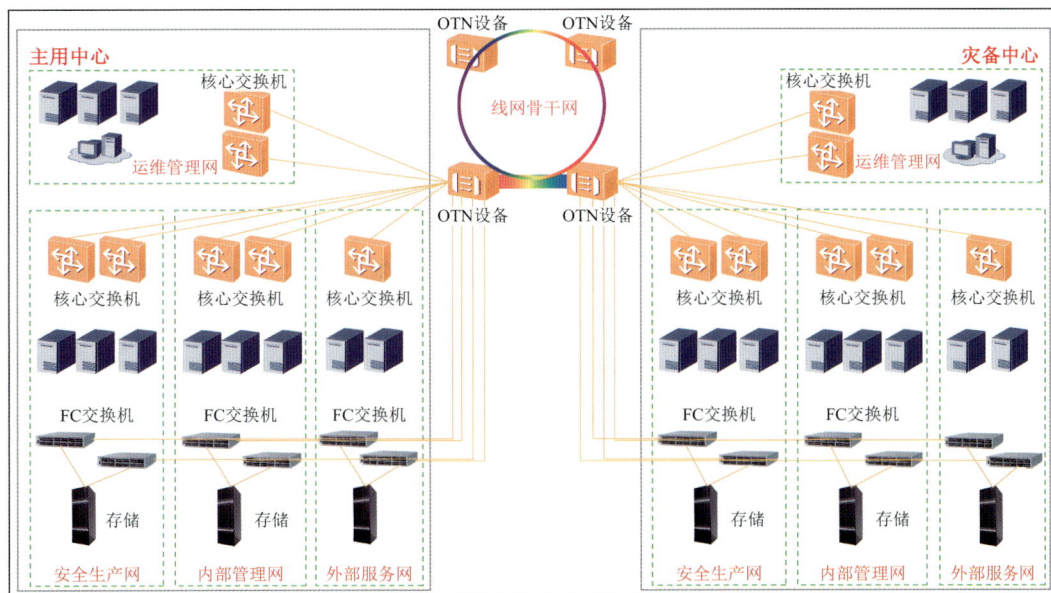

图 8-6 主备中心互联架构示意图

为保障整体方案的可靠性，主用中心、灾备中心互联采用数据传输链路与心跳链路分离设计的原则。通过 VLAN 或 VPN 隔离端到端流量，同时分配独立的物理互联链路，做到业务流量与集群心跳分离流量，互不影响。对于跨数据中心传输的业务，采用 FC 链路实现同城双数据中心间的数据实时同步，采用二层以太网络实现双数据中心间主机应用集群的心跳、同步互联链路通信。

建议主用中心、灾备中心采用波分设备进行互联，两个中心互联共用线网骨干网波分设备。主用中心三张网与灾备中心三张网的核心交换机、运维管理网络核心交换机、FC 存储交换机分别连接波分设备实现互联，最终实现主用中心、灾备中心间网络层、应用层（包括计算、数据库）以及存储层互通，为主用中心、灾备中心容灾切换提供平台支撑。考虑到综合承载的业务流量以及未来的可扩展性，建议核心交换机采用 10GE/100GE 接口分别双归属到波分设备。波分设备须采用低时延处理技术，以应对主用中心、灾备中心应用互联的低延时要求。

8.3.3 局域网技术架构

8.3.3.1 线网（线路）中心级局域网

线网（线路）中心局域网采用主用、灾备安全设计，在城轨云主用云中心部署主用中心局域网，在城轨云灾备中心部署灾备中心局域网。按照业务需求划分为安全生产网、内部管理网、外部服务网三张网络，这三张网络独立部署。设置有独立运维的管理网络，为数据中心服务器、存储、网络和安全设备提供带外管理功能。三张业务网与运维管理网内按照业务属性规划不同接入网络，实现域内防护功能，同时根据具体功能需求，在网络分区内设置核心交换区、业务分区、终端接入区、非云设备接入区、数据存储区、云桌面接入区、传输网接入区和互联网接入区等功能分区，在运维管理网内设置网管系统业务区、安全管理中心业务区和带外管理区。具体详见第 6 章相关内容。

8.3.3.2 站段局域网

站段局域网是指分布在城轨交通线路上各车站、车辆段、停车场内的城轨云数据通信网络，由汇聚交换、业务交换两层构成。各专业系统分别设置接入交换设施，并上行接入到站段汇聚交换机，实现各系统终端或车站级服务与中心级业务互通；站段汇聚交换机上行接入到线路级骨干传输网，实现云平台管理中心对车站汇聚交换机的设备配置、远程调试等功能。

按照承载业务的不同，站段局域网也划分为安全生产网、内部管理网、外部服务网三张网络。安全生产网划分为各业务分区和传输网接入区，内部管理网划分为云桌面终端接入区和传输网接入区，外部服务网划分为各业务分区和传输网接入区。三张网络宜分别部署站段云节点汇聚交换机（带路由功能）实现各业务系统流量的汇聚及转发、终端设备的接入，汇聚交换机上行接入线路级汇聚传输网，同时旁挂安全设施，对各业务南北向流量以及东西向流量进行车站级集中管控与转发。

汇聚交换区设置 2 台站段汇聚交换机。汇聚交换机采用 10GE 链路聚合通过传输系统与中心云平台传输网接入区的汇聚交换机互联。各业务系统站段边侧设备通过接入汇聚交换机，连通系统站段侧组网。

各业务分区内的站段云节点服务器采用 10GE 网卡双上行至 2 台站段汇聚交换机；各系统其他业务设备由各业务系统的接入交换机上联至汇聚交换机。

根据容量需求，云桌面终端区设置多台云终端接入交换机，交换机采用冗余架构与云桌面终端设备实现双网卡互联，采用 10GE 链路聚合与汇聚交换机互联。

8.3.3.3 云网虚拟化

为提高城轨交通数据中心的资源利用率，降低运维管理复杂度，也为解决部署效率低的问题，建议采用 SDN 网络结合云计算架构进行组网。在 SDN 架构下，中心级云平台与车站级云节点实现了网络软件化，可为各业务系统提供统一的网络资源能力。

OpenStack 平台是开源的 IaaS 云计算平台，也是云平台的云操作系统，主要由计算（Nova）、对象存储（Swift）、网络（Neutron）等模块组成。Neutron 模块用于网络虚拟化，能提供较完整的网络的虚拟化功能和对应的 API。Neutron 模块通过南向接口来实现与 SDN 控制器的对接，并实现 OpenStack 同 SDN 控制器及网络设备的互通，从而实现云网虚拟化的基础功能。

云网虚拟化需分域和分层次部署 SDN 控制器，以实现网络资源配置、调度和管理的转、控分离，实现业务部署的简化和自动化，进而提供敏捷服务，提高云下业务迁移上线的速度；此外，在多层、多域、多厂家组网的复杂网络中，云网虚拟化能提供端到端的管理和控制能力，提供精细控制粒度，提高系统资源利用率和运维效率。

8.3.4　无线通信网技术架构

无线通信网根据国家政策、系统技术特点分为使用授权频段的无线通信网和使用非授权频段的无线通信网。使用授权频段的无线通信网宜承载与列车运行相关的安全生产信息，使用非授权频段的无线通信网宜承载不直接影响列车运行安全的其他信息。

无线通信网的制式选择及工程方案，需符合现行城轨交通频率资源以及承载业务的要求，优先考虑综合承载方式以及共享频率资源。无线通信网工程设计应遵循统筹规划的原则，非授权频段的无线通信网在基础条件具备的前提下，可考虑第五代移动通信技术（5G）公专网方案。

8.3.4.1　授权频段无线通信网

建议授权频段的无线通信网采用 LTE-M 系统，系统宜承载业务包括列车运行控制业务、列车紧急文本下发业务、列车运行状态监测业务、集群业务以及与运营安全有关的视频监控业务和乘客信息业务。LTE-M 系统可按线路建设，也可多线路合建，LTE-M 系统由 LTE 核心网设备基站设备 BBU/RRU、车载设备及运营支撑系统构成。LTE-M 系统，在控制中心设置核心网设备、运营支撑系统等设备，在车站及场段设置基站 BBU 及 RRU 设备，在区间轨旁及室内等弱场区设置 RRU 设备。LTE-M 系统基站 BBU 设备，通过传输网接入控制中心 LTE-M 无线核心网设备。LTE-M 当承载集群业务时，应设置调度信息服务器、调度台、固定台及手持台等无线终端。LTE-M 系统无线集群信息服务器、调度台、录音录像系统、集中网管系统、接口监测设备宜采用虚拟化计算资源，宜设置于安全生产网业务分区内。

8.3.4.2　非授权频段无线通信网

非授权频段的无线通信网可采用 5G、WLAN、LTE-U、EUHT、毫米波无线通信网等系统，系统宜承载外部服务网业务，包括非安全 IMS 业务、PIS 业务等。非授权频段的无线通信网的承载业务、设置原则、网络冗余方式、系统频率、覆盖方式及云平台设置原则应符合《城市轨道交通云平台网络架构技术规范》（T/CAMET 11004—2020）中的相关规定。

8.3.5　车载网络技术架构

8.3.5.1　车载网络承载的业务

车载网络是部署在列车上的局域网，承载的业务主要包括列车 TCMS、车载 PIS、信号车载系统和车载无线网络通信技术（Wi-Fi）乘客互联网，其中列车 TCMS 和车载

PIS 是必不可少的。在一些应用中，也可以采用同一个网络来承载两个业务。

列车 TCMS 主要完成列车整车控制功能，综合车辆运行工况及各设备的工作状态，实现整车逻辑功能控制。数据传输功能，根据系统设计需求，完成各个车载子系统和子部件的控制数据的传输。车载 PIS 系统一般包含紧急文本及车辆状态信息、列车广播、实时电视播放、车载监控视频四类。

8.3.5.2　车载网技术架构

车载局域网应采用基于以太网技术的列车骨干网（ETB）和以太网编组网（ECN）两层网络架构，车载局域网宜承载 TCMS、车载 PIS 系统、信号系统等信息，可设置独立的列车车载局域网分别承载 TCMS 及车载 PIS 系统的信息，也可合设局域网通过逻辑隔离承载 TCMS 及车载 PIS 系统的信息。应设置独立的车载局域网承载车载信号系统。列车骨干网和列车编组网架构示意图如图 8-7 所示。

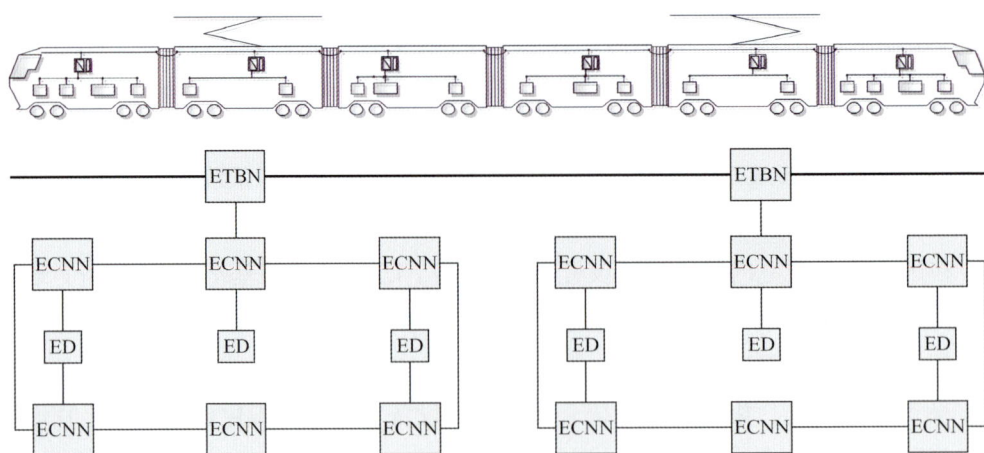

图 8-7　列车骨干网和列车编组网架构示意图
ETBN—以太骨干网节点；ECNN—以太编组网节点；ED—终端

ETB 采用百兆或千兆以太网，采用链路汇聚技术实现网络冗余，ECN 采用百兆或千兆以太网，采用环网拓扑结构实现网络冗余。应用系统终端设备通过编组网 ECN 接入车载局域网，关键控制设备可通过两个独立的网口实现链路层冗余。

无线通信网与车载局域网结合完成车地信息的传送，PIS 系统紧急文本等通知信息、车辆状态信息等通过车载局域网及 LTE-M 传输至安全生产网；控制中心对列车广播业务应通过安全生产网及 LTE-M 系统传送至车载局域网；在车辆正常运营时，实时电视播放、车载监控视频可通过非授权频段无线通信网下载/上传到外部服务网。在紧急情况下，可将联动的车载监控视信息通过车载网络安全措施经过 LTE-M 传输至安全生产网。列车内部如设置独立的车载 WLAN，需要满足 Wi-Fi5（IEEE 802.11ac）和 Wi-Fi6（IEEE 802.11ax）等的相关规定，满足乘客上网需求；列车 WLAN 无线网络部署前需要做好抗干扰测试, 不影响生产运营。

8.4　网络管理

按照城轨云网络物理架构的划分, 网管中心主要集成了骨干传输网络管理功能及局域网网络管理功能, 并向综合运管平台提供相关信息。

8.4.1　骨干传输网网络管理

8.4.1.1　骨干传输网网络管理功能

骨干传输网络为城轨信息化平台提供可靠、冗余、可重构、灵活的信息传输及交换信道, 承载着运营管理中的语音、数据、图像和文字等各种信息, 为确保行车安全、提高运输效率和现代化管理水平、提升旅客舒适度以及突发情况下提供应急处理手段等方面提供重要的通信保障。

骨干传输网络网管设备需具有自诊断功能, 可进行故障管理、性能管理、配置管理、安全管理以及日志管理等功能, 可实时对全线的骨干传输节点设备进行配置、故障、性能、安全等功能管理。

8.4.1.2　骨干传输网络网管系统构成

骨干传输网络网管系统包含网管服务器、网管客户端等组成部分。网管服务器通过外挂磁盘阵列实现网络、设备、业务管理配置或告警等重要数据的存储。

基于网管系统的重要性, 建设时可采用高可用方案配置, 以便有效预防和应对各种灾难。骨干传输网络网管系统服务器云化部署时, 其高可用性也可支持基于云平台的异地容灾机制实现, 需网管系统与云平台进行适配预验证。

8.4.1.3　骨干传输网络网管系统组网

可将骨干传输网络网管系统主、备服务器分别部署在城轨云主用中心以及灾备中心。网管服务器与各个被管设备之间推荐采用带外组网方式进行通信, 网管服务器故障对被管理的设备组网和业务没有影响。

带外组网是指网管系统利用被管设备以外的其他设备所提供的通信通道来传送网管信息, 实现网络管理。一般情况下, 使用被管设备主控板上的管理口作为接入口。

在带外组网方式下, 网管系统可以通过数据通信网络(Data Communication Network, DCN)、E1 线路、Router 等多种方式与被管设备建立连接, 实现对被管网络和被管设备的管理。这种组网方式提供了更可靠的设备管理通道, 因为不直接与被管设备相连, 而是通过其他设备建立连接。当被管设备发生故障时, 网管系统能够及时定位网上设备信息, 实时监控。

8.4.2 局域网网络管理

8.4.2.1 局域网网络网管功能

局域网网管需以拓扑为中心，简化管理，提升运维效率。通过提供全面、开放的统一管理平台以及多业务组件，实现对设备、业务、应用的统一管理。

局域网多类型设备统一管理，包括交换机、路由器、防火墙等设备。

局域网网络网管设备需具有快速网络部署、可视化日常运维、高效网络排故、全生命周期管理、网络安全可视，可实时对全线的局域网节点设备进行配置、故障、性能、安全等功能管理。

8.4.2.2 局域网网络管理系统构成

局域网网络管理系统包括网管服务器、网管客户端组成，其中网管服务器可以支持云化部署。另外为保障高可靠性，网管服务器宜采用集群部署配置。

8.4.2.3 局域网网络管理系统组网

所管理的设备与局域网管服务器路由可达，可管理局域网核心交换机、接入交换机、汇聚路由交换机、AP、防火墙等设备。

网管系统通过用户管理、角色管理、用户登录管理和一系列其他的安全策略，来保证网管的安全。

8.4.2.4 SDN 网络管理

SDN 网络管理将控制平面与数据平面分离，使网络能够以更加集中和可编程的方式进行管理。

在 SDN 环境中，中央控制器管理网络，转发设备（如交换机和路由器）处理数据平面，从而允许对网络的运行方式进行灵活的控制。无需手动配置网络中的每个硬件，而是可以通过软件管理控制平面，可以实现更高效的控制和更方便的扩展。控制器接收来自网络上各种设备的信息输入，并使用接收的信息来确定路由数据，这样可以实现更高效的流量管理，并有助于防止瓶颈和网络拥塞。

由于控制平面与数据平面是分开的，因此可以实施适用于整个网络的策略和规则，而不仅仅是单个设备，这有助于确保整个网络中一致的安全性和服务质量（QoS）。

8.4.3 无线网络管理

8.4.3.1 无线网络管理功能

（1）能实现对交换机、路由器、服务器、同步设备、终端设备等的统一管理；能实现对传输通道服务质量、资源使用情况的监视、查询和统计并可视化显示网络可用性、系统负载、无线信号强度、网络资源利用率等关键指标；支持状态管理、配置管理、软件升级的远程维护；支持时间、网络拓扑、路由等图形化系统配置，配置日志应便于数据备份和恢复操作；支持所有系统软件及数据定期备份。

（2）具备设备故障检测、识别和定位功能，故障可定位至板卡等现场可更换单元并提供修复建议和告警信息；支持故障等级和故障告警过滤、遮蔽设置；告警信息至少包含收发信号状态、设备状态等设备和网络运行状态信息。

8.4.3.2　无线网网络管理系统构成

无线网网络管理系统包括网管服务器、网管客户端组成，其中网管服务器可以支持云化部署。另外为保障高可靠性，网管服务器宜采用集群部署配置。

8.4.3.3　无线网网络管理系统组网

无线网网络管理系统设置在核心网节点处，并具备与第三方网管互联的接口条件，网络维护终端与网管系统同址设置。核心网、基站等无线设备通过核心网直接进行管理，其他设备如漏缆、天馈等网络管理，可设置单独监测系统通过传输网络提供的传输通道实现网管信息的传输。

8.4.4　车载网络管理

8.4.4.1　车载网络管理功能

车载网络由基于以太网的列车 TCMS 系统对车载网络进行网络管理，对列车级以太网骨干节点、车辆级子网交换机、以太网网关、网卡和以太网中继器等设备状态进行实时监测。在列车在线运营时，TCMS 系统会主动报告运行数据；在列车回库后，由车辆运维人员通过移动网管工作站对车辆状态信息数据进行采集管理。

8.4.4.2　车载网络管理构成

车载网络管理系统由地面车载网管服务器、网管终端、移动网管工作站等设备组成。地面车载网管系统设置在车辆基地内，通过无线传输网络实现实时网管数据传输。

8.4.4.3　车载网络管理组网

列车以太网设备分布于列车的各个组成部分，列车网络拓扑按网络设备的所处层级来划分，可分为列车级骨干网和车辆级局域网两级。列车级骨干网连接着不同编组或不同车辆，实现跨编组或跨车通信；车辆级局域网负责联结车辆内部终端。TCMS 系统通过以太网与车载网络进行连接，通过无线网络传输通道将网管信息传送至地面网络管理系统。

8.5 主要技术

8.5.1 SDN 技术

软件定义网络（SDN）技术是一种新兴的网络架构方式，可以提供集中控制和数据流的路由，从而实现网络的自动化管理和控制。随着 SDN 技术的推广与成熟，城轨云引入了 SDN 技术，通过软件对网络资源进行抽象、管理，并提供自动化软件定义网络服务，以适应云网资源池化、标准化下的随动发展趋势，推动资源池 IT 基础设施向开源化、深度化、定制化方向发展，将 SDN 技术应用到各自的云架构中，通过引入 SDN 技术实现资源池网络编排自动化、规模化和智能化。

通过 SDN 技术可实现数据中心网络的资源池化，用户能为云主机和裸金属服务器等云资源构建隔离私密的虚拟网络环境。通过网络访问控制列表（ACL）和安全组功能提高网络安全性［称为"虚拟私有云网络（VPC）"］；并能申请静态公网 IP 地址资源及带宽，灵活绑定及解绑以上云自由，实现云资源的互联网接入（称为"弹性公网 IP"）；同时能将访问请求分担到后端多台云主机上，提高用户系统的业务处理和高可用能力（称为"弹性负载均衡"）。

8.5.2 传输网络技术

目前常用传输网络技术体制主要有如下几种：多业务传送平台（MSTP）、光传输网络（OTN）、增强型多业务传送平台（MSTP+）、多业务光传输网络（MS-OTN）、切片分组网（SPN）和 IP 化无线接入网（IP RAN）等技术。目前，城轨交通常用传输网络技术 MS-OTN 和 SPN 等技术。

多业务传送平台（MSTP）技术是指基于 SDH 平台，同时实现 TDM、ATM、以太网等业务的接入、处理和传送，提供统一网管的多业务传送平台。MSTP 充分利用 SDH 技术，特别是保护恢复能力和确保延时性能，加以改造后可以适应多业务应用，支持数据传输，简化了电路配置，加快了业务提供速度，改进了网络的扩展性，降低了运营维护成本。MSTP 在早期城市轨道交通建设中大量使用，随着技术的发展，逐渐被 MSTP+和 MS-OTN 技术替代。

光传输网络（OTN）是一种基于光纤通信技术的网络架构，用于实现光信号的传输和交换。它采用光传输技术将数据以光信号的形式传送，提供高容量、低延迟和可靠的数据传输。OTN 通过使用光传输设备和光传输协议，将光信号从一个点传输到另一个点，实现长距离的数据通信。

MSTP+技术目前业界有不同的称谓，又称为增强型 MSTP、下一代 MSTP、混合型 MSTP（或者 Hybrid MSTP）、双管道 MSTP 等，符合《增强型多业务传输节点（MSTP）

设备技术要求》（YD/T 2486—2013）的规定。增强型 MSTP 是在传统 MSTP 的基础上，结合 MSTP 和 MPLS-TP 技术，基于 SDH 的多业务传送平台（MSTP）技术标准上发展而来，继承了 MSTP 的多业务承载和高可靠特性，并针对以太分组业务流量的突发性和统计复用传送的要求而设计，以分组业务为核心并支持多业务提供。增强型 MSTP 提供了更加适合于 IP 业务特性的"柔性"传输管道，融合了 TDM 和以太网的优点，采用双平面传送模式，将 SDH、PDH 等业务通过传统 TDM 平面进行传送，将以太网、ATM 等分组业务通过分组平面进行传送。分组平面和 TDM 平面采用管道物理隔离的方式分隔开，在保证高安全级别业务安全性的同时，也提高了分组业务的传输效率。保证网络流量可规划，保证业务 QoS、时延、抖动等指标。这些特点使得增强型 MSTP 能够很好地满足专网通信系统的需求。

MS-OTN 是在 OTN 基础上，融合了 SDH 和 PTN 技术形成的综合传送技术，符合《分组增强型光传送网（OTN）设备技术要求》（YD/T 2484—2013）的规定，主要用于城域传送网，解决 OTN 无法接入 2M 业务，无法实现分组业务共享等问题。同时，它还具备 100G 大带宽线路传输能力，能够通过 DWDM 技术实现多路 100G 传输。MS-OTN 处理的基本对象是 ODUk 业务，同时又具备处理 SDH 和以太网开销的能力，这样就能适配多种业务的接入、交换和传输。MS-OTN 在分组平面采用 MPLS-TP 协议进行分组业务处理，能够具备分组业务处理能力，同时又能够通过 ODUk 实现不同以太子网业务的物理隔离，能够保证不同类型的分组业务之间互不干扰，也能满足 2M 业务和分组业务的隔离传送。MS-OTN 技术增加了不同种类业务颗粒的调度灵活性，也节约了大量的通道资源，能够组成共享专网业务，实现多站点间的业务和带宽共享，最大程度地利用好带宽和通道，避免大量点对点通道带来的带宽浪费和组网不灵活。

切片分组网（SPN）技术是中国移动公司发起、主导、研究和完善的承载网技术标准体系，以切片以太网内核为基础的新一代融合承载网络架构。以分组传送网（PTN）技术为基础演进，通过通道层和段层技术，结合成熟的二层 MPLS-TP 技术和三层 SR 技术，具备低时延、大带宽、超高精度同步、灵活管控等技术优势，同时 SPN 兼容以太网生态链，具有低成本、易部署等特性，能满足 5G 等新业务对于传输网络的要求。

IPRAN 技术是以 IP 路由器技术为基础演进、发展而来的新一代承载网技术，通过引入端口 Flex 技术和 EVPN 技术实现软切片功能，采用 SR 技术提供面向连接的业务承载能力。IPRAN 和 SPN 在回传的技术方案上基本趋同，主要差异是网络保护、网络切片实现方式。IPRAN 同样具备低成本、易部署等特性，能满足 5G 等新业务对于传输网络的要求。IPRAN 目前主要应用于电信、联通运营商网络。

目前城轨交通应用较多的是 MSTP+ 和 MS-OTN 两种技术，随着轨道交通全业务 IP 化的发展趋势，传统 SDH 低速业务已越来越少，SPN、IPRAN 在轨道交通传输网也有较好的应用潜力。

8.5.3 无线通信技术

8.5.3.1 LTE 技术

长期演进（Long Term Evolution，LTE）技术是一种无线宽带通信标准，由第三代合作伙伴计划（3GPP）组织制定，它是通用移动通信系统（UMTS）技术的后续演进版本，也是第四代移动通信技术（4G）的重要组成部分。

LTE 技术作为第四代移动通信技术的代表，其显著的技术特点体现在高速数据传输能力、极低的通信延迟、高效的频谱利用、多输入多输出（MIMO）技术、正交频分复用（OFDM）调制方式以及全 IP 网络架构的采用。这些特点共同构成了 LTE 的核心竞争力。高速数据传输和低延迟确保了流畅和高质量的数据接入，而频谱效率的提升则意味着在有限的频谱资源下，LTE 能够支持更多的用户和数据流量，有效缓解了网络拥堵问题。MIMO 和 OFDM 技术的结合，不仅增强了信号的稳定性和传输速率，还提高了网络对复杂环境的适应能力。全 IP 网络架构的采用，则标志着 LTE 网络在数据传输上的彻底革新，实现了语音、数据和视频流量的统一传输，极大地简化了网络结构，提高了运营效率和灵活性。总之，LTE 技术的这些特点，为移动通信领域带来了革命性的变化，为智能手机、平板电脑等移动设备用户提供了更加快速、可靠和高效的无线连接。

根据工业和信息化部发布的《关于重新发布 1785～1805MHz 频段无线接入系统频率使用事宜的通知》（工信部无〔2015〕65 号），城轨交通内 LTE 系统可申请 1.8GHz 频段（1785～1805MHz），共 20MHz 带宽。

中国城市轨道交通协会于 2016 年发布了《关于推荐城轨交通新线 CBTC 系统使用 1.8G 专用频段和 LTE 综合无线通信系统的通知》（简称《通知》）；2018 年，发布了《城轨交通车地综合通信系统（LTE-M）总体规范》（简称《规范》）。《规范》规定了 LTE-M 系统的总体架构及系统功能，为城轨交通车地综合通信提供了建设的依据。

8.5.3.2 5G 技术

5G 是第五代移动通信技术，相对于 4G，具有高速率、低时延、广连接的主要特点，移动通信历经了 1G、2G、3G、4G 时代的发展，从模拟技术到数字通信的进化，不断提升了数据速率和移动互联网的应用。5G 作为最新一代的移动通信技术，业务数据速率达到 10Gbps 以上，是 4G 的 100 倍之多。这种超高速率为移动互联网用户提供了千兆级别的体验，使得下载、上传和流媒体等任务都能以前所未有的速度完成。5G 还支持超大连接，这意味着可以同时连接更多的设备，支持物联网和智能城市等大规模应用。5G 的通信速率在高速移动条件下仍能保持稳定，最大支持达到 500km/h 的通信速率，这将为高速列车和汽车等移动场景提供更可靠的连接。

2017 年 11 月，工业和信息化部发布了 5G 系统在 3000～5000MHz 频段的频率使用规划，规划 3300～3600MHz 和 4800～5000MHz 频段作为 5G 系统的工作频段。其中，

3300～3400MHz 频段原则上限制在室内部署使用。2018 年 12 月，工业和信息化部明确了中国三大通信运营商 5G 试验频率的 4.9GHz 分配方案。2019 年 6 月 6 日，工业和信息化部已正式向中国移动、中国电信、中国联通、中国广电发放 5G 运营牌照。2020 年 3 月 25 日，工业和信息化部下发了《工业和信息化部关于调整 700MHz 频段频率使用规划的通知》（工信部无〔2020〕50 号），将 700MHz 频段纳入 5G 系统。

5G 的核心技术主要包括网路切片技术、边缘计算、大规模天线技术，以及上下解耦技术。5G 在轨道交通中还处在大规模应用的前期，使用该方案时需要考虑多个因素，如数据的本地卸载、QoS 优先级、资源预留等。用户面网元一般由移动运营商提供，从安全性出发，采用完全隔离方案时才能将其部署在安全生产网接入区。

轨道交通 5G 应用可分为公网专用和专网专用两种模式。与运营商合作方式、组网模式和业务承载方式主要包括运营商切片、轨道交通自建 UPF 及 MEC 网元（核心网下沉）、轨道交通自建 5G 专网等几种方式，在系统建设时应结合当地运营商条件采用合适的建设模式。

中国城市轨道交通协会组织编制了《城轨交通 5G 公专网》（T/CAMET 04030—2024）系列团体标准，已发布实施。

8.5.3.3　WLAN 技术

基于 IEEE 802.11 系列的无线通信系统，也称"无线局域网（WLAN）"，是计算机网络与无线通信技术相结合的产物，WLAN 开始是作为有线局域网的延伸，但随着应用的发展和技术的进步，WLAN 正逐渐发展成为"公共无线局域网"，为各类用户提供高速的无线接入能力，以满足用户对语音、图像通信的需求。

无线局域网技术是目前应用最为广泛的一种移动宽带传输技术，采用无线局域网技术，可以实现列车与地面之间的双向高速通信。由于无线局域网技术成熟、产业化水平高，在目前国内轨道交通 PIS 系统建设中，车地无线双向宽带传输网大部分采用了无线局域网技术。

目前主流的 WLAN 技术标准有 IEEE 802.11n、IEEE 802.11ac、IEEE 802.11ax、IEEE 802.11be 标准。

WLAN 目前的工作频段是 2.4GHz 和 5.8GHz。其中，2.4GHz 频段可用的带宽总宽度为 83.5MHz，划分为 13 条信道（信道号从 1 到 13），每条信道带宽 22MHz，部分信道相互重叠。

5.8GHz 频段可用的宽带总宽度为 125MHz，划分为 5 条信道（信道号分别为 149、153、157、161、165），每条信道带宽 20MHz，相邻信道不重叠。

WLAN 车地无线主要由无线控制器（AC）和无线接入点（AP）、轨旁天线及车载单元和有线传输通道组成。

第9章
城轨云
网络安全

9.1 简述

网络安全建设是整个智慧城轨、绿色城轨、融合城轨发展的基座，网络安全为整个城轨行业发展保驾护航。近年来国家颁布了《中华人民共和国网络安全法》《中华人民共和国数据安全法》《中华人民共和国个人信息保护法》《关键信息基础设施安全保护条例》和《中华人民共和国密码法》等相关法律法规，同时发布了《信息安全技术　网络安全等级保护基本要求》（GB/T 22239）、《信息安全技术关键信息基础设施安全保护要求》（GB/T 39204）等相关信息安全技术要求标准。以智慧城轨的"1-3-5-3-1"技术框架为基础，以"一个中心四重防护"策略为核心，以"平台统保、系统自保、边界防护、等保达标、安全确保"20 字方针为原则，综合构建"体系化、常态化、实战化"的网络安全防护体系。智慧城轨网络安全综合防护体系如图 9-1 所示。

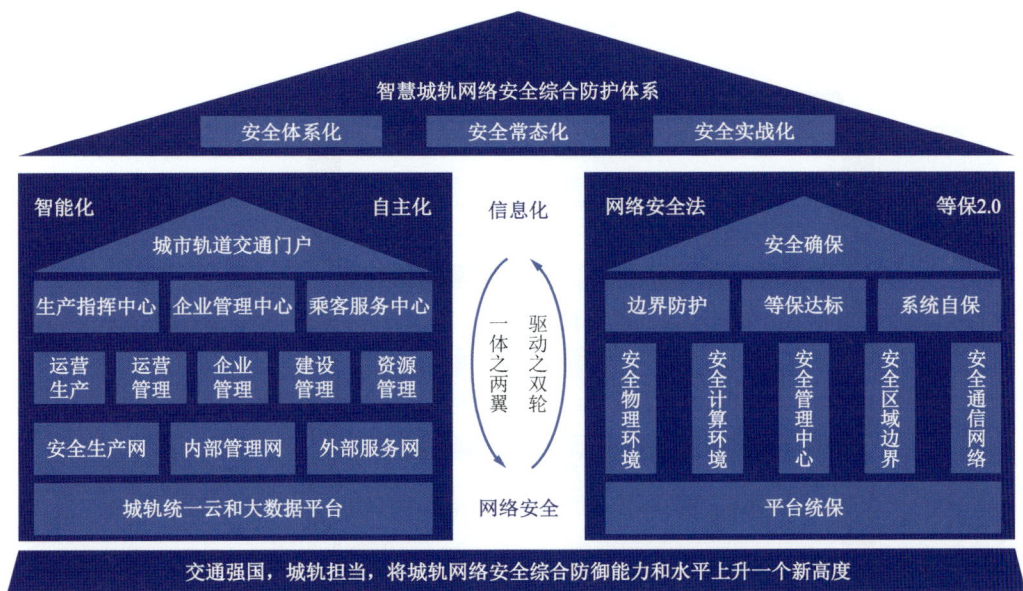

图 9-1　智慧城轨网络安全综合防护体系图

每个网域的业务系统都有其独特的性质和安全等级，相应地，它们面临的安全风险也各不相同。因此，我们应从边界到中心，采取一系列安全措施，构建起一个纵深的安全防护体系，确保城轨系统的安全稳定运行。

结合城轨业务系统架构及发展趋势，参考太原、厦门、西安、重庆等城市云平台网络安全建设情况，详细阐述网络安全纵深防御体系建设。

9.2 基本原则

城轨云平台应将网络安全设施与信息化系统建设进行同期规划设计与部署。城轨云平台基本原则应以网络安全等级保护为依据，从技术和管理两个方面提出安全要求，在整体上应保证各种安全措施的组合从外到内构成一个纵深的安全防御体系，针对业务系统分类分级进行安全保护，保证城轨云平台整体的安全保护能力。云平台统筹应用安全保障策略，围绕边界防护关键点建立各安全域网络边界安全，云平台整体定级不低于业务系统最高安全等级建设，安全设计要求达到等保安全基线，以多措并举的方式保障业务系统安全。

整体设计按照纵深防护和分区分域的基本原则，对安全生产网、内部管理网、外部服务网、运维管理网的各网络区域采取边界防护和域内安全防护措施，构成系统安全架构。同时应建立运维管理网以带外管理的形式对网络、云平台、安全管理中心进行集中部署管理，并由统一的安全管理中心对三网进行统一的管理，使各业务系统划分到不同的业务承载网，以此使各网络区域组建边界以及边界内的安全防护，实现系统级安全架构。云网络安全架构图如图 9-2 所示。

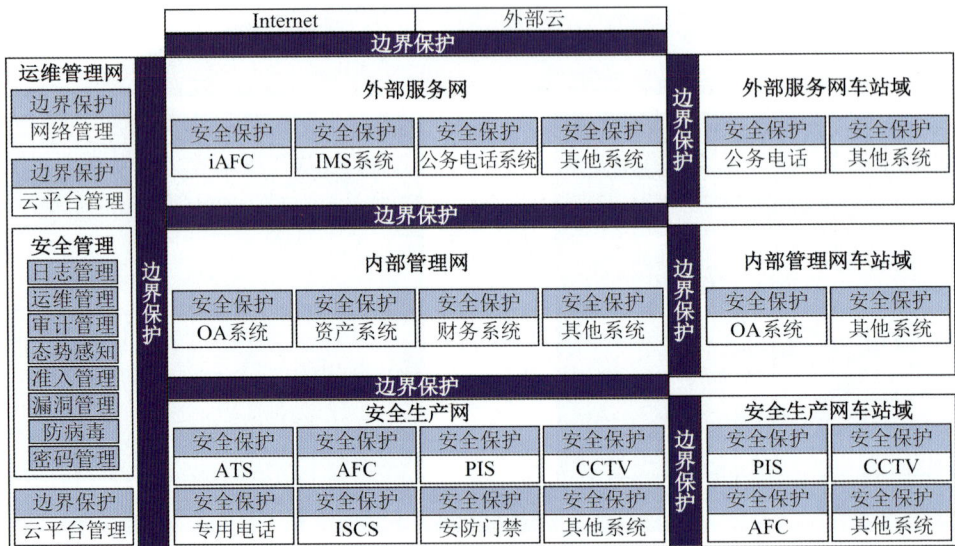

图 9-2　云网络安全架构图

云网络安全架构主要由中心级云平台和车站节点组成，两者均需要部署安全防护和边界防护。中心级云平台上安全生产网、内部管理网、外部服务网和运维管理网四张网的内部根据不同专业进行针对性安全保护，四张网内部之间需要部署边界防护。运维管理网内部通过多种安全设备发挥"一个中心"的安全管理作用。车站节点三网依然需要针对各自业务进行终端防护，同时在各自的网络出口处进行边界防护。

9.3　技术架构

9.3.1　网络安全架构

整体城轨云平台网络安全架构主要由安全通信网络、安全区域边界、云平台安全、大数据平台安全、应用系统安全和安全管理中心组成。

其中，云平台架构包括数据中心云计算平台、站段云节点。云平台的网络架构划分为运维管理网、安全生产网、内部管理网、外部服务网，由线网中心网络、通信传输网、站段局域网、车地通信网、车载网构成。列车自动监控系统（ATS）、综合监控系统、自动售检票系统、门禁系统、乘客信息系统、专用电话系统、LTE-M 系统、车辆智能运维系统、安防集成平台及线网运营指挥中心系统等安全运营生产类相关业务应用部署在安全生产网；运营管理、企业管理、建设管理、资源管理等面向企业内部用户服务的业务应用部署在内部管理网；乘客服务管理系统、线网智慧客流组织系统、企业门户网站系统、互联网售检票系统等面向外部或公众用户服务的业务应用，以及视频监视系统、公务电话系统等非安全运营生产类相关业务应用部署在外部服务网。城轨云平台的网络管理、云计算管理、安全管理、运维管理等管理功能应集中部署在运维管理网。三级系统安全保护模型示意如图 9-3 所示。

图 9-3　三级系统安全保护模型示意图

各业务系统的等保级别不同，需要根据各业务系统具体的基本要求设计本级系统的保护环境模型，并按照其重要程度进行二级或三级的等保安全建设，避免等保设备防护过重或者过轻的情况出现。另外云计算安全扩展分为技术要求和管理要求两大类。技术要求"一个中心，四重防护"，即包括安全管理中心、物理安全、安全通信网络、安全计算环境和安全区域边界在内都是依靠安全技术进行防护。而安全制度管理要求定制网络安全工作的总体方针和安全策略，同时对管理操作建立操作规程，形成全面的管理制度体系。安全测评则需要安全服务厂商进行全流程的跟踪和辅助，保障用户等保测评的顺利通过。在网络安全建设中，技术只是基础，更重要的是人的参与，是管理策略和管理手段的参与，安全管理在整个网络安全工作过程中非常重要。

9.3.2 纵深防御体系

在网络安全领域中，纵深防御代表着一种更加系统、积极的防护战略，它要求合理利用各种安全技术的能力和特点，构建多方式、多层次、功能互补的安全防护能力体系，以满足业务系统安全工作中对纵深性、均衡性、抗易损性的多种要求。

城轨云网络安全按照纵深防御体系进行网络安全设计，按照系统的功能和重要性划分不同的安全域，并根据从外到内、从边界到中心的方式构建防护体系，通过检测、防护、审计、取证、追溯、响应、处置等环节完整的闭环处理，形成覆盖整个系统的动态深层次防护能力。

城轨云的安全架构分层包括业务安全、认证和访问控制管理、API 安全、服务安全、操作系统安全、数据库安全和基础安全威胁防护等，凭借层层安全保护环节来覆盖整个系统的每个角落，实现深层次的安全防护。在构建纵深防护体系的基础上，应基于统一的安全运营中心对安全事件进行检测、防护、审计、取证、追溯、响应、处置等，深化纵深防护的效果。

云平台内按外部服务网、内部管理网和安全生产网构建安全域，并从外层到内层，即云的南北向形成纵向防护机制，以多层安全保护措施实现南北向边界保护，形成网间分区隔离。网间需要边界划分和防护，安全生产网和内部管理网采用防火墙隔离，内部管理网和外部服务网常用网闸实现数据摆渡。而外部服务网到内网的访问，则需要建设 DMZ 区作为缓冲区避免内网数据的暴露。跨区域访问中，涉及的区域安全防护等级需要达到各区域内最高的等级要求。

外部服务网、内部管理网和安全生产网的安全域内，即云的东西向按应用系统需要定制应用安全区，在应用安全区之间实现东西向边界保护，也就是网内分类防护。根据业务系统的安全防护需求划分不同的安全域，安全域之间需要通过防火墙等进行边界隔离。在系统的东西向访问过程中，需要通过 SDN 控制器部署服务链上每个节点（防火墙、负载均衡、入侵检测等）的业务逻辑，再将数据报文引入服务链。硬件安全设备应该能够支持虚拟实例的创建，同时支持软件虚拟化以 NFV 模式运行在云平台。

在云平台纵深防御体系的边界防护中，报文传输的 2～7 层中需要获得流量清洗，基于 IP、ICMP（互联网控制消息协议，Internet Control Message Protocol）、TCP、UDP、DNS（域名系统，Domain Name System）、HTTP（超文本传输协议，HyperText Transfer Protocol）、NTP（网络时间协议，Network Time Protocol）等协议的抗 DDoS 服务，在网络边界或区域之间根据访问控制策略设置访问控制规则，利用 IPS 对进出口流量进行监测。在应用侧，可以部署 Web 应用防火墙，防止 Web 服务攻击，有效减小误报率的同时杜绝 CC 攻击（应用层拒绝服务攻击，Challenge Collapsar 攻击）对 Web 网站的影响。通过不断收集历史流量数据，建立一种流量和行为模型的"动态检测"技术，以此应对未知威胁。在网络边界、重要网络节点进行安全审计，审计覆盖到每个用户，对重要的用户行为和重要安全事件进行审计。

三网架构之外需要设置运维管理网，将生产业务和管理业务进行分离，避免管理设备的宕机或误操作，影响正常的网络业务。为了避免三网通过带外管理网互相访问，运维管理网应用单向主动访问外部网，反向不能主动访问。通过态势感知服务能够收集全网的日志和流量，对全网流量进行监测分析，并能够与入侵检测系统（Intrusion Detection System，IDS）、入侵防御系统（Intrusion Prevention System，IPS）、防火墙等进行联动，对入侵行为进行检测，并提供报警功能。

最后在纵深防御体系中，还需要考虑智慧城轨交通车站的网络安全建设。原则上不允许安全生产网、内部管理网、外部服务网之间存在网间信息交互，各个网络之间进行物理隔离。在车站边界建议部署防火墙、IPS 实现整体的访问控制、防病毒、恶意代码、攻击等防护行为，完成南北向流量安全的防护。在车站部署的降级资源中，需要预留虚拟防火墙能力，保证在降级模式下安全防护手段的完好程度。

9.3.3　云网安全方针

"系统自保、平台统保、边界防护、等保达标、安全确保"是《智慧城轨信息技术架构及网络安全规范　第 3 部分：网络安全》（T/CAMET 11001.3—2019）提出的城轨交通网络安全原则。

（1）系统自保

业务系统的安全应由应用系统自身负责，依靠自身安全机制和云平台安全机制协同保障。业务系统内部虚拟机关联关系的信息安全防护，包括控制中心业务系统 VDC 内部安全，以及与车站、场段形成协同安全机制。

（2）平台统保

业务系统之间及云平台整体基础设施环境的网络安全，包括云平台数据中心整体安全防护策略、云平台内部自身安全防护机制，以及与业务系统 VDC 之间的安全防护形成统一的纵深防御体系。

（3）边界防护

云平台各个网间边界防护、跨网访问边界防护、跨区访问边界防护以及跨数据中心访问边界防护。

（4）等保达标

应满足云平台及各个核心专业系统等保法律法规要求，获得对应等保等级证书。

（5）安全确保

应结合系统本身架构，培养并孵化一批网络安全人才，通过技术和管理两种手段切实对业务系统的网络攻击实现有效的防护。

9.4 安全管理中心

9.4.1 管理中心架构

云平台及业务系统与网络安全密不可分，网络安全也是云平台综合运管的重要组成部分。城轨云平台的安全管理中心包括技术体系与管理体系两部分。本节重点针对技术体系展开阐述。云平台在运维管理网部署统一的安全管理中心，安全管理中心可根据各线路或各应用系统划分出独立的二级、三级管理界面。各线路及各应用系统应将系统内的安全状态及安全设备运行情况实时上传给安全管理中心，并将相关信息上传至综合运管平台。

安全管理中心主要应用于云平台、专业系统等保合规以及城轨云网络安全运营中心场景。安全管理中心技术体系主要包括传统等保合规和安全运营中心两方面。

安全管理中心架构如图9-4所示。

图 9-4　安全管理中心架构示意图

通过安全管理中心的平台能力，城轨云应建立 7×24 小时的信息安全监控运营机制，应能实现"全天候、全方位"的网络安全态势感知能力，从而满足对各类网络安全行为的监测要求，满足重大网络安全事件响应和处理能力，以应对不断变化的网络威胁形势，提高整体网络安全保障能力。

建立全方位态势感知体系：通过建设全网安全态势监测平台，结合资产管理、流量及日志管理、漏洞管理、威胁管理、日常安全运营等工作，全面掌握全网安全态势。

建立闭环应急处置体系：应结合线网-边缘节点两级网络和架构，建立应急处置体系，应急处置体系应包含平台系统以及专业应急团队。平台系统应提供事件分析研判、事件应急响应、应急响应保障措施、事件统一监管和指挥等能力，专业应急团队应具有专属7×24 小时应急服务能力，通过两者的结合，实现安全事件的应急处置闭环。

建立专业安全服务团队体系：专业安全服务团队应具备明确的组织架构，组织架构中需明确相关角色、责任以及分工，应建立专业安全服务团队人员安全管理制度、能力评估和考核制度。专业安全服务团队必须深刻了解城轨交通安全运营中心建设的初衷及内容，并能够在运营工作中协助需求方完成日常工作，同时应能结合当下网络安全形势，在服务期内向需求方提出建设性的建议和工作思路。

最终通过安全管理中心的建设，应通过构建有序完善、上通下达的安全运营中心业务体系，以及技术、人员、制度和运营流程的紧密结合，常态化开展安全运营中心业务功能。

9.4.2　等保合规功能

按照《信息安全技术　网络安全等级保护基本要求》（GB/T 22239—2019）的相关要求，城轨云平台安全管理中心应具备系统管理、审计管理、安全管理以及集中管控相关功能。根据城轨云平台特性，下面具体阐述城轨云平台安全管理中心的建设、管理功能实现方式。

（1）系统管理

城轨安全管理中心统一对城轨云平台进行系统用户身份管理，按照业务上分工的不同，合理地把相关人员划分为不同的类别或者组，以及不同的角色对模块的访问权限。权限设置可按角色划分，角色分为普通用户、系统管理员、安全管理员、审计管理员等。同时，也可以对终端设备进行集中统一管控。对系统管理员进行严格的身份鉴别，只允许其通过特定的命令或操作界面进行系统管理操作，并对这些操作进行记录。

（2）审计管理

通过在城轨云安全管理中心部署日志审计系统对分布在系统各个组成部分的安全审计机制进行集中管理，统一收集设备日志，审计记录设置留存时间设置为 6 个月，功能包括：根据安全审计策略对审计记录进行分类；提供按时间段开启和关闭相应类型的安全审计机制；对各类审计记录进行存储、管理和查询等；部署数据库审计，针对业务环境下的数据库操作行为进行细粒度审计的合规性管理系统。通过对业务人员访问系统的行为进行解析、分析、记录、汇报，用来帮助用户事前规划预防，事中实时监视、违规行为响应，事后合规报告、事故追踪溯源，促进核心资产的正常运营。

（3）安全管理

安全管理中心可以快速、高效完成策略变更，确保防火墙策略下发安全和准确，从而有效提升运维效率、降低运维成本，采用部署安全管理控制器系统，支持与防火墙等设备联动，集中统一管理安全设备，支持以下能力：设备自动发现、设备的增删改查、双机热备组、设备组的增删改查、设备配置的一致性分析、设备单点登录，设备版本升级，设备配置文件备份。支持安全策略的管理，通过设置对应的匹配条件，包括源/目的安全区域、源/目的地址、服务、时间段来进行控制，在执行动作上可以设置允许或禁止。同时也可以配置上对应的安全配置文件做内容安全防护，可对策略组视图和设备视图进行策略快速管理，策略变更统计、配置一致性统计、部署状态统计等管理能力。部署 1 台漏洞扫描，全面集中扫描和分析用户各类信息系统或设备存在的安全脆弱性问题，具备自动化的采集、分析、报告能力。以用户业务为视角，自动地完成以往需要安全专家完成的风险分析工作，提供全面、详尽、清晰的检查报告，并能对不同的检查结果进行比对。通过部署杀毒软件，实现监控识别、病毒扫描和清除、自动升级、主动防御等功能。

9.4.3 安全运营功能

安全资产是指城轨云系统涉及的大量信息系统的安全软件、安全硬件、安全服务等资源的集合以及安全管理的主体对象。按照面向对象的安全设计原则，安全业务应围绕资产来展开，安全资产管理应对资产进行精准有效地识别和管理，进而促进一系列安全保障机制按预期有效落实。

安全资产管理应承担各类安全对象从发现或导入、管理、风险分析等维护，具体应提供对各类网络安全资产的增、删、改、查，和导入导出等的配置管理、统计分析功能。

资产梳理需要具备多种能力，通过手工录入和自动发现等方式，平台主动探测、被动发现、漏洞扫描设备发现、资产管理系统等同步结合，收集和统一网络设备、视频安防设备、终端设备等资产信息。通过明确资产责任人，完善的流程化制度，对资产状态、安全状态进行统一运营和处置。安全资产管理的技术需求如下：

主动探测需求，应具备支持主动扫描探测，探测资产内网端口和互联网端口开放分布情况，便于了解业务系统端口开放情况，及时关闭不必要端口以减少攻击暴露面。

被动资产梳理需求，通过多途径进行资产梳理，支持通过安全日志、流量探针、漏扫设备进行全网资产发现，添加到资产库中。

信息维护需求，支持对资产的增、删、改、查，和导入导出管理，可以按照网络设备、安全设备、主机、数据库、中间件、应用类型、域名、摄像头等资产类型进行分类。可对资产进行二次详细定义，结合地铁实际情况，定义资产信息、资产描述、资产类型、资产价值、资产责任人、生产厂商等信息。

资产态势展示需求，为快速掌握风险的分布以及变化，实时监测内网资产情况，包括总资产、脆弱性资产、风险资产、开放服务端口统计等常规展示项，可支持资产类型TOP5 分布、风险资产趋势、区域风险分布统计等。

9.4.3.1 预警管理

安全运营中心应开展常态化的安全通报预警管理活动，应建立安全通报预警制度，明确接收安全通报预警信息、进行通报预警研判和通报的流程，并按相关要求开展信息共享等内容，信息共享包括但不限于与城轨办公 OA 系统对接共享，与城轨统一运维管理平台对接共享。安全通报预警管理技术需求如下：

（1）建立安全通报预警制度

建立安全通报预警制度，确定网络安全通报预警分级标准，明确通报预警流程和响应处置程序，对数据中心业务系统以及车站等网络安全风险进行及时通报预警，实现安全通报预警管理目标。同时，根据国家行业主管或监管部门关键信息基础设施网络安全信息通报制度的要求，按照国家网络安全事件应急预案等规定，制定并完善城轨的安全通报预警制度，包括：

①明确负责安全通报预警工作的主管领导和承担安全通报预警工作的责任部门、负责人和联络人。

②汇总城轨内部不同部门、不同渠道掌握的网络安全信息。

③明确城轨安全通报预警范围，规范通报预警信息内容和形式。

④明确具体分级标准，将通报预警信息分为四级，分别对应发生或可能发生特别重大、重大、较大和一般网络安全事件。

⑤可接收安全通报预警信息，以适当的方式参与国家相关机关要求的关键信息基础设施网络安全监测通报预警和信息通报制度，持续接收监管部门发布的安全风险、通报预警信息和应急防范措施建议。

（2）应能够进行预警研判和通报

对监测信息进行研判，必要时发出内部的安全通报预警信息并提出适当的处置建议。

根据安全通报预警制度要求，向相关人员、角色和部门通报安全通报预警信息和建议。

及时响应安全通报预警信息和建议，如无法响应应说明原因。

（3）应建立及时、准确的安全事件预警上报体系

在事件分类的基础上，应进一步研究针对各类安全事件的响应对策，建立网络安全事件数据库，与应急指挥工作相衔接。

分析确定重大影响的安全问题时，应通过 Email、即时通信软件、电话、OA 及统一运维管理平台等方式，快速向相关方推出安全预警信息。并协助城轨根据实际情况制定应急预案，充分检验预案可行性。在发生确切的安全事件时，可利用态势感知系统的威胁预警能力，导入威胁预警包，配合应急人员及时采取行动限制事件扩散和影响的范围，降低潜在的损失与破坏。

针对主管单位通报或最新曝出的高危漏洞，应通过态势感知平台对所通报事件进行查询，确认通报是否属实，如属实，确认失陷主机的范围。

9.4.3.2　策略管理

结合城轨云网络安全环境，应定期进行安全策略的梳理和检查，定期针对日常安全监测和安全风险检查的结果进行综合分析研判，识别网络安全风险、脆弱性和不合规配置项，应从整体网络安全技术防护策略的角度提出准确、有效的改进措施，指导和协助开展策略配置调优，确保安全策略符合标准要求。策略管理至少应包含策略知识库、策

略梳理最优化、策略配置合规化及策略运维自动化 4 个方面。

（1）策略知识库：建立策略知识库，实现策略集中，对设备接口、ZONE、地址、服务、策略、NAT 等进行收集，支持策略检索、变更分析；

（2）策略梳理最优化：检测隐藏、冗余、过期、空策列、可合并的策略等，实现策略优化分析，对策略进行针对性优化；

（3）策略配置合规化：依据安全配置标准或自定义安全规范进行安全配置检查，暴露安全策略中不合规项，便捷优化，满足等保、合规要求；

（4）策略运维自动化：对策略支持自动化运维，支持路径查询、策略规划、策略生成、策略下发，下发验证回退全生命周期自动运维。

通过对策略的管理，提高配置的准确性、确保策略的改变不带来新风险，从而减少被攻击的风险。

9.4.3.3　漏洞管理

应通过安全漏洞管理，识别网络安全资产所存在的隐患，采取合适的措施进行处置闭环，使网络风险处在良性的可接受状态。应能够对漏洞生命周期进行全流程管理，包含漏洞发现、漏洞处理和漏洞验证三个阶段，应具备完善的漏洞与资产的关联分析；同时完成漏洞知识库的积累，协助安全运营团队有效做好漏洞管理。漏洞管理技术需求如下：

应支持多种方式获取漏洞信息，包括流量检测、漏洞扫描、设备扫描、基线核查、工具检查、漏洞信息导入等。应支持适配多厂家的设备，丰富漏洞扫描任务配置项，支持定制化的漏洞扫描任务下发。应支持从漏洞、资产、脆弱性分布等多个维度对网络脆弱性进行呈现。

应通过脆弱性发现的安全问题数据统一通过安全运营中心平台设备和资产关联同步，产生漏洞处置单，并通过优先级评定，按照优先级给出修复顺序列表。

可依托资产管理功能，通过资产、资产组维度的脆弱性统计、分析、展示，使脆弱性问题直观展示，快速定位问题资产组、资产及关键漏洞。

应建立快速漏洞处置单工作台，并基于此完成完备的漏洞筛选，按照资产、资产组、漏洞、漏洞分类、漏洞等级、优先级、状态等不同维度进行漏洞快速定位。

应通过完善的漏洞处置流程，多样状态选择，对处置过程进行修复方案记录，过程信息记录等。

应通过漏洞处置单生命周期管理，实现不同状态的设置，完成漏洞生命周期的流转。同时应支持提供验证及批量验证的方式对设置为修复的漏洞进行进一步复验，保证修复闭环。

9.4.3.4　安全威胁管理

通过线网平台及各线路业务单元、边缘节点各安全基础设施（防火墙、入侵检测、安全威胁探针等）可监测的原始流量及安全告警日志，通过与安全运营中心平台的联动，实现对已知威胁的检测并完成信息同步。及时掌握与重要信息系统相关的网络安全威胁风险，及时检测漏洞、病毒木马、网络攻击情况，及时发现网络安全事件线索，及时通报预警重大网络安全威胁。

9.4.3.5　安全监测

应提供 7×24 小时的网站监测能力，内容包括 Web 漏洞监测、网页篡改变更监测、网页挂马监测、敏感关键字监测及网站可用性监测。

（1）Web 漏洞监测

应通过 Web 漏洞扫描等工具，扫描网站中是否存在包括 OWASP Top10 在内的网站漏洞情况，如探测发现及时告知并进行修补，降低漏洞被利用的风险。

（2）网页篡改变更监测

监测引擎对网站进行初始化采样建立篡改监测基准，并对基准内容进行泛格式化处理，一旦发生页面恶意篡改事件时，可以及时进行预警，并能够迅速恢复页面，降低页面篡改事件带来的法律风险和声誉损失。

（3）网页挂马监测

采用网页恶意代码分析和网页行为分析等技术，对网页木马进行检测，应能发现未知的网页木马，发现网站系统中被恶意植入的木马程序，并进行预警。

（4）敏感关键字监测

应采用中文关键词以及语义分析等技术，对网站进行敏感关键字监测，实现精确的敏感字识别，确保网站内容符合互联网相关规定，避免出现敏感信息以及被监管部门封杀。应可以灵活地识别网站中存在的敏感关键字，应能对夹杂符号的文字进行有效识别。

（5）可用性监测

应提供至少三个级别的网站可用性监测功能，分别为域名可用性、网站服务可用性、网站程序可用性的监测。当网站系统发生网络故障、系统故障而导致首页面访问异常时，进行预警，把故障损失降至最小。

9.4.3.6　常态化运营管理

应制定日常巡检计划方案，通过安全运营管理中心，工作日期间每日查看设备运行日志、分析设备运行状况，及时处理各类安全设备、安全系统的安全事件告警；配合业务部门完成各风险项的整改和复查，对补丁管理、日志管理、策略管理等存在的常见技术问题要主动提出整改意见，针对不参与、不追踪整改效果视为工作不合格。针对城轨所有已经上线运行的安全类设备（包括防火墙、入侵检测、入侵防御、防毒墙、安全审计、数据库审计等），以及后期新增的安全资源池及安全设备，对设备的运行状态定期进行一次巡检并出具报告，对所有安全设备、安全组件提供日常升级能力，包括特征库升级、版本升级、补丁升级等，不限于离线升级或在线升级等模式。

根据制定的安全规范和安全流程的开展情况进行日常安全审计工作，落实安全流程审计、安全管理审计、设备策略审计、数据安全审计等，形成审计报告，对审计报告中涉及的共性问题、重点问题要形成整改方案，并在下一次审计中跟踪整改情况和分析未完成原因，确保网络安全工作开展符合安全规范要求。

安全运营人员根据国家和行业等网络安全监管部门相关信息安全检查文件要求，协助落实信息系统安全检查相关工作，包括安全专项检查，安全合规检查等。

依据国家和轨道交通行业等网络安全监管部门的网络安全通报，提供加固方案与加固实施回退方案，协助城轨通过安全加固服务增强信息系统抵抗风险的能力，从而提高整个系统的安全性。

结合上级安全通告、轨道交通行业通告、安全厂商安全通告，第一时间配合业务部门开展各项安全加固工作，将漏洞、病毒、木马对地铁业务的影响降到最低，保证业务连续安全运营。

9.4.3.7 安全态势管理

安全管理中心应全面感知网络安全威胁态势、洞悉网络及应用运行健康状态、通过全流量分析技术实现完整的网络攻击溯源取证，协助采取针对性响应处置措施。

通过统一态势感知平台分析，及时发现各种攻击威胁与异常。通过提供威胁调查分析及可视化能力，对威胁相关的影响范围、攻击路径、目的、手段进行快速判别，从而支撑有效的安全决策和响应。可视化运营可根据需求方的使用习惯及网路特点，进行灵活的定制化开发。

整网威胁可视化需求，应支持实时监测整网的威胁情况，可以按时间范围（最近24小时、最近7天、最近30天等维度）呈现攻击态势；可实现3D效果大屏展示等，可进行全球态势、境内态势、区域态势（线网态势、线路态势等）不同视角切换，以便全方位实现可视展示。

外部攻击可视化需求，应实时监测展示外网对内部资产发起的攻击情况，可以按时间范围（最近24小时、最近7天、最近30天等维度）呈现外网攻击态势；包括但不限于总攻击数、总漏洞利用攻击数、总僵木蠕攻击数、未拦截攻击数、未拦截漏洞利用、未拦截僵木蠕、国内/外攻击源IP排名、攻击目的资产排名、攻击目的端口与协议分布、漏洞利用攻击类型分布、攻击类型分布、僵木蠕攻击类型分布、实时对攻击事件滚动告警等常规展示项。

脆弱性态势可视化需求，应从宏观维度呈现网络安全风险情况，协助进行预警安全风险。可从网络风险（漏洞/弱口令/配置风险）维度展示，通过下钻查看每一类脆弱性风险影响的资产；可从资产维度呈现风险分布，包括漏洞/弱口令/配置风险所对应的风险资产数量等常规展示项。

资产态势可视化需求，应实时监测网络资产情况，包括但不限于总资产、脆弱性资产、风险资产、开放服务端口统计等；应展示资产类型 TOP5 分布、风险资产趋势、区域风险分布统计、漏洞类型 TOP5、风险资产 TOP5 和脆弱性资产 TOP5 详情等常规展示项。

内部网络流量可视化需求，应对流量态势进行分析，应对内网资产访问互联网流量大小、上行速率、下行速率、被访问资产分布、应用分类流量排行、资产访问用户趋势、国内互联网访问用户数、国外互联网访问用户数、访问流量用户分布、访问目的区域排行等常规指标进行展示。

互联网访问及行为可视化需求，应对互联网流量进行态势分析，应支持展示在线用户数、互联网流量速率、上/下行速率、用户访问互联网应用的趋势、用户在线的趋势、用户流量分布、用户组流量分布、应用类型流量排行、应用类型热度排行、应用流量排行、应用热度排行、互联网应用流量趋势、用户在线趋势等常规指标项。

9.5　安全物理环境

安全物理环境主要是指城轨云网络周边的环境和物理特性的安全性。其中最应被关注的关键点为城轨云平台数据中心的物理环境安全风险。此类安全风险可能会引起的网络设备和线路的不可用，甚至导致整个城轨云的瘫痪。云基础设施的物理环境安全是整个城轨云安全的前提和基础，只有保证了系统物理层面的可用性，才能使整个城轨云平台的可用性得到保证，进而提高整个网络的抗破坏力，例如：

（1）机房缺乏控制，人员随意出入带来的风险；

（2）网络设备被盗、被毁坏；

（3）线路老化或是被有意、无意地破坏；

（4）设备在非预测情况下发生故障、停电等；

（5）自然灾害如地震、水灾、火灾、雷击等；

（6）电磁干扰等。

因此保证城轨云系统正常运行的前提是将基础设施物理安全风险降低到最低或是尽量考虑在非正常情况下物理层出现风险时的应对方案。

城轨云主备数据中心及站段级机房均满足《信息安全技术网络安全等级保护基本要求》（GB/T 22239—2019）关于安全物理环境中有关数据中心物理位置选择、物理访问控制、防盗窃和防破坏、防雷击、防火、防水和防潮、防静电、温湿度控制、电力供应、电磁防护等相关要求。对于云数据中心的具体内容在第 11 章 "城轨云数据中心机房" 进行具体描写，本章节不作赘述。

9.6　安全通信网络

城轨云平台安全通信网络需要考虑网络架构安全、网络安全审计、网络设备防护、通信完整性与保密性等方面。

9.6.1 网络架构安全

网络架构安全是城轨云网络安全的前提和基础。对于城轨云数据中心网络，选用主要网络设备时需充分考虑业务处理能力的高峰数据流量，考虑冗余空间满足业务高峰期需要；网络各个部分的带宽需要保证接入网络和核心网络满足业务高峰期需要。

按照业务系统服务的重要次序定义带宽分配的优先级，在网络拥堵时优先保障重要主机；合理规划路由，在业务终端与业务服务器之间建立安全路径；绘制与当前运行情况相符的网络拓扑结构图；根据各子系统的业务属性以及系统需求，划分不同的网段或VLAN。保存有重要业务系统及数据的重要网段不能直接与外部系统连接，需要和其他网段隔离，单独划分区域。

9.6.2 网络安全审计

由于用户的计算机相关的知识水平参差不齐，一旦某些安全意识薄弱的管理用户误操作，将给信息系统带来致命的破坏。没有相应的审计记录将给事后追查带来困难。有必要进行基于网络行为的审计，从而威慑那些心存侥幸、有恶意企图的少部分用户，以利于规范正常的网络应用行为。

为满足等级保护要求中对三级系统通信网络安全审计要求，需在网络中建立基于网络的安全审计措施，以实现通信网络安全审计的防护要求。

在网络中应部署数据库审计、日志审计及运维审计等审计系统，可以通过网络端口镜像的方式抓取进、出区域边界数据包，基于数据包的源地址、目的地址、传输层协议、请求的服务等应用访问行为，确定行为符合安全策略，并以收集的记录信息作为追踪违规事件、界定安全责任的主要依据。

9.6.3 网络设备防护

由于城轨云系统会使用大量的网络设备和安全设备，如交换机、防火墙、入侵检测设备等。这些设备的自身安全性也会直接关系到各类业务应用的正常运行。如果发生网络设备被不法分子攻击，将导致设备不能正常运行。更加严重情况是设备设置被篡改，不法分子轻松获得网络设备的控制权，通过网络设备作为跳板攻击城轨云上服务器，将会造成无法想象的后果。例如，交换机口令泄漏、防火墙规则被篡改、入侵检测设备失灵等都将成为威胁网络系统正常运行的风险因素。

对于网络中的基础设施资产的管理，包括网络设备、安全设备、服务器和数据库等，均需要通过堡垒机实现对重要业务资产操作的认证、授权和操作记录审计的要求，同时降低运维人员的管理成本，提高运维效率，通过运维堡垒主机的方式进行集中管理、协议代理和身份授权分离的安全操作。

资源集中管理：集中的资源访问入口、集中账号管理、集中授权管理、集中认证管理、集中审计管理等。

协议代理：为了对字符终端、图形终端操作行为进行审计和监控，对各种字符终端和图形终端使用的协议进行代理，实现多平台的操作支持和审计，例如 Telnet、SSH、FTP、Windows 平台的 RDP 远程桌面协议，Linux/Unix 平台的 X Window 图形终端访问协议等。

当运维机通过堡垒主机访问服务器时，首先由堡垒主机模拟成远程访问的服务端，接受运维机的连接和通信，并对其进行协议的还原、解析、记录，最终获得运维机的操作行为，之后堡垒主机模拟运维机与真正的目标服务器建立通信并转发运维机发送的指令信息，从而实现对各种维护协议的代理转发过程。在通信过程中，堡垒主机会记录各种指令信息，并根据策略对通信过程进行控制，如发现违规操作，则不进行代理转发，并由堡垒主机反馈禁止执行的回显提示。

身份授权分离：在堡垒主机上建立主账号体系，用于身份认证，原各 IT 系统上的系统账号仅用于系统授权，这样可以有效增强身份认证和系统授权的可靠性，从本质上解决账号管理混乱问题，为认证、授权、审计提供可靠的保障。

9.6.4　通信完整性与保密性

由于网络协议及文件格式均具有标准、开发、公开的特征，数据在网上存储和传输过程中，不仅仅面临信息丢失、信息重复或信息传送的自身错误，而且会遭遇信息攻击或欺诈行为，导致最终信息收发的差异性。因此，在信息传输和存储过程中，必须要确保信息内容在发送、接收及保存的一致性；并在信息遭受篡改攻击的情况下，提供有效的察觉与发现机制，实现通信的完整性。而数据在传输过程中，为抵御不良企图者采取的各种攻击、防止遭到窃取，应采用加密措施保证数据的机密性。

9.7　安全区域边界

城轨云根据轨道交通业务应用种类、应用系统重要性及安全防护等级等将网络分为安全生产网、内部管理网、外部服务网和运维管理网。城轨云平台统筹应用安全保障策略，围绕边界防护关键点建立各安全域网络边界，使用边界防护隔离、身份鉴别、授权访问、入侵防范、安全审计等方面进行网络安全建设。通过安全域划分、各安全域采用符合等级要求的隔离强度等技术手段形成纵深防御体系。以下将从网络边界防护要点和各个网络之间边界防护展开叙述。

9.7.1　安全生产网

城轨云平台中安全生产网存在如下重要网络区域边界：

（1）安全生产网与内部管理网的边界；

（2）安全生产网与运维管理网的边界；

（3）安全生产网与承载网的边界；

（4）安全生产网与业务云下网络的边界。

在上述安全生产网与外部网络边界处，应部署防火墙设备，通过配置防火墙的安全策略，实现各区域边界的隔离与细粒度的访问控制。防火墙是部署在不同网络安全域之间的一系列部件的组合。它是信息的唯一出入口，能根据安全策略控制（允许、拒绝、监测）出入网络的信息流，且本身具有较强的抗攻击能力。它是提供信息安全服务，实现网络和信息安全的基础设施。防火墙实现网与网之间的访问隔离，以保护整个网络抵御来自其他网络的入侵者。

除与外部边界外，安全生产网还需要考虑自身内部边界防护。

安全生产网内部边界是基于云平台的系统由虚拟化技术实现，所以需要边界防护设备具备虚拟防火墙功能，针对不同的子系统访问云平台进行虚拟化设置。面对多样化的攻击方式，以及内部服务器容易被攻击当作跳板的情况，需要在内部边界部署具备抵御网络入侵等网络攻击的安全设备，可部署独立的入侵防御设备、入侵检测设备实现入侵防范能力。

安全生产网内部核心防火墙物理旁路部署在业务核心交换机，逻辑串联；主要是防护安全生产网业务平台的安全，防止安全生产网中的东西向威胁及攻击，做好区域划分和访问控制，对于访问业务平台的流量进行过滤和清洗。安全生产网的安全态势需要与整网安全态势融合，因此威胁情报与告警信息需要上传至态势感知系统，达到态势感知系统对安全生产网的可管、可控、可视。

9.7.2　内部管理网

城轨云平台中内部管理网存在如下重要网络区域边界：

（1）内部管理网与安全生产网的边界；

（2）内部管理网与外部服务网的边界；

（3）内部管理网与承载网的边界；

（4）内部管理网与运维管理网的边界；

（5）内部管理网与业务云下网络的边界。

其中，内部管理网与外部服务网的边界相比与其他的边界安全要求有所不同，除了抵御网络入侵等网络攻击的安全功能以外，还需要部署具备数据摆渡机制的装置（例如网闸），从而实现真正的物理隔离。部署网闸等设备设置于内部管理网和运维管理网之间，对于两张网络之间的流量进行访问控制、分区分域、清洗和过滤、入侵行为防护、病毒防护、僵尸主机检测及控制等；同时满足等保 2.0 中对于"网络架构""边界防护"以及"访问控制"等要求。内部管理网内部边界防护方式与上文安全生产网防护方式相同，此处不作赘述。

9.7.3　外部服务网

城轨云平台中外部服务网的主要边界分别与运维管理网边界、与内部管理网边界以及外联边界。外部管理网内部边界防护方式与上文安全生产网、内部管理网防护方式相同，此处不作赘述。

城轨云平台中外部服务网存在如下重要网络区域边界：

（1）外部服务网与内部管理网的边界；

（2）外部服务网与运维管理网的边界；

（3）外部服务网与承载网的边界；

（4）外部服务网与业务云下网络的边界；

（5）外部服务网与互联网/外联网出口的边界。

其中外部服务网与互联网/外联网出口的边界安全要求较为特殊。作为城轨云系统中唯一具备对外出口的网络区域，为抵御来自互联网出入口/外联服务的攻击与异常行为，外部服务网对外出口边界处应采用多种边界安全防护手段，如部署 Web 应用网关、防火墙、入侵防御系统、抗 DDoS 系统等，可保护边界安全以及实现入侵异常防御与检测，以及将上述设备与态势感知系统关联，形成风险可观、可管、可控的安全态势。

部署入侵防御设备，对出口网络数据流进行 4～7 层的深度分析，精确识别并阻断多类型的网络攻击或网络滥用。

部署 Web 应用安全防护设备，对面向 Web 应用系统的攻击进行防御，抵御来自互联网出口/外联服务的 Web 攻击。

部署抗 DDoS 防护设备，抵抗各类拒绝服务类的网络攻击，针对异常报文攻击、扫描攻击和异常流量攻击等均能够提供有效防护。

部署负载均衡设备，提高出口网络链路利用率，通过对链路状态的检测，采用对应的调度算法将数据合理、动态地分发到不同链路上。

部署 VPN 加密设备，保护远程办公访问接入的数据安全性和操作保密性，支持多种加密算法的 VPN 设备或模块提供加密隧道，实现专线加密通信。

部署沙箱设备，通过镜像现网流量来检测外部黑客发起的钓鱼邮件攻击，或在内部子网间传播的恶意软件，利用软件虚拟运行、沙箱逃逸对抗等技术发现常规手段无法检测的 APT（高级长期威胁，Advanced Persistent Threat）攻击等高级恶意威胁。

部署上网行为管理设备，监控和控制出口网络流量，限制不必要的网站访问，过滤恶意内容，管理带宽使用，防止数据泄露，确保网络安全并提高工作效率。

运维管理网涉及其余三网的安全管理、业务运维、策略管理等功能，需要建立带外管理网实现运维命令和管理命令的下发，避免出现业务网单点故障后无法管控设备情况。

运维管理网的数据应当与外部服务网之间通过部署数据隔离设备，保持两网业务隔离和数据隔离，并且启用身份鉴权、数字验签机制。

每台安全设备与边界设备的管理命令全部走带外管理网，可通过网口/网卡设置实现业务数据和管理数据的绝对隔离。带外管理网在四网之间的数据交换系统启用强制访问控制，严格划定访问域，并且使用日志审计系统对运维操作进行审计检测。

运维管理网可划分为不同的 VLAN，以及在与其他三网的边界处部署支持 MAC 和安全标记技术的数据隔离设备。

网管系统与云管系统的边界均应部署支持 MAC 和安全标记的 UTM（统一威胁管理，Unified Threat Management）网关或者下一代防火墙，实现访问控制、防病毒等功能。

9.7.4　边界接入防护

城轨云平台边界接入防护是考虑车站域工业控制系统接入、既有系统接入、终端接入三个方面。

车站域工业控制系统接入云平台前应采用数据摆渡手段，确保工业控制系统边界安全，保证可用性和可靠性，实现数据的传输。

重点对既有系统边界进行保护。既有系统接入云平台边界防护的需求为安全隔离交换、数字签名认证、加密传输、病毒检测与攻击防护。

根据等保定级要求，可通过串行部署具备数字加密的数字交换设备、具有防病毒和入侵防御功能的网络安全设备、数字签名/验签服务器满足云平台边界接入防护的需求。同时上述设备应与态势感知系统实现联动，及时上传日志与告警信息。

针对终端设备需要进行访问控制，可在终端里部署终端主机安全防护系统或者访问代理软件实现安全访问与行为检测/阻断。

9.7.5　LTE-M 安全防护

城轨云平台关于 LTE-M 的安全防护应符合现行《LTE-M 系统总体架构和系统功能规范》（T/CAMET 04005.2）的相关规定。LTE-M 系统在接入安全生产网时采用必要的冗余通道技术。为保障 LTE-M 的数据安全性，应当在 LTE-M 系统中加载具备隧道加密技术的设备/模块/代理实现 LTE-M 的通信数据加密。针对接入 LTE-M 的用户，需要启用身份鉴别机制，可通过数字签名模块、双因子认证或分发安全 key 的方式实现身份鉴别。

9.7.6　WLAN 安全防护

城轨云平台关于 LTE-M 的安全防护首先需要考虑网络设备接入认证能力，系统能够对 WLAN 无线传输链路采取适当的加密保护或通过对网络设备指纹接入进行认证。为保护无线数据安全与防御无线攻击，WLAN 应具备防火墙功能、准入控制功能，确保链路加密，SSID（服务集标识，Service Set Identifier）隐藏等。WLAN 根据 MAC 地址进行规则控制，包括黑名单、白名单。当 WLAN 检测非法、异常设备功能，对异常行为、攻击行为通过日志或告警方式通知管理员。

9.8　云平台安全

依据"平台统保"要求，城轨云平台应根据各业务系统业务特点、安全性和可靠性等方面的需求划分安全域，并为各安全域分配计算资源、存储资源及网络资源。云平台需要对硬件资源及操作系统定期进行固件更新及安全加固。

城轨云平台的网络安全计算环境是指云平台保证其自身计算安全的设计、防护措施。应包含但不限于身份鉴别、访问控制、安全审计、入侵防范、恶意代码防范、可信验证、数据完整性、数据保密性、数据备份恢复、剩余信息保护、个人信息保护等方面。

在城轨云平台中，云平台安全最优先考虑 IaaS 层安全，其中包括了平台虚拟化安全、网络安全、主机安全、存储安全以及终端安全等方面。此部分安全防护措施由云平台自行考虑。

9.8.1　虚拟机安全

云平台虚拟机的安全是整体云平台安全的重中之重，虚拟机的安全防护包括以下方面。

（1）漏洞扫描与补丁管理

对虚拟机监视器版本以及相关发行组件中的漏洞情况进行跟踪，根据厂商与安全组织发布的漏洞消息使用补丁弥补安全漏洞；通过对虚拟机监视器的系统扫描，发现技术、配置上的脆弱点，进行告警与技术处理建议。

（2）提供网络安全防御

对于虚拟机监视器及其组件的远程网络数据通道和网络服务进行安全策略控制，检测针对虚拟机监视器的网络攻击，杜绝攻击者通过虚拟机监视器的网络通道攻击虚拟机监视器及其组件的行为。

（3）数据通道隔离

保证虚拟机与虚拟机监视器平台之间的信息隔离，禁止虚拟机上 GuestOS 与虚拟机监视器之间的任何通信。

（4）提供内存及存储数据接口的保护

对虚拟机监视器与虚拟交换机、虚拟机之间的内存共享、存储共享功能进行监控，禁止经由虚拟机和虚拟交换机等内部组件对虚拟机监视器平台的攻击。

（5）健全的审计功能

审计系统应对虚拟机监视器的负载、管理通道访问情况、数据共享情况进行审计跟踪。

9.8.2　裸金属安全

（1）安全操作系统

对于三级业务系统，应在云平台的虚拟机上部署安全操作系统。其中，安全操作系统在强制访问控制应至少具备以下功能：

可统一管理操作系统中与强制访问控制等安全机制有关的事件和信息，并可将系统的常规管理、与安全有关的管理以及审计管理分离。

强制访问控制应与用户身份鉴别等安全功能密切配合，使系统对用户的安全控制包括从用户进入系统到退出系统的全过程，将强制访问控制扩展到信息系统中的所有主体与客体，对客体的控制范围涉及操作系统内部的存储、处理和传输过程，及信息进行输入、输出操作的过程。

（2）防病毒

云平台环境中使用的公共应用软件，应采用防病毒、安全补丁等措施保障云平台主机安全。

针对主机面临的风险，应将病毒消灭或封堵在终端及服务器上，在所有的服务器和终端上部署防病毒系统，加强终端主机与服务器系统的病毒防护能力并及时升级恶意代码软件版本以及恶意代码库，保护主机及服务器免受病毒、特洛伊木马和其他恶意程序的侵袭。

同时应在云平台中的各服务器和客户端上部署防病毒客户端，统一从管理中心分发中心获取最新病毒信息，并自动下载病毒库到服务器，由服务器将病毒库分发至各客户端，完成客户端病毒库的安装过程。管理中心与客户端相互配合完成对服务器上病毒的实时监控、检测和清除。

（3）程序白名单

云主机应提供程序白名单服务，基于可定制的白名单监视云主机中程序的执行，保障弹性云服务器的安全性。提供进程的状态标注功能：管理人员可以对云主机中运行的进程进行管控，监控进程的运行，检测非法运行进程，提升云主机运行环境的安全性。

9.8.3　虚拟网络安全

在考虑完云平台虚拟机防护后，我们就要思考云平台所使用的虚拟网络的安全防护。云平台对各网内的所有资源使用统一安全策略进行管理与防护，并根据资源的安全属性与业务功能统一设置安全策略，保证虚拟化安全与传统安全技术与策略的一致性。

1）云安全资源池

"云安全资源池"是伴随着云计算技术所产生的安全概念，是一个体系化、多维度的安全防护架构，在传统安全防护基础上增加了云计算特性的安全防护。《信息安全技术 网络安全等级保护基本要求》（GB/T 22239—2019）中明确要求：应根据云服务客户业务需求自主设置安全策略的能力，包括定义访问路径、选择安全组件、配置安全策略。

《城轨交通信息化工程设计规范》（T/CAMET 11007—2022）中也提到："云平台应具备针对云内各业务系统需求提供安全资源池的能力"。

云安全资源池解决方案是利用虚拟化技术和软件定义安全，将传统架构下专用的安全硬件设备以软件方式部署在虚拟化资源池，实现部署拓扑与安全能力解耦，配合软件定义网络 SDN 完成自动化的编排和管理。通过将云平台与云安全资源池管理平面打通，云租户可通过门户按需在云安全资源池部署安全组件，平台自动完成组件编排及流量管理，实现云租户的个性化防护需求。

安全资源池逻辑架构分为资源池层、虚拟化层以及云安全管理层。

（1）资源池层

资源池层是安全资源的基础设备，可以通过部署多台通用服务器满足安全软件部署需求。除了使用服务器外，还应支持使用安全硬件设备构建安全资源池，如防火墙、负载均衡等硬件设备。

（2）虚拟化层

虚拟化层使用虚拟化软件产品，对底层的通用计算服务器进行纳管，形成虚拟化弹性资源池，对上层软件提供虚拟化服务。

（3）云安全管理层

云安全管理平台负责将安全资源转换为安全服务对外提供，租户需要安全服务只需要在云安全管理平台申请使用即可。云安全管理平台支持服务申请、流量编排、监控告警、计费报表等运维和运营等核心功能。

（4）云安全资源池组件

常用的云安全资源池组件有以下类别。

①防火墙组件

防火墙组件是一款运行在标准服务器虚拟机上的软件化 vFW 设备。vFW 产品支持多种虚拟平台，能够监控和保护虚拟环境的安全，以避免虚拟化环境与外部网络遭受内外部威胁的侵害，从而为城轨云平台带来全面的安全防护。

在安全功能方面，vFW 可提供了全面的安全防范体系和远程安全接入能力，支持攻击检测和防御、NAT、ALG、ACL、安全域策略，能够有效地保证网络的安全；支持多种 VPN 业务，如 L2TP VPN、GRE VPN、IPSec VPN、SSL VPN 等。

vFW 产品串联在用户与云服务器访问链路上，通过引流技术，将流量引到安全资源池的防火墙上，可以针对南北向流量（Internet 与云服务器），东西向流量（不同的网络中的云服务器）之间的出、入流量进行管控，拦截来自各方位的攻击和威胁。

②DDoS 防护组件

DDoS 防护组件能够抵御 ACK、SYN、FLOOD、FATBOY、DNS 及各种变种攻击的全防御安全设备。核心算法包含多层的分析与防护方法。能够对各种常见的攻击行为均可有效识别，并通过集成的机制实时对这些攻击流量进行处理及阻断，保护服务主机免于攻击所造成的损失。

支持对异常特征流量进行检测。异常检测的类型包括：流量超常、带宽超常、DDoS攻击、Dark IP异常、私有IP异常等。支持的DDoS攻击告警覆盖网络层和应用层，支持如SYN FLOOD、ACK FLOOD、HTTP FLOOD、SIP FLOOD等攻击事件告警，从而全面防护城轨云网络系统内的威胁流量。

③Web应用防护组件

Web应用防护组件提供面向Web应用攻击防护能力，通过多种机制的分析检测，进行阻断攻击，保证Web应用合法流量的正常传输，这对于保障业务系统的运行连续性和完整性有着极为重要的意义。同时，针对当前的热点问题，如SQL注入攻击、网页篡改、网页挂马等，Web应用防火墙按照安全事件发生的时序考虑问题，优化最佳安全-成本平衡点，有效降低安全风险。

事前，Web应用防护组件提供Web应用漏洞扫描功能，检测Web应用程序是否存在SQL注入、跨站脚本漏洞。

事中，对黑客入侵行为、SQL注入/跨站脚本等各类Web应用攻击、DDoS攻击进行有效检测、阻断及防护。

事后，针对当前的安全热点问题，网页挂马等行为，提供诊断功能，降低安全风险，维护网站的公信度。

④漏洞扫描组件

漏洞扫描组件是一种提供网络或主机系统安全漏洞监测和分析的软件服务，根据扫描网络或主机的安全漏洞，为用户提供详细的漏洞扫描报告，同时针对扫描结果提供修复建议，用户可以在被攻击前及时进行修复等处理，保证业务安全运行。

可以针对网络环境中的各种主机、交换机路由器、防火墙、中间件等存在的常见漏洞、典型漏洞（如"心脏出血"）、0day漏洞等进行扫描和检查。

⑤日志审计组件

日志审计组件应具备日志采集能力，提供日志分析功能，能够对大量分散设备的异构日志进行统一管理、集中存储、统计分析、快速查询，透过事件的表象真实地还原事件背后的信息，为城轨云系统提供真正可信赖的事件追责依据和业务运行的深度安全。

⑥运维审计组件

运维审计组件可实现对运维数据的自动化数据采集、数据分析和数据应用，帮助用户解决在运维管理过程中身份认证、权限控制、操作审计等问题。

数据采集：通过"网关代理"模式获取用户远程登录到服务器上的操作数据；

数据分析：采用大数据分析、数据挖掘等技术手段，借助工作流引擎、调度引擎、搜索引擎对采集的运维数据进行分类、分析、流程化处理；

数据应用：对运维操作流程进行"切片"处理，从事前、事中及事后三个方面多维度解决现阶段用户面临的一系列运维安全问题。

⑦数据库审计组件

数据库审计组件应通过实时分析用户对数据库的访问行为，实现数据库数据流转的全链路审计，为安全事件的追踪溯源提供依据；系统内置了丰富多样的威胁特征库和风险规则库，有效地对 SQL 注入、缓冲区溢出、暴力破解数据库等行为进行及时告警，为管理层提供风险分析依据。

对于重点人员例如运维以及第三方开发测试人员，可自动建立数据库访问特征基线，及时发现偏离基线行为和违规操作行为并进行告警，防止内部人员安全事故的发生。适用于等级保护、企业内控、SOX、PCI、企业内控等信息安全规范，全面保障数据库的完整性、保密性和可用性。

⑧服务器安全组件

服务器安全组件是为保护用户服务器上运行业务的连续性而提供的安全防护产品。支持资产清单、安全基线检查、登录审计（异常登录报警、暴力破解拦截）、木马后门查杀、恶意进程查杀和补丁管理等功能。

⑨网页防篡改组件

网页防篡改组件主要功能是通过文件底层驱动技术对 Web 站点目录提供全方位的保护，防止黑客、病毒等对目录中的网页、电子文档、图片、数据库等任何类型的文件进行非法篡改和破坏。防篡改系统保护网站安全运行，维护政府和企业形象，保障互联网业务的正常运营。

⑩负载均衡组件

负载均衡组件可提供完善的服务器负载均衡功能和链路负载均衡功能，支持丰富的负载均衡调度算法、健康检查算法、会话保持算法，实现对 4～7 层服务负载分担，以保证服务的响应速度和业务连续性。同时，vLB 开创性地实现了负载分担、安全与网络的深度融合，具有网络、负载均衡、2～7 层安全防护等功能；可以根据城轨云上业务的需要灵活扩展业务接口和性能，以适应各种复杂的组网环境。

9.8.4　存储安全

（1）集中式存储设备安全

存储系统参考业界加固标准（如：CIS 的 Linux Benchmark）对操作系统进行安全加固。软件应定期为系统安装安全补丁以修补漏洞，防止病毒、蠕虫和黑客利用操作系统漏洞对系统进行攻击。并支持自动将客户请求转换成 HTTPS、防止跨站脚本攻击、防止 SQL 注入式攻击、防止跨站请求伪造、隐藏敏感信息、限制上传和下载文件、防止 URL 越权等。

（2）集中存储网络安全

在城轨云平台使用的集中存储按功能平面划分为业务平面、控制平面和管理平面，系统的业务平面、控制平面和管理平面在数据传输通道应具备冗余保护，各个通道之间相互隔离，保证每个功能平面可在各自平面内部单独完成故障检测、修复和隔离，互不影响。存储系统业务为 VLAN 隔离，业务口配置 VLAN，在 VLAN 上创建 LIF。

（3）分布式存储设备安全

为保证存储设备的安全，应对操作系统进行基础的安全配置，基础安全配置包括业务内存和操作系统内存隔离、最小化服务、内核参数调整、禁止响应广播请求、禁止接受/转发 ICMP 重定向消息等。定期为系统安装安全补丁以修复应用操作系统软件因自身设计缺陷而存在的漏洞，防止病毒、蠕虫和黑客等利用操作系统漏洞对系统进行攻击。管理系统 Web 服务具有的安全功能包括但不限于：提供安全的 HTTPS 访问方式、防止跨站脚本攻击、防止 SQL 注入式攻击、防止跨站请求伪造、隐藏敏感信息、限制上传和下载文件、防止 URL 越权。

（4）分布式网络安全

存储系统按功能平面划分为业务平面网络、存储平面网络和管理平面网络。其中，业务平面网络用于客户端接入业务，客户端通过前端业务网络访问存储系统，存储系统通过前端业务网络与域控服务器，DNS 服务器等外部设备通信。存储平面网络建立块存储各节点间的组网，用于各节点间业务数据通信，与业务网络隔离。管理平面网络用于客户维护终端接入。

系统远程管理采用应安全的传输协议（SSH、SFTP、HTTPS）。

9.8.5 终端安全

城轨云平台终端一般分为两种形态，分别是 PC 终端和桌面云形式。

PC 终端安全应符合《信息安全技术计算机终端核心配置基线结构规范》（GB/T 35283—2017）等相关规范的要求。

而桌面云的计算资源应与云平台其他计算资源网络安全防护保持一致，桌面云瘦终端从硬件和软件设计上，采用多种安全机制，有效防止病毒入侵。除了满足 PC 终端安全的国标要求以外，瘦终端还需要考虑其 BIOS 安全以及 OS 安全。BIOS 安全需要从内置存储引导或加密存储引导。而 OS 安全则应该为精简的、封闭的操作系统，并保证防止恶意入侵，在本地应只开放必需的端口，其他端口均限制对外开放。

9.8.6 密码安全

密码应用保障框架主要分为两个部分，即密码支撑和密码应用两部分。

密码服务支撑以下是密码支撑部分，密码支撑分为密码基础支撑、密码资源和密码服务支撑三层：

（1）密码基础支撑由密钥管理基础设施和电子认证基础设施组成，为云平台提供基础的密码应用支撑环境。

（2）密码资源主要分为两部分，硬件资源支撑和云化资源支撑，硬件资源支撑主要包括服务器密码机、签名验签与时间戳二合一服务器、SSL/IPSec VPN、国密 SSL 代理等，为云平台底座提供基础的密码能力支撑；云化资源支撑主要包括云密码统一服务平台、云服务器密码机、密钥管理系统等密码产品组成，为云上业务系统提供快速对接、灵活扩容的基础密码运算资源及密码支撑服务。

（3）密码服务支撑主要包括签名验签服务、时间戳服务、完整性服务、电子签名服务、身份认证服务、加解密服务、授权管理服务、密钥管理服务、电子签章服务等，基于底层密码资源、密码基础支撑，以接口的形式，为上层应用提供统一的密码服务和认证服务。密码服务由云密码统一服务平台的业务中台中间件形式统一为云上业务应用系统提供密码服务调用。

密码服务支撑（不含）以上是密码应用部分，分为终端安全密码应用、网络通信安全边界密码应用、云平台密码应用，通过调用密码服务中间件接口，为身份认证、访问控制、授权管理、数据安全等信息安全功能提供基础和统一的密码支撑：

①终端安全密码应用是管理、运维用户终端安全密码应用，包括终端数据存储安全密码应用、基于密码的终端安全防护等方面的密码应用。

②云平台密码应用由平台资源安全密码应用和业务应用安全密码应用组成。平台资源安全密码应用包括了网络资源安全密码应用、主机资源安全密码应用、存储资源安全密码应用、数据安全密码应用以及云操作系统安全密码应用等方面；业务应用安全密码应用包括云管理平台及云上业务应系统的密码应用，保障身份鉴别、访问控制、抗抵赖、数据机密性及完整性方面满足密码应用合规要求，提供云管理平台及业务系统的总体安全防护水平。

③网络通信安全边界密码应用包括网络传输安全、网络可信接入、访问控制、身份认证等方面进行的密码应用。

9.9　大数据平台安全

根据《数据安全法》《个人信息保护法》等数据保护法令要求，提出数据安全分级规范、用户安全分级规范、重要数据目录、数据安全技术标准、数据安全管理规范等全方位数据安全标准。

数据安全管理是城轨交通大数据平台建设的核心环节。确保数据在采集、存储、处理和传输过程中的安全性和隐私保护，是平台建设和运营的关键要素。

城轨交通大数据平台的数据安全管理通常包括数据加密、访问控制、数据脱敏及监控预警。

9.9.1　数据加密

数据加密是保护数据安全的重要手段。平台对敏感数据进行加密处理，确保数据在传输和存储过程中的安全性。常用的数据加密技术包括对称加密和非对称加密。对称加密算法如 AES 可以用于大规模数据的快速加密，而非对称加密算法如 RSA 则适用于密钥交换和数字签名。

9.9.1.1　数据加密的类型

根据加密的目标和使用场景，数据加密可以分为以下几种类型：

（1）传输加密：保护数据在网络传输过程中的安全性，防止数据被窃听或篡改。常用的传输加密协议包括 SSL/TLS（安全套接层/传输层安全协议）。

（2）存储加密：保护数据在存储介质上的安全性，防止数据被非法访问。常用的存储加密技术包括全盘加密和文件级加密。

（3）字段级加密：针对数据库中特定字段进行加密，保护敏感信息如个人身份信息（PII）和支付卡信息（PCI）。

9.9.1.2　加密算法

选择合适的加密算法是数据加密的关键，常用的加密算法分为对称加密和非对称加密两种：

（1）对称加密：使用相同的密钥进行加密和解密，适用于大规模数据的快速加密。常用的对称加密算法包括高级加密标准（AES）、数据加密标准（DES）和三重数据加密标准（3DES）。

①AES：AES 是一种安全性高、效率高的对称加密算法，广泛应用于数据加密场景。AES 支持 128 位、192 位和 256 位密钥长度，能够提供较强的安全性。

②3DES：3DES 通过对数据进行三次加密，增强了加密强度，但其性能较 AES 略低。

（2）非对称加密：使用一对密钥（公钥和私钥）进行加密和解密，适用于密钥交换和数字签名。常用的非对称加密算法包括 RSA（Rivest-Shamir-Adleman）和椭圆曲线密码学（ECC）。

①RSA 是一种安全性高的非对称加密算法，广泛应用于密钥交换和数字签名。RSA 的安全性基于大数分解的难题，但其加密和解密速度较慢，适用于加密少量数据。

②ECC 是一种基于椭圆曲线数学问题的非对称加密算法，提供与 RSA 相同的安全性，但密钥长度更短，性能更高。

9.9.1.3　密钥管理

密钥管理是数据加密的核心环节，确保密钥的安全性和可用性至关重要。平台采取以下措施进行密钥管理。

（1）密钥生成和分发：采用安全的密钥生成算法，确保密钥的随机性和强度。通过安全的渠道分发密钥，防止密钥在传输过程中的泄露。

（2）密钥存储：使用硬件安全模块（HSM）或安全软件库（如 Key Management Service，KMS）存储密钥，防止密钥被非法访问。

（3）密钥轮换：定期轮换密钥，减少密钥泄露的风险。密钥轮换时需要确保旧密钥加密的数据能够安全地转换为新密钥加密的数据[4]。

（4）密钥销毁：在密钥不再使用时，安全销毁密钥，确保密钥无法被恢复。

9.9.1.4　数据加密的实现

在实际应用中，城轨交通大数据平台可以结合上述加密技术和管理措施，实现数据的全面加密保护，例如：

（1）传输加密，在数据传输过程中，使用 SSL/TLS 协议对网络通信进行加密，确保数据在传输过程中的安全性。

（2）存储加密，在数据存储过程中，使用 AES 算法对数据进行加密存储，确保数据在存储介质上的安全性。

9.9.1.5　字段级加密

对数据库中存储的敏感信息（如乘客个人信息）进行字段级加密，确保敏感信息在数据库中的安全性。

9.9.2　访问控制

访问控制是城轨交通大数据平台数据安全管理的重要组成部分，通过严格的访问控制策略，可以有效防止未经授权的用户访问和操作客流数据，确保数据的机密性、完整性和可用性。以下是对访问控制的详细描述和实现方法。

9.9.2.1　访问控制策略

根据城轨交通大数据平台的需求，访问控制策略可以分为以下几种：

（1）基于角色的访问控制（RBAC），根据用户的角色分配权限，不同角色具有不同的访问权限。常见的角色包括管理员、数据分析师、运维人员等。

（2）基于属性的访问控制（ABAC），根据用户属性和环境属性（如时间、地点、设备类型等）进行访问控制，提供更细粒度的权限管理。

（3）基于规则的访问控制，使用预定义的访问控制规则对用户的操作进行限制和管理。例如，只有安全保密管理员可以设置或修改访问控制规则。

9.9.2.2　用户身份认证

用户身份认证是访问控制的前提，确保只有合法用户才能访问系统。常见的身份认证方法包括：

（1）密码认证,用户通过输入用户名和密码进行认证,密码具有足够的复杂性和长度。

（2）多因素认证（MFA）,结合两种或多种不同类型的认证因素（如密码、短信验证码、生物特征等）,增强认证的安全性。

（3）单点登录（SSO）,用户只需一次登录即可访问多个关联系统,提高用户体验和安全性。

9.9.2.3 权限管理

权限管理是访问控制的核心,确保用户只能执行其权限范围内的操作。权限管理包括以下几个方面:

（1）权限分配,根据用户的角色和职责,分配相应的访问权限。管理员定期审查权限分配,确保符合最小权限原则。

（2）权限回收,当用户的职责发生变化或离职时,及时回收其权限,防止权限滥用。

（3）权限审计,定期对用户权限进行审计,发现并修正不符合规定的权限配置。

9.9.2.4 会话管理

会话管理是确保用户在使用系统过程中的安全性,通过对用户会话进行监控和管理,可以及时发现和处理异常行为。会话管理包括以下内容:

（1）会话超时,设置会话超时时间,在用户长时间未操作时自动注销,防止未授权用户利用已登录会话进行操作。

（2）多设备登录限制,限制用户同时在多个设备上登录,减少账号被盗用的风险。

（3）异常行为检测,监控用户的操作行为,发现异常行为（如频繁登录失败、异常访问模式等）时及时报警和处理。

9.9.2.5 审计和日志管理

审计和日志管理是访问控制的有效补充,通过记录用户的访问和操作日志,可以在发生安全事件时进行追溯和调查。审计和日志管理包括以下几个方面:

（1）操作日志记录,记录用户的登录、数据访问、数据修改等操作,日志包含用户身份、操作时间、操作类型和操作结果等信息。

（2）日志存储和保护,日志数据需要安全存储,防止被篡改或删除。可以使用加密技术保护日志数据的完整性。

（3）日志分析和报警,定期分析日志数据,发现异常访问和操作行为,并及时报警和处理。

9.9.2.6 访问控制系统的部署

在实际应用中,城轨交通大数据平台可以使用以下技术和工具实现访问控制:

（1）身份和访问管理系统（IAM），如 AWS IAM、Azure AD 等，提供用户身份认证和权限管理功能。

（2）数据库访问控制，如数据库自带的访问控制机制（如 MySQL、PostgreSQL 的用户和权限管理），确保数据库层面的安全。

（3）应用层访问控制，在应用程序中实现访问控制逻辑，结合 RBAC、ABAC 等策略，灵活控制用户的操作权限。

9.9.3　数据脱敏

数据脱敏是保护数据隐私的有效手段，特别是在数据共享和分析过程中。平台对敏感数据进行脱敏处理，确保在不影响数据分析结果的前提下，保护数据隐私。常用的数据脱敏技术包括数据掩码、数据混淆和数据伪造等。

9.9.3.1　数据脱敏的基本概念

数据脱敏是指通过对敏感数据进行变形处理，使其在不影响数据使用价值的前提下，隐藏或掩盖数据中的敏感信息，从而保护数据隐私。数据脱敏广泛应用于数据共享、数据分析、测试环境等场景，确保敏感信息不会被非法访问或滥用。

9.9.3.2　数据脱敏的必要性

在城轨交通大数据平台中，数据脱敏有以下几个主要作用：

（1）保护敏感信息，防止敏感信息（如乘客个人身份信息、支付信息等）在数据共享和分析过程中被泄露。

（2）满足合规要求，遵守相关法律法规和行业标准（如《个人信息保护法》《数据安全法》等），保护个人隐私和数据安全。

（3）降低数据泄露风险，减少因数据泄露导致的经济损失和声誉损害。

9.9.3.3　数据脱敏的主要方法

根据数据脱敏的目标和使用场景，常见的数据脱敏方法包括以下几种：

（1）掩码处理，对数据中的敏感字段进行掩码处理，用特定字符替换部分数据，例如将身份证号的中间几位替换为星号"123456****7890"。

（2）数据混淆，通过打乱数据的顺序或替换部分数据，使其失去原有的关联性和可辨识性，例如将姓名的字母顺序打乱"John Doe"→"oeDn oJh"。

（3）数据泛化，将数据进行泛化处理，降低数据的精确度，例如，将具体的年龄转换为年龄段，如将"28 岁"转换为"20～30 岁"。

（4）数据加密，对敏感数据进行加密处理，使其在未经解密的情况下无法识别，例如将电话号码进行 AES 加密"13812345678"→"5f4dcc3b5aa765d61d8327deb882cf99"。

9.9.3.4　数据脱敏的应用场景

数据脱敏在城轨交通大数据平台中有广泛的应用场景，包括但不限于：

（1）数据共享和交换，在与第三方机构或合作伙伴进行数据共享和交换时，对敏感数据进行脱敏处理，保护数据隐私。

（2）数据分析和挖掘，在数据分析和挖掘过程中，对敏感数据进行脱敏处理，确保分析结果的隐私保护。

（3）测试和开发环境，在测试和开发环境中使用脱敏数据，避免敏感数据泄露的风险。

9.9.4　监控预警

安全监控和预警是城轨交通大数据平台数据安全管理的重要组成部分，通过实时监控数据安全状况和及时预警潜在威胁，确保数据的机密性、完整性和可用性。以下是安全监控和预警的详细描述和实施方法。

9.9.4.1　安全监控的主要内容

安全监控需要包括以下几个主要方面：

（1）网络监控，监控网络流量和网络设备的运行状态，检测异常流量和潜在的网络攻击。

（2）系统监控，监控服务器、数据库和应用系统的运行状况，发现和处理系统故障和异常行为。

（3）用户行为监控，监控用户的登录和操作行为，检测异常登录尝试和未授权的操作。

（4）数据访问监控，监控对敏感数据的访问和操作，发现和阻止未授权的数据访问。

9.9.4.2　安全监控和预警的技术实现

为了实现全面的安全监控和预警，城轨交通大数据平台可以采用以下技术和工具：

（1）入侵检测系统（IDS），通过对网络流量和系统行为进行实时分析，检测和报警潜在的入侵行为。IDS能够识别已知的攻击模式和异常行为，为安全预警提供基础。

（2）安全信息和事件管理（SIEM），整合和分析来自不同安全设备和系统的日志数据，提供全面的安全态势感知和事件响应能力。SIEM系统可以通过关联分析和规则匹配，及时发现潜在的安全威胁，并发出预警。

（3）行为分析和机器学习，通过对用户和系统行为的历史数据进行分析，建立正常行为模式，检测异常行为和潜在的安全威胁。机器学习算法能够自适应地更新和优化预警规则，提高预警的准确性和及时性。

9.10 业务系统安全

9.10.1 安全责任权利

云平台与各业务系统都有各自的安全防护要求,需要承担各自的安全责任,才能保障业务的整体安全。业务系统云下部分与云上部分属于同一保护对象,进行纵向统一防护。

业务系统统一承载于城轨云平台,云上部分的安全责任由平台承担,实现"平台统保"。云上安全责任权利模型如图 9-5 所示。云下部分的安全责任由系统承担,IaaS 云中操作系统可由用户维护,履行"系统自保"责任。

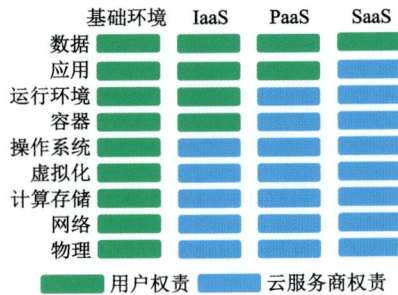

图 9-5 云上安全责任权利模型

《智慧城轨信息技术架构及网络安全规范 第 3 部分:网络安全》(T/CAMET 11001.3—2019)明确了对于业务系统的定级建议如下:

(1)信号系统符合国家网络安全等级保护三级要求;

(2)自动售检票系统线网级、线路级、车站级系统均按照国家网络安全等保三级要求建设;

(3)综合监控系统线网级、线路级和车站级综合监控系统安全均按照信息等保三级要求建设;

(4)门禁 ACS 符合国家网络安全等级保护二级要求;

(5)专用电话系统部署在安全生产网,符合国家网络安全等级保护三级要求;

(6)车辆智能运维系统中地面数据处理平台符合国家网络安全等级保护三级要求,运维应用监控系统符合国家网络安全等级保护二级要求;

(7)内部管理网内业务系统达到等保二级防护要求;

(8)CCTV 部署在外部服务网,达到国家等级保护二级保护能力;

(9)公务电话系统部署在外部服务网,达到国家网络安全等级保护二级保护能力。

9.10.2 云上业务平台统保

业务系统部署云平台后,云平台为其提供统一的安全区域边界防护,包括云平台网间、网内的安全区域边界防护、云平台上业务系统与非云业务系统的边界防护，云平台上业务系统与本系统非云部分的边界。云安全资源池如图9-6所示。

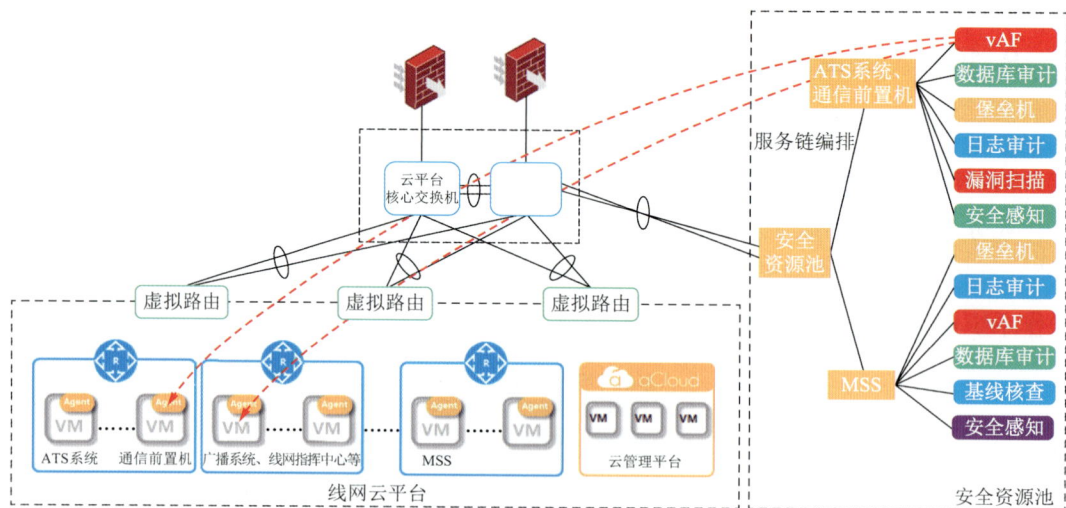

图9-6　云安全资源池示意图（以ATS系统为例）

城轨云平台应为安全生产网、内部管理网、外部服务网中承载的云上业务系统提供云安全服务及云安全组件，安全产品可以采用硬件、软件或者多功能一体化形态。到2024年9月为止，城轨行业内对于业务系统云上部分一般采用安全资源池技术进行防护（图9-6）。采用安全资源池技术对云内系统实现全方位的安全防护，安全管理中心可以对安全组件进行编排与统管，在安全风险监测、排查、处置、闭环过程中与网络安全的管理体系结合。

9.10.3　云下业务系统自保

业务系统的非云化系统则是系统自保的重点。当业务系统的非云化系统与云平台的互联时，此非云化业务系统作为一个特殊的安全域。简单来说就是业务系统是将非云化部分与云化部分进行统一的等保网络安全等级，那业务系统非云部分安全域纳入云的应用安全域，但是此非云化业务系统却要保留与云平台的强隔离安全边界保护。

业务系统的非云化系统主要部署在站段局域网，站段局域网边界部署高安全能力的防护设备，采用集成多种安全模块（入侵防御、防病毒等）的下一代防火墙，实现高度安全隔离，等保三级需要冗余部署。每个站段局域网核心交换机旁路部署一台潜伏威胁探针，所有工作站及服务器统一部署终端安全组件，满足等保合规的基础要求。需要将既有业务系统纳入云端业务系统的安全管理范畴，实现业务安全的统一管理。

第10章
典型业务系统
云化实践

10.1　简述

近年来，随着云计算技术的不断成熟和应用范围的不断扩大，越来越多的城市将城市轨道交通业务系统部署到云平台上，取得了显著成效，充分展示了云计算技术在轨道交通领域的应用价值和潜力。它们以实际的应用效果证明了云计算技术能够有效提升轨道交通的运营效率和服务质量，为城市交通的现代化和智能化发展奠定了坚实的基础。

典型业务系统云化实践是一个不断探索和进步的过程，随着云平台更加广泛地建设、更加深入地融合，业务系统会越来越多地采用云技术来构建、优化自身的系统架构，最终实现业务系统与城轨云的深度融合。

10.2　列车自动监控系统云化实践

在轨道交通系统中，列车自动监控系统（ATS）是保障列车运行安全、提高运营效率的核心系统之一，ATS 系统架构如图 10-1 所示。随着云计算技术的广泛应用，将 ATS 系统部署于城市轨道交通云平台之上，成为提升系统性能、优化资源配置的重要手段，同时也必须对 ATS 的系统架构、功能、资源要求、备份及容灾、安全要求等方面进行深入思考。

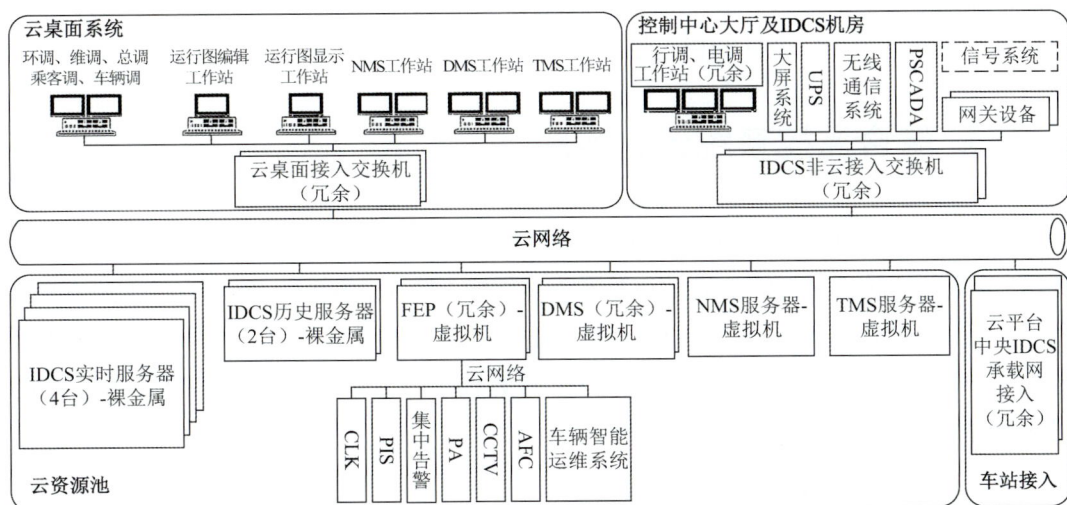

图 10-1　ATS 系统架构示意图

ATS 为两级管理、三级控制的系统架构，通过通信传输提供的独立光纤进行组网，采用中心云平台与站段设备相结合的部署方式，形成两级架构。具体而言，中心级 ATS 部署于云平台之上，负责全局性的列车监控和调度管理；站段级 ATS 则独立部署于各个车站，负责局部性的列车监控和站务管理。这种架构既保证了中心级系统的高效性和灵活性，又确保了站段级系统的独立性和可靠性。

在中心级 ATS 中，行车安全相关功能命令的下发应采用物理机方式承载，以确保命令执行的实时性和可靠性。行车调度工作站作为关键操作设备，应独立于云平台之外进行部署，以避免云平台故障对行车调度工作产生影响。同时，应用操作设备（如应用服务器、数据库服务器等）、维护管理设备以及网络管理设备应部署在安全生产网中，以确保数据的安全性和网络的稳定性。

ATS 应采用本地及异地数据备份方式，以确保数据的安全性和可恢复性。备份时间应不少于 1 年，以应对长期的数据保存需求。同时，系统还应具备应用级容灾能力，在主用中心出现故障时能够迅速切换到灾备中心继续提供服务。灾备中心的配置应与主用中心相当或更高以保证系统的连续性和稳定性。

ATS 对计算、存储、网络等资源有着较高的要求。云平台应为 ATS 提供专用计算、存储及网络资源池，以保证系统进程的正常运行。在计算资源方面，数据库服务器应采用双机热备的物理机部署方式，以提高系统的可靠性和稳定性；应用服务器和通信服务器可采用虚拟机部署方式，以提高资源的利用率和灵活性。在存储资源方面，应采用高性能的存储设备和数据备份方案，以确保数据的完整性和可恢复性。

ATS 的安全完整性等级应满足 SIL2 级要求，网络安全等级保护应符合相关规定。在系统设计、开发、部署和运维过程中，应充分考虑安全性因素，采用安全加密技术保护数据传输过程、对关键设备和数据进行备份和容灾处理、建立完善的用户权限管理机制等措施，确保系统的安全性和稳定性。

10.3 综合监控系统云化实践

综合监控系统（ISCS）通过对列车运行、设备状态、环境监控等多个子系统的集成管理，实现了轨道交通系统的高效运行和安全保障。然而，传统的 ISCS 系统面临着资源利用率低、扩展性差等问题，难以满足日益增长的城市轨道交通需求。因此，将 ISCS 系统部署于城市轨道交通云平台之上，利用云计算技术的优势，能够提升 ISCS 系统性能，优化资源配置。

10.3.1 云化系统架构

如图 10-2 所示，城市轨道交通云平台中的 ISCS 系统采用线网/线路中心级和站段级两级架构，以适应不同城市线网规划和运营管理需求。

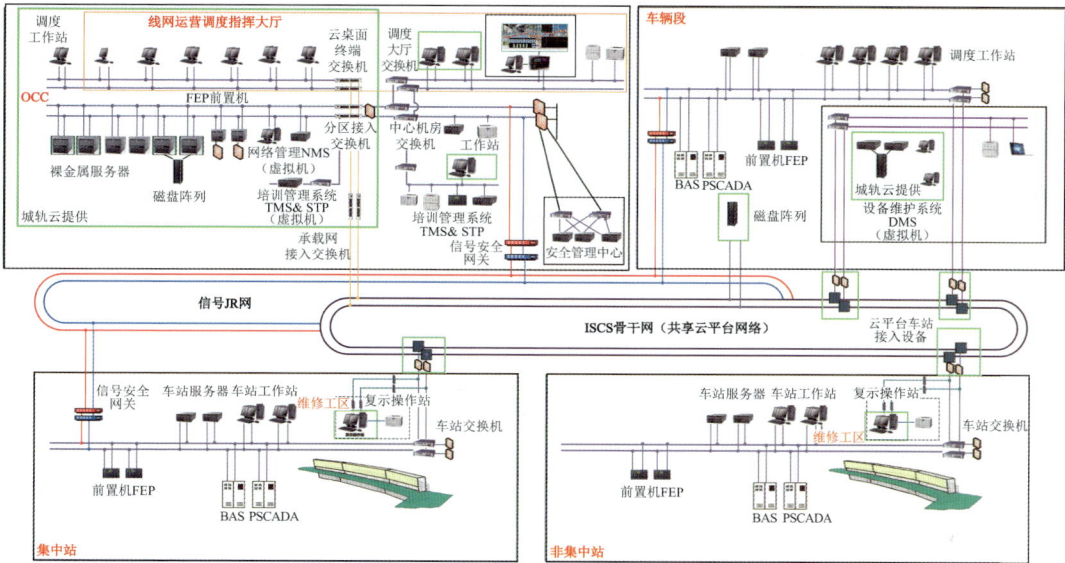

图 10-2　ISCS 云化示意图

（1）线网/线路中心级系统架构

线网/线路中心级 ISCS 系统作为整个轨道交通系统的核心，负责全局性的监控和管理。该系统设备主要包括数据库服务器、应用服务器、存储系统、通信前置机等关键设备，以及调度员工作站和网络设备。这些设备通过云平台进行统一管理和调度，实现了对全线 ISCS 集成互联系统的实时监控和调度管理。

（2）站段级系统架构

站段级 ISCS 系统负责对本站段内的列车运行、设备状态等进行监控和管理。该系统设备主要包括站段后备服务器、通信前置机、综合后备盘（IBP 盘）、操作员工作站等。站段级系统通过云平台与线网/线路中心级系统进行数据交换和通信，实现了对全局和局部监控的有效结合。

10.3.2　云化部署方案

在城市轨道交通云平台中，综合监控系统的资源需求是至关重要的，它直接关系到系统的运行效率、稳定性和安全性。本节将详细探讨 ISCS 系统的资源需求，包括计算资源、存储资源、网络资源等方面。

10.3.2.1　计算资源需求

ISCS 系统对计算资源的需求主要体现在数据库服务器、应用服务器、通信前置机等关键设备上。这些设备需要处理大量的实时数据和运行复杂的监控逻辑，因此对计算性能有较高要求。

（1）数据库服务器

数据库服务器是 ISCS 系统的核心，负责存储和管理大量的实时数据和历史数据。为了保证数据的高效处理和存储，数据库服务器应采用高性能的物理服务器部署方式，并配置足够的 CPU、内存和磁盘空间。同时，为了保证数据的安全性和可靠性，数据库服务器应采用双机冗余部署方式，实现数据的实时备份和故障切换。

（2）应用服务器和通信前置机

应用服务器和通信前置机负责处理 ISCS 系统的业务逻辑和通信任务。这些设备需要具备良好的并发处理能力和网络通信能力，以保证系统的实时性和稳定性。因此，应用服务器和通信前置机应采用虚拟机部署方式，以便根据实际需求动态调整计算资源。同时，为了保证系统的可用性和可扩展性，不同虚拟机应部署在不同物理机上，避免单点故障对整个系统造成影响。

10.3.2.2　存储资源需求

ISCS 系统对存储资源的需求主要体现在对实时数据和历史数据的存储上。为了满足系统的存储需求，应采用高性能的存储设备和合理的存储架构。

（1）存储设备

存储设备应支持高速读写和大容量存储，以满足 ISCS 系统对实时数据和历史数据的存储需求。同时，存储设备还应具备较高的可用性，以保障系统的稳定性和可扩展性。

（2）存储架构

ISCS 系统可采用集中式或分布式存储架构。集中式存储架构便于统一管理，但可能存在单点故障风险；分布式存储架构则可以提高系统的可靠性和可扩展性，但成本可能较高且管理复杂度增加。因此，在选择存储架构时需要根据实际需求进行权衡和选择，推荐采用 FC SAN 或高性能分布式存储为 ISCS 提供存储资源。

10.3.2.3　网络资源需求

ISCS 系统对网络资源的需求主要体现在数据传输和通信上。为了确保系统的实时性和稳定性，需要配置足够的网络带宽和通信设备。

站段级系统与线网/线路中心级 ISCS 系统之间应通过云平台网络实现互联，网络带宽不宜低于 200Mbps，以保证数据的实时传输和通信。同时，还需要考虑网络带宽的冗余设计，以便在网络故障时能够快速切换到备用网络继续提供服务。

10.4　清分中心系统云化实践

基于云平台的线网清分中心系统（ACC）通过在 PaaS 层部署容器管理系统，采用 K8S 容器化部署，第三方产品和服务采用虚拟机部署，数据库采用裸金属服务器形式部署，系统架构如图 10-3 所示。

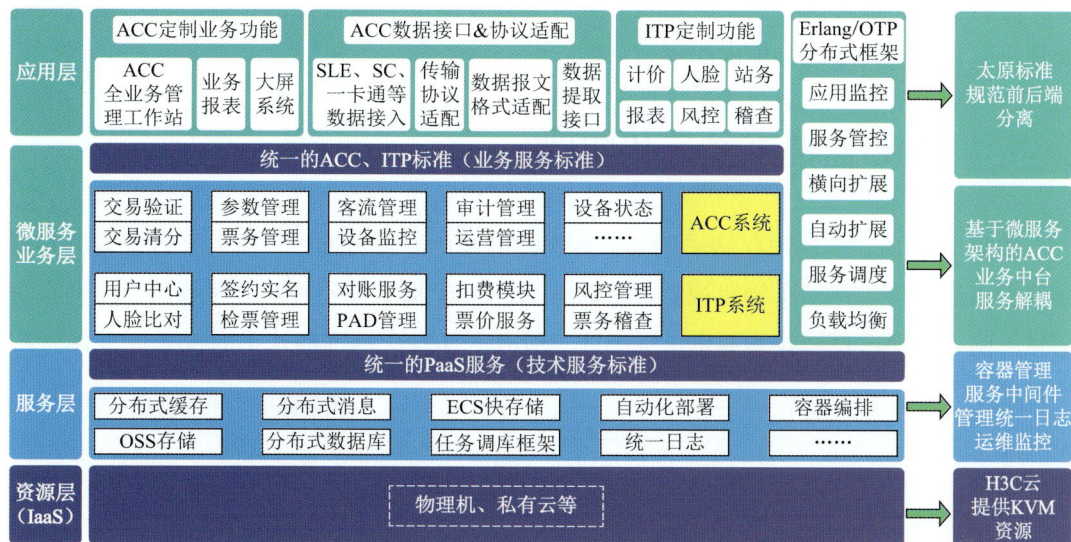

图 10-3　清分中心云化示意图

清分中心系统采用分布式处理技术、微服务框架和消息服务等，将系统功能解耦，拆解现有的业务逻辑，最小化业务逻辑单元，重新设计业务架构，实现业务深度融合、功能模块化，便于后续新增业务和功能的拓展和升级，微服务框架如图 10-4 所示。

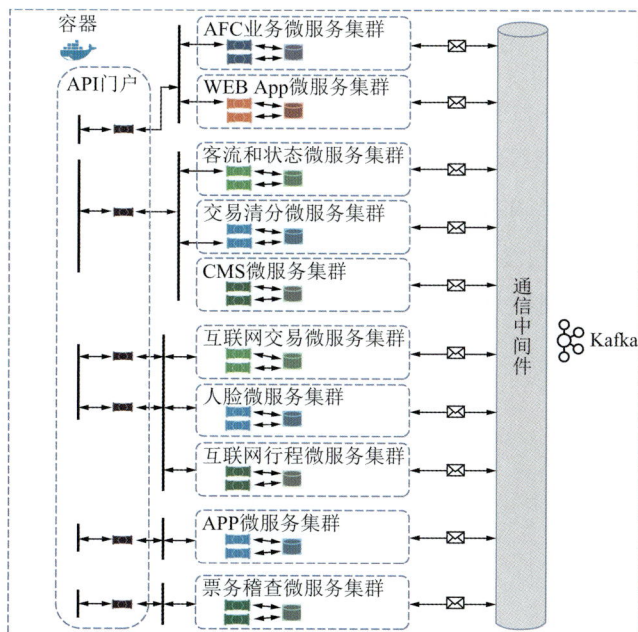

图 10-4　微服务框架示意图

基于微服务的创新处理方式，同类业务处理服务器可同时部署多个，每个服务器可同时处理不同的数据包。当一台服务器发生故障时，业务会自动回滚，未处理成功的数据包会自动恢复到队列中。随后，其他服务器可以取出这个数据包继续处理，替代故障服务器的工作，通过这种方式既可保证业务处理不受故障服务器的影响，也可显著提高处理速度，实现几乎线性横向扩展。

10.5 视频监控系统云化实践

如图 10-5 所示，视频存储采用云平台构建的集中存储分布式，由云平台设置分布式存储资源池，将车站、车辆段视频流直接接入，实现基于《公共安全视频监控联网系统信息传输、交换、控制技术要求》（GB/T 28181—2022）标准格式下的视频流直存。

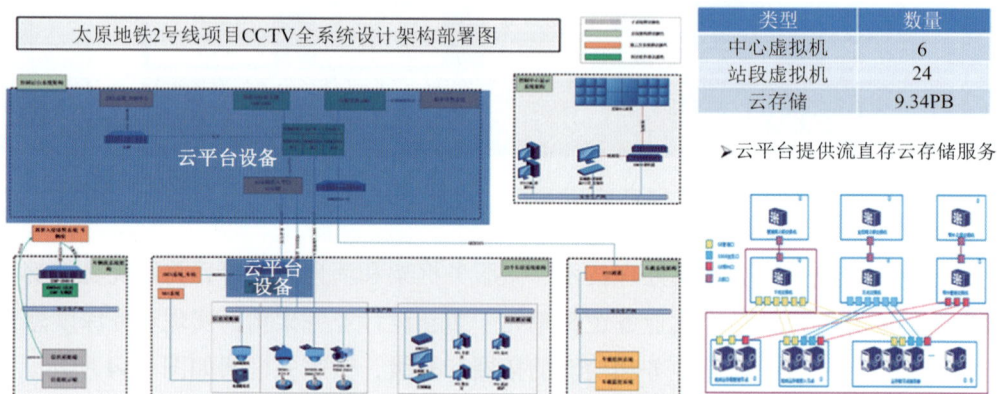

图 10-5　视频集中云存储架构示意图

分布式存储共设置 49 台服务器，其中 4 台服务器为控制节点，45 台服务器为存储节点，组建可用容量为 9.34PB 的线网级视频存储平台。视频存储数据采用纠删码作为冗余方式，可实现最大达 80% 的有效存储，减少冗余耗损。

通过发挥城轨云数字底座对业务系统的承托功效，城轨云可将 CCTV 的视频存储系统与 ACC 的人脸识别、视频分析系统融合，可实现对全线网的视频综合分析功能。

第 11 章
城轨云
数据中心机房

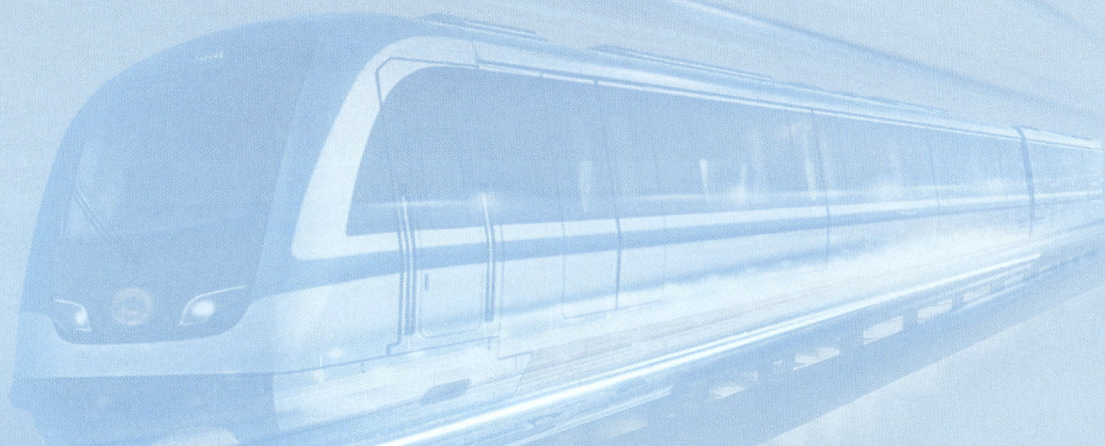

11.1　简述

城轨云数据中心机房是城轨云建设的重要基础设施，在建设伊始，就需要充分考虑安全、智能、绿色的城轨发展新要求。云作为城轨交通领域的新事物，在中心规划、通风空调、供电接地、监控管理、绿色节能等方面都具有特殊性，这些特殊性与其他行业均不相同。本章基于对国内具有代表性的城轨云设备用房建设过程中的问题与经验的总结，结合行业规范进行深入的研究，提出城轨云数据中心机房的建设方案与技术要点。

11.2　选址定级

城轨云在主用中心、灾备中心、站段等处设置设备用房，主用中心、灾备中心设备用房的规模与城轨远期线网规划相匹配。

11.2.1　中心选址

考虑到城轨交通作为城市公共交通出行大动脉的职能定位，在规划城轨云数据中心时，优先考虑安全性和稳定性，并在选址时重点考虑以下因素。

1）业务需求和发展

城轨云数据中心选址需要满足当前业务需求，同时要考虑未来业务增长和扩展的可能性，以确保数据中心的规模能够支持未来的发展。

2）容灾能力

在选址时，需要考虑地质条件、自然环境等因素，确保数据中心的安全性和可靠性。

3）网络连通性

主用数据中心和灾备数据中心都需要具备高度的网络连通性，以确保数据的实时传输和备份。

4）能源保障

在选址时，应确保数据中心能够稳定运行并降低运营成本。

5）管理和运维

在选址时，需要考虑数据中心的运维和管理因素。

综上所述，数据中心可采用同城异地的设置方式，规模需与城市整体远期线网规划相匹配。

根据各城市的轨道交通发展情况，主备数据中心可按以下原则设置：

（1）集中设置全功能的主、备数据中心。

（2）集中设置双数据中心，分担线路接入，互为主备。

（3）集中设置主数据中心，线路中心分散于车辆基地，主要承载生产相关业务系统，办公类数据另址备份。

（4）采用多中心设置方式。

基于高能效、强算力、集约化的建设要求，城轨云数据中心建设尽量考虑主、备双数据中心的建设方式。但是由于各地建设用地规划制约，以及已建成部分数据机房的情况，可在尽量集中的情况下适度分散。

11.2.2 中心定级

根据相关规范，数据中心根据使用性质和数据丢失或网络中断在经济或社会上造成的损失或影响程度可分为 A、B、C 三级，见表 11-1。

数据中心分级表 表 11-1

分级	特性	定级原则	样例	可靠/可用
A	容错系统	1.电子信息系统运行中断将造成重大的经济损失； 2.电子信息系统运行中断将造成公共场所秩序严重混乱	金融行业、国家气象台、国家级信息中心、重要的军事部门、交通指挥调度中心、广播电台、电视台、应急指挥中心、邮政、电信等行业的数据中心及企业认为重要的数据中心	最高
B	冗余系统	1.电子信息系统运行中断将造成较大的经济损失； 2.电子信息系统运行中断将造成公共场所秩序混乱	科研院所（高等院校）、博物馆、档案馆、会展中心、政府办公楼等的数据中心	居中
C	满足基本需要	不属于 A 级或 B 级的数据中心	—	最低

数据中心基础设施的各组成部分按照相同等级的技术要求进行设计，也可按照不同等级的技术要求进行设计。若数据中心的不同部分采用不同的设计等级，整体数据中心的等级则是基于最低等级部分来确定。

基础设施由建筑、结构、空调、电气、网络、布线、给水排水等部分组成，当各组成部分按照不同等级进行设计时，数据中心的等级按照其中最低等级部分确定。例如：电气按照 A 级技术要求进行设计，而空调按照 B 级技术要求进行设计，则此数据中心的等级为 B 级。

基于以上定级原则，根据城轨云数据中心的重要程度，确定为不低于 B 级。在数据中心选址及投资允许的情况下，供电等重要专业可适度采用 A 级标准。

11.3 机房布局

11.3.1 房屋设置

城轨云数据中心（含主用数据中心、灾备数据中心）通常包括主机房、辅助区、支持区和行政管理区等区域。

（1）主机房：城轨云数据中心的核心区域，其中放置了所有的关键 IT 设备，如服务器、存储设备、网络设备等，以支持数据处理、存储和传输等关键业务操作。

（2）辅助区：用于电子信息设备和软件的安装、调试、维护、运行监控和管理的场所，包括进线间、测试机房、总控中心、消防和安防控制室、拆包区、备件库、打印室、维修室等区域。这些区域为数据中心提供了必要的支持服务，确保主机房内的设备能够稳定、高效地运行。

（3）支持区：提供电力、冷却、网络连接等基础设施支持，确保城轨云数据中心的正常运行。支持区可能包括电力分配系统、不间断电源（UPS）系统、冷却系统（如空调和制冷设备）、发电机房、电缆铺设区域等，这些设施为数据中心提供稳定、可靠的运行环境。

（4）行政管理区：城轨云数据中心的办公和管理区域，包括办公室、会议室、休息室等。这个区域是城轨云数据中心工作人员进行日常管理和决策的地方。

城轨云数据中心主机房的使用面积根据电子信息设备的数量、外形尺寸和布置方式确定，并预留今后业务发展需要的使用面积。辅助区和支持区的面积之和可为主机房面积的 1.5～2.5 倍。辅助区和支持区的面积主要与数据中心的等级、机柜功率密度、空调冷却方式等因素有关，当数据中心总建筑面积一定时，机柜功率密度越高，支持区需要的面积越大，主机房面积越小。

城轨云数据中心的设备用房在建筑物首层及以上楼层设置，还需要避开建筑物的变形缝，避让卫生间、开水间、盥洗室等用水场所。

（5）案例。

某市地铁线网控制中心在建设初期已按照线网云整体部署思路考虑土建面积及配套设施预留。数据中心整体规模按照满足当前线网规划 8 条线路考虑。

如图 11-1 所示，该中心第 1 条线已实施的线网云平台已使用主机房及辅助区面积合计约为 600m²，主要使用 6 层数据中心 2 号机房。正在实施的中心第 2 条线云平台扩容工程，初步考虑继续使用 6 层数据中心 1 号机房，预估占用面积约 300m²。

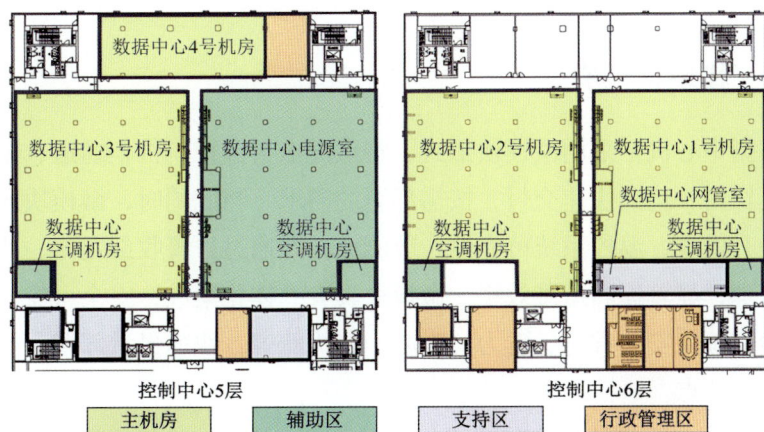

图 11-1　某市城轨云数据中心房间布置示意图

后续云平台、线网运营指挥平台等线网级信息化平台工程将分步使用上述数据中心土建条件。某市城轨云数据中心房间布置面积对照表参见表11-2。

某市城轨云数据中心房间布置面积对照表 表 11-2

序号	房间类别	房间名称	房间面积（m²）	分区面积小计（m²）
1	主机房	数据中心1号机房	940	3240
2	主机房	数据中心2号机房	970	
3	主机房	数据中心3号机房	1010	
4	主机房	数据中心4号机房	320	
5	支持区	数据中心电源室	960	1110
6	支持区	数据中心空调机房	150	
7	辅助区	数据中心网管室	130	323
8	辅助区	数据中心维护工区	95	
9	辅助区	数据中心备品备件室	68	
10	辅助区	数据中心仪器仪表室	30	
11	行政管理区	数据中心信息安全办公室	50	333
12	行政管理区	数据中心管理办公室	83	
13	行政管理区	信息中心值班室	60	
14	行政管理区	信息中心会议室	55	
15	行政管理区	数据中心交接班室	30	
16	行政管理区	数据中心更衣室	55	

11.3.2 模块化机房

城轨云数据中心机柜采用微模块形式，将供配电、温控、机柜通道、布线、监控等集成在一个模块内，达到快速交付，按需部署的需求。与此同时，微模块通过智能管理系统，全面提升供电、温控系统可靠性、节能性，并通过告警收敛定位、故障自隔离、资产自动化管理，显著提高运维效率。微模块具有一体化集成，安全可靠，节省机房占地面积，节约能源，安装省时、省力、省心，架构兼容，快速灵活部署，智能化监控，高效稳定制冷等特点。

如图11-2所示，微模块机房包含机柜、封闭冷通道系统、机柜顶部走线系统、行间空调、微模块数据中心监控系统等组成。

图 11-2　微模块机房示意图

1）机柜

机柜是 IT 设备的承载单元，包括物理结构、承重设计、散热管理（如进风、出风、气流管理）以及电源分配（如双路供电、机架电源分配单元）等部分。其功能如下所述。

（1）为 IT 设备提供稳定可靠的物理环境。

（2）散热管理：通过设计合理的进风、出风通道，确保 IT 设备在适宜的温度范围内运行。

（3）电源分配：提供高效、安全的电源分配，支持不同设备的电力需求。

2）封闭冷通道系统

封闭冷通道系统由冷通道顶板、冷通道侧板、冷通道隔断等组成，形成一个封闭的冷气流通道。其功能如下所述。

（1）冷热隔离：通过封闭式设计，将冷通道与热通道隔离，确保冷气流的有效利用。

（2）提高能效：减少冷气流与热气流的混合，提高空调系统的能效比。

（3）易于管理：封闭冷通道系统使机房内部布局更加清晰，便于管理和维护。

3）机柜顶部走线系统

机柜顶部走线系统包括强电线槽、弱电线槽、线缆管理配件等部分。其功能如下所述。

（1）有序管理：通过顶部走线的方式，实现电源线和信号线的有序管理，提高机房的整洁度和安全性。

（2）易于扩展：支持多种线缆的扩展和管理，满足未来设备增加和更换的需求。

（3）降低成本：通过合理的线缆管理，降低因线缆混乱导致的故障率和维护成本。

4）行间空调

行间空调是专为高密度 IT 设备设计的制冷设备，通常位于 IT 机柜之间。它包含制冷机组、送风系统、控制系统等部分。其功能如下所述。

（1）高效制冷：通过就近送风的方式，为 IT 设备提供高效、节能的制冷效果。

（2）节能降耗：行间空调的设计使气流循环路径最短，减少冷气损失，提高空调使用率。

（3）灵活部署：行间空调可根据实际需求进行灵活部署，满足不同场景下的制冷需求。

5）监控系统

监控系统包括传感器网络、数据采集与处理单元、告警系统、远程访问与控制模块等部分。其功能如下所述。

（1）实时监控：对微模块数据中心的各项运行参数和状态进行实时监控。

（2）数据统计与分析：对采集到的数据进行统计和分析，为管理人员提供决策支持。

（3）告警管理：根据预设的告警阈值，对异常数据进行判断并触发告警，支持多种告警方式和通知渠道。

（4）远程访问与控制：支持管理人员通过远程终端访问系统，对微模块数据中心进行远程监控和控制。

（5）安全管理：提供完善的用户权限管理和访问控制功能，确保系统的安全性和稳定性。

通过以上各部分的协同工作，城轨云数据中心才能实现高效、稳定、节能的运行效果，满足各种应用场景下的需求。

11.3.3 设备布置

主用数据中心、灾备数据中心设备用房根据云平台"一云三域"的原则，将城市轨道交通信息系统机房按照安全生产网、内部管理网、外部服务网、云管及大数据平台等功能区划来布置，分列布置设备资源，柜内设备部署基本按照网域亲和设备集中部署的原则建设。

某市城轨云数据中心机房布置如图 11-3 所示。

29	安全生产网计算资源池	安全生产网数据平台	30	29	外部服务网计算资源池	外部服务网计算资源池	30
27	安全生产网计算资源池	安全生产网间互联	28	27	外部服务网存储	外部服务网桌面云	28
25	安全生产网计算资源池	安全生产网网间互联	26	25	外部服务网网络安全核心	外部服务网网间互联	26
23	空调	空调	24	23	空调	空调	24
21	安全生产网计算资源池	安全生产网边界安全	22	21	外部服务网网络安全核心	外部服务网网间互联	22
19	安全生产网桌面云	安全生产网边界安全	20	19	内部管理网网间互联	外部服务网出口区	20
17	安全生产网存储	安全生产网视频存储	18	17	内部管理网网间互联	外部服务网出口区	18
15	空调	空调	16	15	空调	空调	16
13	安全生产网存储	安全生产网视频存储	14	13	内部管理网计算资源池	外部服务网出口区	14
11	安全生产网云管理区	安全生产网视频存储	12	11	内部管理网计算资源池	外部服务网出口区	12
9	安全生产网云管理区	安全生产网视频存储	10	9	内部管理网存储	管理安全设备	10
7	空调	空调	8	7	空调	空调	8
5	安全生产网网络安全核心	安全生产网视频存储	6	5	内部管理网网络核心	管理安全设备	6
3	安全生产网网络安全核心	安全生产网视频存储	4	3	内部管理网网络核心	管理安全设备	4
1	列头柜	预留	2	1	列头柜	预留	2

（微模块一 位于左侧两列之间；微模块二 位于右侧两列之间）

图 11-3 数据中心机房布置示意图

某市线网云平台在第 1 条线工程共计部署 2 个微模块机房、44 个柜位。后续第 2 条线拟新增 1 模块，预估柜位 24 个，用于部署第 2 条线业务所需资源及新增大数据平台、PHM、智能运维等模块设备。柜内设备按照网域亲和设备集中部署的原则进行部署。

11.4　机房空调

11.4.1　机房环境

主机房和辅助区内的温度、露点温度和相对湿度对电子信息设备的正常运行和数据中心节能非常重要，根据相关规范要求，机房环境要求如表 11-3 所示。

机房环境要求 表 11-3

冷通道或机柜进风区域的温度	18～27℃
冷通道或机柜进风区域的相对湿度和露点温度	露点温度 5.5～15℃，同时相对湿度不大于 60%
主机房环境温度和相对湿度（停机时）	5～45℃，8%～80%，同时露点温度不大于 27℃
辅助区温度、相对湿度（开机时）	18～28℃，35%～75%
辅助区温度、相对湿度（停机时）	5～35℃、20%～80%
不间断电源系统电池室温度	20～30℃

其中，机房一般情况采用冷热通道分离方式布置，主机房的环境温度和露点温度以冷通道的温度为准。对于建设在海拔高度超过 1000m 的数据中心（如昆明、兰州等地），最高环境温度可以按海拔高度每增加 300m 降低 1℃进行设计。

11.4.2　空调系统配置

空调系统配置按照数据中心的等级，采用合理可行的制冷系统，对数据中心的可靠性和节能具有重要意义。一般情况下，城轨云数据中心（含主用数据中心、灾备数据中心）都与其他功能用房共建于同一建筑内，城轨云数据中心需要设置独立的空调系统，主机房的空调参数与支持区和辅助区的空调参数不同，分别设置不同的空调系统。

城轨云数据中心以安装服务器类设备为主，机柜功率密度通常可达 5～6kW，按照运行可靠、经济适用、节能和环保的要求选用空调和制冷设备，制冷能力需留有 15%～20% 的余量。根据城轨云平台建设时序存在分多期实施及建设周期不确定的特点，为减少对楼宇空调系统的影响，保证可实施性，空调系统多采用风冷形式。同时国内多个城市也在尝试结合当地环境条件，探索其他绿色经济高效的制冷形式。

微模块数据机房的实现，需要通风专业考虑机房内散热和气流组织，空调系统设计满足《数据中心设计规范》（GB 50174—2017）及《民用建筑供暖通风与空气调节设计规范》（GB 50736—2012）的相关要求。

模块化数据中心使用冷热通道气流遏制技术来降低数据中心沉重的能源成本和解决随着 IT 负载的增加而造成的能耗激增问题，在《数据中心设计规范》（GB 50174—2017）

中对冷热通道隔离技术也做了明确的规定，推荐使用封闭冷通道的方式来提升数据中心的能源使用效率。

城轨云数据中心的空调系统采用机房精密空调和行间空调两种方案。

（1）机房精密空调

机房精密空调内机设置于城轨云数据中心房间内，主要采用下送风等方式。下送风设置专用送风管道，往静电地板下平行送风。

（2）行间空调

行间空调主要用于高热密度数据中心、机房局部热点区域高要求的机房等，可以有效保障机房服务器机柜均温，解决局部过热等问题，从而确保机房服务器机柜运行的可靠性以及降低能耗。

行间空调采用紧贴热源设计，缩短了气流路径，可以直接处理机房服务器机柜产生的热量，防止了冷热风交汇，并可以做到对机房热源的实时监测，从而精确调节送风量和制冷量，实现更有针对性的制冷，有效解决局部过热和高密度热量。行间空调就近制冷，有效缩短送风距离，提高制冷效率。行间空调对发热点进行针对性制冷处理，方案分析如表 11-4 所示。

空调方案分析 表 11-4

对比项	机房精密空调	行间/行级空调	对比分析
空调容量	单台设备制冷量 25～110kW 覆盖	单台设备制冷量 25～50kW 覆盖	行间/行级空调颗粒度更小
气流组织	架空地板下送风，大空间气流	水平送回风，近距离循环	行间/行级空调更精准
机柜密度	适用机柜功率密度 3～4kW	适用机柜功率密度 5～10kW	行间/行级空调对高功率密度数据中心支持更好
占地面积	需要占用数据机房面积	安装于机柜列，紧贴机柜布置	占用面积差别不大，但是行间/行级空调使机房一体性更强
架空地板	为了管理气流，高架地板普遍需求约为 450mm	支持免高架地板设计	行间/行级空调对地板要求更少
空调功率	大空间换热，需要更大的风量、更低的送风温度、更高的送风静压，能耗高；采用地板下送风方式，传输距离长，风量不易平衡，受实际使用影响，难以解决局部热点问题	运行效率高，行级精确送风；密闭冷热通道，较贴近机柜，送风静压小；效率比房间级空调约高出 10%～15%	行间/行级空调更优
空调造价	单位制冷量成本 2000～2500 元/kW	单位制冷量成本 2800～3200 元/kW	行间/行级空调较高
灵活性	前期需要预留扩展空间；由于机组较大后期运输安装较为不便	模块化机组，体积小，重量小，易于搬运吊装	行间/行级空调更灵活可调
精准性	大面积地板下送风，冷量多有损失，无法精确到局部热点机柜	测送风方式，可根据机柜内设备功率密度配置，灵活调配行间空调位置	行间/行级空调更精准
运行维护	配置数量少，仅需要维护过滤网、日常巡检即可，维护相对简单	配置数量多，维护梳理较高于机房精密空调	机房精密空调维护量略小
主要用户	基于目前数据中心建设，多用于小型机房、电力电池间，以及移动、联通、电信的老旧机房以及新建局点机房	以腾讯、华为等为主的互联网公司，在模块化数据中心建设中多有应用	行间/行级空调更适用于城市轨道交通信息化工程数据中心场景

由表 11-4 可知，行间空调相比于精密空调，具有更高的制冷效率，可与微模块建设时序匹配，可分期实施。精密空调虽然制冷效率较低，但是安装灵活简易，便于后期加装，可用于老旧机房改造。

11.5 机房电源

11.5.1 基本要求

城轨云数据中心电源的基本要求为连续、稳定、平衡、分类。

（1）连续

连续，是指电网不间断供电。在数据中心的供配电系统中，合适的 UPS 型号与组网方式保证数据中心面对毫秒级至分钟级的市电异常时不会有任何中断，对于大时间尺度（如小时级，天级）的市电异常，则需要备用市电系统或者柴油发电机系统的保护。

（2）稳定

稳定，主要指电网电压频率稳定，波形失真小，城轨云数据中心对于电网稳定性的要求如表 11-5 所示。

城轨云数据中心对于电网稳定性的要求　　　　　　　　　　表 11-5

项目	技术要求			备注
	A 级	B 级	C 级	
稳态电压偏移范围（%）	±3		±5	—
稳态频率偏移范围（Hz）	±0.5			电池逆变工作方式
输入电压波形失真度（%）	≤5			电子信息设备正常工作时

要求供电电源的质量稳定是为了保证数据和设备的安全。表 11-5 中各项稳态指标的提出实质上意味着数据中心机房必须配置 UPS，因为市电电网无法长时间处于上述指标之内，只有 UPS 的输出才会如此稳定。

（3）平衡

平衡，主要是指三相电源平衡，即相角平衡、电压平衡和电流平衡。要求负载在三相之间分配平衡，是为了保护供电设备（如 UPS）和负载。

（4）分类

分类，是对 IT 设备及外围辅助设备按照重要性分开处理供配电。分类的实质源于各负荷可靠性要求的不一致。为不同可靠性要求的负荷配置不同的供配电系统，能够在保证安全的前提下有效地节约成本。

11.5.2 冗余与后备

根据《数据中心设计规范》（GB 50174—2017）中的相关要求，A 级数据中心由双重电源供电，并设置备用电源，当正常电源发生故障时，备用电源能承担数据中心正常运行所需要的用电负荷；B 级数据中心由双重电源供电，当只有一路电源时，设置柴油发电机组作为备用电源。

备用电源可采用独立于正常电源的柴油发电机组，也可采用供电网络中独立于正常电源的专用馈电线路。备用电源是保障 A 级数据中心正常运行的必要条件，独立于正常电源的发电机组和供电网络中独立于正常电源的专用馈电线路都可以作为备用电源。B 级数据中心相对于 A 级数据中心在电源可靠性方面要求较低，当 B 级数据中心由双重电源供电时，可不设置独立的备用电源。

目前，国内城轨弱电系统均采用一级负荷、两路独立电源，低于 A 级数据中心的要求而高于 B 级数据中心要求。因此在城轨云数据中心建设时，在城轨云数据中心整体定为 B 级的前提下，可借鉴 A 类数据中心的相关要求，可采用柴油发电机、第三路独立电源的形式，以缩减 UPS 蓄电池数量，降低投资及维护工作量。

主用数据中心、灾备数据中心设备用电负荷等级为一级负荷，由双重电源供电。其中，供电电源按一级负荷中特别重要的负荷考虑，同城灾备数据中心与主用数据中心的供电电源不应来自同一个城市变电站。

对于备用电源，可选择柴油发电机，也可选择备用独立电源，可按图 11-4 中的流程进行比选。

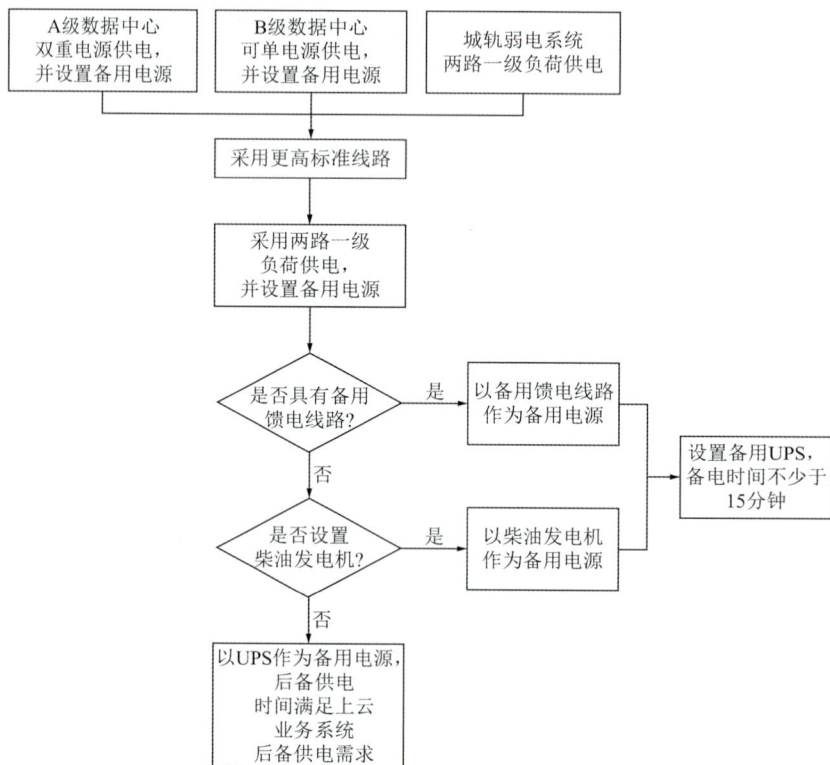

图 11-4　供电方案比选流程图

柴油发电机作为后备电源时，不间断电源系统电池的最少备用时间不少于 15 分钟。因为 15 分钟为通过 UPS 为柴油发电机启动并就绪准备的时间，如采用柴油发电机作为后备电源时，UPS 需满足柴油发电机启动的后备时间。

采用第三路电源时，可实现毫秒级切换，理论上可以不考虑 UPS 备电时间，但是基于稳定性考虑，还是与柴油发电机情况做出同样的备用电源要求。

在实际工程建设中，受外在条件、投资等因素限制，如不具备第三路独立供电、柴油发电机等备用电源设置条件时，蓄电池配置情况必须要满足云平台承载的各个业务系统后备供电时长的要求。UPS 蓄电池组保证连续供电时间视平台承载业务系统的需求而定。

11.5.3　电源配置

城轨云数据中心具有用电量大、稳定性要求高、随线网扩展性强的特征，需采用冗余配置的方案。借鉴其他行业数据中心模块化 UPS 的应用经验，采用效率更高、拓展性更好的模块化 UPS。

不间断电源系统有自动和手动旁路装置，确定不间断电源系统的基本容量时留有余量。不间断电源系统的基本容量按式(11-1)计算：

$$E \geqslant 1.2P \tag{11-1}$$

式中：E——不间断电源系统基本容量（不包含备份不间断电源系统设备）的数值，单位为千瓦或千伏安（kW 或 kVA）；

P——电子信息设备计算负荷的数值，单位为千瓦或千伏安（kW 或 kVA）。

确定 UPS 容量时需要留有余量，一是使 UPS 不超负荷工作，保证供电的可靠性；二是为了以后少量增加电子信息设备时，UPS 的容量仍然可以满足使用要求。按照式(11-1)计算出的 UPS 容量只能满足电子信息设备的基本需求，未包含冗余或容错系统中备份 UPS 的容量。

电子信息设备的配电采用配电列头柜或专用配电母线，双路供电。采用配电列头柜时，配电列头柜靠近用电设备安装；采用专用配电母线时，专用配电母线具有灵活性。

11.6　机房监控管理平台

城轨云数据中心设置机房监控管理平台，对数据中心内基础设施的运行状态进行集中监测、控制和管理，并将相关信息上传至综合运管平台。

基于模块化机房理念建设的城轨云数据中心，如图 11-5 所示，整合了供配电、空调、视频监控、门禁、照明、火灾自动报警、气体灭火等设备的状态监控，以及对机柜内、机房整体环境的监测。基于智慧城轨整体运维的理念，设备监控系统实现对模块内供配电设备、空调设备、温湿度设备、漏水检测设备、烟雾设备、视频设备、门禁设备等的不间断监控，并具备状态记录、动态调整、实时预警、联动控制等功能，可以进行近端及远端控制。同时，机房监控管理平台与楼宇的环境和设备监控系统信息互通，当紧急事件发生时可以联动控制。

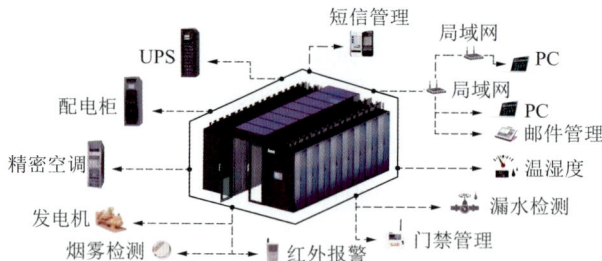

图 11-5　机房监控管理平台示意图

11.7　机房防雷接地

从城轨云数据中心机房的建设来看，既需要建设完善的接地系统，又需要建设可靠的防雷系统，接地系统和防雷系统二者之间是密不可分的。按照国家标准《建筑物电子信息系统防雷技术规范》(GB 50343—2012)，一个建筑物电子信息系统综合防雷系统所包含的内容如图 11-6 所示。

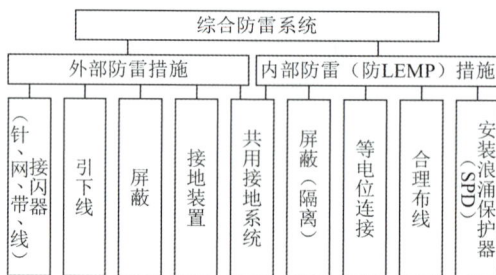

图 11-6　机房综合防雷系统构成图

城轨云数据中心机房的防雷和接地设计时，除符合上述规范的相关规定外，还需要符合国家标准《建筑物防雷设计规范》(GB 50057—2012)的有关规定。如数据中心内各级配电系统浪涌保护器的设计按照《建筑物电子信息系统防雷技术规范》(GB 50343—2012)的有关规定执行。

主用数据中心、灾备数据中心低压配电采用 TN-S 系统可以对雷电浪涌进行多级保护，对 UPS 和电子信息设备进行电磁兼容保护。在 TN-S 系统中，设备外壳的保护接地和信号接地通过连接 PE 线 (保护导体，Protective Earthing Conductor) 实现接地。

机房配电系统具备防雷功能，弱电系统也具备防雷功能，输入配电箱 (柜) 设置浪涌保护器。城轨云数据中心所有外露导电物建立等电位连接网络，而且各种箱体、壳体、机架等金属组件与建筑物的共用接地系统也要进行等电位连接。

每台电子信息设备（机柜）采用两根不同长度的等电位连接导体就近与等电位联结网格连接；当连接导体的长度为干扰频率波长的 1/4 或其奇数倍时，其阻抗为无穷大，相当于一根天线可接收或辐射干扰信号，而采用两根不同长度的连接导体可以避免其长度为干扰频率波长的 1/4 或其奇数倍，为高频干扰信号提供一个低阻抗的泄放通道。

如图 11-7 所示，等电位联结网格采用截面面积不小于 25mm² 的铜带或裸铜线，并在防静电地板下构成边长为 0.6～3m 的矩形网格。等电位联结网格的尺寸取决于电子信息设备的摆放密度，机柜等设备布置密集时（成行布置，且行与行之间的距离为规范规定的最小值时），网格尺寸取小值（600mm×600mm）；设备布置宽松时，网格尺寸可视具体情况加大。

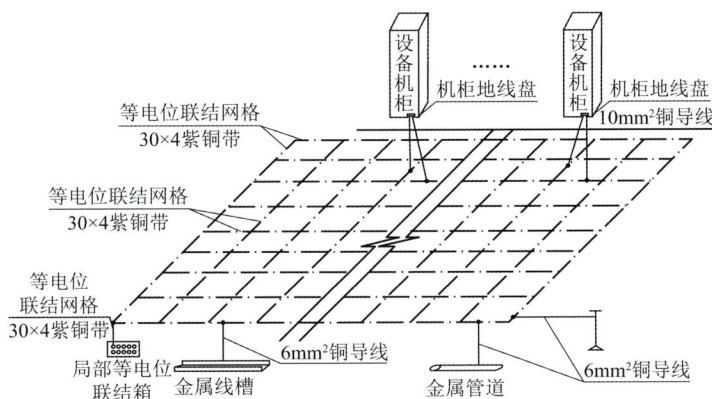

图 11-7　典型城轨云数据中心机房接地示意图

11.8　机房防火安全

城轨云数据机房作为关键的信息基础设施，其防火安全至关重要。城轨云数据机房的设计和建设遵循《建筑设计防火规范》（GB 50016—2014）、《气体灭火系统设计规范》（GB 50370—2005）、《细水雾灭火系统技术规范》（GB 50898—2013）和《自动喷水灭火系统设计规范》（GB 50084—2018）等相关国家标准的规定。

城轨云数据中心的主机房及支持区设置气体灭火系统，也可设置细水雾灭火系统。辅助区、行政管理区等长期有人工作的区域，设置自动喷水灭火系统。

城轨云数据中心设置火灾自动报警系统，火灾自动报警系统与自动灭火系统、通风系统、给排水系统等实现消防联动，确保在火灾发生时迅速响应。一般情况下，城轨云数据中心与其他功能用房合建时，城轨云数据中心内的自动喷水灭火系统应设置单独的报警阀组。

城轨云数据中心机房的耐火等级不低于二级，顶棚、墙体和隔断为不燃烧体，且不得采用有机复合材料。地面及其他装修采用不低于 B1 级的装修材料。城轨云数据中心与建筑内其他功能用房之间采用耐火极限不低于 2.0h 的防火隔墙和 1.5h 的楼板隔开，隔墙上开门采用甲级防火门。

城轨云数据中心保证足够的安全疏散通道，疏散门的设置满足人员安全疏散的要求。机房出口设置向疏散方向开启且能自动关闭的门，并保证在任何情况下都能从机房内打开。

城轨云数据中心的消防用电负荷为一级负荷，设置通道疏散照明及疏散指示标志灯，主机房通道疏散照明的照度值不低于 5lx，其他区域通道疏散照明的照度值不低于 1lx。

11.9 绿色数据中心

绿色低碳是数据中心未来发展的重要方向，工业和信息化部强调新型数据中心绿色低碳发展要求，全国新建大型、超大型数据中心平均电能利用效率要降到 1.4 以下，国家枢纽节点降到 1.25 以下，全国在用大型及以上数据中心的平均电源使用效率（Power Usage Effectiveness，PUE）持续降低，最优水平达到 1.07。

随着 ICT 设备的集约化与高密化，数据中心 PUE 值逐渐降低，因此建设高密度数据中心，是实现绿色数据中心的有效方式。中国城市轨道交通协会发布的《中国城轨交通绿色城轨发展行动方案》明确要求推进城轨云数据中心集约化、高密化，创建城轨特色绿色数据中心。

在绿色数据中心的设计、实施阶段，可采用以下措施来降低 PUE 指标。

（1）静态规划

通过预先的服务器 U 位规划、行间空调列位规划，前期优化设备房布局。

（2）动态调整

根据服务器、网络实时监控负载情况及区域温度，对虚拟机业务进行动态调配，做到数据均衡负载。

（3）节能优化

可在数据中心业务不繁忙的阶段，将一部分空调、服务器调整进入空闲休眠状态，以达到节能目的。

（4）差异服务

针对不同的业务的重要程度与优先级，确定分配资源的冗余性和复用性。

综上所述，结合通风空调方案及智慧化管控手段，可降低城轨云数据中心的平均电源使用效率，逐步实现绿色低碳的相关要求。

第12章
城轨云
运行维护

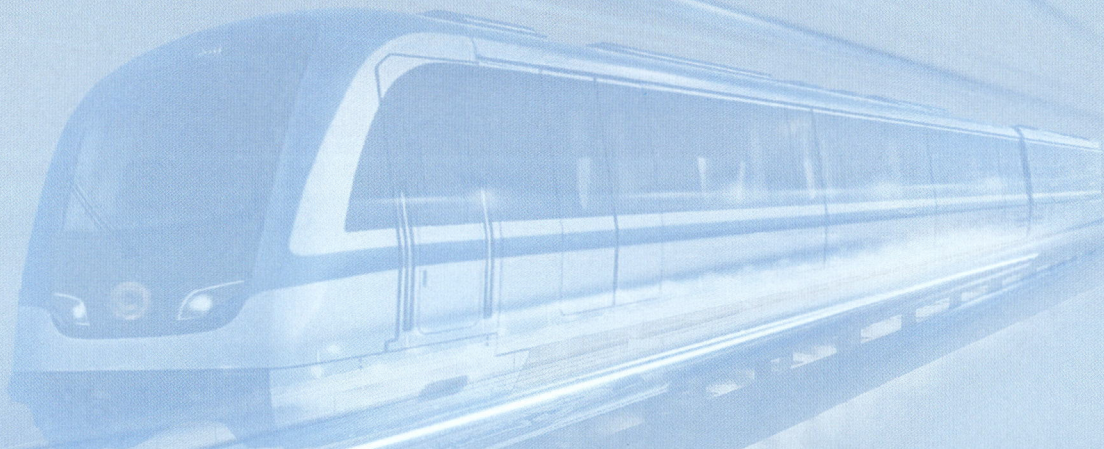

12.1 简述

城轨云作为城轨行业发展和变革的重要方向，是我国交通强国和智慧城市建设的重要组成部分。2020 年 3 月，中国城市轨道交通协会发布了《中国城轨交通智慧城轨发展纲要》，指导和推进中国各个城市城轨云的建设和发展。同时，我国的各个城市也在积极建设城轨云，北京、武汉、南京、深圳、呼和浩特、太原、重庆、长沙、青岛等城市的城轨云已经相继落地应用，城轨云的建设、应用以及发展问题都得到了广泛的研究。

随着越来越多的城市在城市轨道交通建设中使用云平台承载城市轨道交通相关业务，云平台的运行维护（以下简称"运维"）工作的重要性逐渐突显。整体规划云平台的运维框架需要考虑如何确保高可用性和安全性，以及如何实现快速响应和故障恢复。针对日常维护，云平台需要具有完善的监控系统和自动化运维工具，以管理和优化自身性能和资源利用。此外，云平台与业务系统的紧密配合也是至关重要的，需要制定明确的协作流程和灵活的应用部署策略。应急保障方面，云平台需要设立完备的应急响应机制，包括定期进行灾备演练和风险评估，建立具备高效处理能力的应急团队。解决以上问题需要跨领域的专业知识和技术支持，解决方案也将在未来的云平台建设和城市轨道交通运营中起到关键作用。

12.2 运行维护管理平台

运行维护管理平台是指在城轨云运维过程中，用以提高服务质量和效率的工具平台系统，主要实现云平台运维服务的监测、管控及优化。运行维护管理平台具备云资源监控、运维任务管理、资源管理、配置管理、人员管理、备品备件管理及运维评价管理等能力，并将相关信息上传至综合运管平台。

12.2.1 云资源监控管理

运行维护管理平台具备对城轨云平台的基础设施、IaaS 层设备、PaaS 层设备、网络安全设备、云服务等云资源进行监控的功能；能够按照不同分组、不同分类及用户自定义指标，对于动环设备、云服务器、裸金属服务器、网络设备、存储设备、容器、数据库、中间件、网络安全设备的状态数据、性能数据进行采集汇总；可以实现对云资源状态数据、性能数据的监控分析，并支持建立设施设备维修维护全生命周期模型，进而实现预测设施设备的故障、使用寿命的功能；实现云资源故障管理、设备告警信息上报、云资源定时轮询、通断告警、可用性告警、性能阈值、配置变更告警等功能；支持对运维报表模板管理、周期性报表管理和报表模板的发布，提供实时报表和周期性报表的查看功能，同时支持用户自定义报表功能。

12.2.2 运维任务管理

运行维护管理平台具备运维事件管理、问题管理、变更管理、服务级别管理以及作业计划管理等功能；支持对任何影响用户业务操作和系统正常运作的事件提供闭环管理，包括新建事件、分派事件、受理事件、处理过程查看、事件解决、事件记录、事件关闭、关联相关知识与资源；应对已处理但原因不明确事件进行管理，包括问题创建、问题审核与分派、问题的诊断与处理、问题记录、问题关闭、关联相关知识与资源；具备运维变更管理功能，包括创建变更请求、变更风险评估、变更审批、变更实施，变更关闭，并与配置管理功能进行关联；支持服务级别管理功能，包括对服务时间、节假日参数、服务考核指标等内容的定义和管理；支持将需要周期性执行的工作进行梳理，制定为作业计划，待作业计划审批生效后，系统会根据计划的执行频率按时自动创建工单，可手动分派工作人员，也可自动分派工作人员。

12.2.3 资源管理

运行维护管理平台能够实现资源模型管理、资源关系管理、资源数据查询、资源信息审计、资源变更管理及外部接口管理功能；实现资源属性管理、资源模型分类和资源模型定义管理等功能；实现对资源关系进行定义、规则创建、资源关系展示等功能；可通过全文检索和多维组合查询等方式实现对资源数据进行查询功能；实现资源信息审计功能，对审核结果不符合项通过资源变更申请流程予以纠正；支持资源变更管理，并提供属性变更日志和增加/删除日志查询功能；提供外部系统标准接口功能，支持资源数据的共享。

12.2.4 配置管理

运行维护管理平台能够实现账户管理、通知管理、流程配置管理及视图管理等功能；支持按照用户分类进行账户权限的配置及管理功能；支持按照用户分类、事件性质提供不同的通知方式，包括但不限于邮件通知、短信通知、公告通知；可实现不同运维业务流程的关系配置管理，包括但不限于流程自定义、流程可视化、流程节点处理人自定义、流程授权及流程监控管理；提供多角度、多维度、可灵活配置的视图展示管理功能。

12.2.5 用户管理

运行维护管理平台能够实现用户访问控制管理、角色管理、权限管理及服务管理等功能；实现用户访问控制策略管理和登录密码复杂度管理，确保系统访问安全；支持用户角色增、删、改、查功能，并根据账户管理功能，对于不同用户角色进行权限关联；支持按照用户角色，自定义服务配置功能；实现用户权限最小化，根据用户使用的最小功能模块分配具体权限。

12.2.6　运维人员管理

运行维护管理平台具备人员信息管理、岗位管理、考勤管理、考核管理、培训管理、安全管理及值班管理功能；实现人员信息管理功能，包括基本信息、政审信息、持证上岗信息、日常考核信息等；实现人员岗位管理功能，包括运维组织结构管理、岗位要求及岗位职责管理、岗位匹配度管理等，宜与人员基本管理功能自动匹配；实现人员考勤管理功能，包括请假管理、考勤信息统计等，宜与人员基本管理功能自动匹配；实现人员考核管理功能，支持知识库的建立及维护，支持自动生成考核试卷，自动评分、自动汇总存档功能，宜与人员基本管理功能自动匹配；实现人员培训管理功能，支持培训计划管理、培训资料管理和培训评估管理功能，培训评估可提供适应性评价、书面考试等方式，宜与人员基本管理功能自动匹配；具备人员安全管理功能，包括安全检查管理、应急预案及演练管理、安全隐患管理等，宜与人员基本管理功能自动匹配；提供人员值班管理功能，包括月度值班管理、交接班管理、值班信息查询统计分析功能等，宜与人员基本管理功能自动匹配。

12.2.7　备品备件管理

运行维护管理平台支持实现对备品备件的采购、入库、出库、库存等环节进行动态控制；实现备品备件采购管理功能，包括采购计划管理、采购订单管理、供应商管理等功能；实现备品备件入库管理功能，包括入库单管理、入库流程管理、入库质检管理等功能；实现备品备件出库管理功能，包括出库单管理、出库流程管理、使用情况管理等功能；实现备品备件库存管理功能，包括库存监控、库存预警、库存调配等功能。

12.2.8　运维数据管理

运行维护管理平台支持实现云平台及应用监控数据、性能数据、运维管理数据、日志数据、备品备件数据等各类数据的集中存储；实现运维统计分析功能，如对事件、问题、故障、变更、发布、备品备件等数据的统计和分析；能够结合运维大数据平台，并利用 AI 技术实现智慧化运维。

12.2.9　运维评价管理

运行维护管理平台支持实现运行状态分析、管理成效评价、运行成效评价、运维决策支持等功能；实现云平台运行状态分析功能，基于云资源监控信息、告警信息，提供云平台多维度的运行状态分析，并进行可视化展示；实现云平台管理成效评价功能，支持对运维工作合规性、运维团队服务质量进行管理和评价；实现云平台运行成效评价功能，支持对业务系统效率、系统可用性及运维服务状态进行管理和评价。

12.3 运行维护对象

12.3.1 运维范围

城轨云运维对象的范围包括安全生产网、内部管理网和外部服务网，涵盖了机房基础设施、各网域的物理资源、虚拟资源、平台资源以及与云平台相关的应用和数据。为了有效管理这些对象，运维组织需要根据城轨云运维对象的应用模式和服务模式，构建并开展云服务和业务系统服务的运维，如图 12-1 所示。

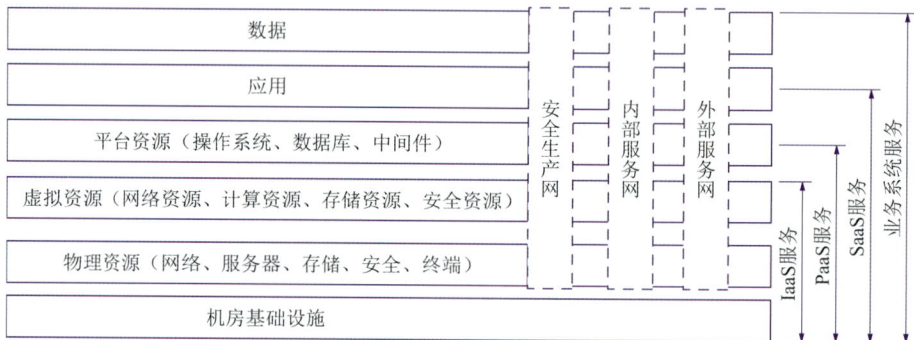

图 12-1　城轨云运行维护对象范围示意图

（1）机房基础设施运维

数据中心机房基础设施、IT 设备的日常运维管理主要包括以下内容。

①机房日常管理：空调、电力、布线、消防等基础设施的日常管理。

②机房资产管理：机房 IT 设备上下架、维修、报废、盘点管理等。

③机房巡检管理：机房内风火水电、IT 设备的周期性巡检、报告。

（2）物理资源运维

IT 基础设施运维是指云平台使用的硬件资源的维护，主要包括为城轨云安全生产网、内部服务网、外部服务网提供虚拟化的底层服务器、存储、网络设备和安全设备等基础设施物理资源。

（3）虚拟资源运维

城轨云主要采用新型的云平台架构，利用服务器虚拟化、存储虚拟化、桌面虚拟化、网络虚拟化、安全虚拟化和云计算管理等技术，统一提供计算、存储、网络、安全资源，以及云平台软件、虚拟化平台软件、数据平台软件、云桌面软件等。

（4）应用运维

应用运维包含对城轨云运维管理类软件、城轨云业务支撑软件以及 SaaS 服务业务应用软件的运维管理。

（5）数据运维

数据运维包含对城轨云运维数据、城轨云安全数据、PaaS 平台数据及 SaaS 应用数据等的运维管理。

运维组织根据城轨云运维上述五类对象的应用模式和服务模式，深入理解城轨云平台的各个领域，全面考虑各种运维对象的特点和需求。通过科学合理的规划和有序的运行维护，城轨云平台才能实现安全、稳定、高效的运行，为城市轨道交通的发展和运营提供可靠的技术支撑。

12.3.2 机房基础设施

城轨云机房基础设施包括电源系统、空调系统、微模块/机柜。

电源系统包含云平台数据中心 UPS、蓄电池、数据中心配电柜及附属配套设施、防雷与接地。蓄电池包含 UPS 主机配套的蓄电池、电池架、电池开关柜（箱）、电池连线及蓄电池巡检系统。

空调系统包括机房精密空调/行间空调室内机、室外机及连接管路等。

微模块/机柜包含列头柜、智能母线、IT 机柜、密闭冷通道、微模块内动环系统等，微模块内动环系统具备模块内供配电、行间空调、温湿度（各机柜）、照明、漏水检测、烟雾、视频、门禁等设备监控。

12.3.3 物理资源

（1）终端设备

终端设备服务于云平台用户，可分为网管终端、生产业务终端、办公终端、云管终端、显示器终端、大屏展示终端等。

网管终端、生产业务终端、办公终端、云管终端等可包含胖终端、瘦终端、物理工作站等多种形式。

终端位置灵活部署，依据业务归属于云平台安全生产网、内部管理网、外部服务网或运维管理网，便于区别维护。

（2）网络设备

网络设备部署于数据中心模块化机房内，以及车站、停车场、车辆段等处弱电设备用房机柜内。

云平台网络划分为安全生产网、内部管理网、外部服务网、运维管理网，各网域分别部署网络设备，便于区别维护。

云平台各网域的网络设备包括：核心交换机、汇聚交换机、接入交换机、中心互联交换机、负载均衡设备、路由器、存储交换机等。

云平台外部服务网部署公务电话、互联网等出局网络设备。

（3）服务器设备

服务器设备部署于数据中心模块化机房内，以及车站、停车场、车辆段等处弱电设备用房机柜内。

服务器设备根据云平台安全生产网、内部管理网、外部服务网、运维管理网独立设置，便于区别维护。

服务器设备按功能包括：云平台管理节点服务器、云主机服务器、裸金属服务器、站段云节点服务器、SDN 控制器等种类。

服务器设备采用 X86 架构、ARM 架构等，具备 CPU、GPU 等多种算力，具有机架式、刀片式等多种形式。

（4）存储设备

存储设备对语音、数据、图像、文件等信息进行存储，运维对象包含磁盘、磁带、光盘等多种存储介质形式。

存储设备部署于数据中心模块化机房内，以及车站、停车场、车辆段等处弱电设备用房机柜内。

存储设备根据云平台安全生产网、内部管理网、外部服务网、运维管理网独立设置，便于区别维护。

存储设备包括基于服务器的分布式存储架构，IP SAN、FC SAN、视频云存储等集中存储架构，以及磁带库等其他存储设备。

（5）安全设备

网络安全设备包含区域边界安全设备、通信网络安全设备、计算环境安全设备、安全中心管理设备等。

网络安全设备部署于数据中心模块化机房内，以及车站、停车场、车辆段等处弱电设备用房机柜内。

网络安全设备包括：防火墙、网闸、VPN 设备、主机杀毒设备、漏洞扫描设备、数据库审计设备、日志审计设备、探针、云主机安全设备、终端准入控制设备、沙箱设备、互联网出口抗 DDoS 设备、互联网出口上网行为管理设备、态势感知设备、终端安全管理设备、终端防病毒软件等。

12.3.4　虚拟资源

（1）网络资源

云平台基于 SDN 技术及大二层网络技术构建物理网络，为云平台提供逻辑网络承载能力。

云平台基于安全生产网、内部管理网、外部服务网、运维管理网的网域划分，分别构建网络资源，不同网域之间物理隔离。

云平台网络根据不同业务需求，以虚拟专网或物理专网方式保障业务系统网络资源隔离。

根据业务系统接口逻辑关系，云平台为云内业务系统提供虚拟接口。

（2）计算资源

根据业务系统需求，云平台提供虚拟化计算资源和裸金属计算资源。

云平台基于安全生产网、内部管理网、外部服务网、运维管理网的网域划分，分别构建服务器资源，不同网域之间物理隔离，运维阶段遵守计算资源的网域划分。

计算资源池根据业务需求划分，但不跨物理地点部署。

虚拟化计算资源兼容各类服务器，构建计算资源池。根据整体规划，划分为资源能力不同的 VDC、VPC，运维阶段须遵守相关资源池划分规范。

（3）存储资源

根据业务系统需求，云平台提供虚拟化存储资源和物理机存储资源。

云平台基于安全生产网、内部管理网、外部服务网、运维管理网的网域划分，分别构建存储资源池，不同网域之间物理隔离，运维阶段须遵守存储资源的网域划分。

存储资源池根据业务需求划分，但不跨物理地点部署。

存储设备根据整体规划，构建专属或共用的存储资源池。

虚拟化存储资源兼容各类存储设备，包括集中式存储、分布式存储等，支持多种异构存储资源的接入和管理。

（4）安全资源

云平台基于安全生产网、内部管理网、外部服务网、运维管理网的网域划分，分别构建安全资源池，不同网域之间设置边界防护设备。

安全资源池组件，采用物理服务器、虚拟机、一体机等多种形态部署。安全资源池支持异构建设。

安全资源池根据业务需求划分，安全资源池功能规划与业务系统云化部署方案协调一致。

（5）平台资源

平台层为业务系统提供部署、管理和运行应用程序的环境和能力，支持开发运维一体化服务。

平台资源基于 PaaS 层提供，包含操作系统、数据库服务、大数据服务、中间件服务、通用组件服务、容器服务、微服务等。

根据城轨云所提供的服务模型的不同，运维组织针对 PaaS 层资源匹配不同的运维策略。

12.3.5 应用

城轨云运维对象中，应用对象包含城轨云运维管理类软件、城轨云业务支撑软件以及 SaaS 服务业务应用软件。城轨云安全生产网、内部管理网及外部服务网由业务系统自行部署的应用软件由业务系统自行维护。

城轨云运维管理类软件包括城轨云自身运维管理所需所有软件，包含云平台管理软件、云运维管理软件、网络管理软件、安全管理及分析软件、模块化机房管理软件、运维办公软件、运维流程管理软件及其他相关应用软件。

城轨云自身业务支撑软件包括实现城轨云自身业务所需所有支撑性软件，包含虚拟化软件、桌面云软件、SDN 控制软件、城轨云自身所需操作系统、容器及微服务组件、数据库软件、网络安全软件及其他相关软件。

SaaS 服务业务应用软件包括城轨云提供 SaaS 服务时，业务系统功能实现所需的所有应用软件。

12.3.6 数据

城轨云运维对象中，数据对象包含城轨云运维数据、城轨云安全数据、PaaS 平台数据及 SaaS 应用数据等。

城轨云运维数据包括城轨云为业务系统提供的各类服务、运行维护过程中产生的各类运维数据、运行状态日志、工作日志及其他数据信息。根据城轨云所提供的服务模型不同，运维组织针对数据匹配不同的运维策略。

城轨云运维数据包括设备硬件状态、网络状态等数据。

12.3.7 设备硬件状态数据

设备硬件状态数据包括以下四个方面。

（1）服务器整体及关键部件（CPU、电源、内存、磁盘等）运行状态数据。

（2）存储设备整体及关键部件（设备控制器、电源、存储介质、接口卡、空间、读写速率等）运行状态数据。

（3）网络设备整体及关键部件（CPU、内存、端口）运行状态数据。

（4）模块化机房运行状态（通道内视频信息、环境温度、湿度、能耗、关键部件状态及告警信息等）数据。

12.3.8 网络状态数据

网络状态数据包括以下三个方面。

（1）链路状态数据：IP 传输时延、丢包率、误包率、无效包率等。

（2）物理链路状态数据：光纤、网络电缆测试数据。

（3）系统网络拓扑图数据。

12.3.9 运行状态日志

运行状态日志包括以下四个方面。

（1）硬件设备（计算、存储、网络）运行日志。

（2）虚拟资源（计算、存储、网络）运行日志。

（3）网络及链路运行日志。

（4）过期日志（删除）。

12.3.10　工作日志

工作日志包括以下五个方面。

（1）设备维护日志。

（2）硬件更新日志。

（3）软件升级日志。

（4）事件响应日志。

（5）系统变更日志。

云安全数据包括云安全系统告警数据、操作日志数据、安全软件升级数据、病毒库数据、特征库数据、安全事件及趋势分析数据等。

SaaS 应用数据包括所有 SaaS 服务场景下业务系统所需应用产生的数据，但不包括对业务系统产生的数据管理。

12.3.11　运维界面

（1）平台统维、系统自维

城轨云平台的运维界面遵循"平台统维、系统自维"的原则进行划分。

平台统维是指云平台基础设施和公共服务的运维工作由统一的云运维团队负责。云平台运维人员专注于解决平台级别的问题，提高整体云平台系统的可靠性和安全性，确保平台运行的一致和稳定。云平台运维人员负责云服务器、存储、网络等基础设施的配置管理和监控；负责负载均衡、DNS、数据库服务、中间件服务等公共服务的维护；对云平台的安全策略进行管理，包括防火墙策略、虚拟网络配置、加密机制等；监控和优化整个云平台的资源使用情况，确保云上资源的高效利用。

系统自维是指每个业务系统的运维工作由各自的业务团队或系统团队负责。业务系统运维团队更了解和熟悉自身系统和应用的状态，运维效率更高，能够根据自身的需求快速调整和优化系统。负责业务应用程序的部署、配置、监控和故障排除等应用维护工作。对业务系统进行性能调优，确保系统在高效、安全的状态下运行，调优应用以满足使用性能需求。管理应用的安全策略、安全级别，负责应用的更新及补丁管理。

（2）基础统维、服务自维

城轨云平台的服务场景遵循"基础统维、服务自维"的原则进行划分。

基础统维是指在云平台的 IaaS、PaaS、SaaS 三种服务模式中，均涉及机房基础设施、物理资源、虚拟资源等基础设施资源，由城轨云运维组织统一维护。

服务自维是指对运维组织对 IaaS、PaaS、SaaS 三种服务的个性化服务进行运维。

IaaS 服务场景下，城轨云运维组织维护对象包括平台资源、部分软件（城轨云运维管理类软件、城轨云业务支撑软件）及部分数据（城轨云运维数据、城轨云安全数据）；业务系统维护对象包括业务系统自身业务实现所需平台资源（操作系统、数据库、中间件等）及应用软件、接入链路等。

PaaS 服务场景下，城轨云运维组织维护对象包括平台资源（业务系统所需操作系统、数据库、中间件等）、部分软件（城轨云运维管理类软件、城轨云业务支撑软件）及部分数据（城轨云运维数据、城轨云安全数据、PaaS 平台数据），业务系统维护对象包括业务系统自身业务实现所需应用软件、接入链路等。

SaaS 服务场景下，城轨云运维组织维护对象包括部分平台资源（业务系统所需操作系统、数据库、中间件等）、软件（城轨云运维管理类软件、城轨云业务支撑软件、SaaS 服务业务软件）及部分数据（城轨云运维数据、城轨云安全数据、PaaS 平台数据、SaaS 应用数据），业务系统维护对象为业务系统接入链路等。

城轨云运维界面分析见表 12-1。

城轨云运维界面分析表　　　　表 12-1

服务模式	城轨云运维对象	上云业务系统运维对象
IaaS	机房基础设施、物理资源、虚拟资源、城轨云运维管理类软件及业务支撑软件、城轨云运维及安全数据	操作系统、数据库、中间件、业务软件、中间件及业务软件数据、业务接入链路
PaaS	机房基础设施、物理资源、虚拟资源、PaaS 服务资源、城轨云运维管理类软件及业务支撑软件、PaaS 平台数据、城轨云运维及安全数据	业务软件、业务软件数据、业务接入链路
SaaS	机房基础设施、物理资源、虚拟资源、PaaS 服务资源、城轨云运维管理类软件及业务支撑软件、业务软件、PaaS 平台数据、城轨云运维及安全数据	业务软件数据、业务接入链路

12.4 运行维护组织

12.4.1 组织架构

城轨云运维采用三种组织架构模式，模式一为城市轨道交通公司下设运维管理部门，指派运维负责人组织开展云运维工作；模式二为城市轨道交通公司下设运维管理部门，委托乙方单位的运维团队开展云运维工作；模式三为城市轨道交通公司与乙方单位分别提供资源组成运维团队（或成立合资公司），主要由运维团队（合资公司）开展云运维工作。城轨云三种运维模式的组织架构分别如图 12-2～图 12-4 所示。

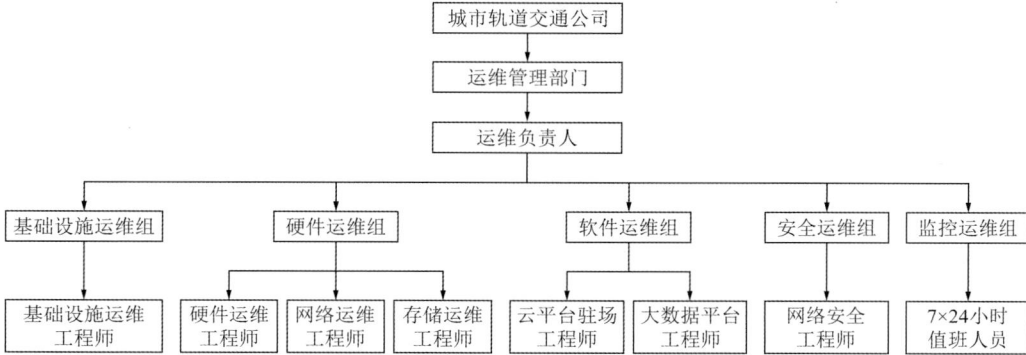

图 12-2　城轨云运维组架构模式一示意图

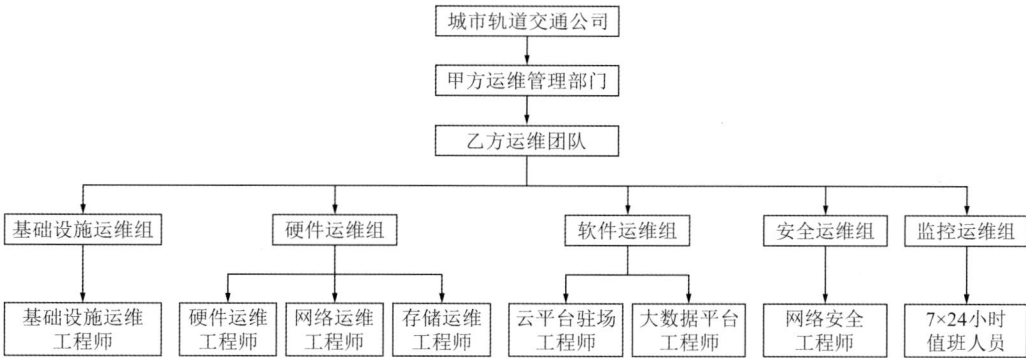

图 12-3　城轨云运维组架构模式二示意图

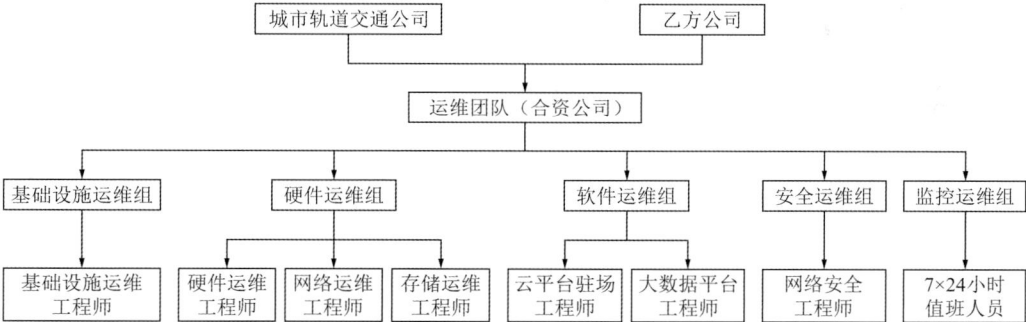

图 12-4　城轨云运维组架构模式三示意图

城市轨道交通可根据实际运营情况选择云平台运维模式。

模式一：城市轨道交通公司自行对云平台进行运维管理，运维负责人岗位由专人负责，不能兼职其他工作，软件运维组设立驻场工程师，对云平台运维工作提供原厂技术支持、故障处理、运维保障等工作。

模式二：城市轨道交通公司与乙方单位签订运维合同，由运维管理部门负责对乙方运维团队进行运维管理，由乙方运维团队开展日常运维工作，并对驻场工程师进行管理。

模式三：主要由运维团队（合资公司）开展云运维工作，并对驻场工程师进行管理。

运维团队分为基础设施运维组、硬件运维组、软件运维组、安全运维组、监控运维组，基础设施运维组下设基础设施运维工程师，硬件运维组下设硬件运维工程师、网络运维工程师、存储运维工程师，软件运维组下设云平台驻场工程师、大数据平台工程师，安全运维组下设网络安全工程师，监控运维组下设 7×24 小时值班人员。

软硬件厂商对云平台驻场工程师的高级巡检服务、平台监控服务、服务总结与汇报、专项保障、备件服务等工作提供支撑，对设备故障进行远程支持及现场处理。

12.4.2 岗位职责及人员要求

城市轨道交通云平台运维模式一的城市轨道交通公司运维管理部门、模式二的运维团队、模式三的运维团队（合资公司）均需设置运维负责人岗位。

1）运维负责人

（1）岗位职责

①负责运维团队及运维体系建设，制定并不断优化各项工作流程，完善运维管理规范，保障运维质量。

②全面管理运维工作，包括 IDC/网络/硬件规划管理、系统运维、数据库运维、应用运维、自动化运维等。

③服务人员入职离职、后勤保障、考勤、考核、培训、安全、值班、团队活动、团队沟通等方面的管理。

④定期为客户提供服务总结报告，通过数据汇总和分析对服务状况和服务绩效进行总结，并提供服务优化建议。

⑤对服务人员绩效进行综合考核。

⑥制定质量规范、质量标准，定期开展质量活动，提出质量改进计划。

（2）人员要求

①具备与外部单位或部门的接口协调工作能力。

②具备整体监控、告警、安全等内部运维自动化系统规划、研发、运营的把控能力。

③具备研究、规划并建立支持大规模集群自动化运行维护管理平台及管理工具的能力。

2）基础设施运维组

基础运维组设置基础设施运维工程师。

（1）岗位职责

①及时响应机房基础设施项目的故障、报警等突发事件，进行处理、协调、升级和记录等工作。

②通过动力环境综合监控软件，对机房基础设施（包括空调系统、电力系统、安防系统等）进行实时监控管理。

③定期对机房基础设施进行健康巡检，包括高低压配电、UPS 系统、空调系统、管线线路、消防系统、IT 设备的物理状态等。

④督促各个设备维保服务商按照数据中心的维保要求做好相应服务，完成服务报告、故障处理等报告。

⑤对数据中心电力、暖通系统进行性能优化，提高相关设备运行效率，实现机房高效运营。

⑥制定并完善机房设备出入管理流程及人员出入管理流程，完成机房运维手册的管理和更新。

（2）人员要求

①具备机房基础环境的日常维护经验，包括电源系统、空调系统、模块化或传统式机柜等基础设施。

②具备基础设施出现紧急故障时，及时对故障位置进行判断和定位，并上报进行故障处理的能力。

③具备数据中心电力、暖通、发电机组、UPS、开关电源等日常运维及管理能力。

3）硬件运维组

硬件运维工程师职责如下：

①及时响应硬件系统的突发事件，进行处理、协调、升级和记录等工作，并通过定时机房巡检来实现对设备硬件指示灯的监控。

②负责所有硬件设备的故障诊断、更换备品备件等工作。

③检查服务器状态，巡检完成后，出具相应的巡检报告。

④负责相关硬件设备故障处理及相关技术支持。

⑤负责硬件设备故障处理和更换。

⑥硬件设备运维手册的管理和更新。

⑦对最终用户提供 IT 方面问题、紧急事件的支持联络点，负责事件的分类、问题的跟踪、电话分派及升级、多厂商硬件支持协调处理等。

⑧对最终用户提供 IT 方面问题、紧急事件的支持联络点，负责事件的分类、问题的跟踪、电话分派及升级、多厂商硬件支持协调处理等。

4）软件运维组

软件运维组设置云平台驻场工程师及大数据平台工程师。

（1）云平台驻场工程师岗位职责

①负责进行云平台运行状态检查、云平台宿主机服务器运行检查、云平台系统运行状态深度巡检、云平台问题隐患处理。

②负责云平台自身软件系统的日常运维、配置、升级，配合云平台厂家服务团队处理日常运维问题。

③掌握云平台各类资源的分配情况，配合做好资源分配状态统计分析，定期报告云平台各类物理和虚拟化资源的分配情况、相关资源阈值预警、待优化资源建议。

④进行云资源使用情况分析汇总，提供资源回收规划。

⑤对云平台故障事件及时响应，故障修复完成后，提交相应故障报告。

⑥协助应用方进行故障定位和分析，并在规定时间内完成修复。

（2）大数据平台工程师岗位职责

①负责大数据平台服务器日常的维护，包括巡检、故障排除、数据备份等业务，保证服务器高质量、高效率运行状态。

②负责大数据环境（hadoop 生态）集群环境安装、维护、部署、优化。

③负责大数据平台的日常部署、升级、扩容、迁移。

④深入研究大数据业务相关运维技术，持续优化集群服务架构，探索新的大数据运维技术及发展方向。

⑤参与业务架构设计，在设计阶段给出运维性改进建议。

⑥负责协同 ERP 系统上线后的运维工作。

⑦负责协同 MES 系统（制造执行系统）上线后的运维、优化工作，确保数据正常运行。

5）安全运维组

安全运维工程师岗位职责如下：

①及时响应网络安全产品突发事件，进行处理、协调、升级和记录等工作。

②对网络安全设备进行实时监控管理，并通过定期机房巡检实现对设备硬件指示灯的监控。

③负责网络安全设备定期性巡检、优化加固及日志分析、应急响应、安全事件处置及知识库文档编制等工作。

④定期对业务系统进行安全测试与评估，梳理信息安全风险，提出整改建议。

⑤定期进行探针流量分析、排查证书有效期等，记录排查和分析结果。

⑥定期收集整理设备的配置信息，定期根据设备变更情况对相关配置文档进行更新，定期或不定期审计配置信息。

⑦进行网络安全手册的管理和更新。

⑧对安全设备（堡垒机、防火墙、入侵检测、应用防火墙、数据库审计等）进行日志分析，分析出当前最高的威胁安全事件，提出安全控制措施和安全建议。

⑨采用漏扫工具对业务系统进行漏洞扫描，对网络及安全设备进行安全基线核查，提出安全加固建议，并进行安全加固。

6）监控运维组

监控运维组工程师岗位职责如下：

①7×24 小时系统监控，范围涵盖 IT 系统、网络、应用、业务等，按照事件、问题管理流程上报、跟进监控发现的系统故障。

②处理简单重复的日常故障、服务请求及其他标准维护工作，如作业计划执行及结果检查等。

③定期对重点告警进行汇总，并生成报告。

④在指定的响应时间内响应用户通过热线电话、邮件等提出的咨询、故障报修、投诉和其他技术相关求助。

⑤用户工单记录、升级、跟踪与反馈。

⑥及时发现应急事件并进行核实和评估，按照规定策略和程序启动应急措施，及时上报并对应急事件进行持续跟踪。

12.4.3　运行维护行为规范

1）运维服务日常规范设计

（1）运维准备规范

①分析和理解工单的任务，制定相应的解决方案。

②查找相对应的操作手册，如果没有对应的操作手册，升级到组长或者运维经理。

③参考知识库里面的相关文档，对应里面的经验教训和解决方案。

④检查工单所需要的工具清单。

⑤按照事件级别或工单的定义的时间按时开始工作。

（2）运维期间规范

①核对工单描述和现场情况，如有不符，第一时间报告给模块组织。

②在执行操作前，确认所执行的操作有对应的操作手册。

③在工作进行中，要严格按照操作手册和流程执行。

④在工作进行中，如果要有客户在现场，要和客户主动沟通和反馈工作进展。

⑤在工作进行中，如果需要协助，第一时间联系模块组长或运维经理。

（3）运维结束规范

①完成工单中要填写的内容。

②签字必须真实。

③总结该工单中的技术点、注意事项等到知识库。

2）运维服务沟通机制

城轨云运维成员内部与内部、内部与外部的有效沟通对运维的质量与健康极为重要，必须要制定一套有效的沟通计划与策略。

城轨云的主要运维沟通计划如下。

①服务报告：在城轨云实施期间，运维组发布服务报告，包括周、月、半年、年报等。

②例会：运维组会议将讨论近期的运维进展情况，本阶段以来的工作进展进行回顾，总结问题点，分析原因，并确定解决方案。对下一阶段的工作任务进行部署。

③交流：保持通信联络，以传真、电话、电子邮件等方式进行沟通。

④沟通管理是项目管理的基础，沟通管理的目的是运维组各成员能够及时、有效、充分的沟通，使得各运维成员对运维质量达成共识，需要制定沟通计划，定义沟通管理

的内容、对象、程序和办法。

12.4.4　运维流程

云平台运维流程包括事件管理、问题管理、变更管理、配置管理、监控管理、服务级别管理、可用性管理及应急处理管理等。

（1）事件管理

事件处理流程是针对信息系统出现故障时提供的处理流程。尽管现在的信息系统界面越来越友好，但对于非 IT 专业的一般用户而言，依然需要明确定义一种可操作性强的方式对发生的事件进行管理。

事件管理最主要关注的是按预设的服务级别快速稳定地恢复。按照国际标准化组织的定义，"事件"是指任何不符合标准操作且已经引起或可能引起服务中断和服务质量下降的情况。

建立事件管理流程的目标是期望在尽可能小地影响组织及用户业务的情况下使信息系统尽快恢复到服务级别协议所定义的服务级别，以确保最好的服务质量和可用性级别。

时间管理的主要包括：及时识别并跟踪发生的事件；对事件进行分类并提供初步支持；对事件进行调查与分析识别引发事件的潜在原因；解决事件并恢复服务；跟踪和监督所有事件的解决过程，并随时进行沟通。

（2）问题管理

问题管理流程是指用于解决信息系统服务运营过程中遇到的所有问题的流程。结构化、系统化的问题管理方法能够迅速查明事故发生的潜在原因并找到解决此事故的方法或防止其再次发生的措施。因此，健全的问题管理关注预防性措施和引发事故的潜在因素的识别。

建立问题管理流程的目标是寻找问题的根本原因，根据优先级定义首先解决关键性问题，并防止相关事故的再次发生，增加支持人员解决问题的能力。

问题管理的主要任务包括：识别和记录问题、对问题归类、调查问题的根本原因、解决问题、终止问题。

（3）变更管理

变更管理的目标是确保在变更实施的过程中使用标准的方法和步骤，从而以最快的速度实施变更，将由变更所导致的业务中断的影响减少到最低。

变更管理主要任务包括：记录和筛选变更请求、对变更请求进行分类并划分优先级、评价变更请求对基础架构和其他服务的影响及非信息技术流程与不实施变更请求的影响、实施变更请求所需要的资源、获得实施变更请求的正式批准、变更进度安排、实施变更请求、实施评审变更请求。

（4）服务级别管理

服务级别管理是一个连接 IT 服务提供商和使用服务的用户的双方的流程。为确保服务目录和服务级别协议满足用户需求，实现所承诺的服务级别，不断提高 IT 运维服务质量。

（5）应急处理管理

为保证日常运维稳定运行，云平台需要建立应急响应体系，规范应急响应工作内容和流程，提高应急响应能力，确保云平台的安全运行和业务的连续性，减少紧急事件带来的负面影响及损失。

12.4.5　人员管理

1）管理对象

管理对象包括基础设施运维工程师、硬件运维工程师、网络运维工程师、存储运维工程师、云平台驻场工程师、大数据平台工程师、网络安全工程师、7×24 小时值班人员及管理人员，以及软硬件厂商人员。

2）工作管理

包括值班管理、交接班管理、机房管理、技术与资料管理、工具仪器管理、备品备件管理等，用于规范人员行为、工作内容，确保云平台安全运行，并根据实际情况进行修订和更新。

（1）值班管理制度

①控制中心实行 7×24 小时值班制度，并对机房设备定期巡视检查，对车站巡检人员、巡检时间进行调度和记录。

②值班人员坚守值班岗位，认真完成相关作业计划，严格执行操作规程，及时准确、完整地填写值班日志和各种规定的记录文档，按规定进行交接班。

③保持现场整洁，不将与生产无关的物品带入机房。

④遵守故障处理规定，发现异常时准确、迅速处理，并立即上报。

⑤严格遵守安全保密制度。

⑥所有值班人员未经批准不得擅自调换班次，不得擅离职守，如需调换班次须及时填写"调班申请"，由运维负责人审批后调换班次。

（2）交接班管理制度

①控制中心值班人员要记录故障信息，按要求及时填写故障登记表，发现问题及时上报。

②交接班时，双方履行交接班手续，签署交接班记录表，交班人员和接班人员均需在交接班记录表上签字。

③交接班时，如设备有告警未恢复，按照告警等级，交班人员与接班人员说明情况并在故障登记表及交接班记录表上详细记录，因交接不清发生问题，除交班人员针对相关故障告警无记录外，一般情况下，由接班人员负全部责任。

④每班交班做到"三交"，即口头交接、书面交接、现场交接，把遗留未处理的问题，

在交接班记录表上记录清晰，接班人员要梳理未处理的问题，形成闭环。

⑤当班值班人员如遇抢修作业或其他紧急情况时，不得进行交接班，待故障消除后再进行交接班。

（3）机房管理制度

①所有人员进入机房，一律要穿戴鞋套，来访人员必须在机房进出登记簿上登记后进入机房，且全程需由运维人员陪同。

②机房门禁卡要严格保管，不得随意转借，使用门禁卡需在门禁卡使用登记表上登记，微模块机房人脸识别门禁权限要严格管控，除运维人员外不得向其他人随意开通进出权限。

③机房保持干净、整洁，温湿度适宜，机房内严禁吸烟，严禁携带无关物品，严禁携带易燃、易爆物品及其他危险品进入机房。

④运维人员要对云平台系统数据实施严格的安全与保密管理，防止数据的非法生成、变更、泄露、丢失及破坏。

⑤运维操作只限于网管室终端设备，严禁通过远程进行操作，网管室运维终端不得随意插入可移动介质。

⑥未经运维负责人许可，所有人员不得在服务器上随意安装软件或更改配置，禁止任何人员将机房内的数据、配置参数等信息擅自以任何形式提供给其他无关人员或向外随意传播。

⑦严禁随意对设备断电、更改设备供电线路，严禁随意串接、并接、搭接各种供电线路。

（4）技术与资料管理制度

①配置各专业技术人员，通过技术培训来满足技术工作要求。

②资料集中保存，定期整理，保持资料完整，防止失密、泄密。

③在规定存档期限内保证所有归档文档及时、规范、齐全、真实，超过存档期限时，列出文档销毁清单，经主管核实统一销毁。

（5）工具仪器管理制度

①日常检查，保证工具设备完好、可用。

②定期计量，保证仪器仪表的精度。

③严格进行使用登记，定期盘点，保证实物流动可监控跟踪。

④建立工具报废和损坏赔偿制度。

（6）备品备件管理制度

①备件数据：动态管理备件入库数量、出库数量、现有库存数量等数据，新进场设备、材料需有产品合格证、质量证明文件。

②备件采购计划：结合历史用量、设备数量变动、故障率、货期等信息制订备件采购计划。

③库房管理与安全管理：保证备件存储需要的环境条件，备件库要保持清洁、卫生，做好防护避免落地放置，备件码放整齐，取用方便，以保证库存设备备件不发生损坏和丢失，始终处于良好状态。

④领用管理：建立备件领用审批程序规范或者严格遵守备件领用审批流程，保证备件合理利用和受控。

⑤入库管理：对入库备件核对其产品的数量、型号、规格、合格证等，核对无误后办理入库，并严格按照产品的属性合理划分库区。

⑥出库管理：备件管理员要做好出库登记，严格遵守备件出入库登记制度，执行标准的检验程序，备件出库后，备件管理员立即在备品备件管理台账中更新备件信息。

⑦返修管理：返修完成后，需及时登记入库，更新更换件入库清单记录表。

⑧报废管理：对于消耗材料，采用出库核销方式，对于资产性备件，采用报废审批方式。

⑨备件库按月度进行备件盘点，确保实物备件和台账的一致性。

12.4.6　软硬件厂商管理

模式一轨道公司运维管理部门、模式二运维团队、模式三运维团队（合资公司）负责对软硬件厂商进行管理，包括对软硬件厂商人员、进场设备材料、工器具、过程管理等的全面监督管理。

（1）管理部门建立软硬件厂商管理台账，记录软硬件厂商单位及人员信息。

（2）软硬件厂商对各自负责的产品进行坏件更换、维修、故障处理等工作。

（3）软硬件厂商人员进场需严格按照管理部门要求办理进场手续。

（4）软硬件厂商单位对云平台设备进行巡检、升级、改造等工作时，制定详细的作业计划或方案，并报管理部门审核。

12.5　运行维护活动

12.5.1　维护管理

城轨云平台作为城轨行业的核心生成业务系统，须做到尽检尽修，不可漏修漏检。城轨云平台维护活动主要分为故障修、预防修、状态修。故障修执行的是尽快更换故障件的原则，故障设备如果是冗余、双活状态，则在当天停运后进行更换；如果故障件是单链路状态，则在不影响其他业务的条件下当时进行更换。预防修是根据云管系统给出的故障预告警对可能发生故障的设备进行更换。状态修是根据运维对象的不同制定不同的维护活动、维护周期。在日常的维护活动中，通过软件监测、自动化等手段协助运维，并通过告警实施监控，主动分析告警避免后续问题。

1）硬件设备运维活动

硬件设备运维活动是指服务器（裸金属服务器、管理服务器、计算服务器、网管服务器、数据库服务器、云桌面服务器）、存储（FC 存储、存储阵列、视频存储、磁带库）、网络设备（核心骨干路由器、出口路由器、出口交换机、核心交换机、接入交换机、汇聚交换机、站段汇聚交换机、站段接入交换机）和安全设备（网闸、DDoS、WAF、防火墙、入侵防御系统、堡垒机、漏洞扫描系统、态势感知系统、沙箱系统、日志审计系统、数据库审计、防病毒系统）的状态修。

（1）日检：通过管理平台查看是否存在告警、在线状态，每天不少于一次到机房对设备外观进行巡检，检查设备指示灯、线缆、标签和风扇运转情况，填写巡检记录表。

（2）月检：通过巡检工具对硬件设备各项基础部件详细信息和健康度进行巡查，输出巡检报告；现场巡检检查电源线与电源分配单元（Power Distribution Unit，PDU）插座连接情况。

（3）季检：通过网管上通过巡检工具对硬件设备各项基础部件详细信息和健康度进行巡查，输出巡检报告；更换各平台登录密码；现场巡检，进行设备清洁，检查端口封堵情况，检查电源线与 PDU 插座连接情况。

（4）年检：根据设备运行环境及内部灰尘情况，按年度进行深度清洁。

2）机房设施运维活动

机房设施运维活动是指机房设施（机柜、动环监控、微模块、视频监控、制冷系统、供电系统、消防系统、门禁系统、接地系统）的状态修。

（1）日检：通过管理平台查看是否存在告警、在线状态，每天不少于一次到机房对设备外观进行巡检，检查设备指示灯、线缆、标签和风扇运转情况，填写巡检记录表。

（2）月检：进行现场巡检，功能测试，清洁机柜表面，检查机柜接地情况，检查 PDU 接线情况，查看各类指示灯是否正常。对机房环境温湿度、地板渗漏水、孔洞封堵、地面卫生、鼠贴鼠药、天花/墙顶、墙壁、空调、通风、消防、门禁、接地、照明、线缆槽架等进行检查。

（3）季检：进行现场巡检，查看孔洞封堵情况、虫鼠活动情况和功能测试，清洁机柜表面，检查机柜接地情况，检查 PDU 接线情况，查看各类指示灯是否正常；对机房环境温湿度、地板渗透水、孔洞封堵、地面卫生、鼠贴鼠药、天花/墙顶、墙壁、空调、通风、消防、门禁、接地、照明、线缆槽架等进行检查；对蓄电池进行放电操作。

3）软件运维活动

软件运维活动是指软件（虚拟化平台、云桌面系统、云管系统、网管系统、传输网管、态势感知平台、备份系统、大屏控制软件、动环监控软件、视频监控软件）的状态修。

（1）日检：登录系统检查主机 CPU 利用率、内存占用率、节点状态；登录系统检查运维看板、系统运行状态及任务执行情况。

（2）月检：对软件平台进行巡检，确保软件系统的正常运行，输出巡检报告；根据厂家发布的最新版本，并结合运维需求对软件进行升级。

（3）季检：通过上传巡检工具，对软件平台进行巡检，确保软件系统的正常运行，输出巡检报告，并对发现的问题及时整改；根据厂家发布的最新版本，并结合运维需求对软件进行升级；每季度更新各管理软件密码。

12.5.2　资源管理

1）计算、存储资源管理

计算、存储资源管理遵循以下原则。

（1）资源分配和使用原则。用户单位根据业务需要向云平台管理部门提出资源申请，云平台管理部门评估、审批后分配资源总额和初始资源额度，云平台维护部门按初始资源额度分配资源，并监控资源使用情况，在资源总额范畴内，云平台维护部门根据用户资源使用情况进行动态调整，用户单位通过正式文件提出申请，资源调整操作完成后由云平台维护部门通知云平台管理部门和用户单位。如资源使用量已达总额仍不能满足信息系统实际需求，用户单位再次提出资源申请。

（2）云计算资源的初始分配。云平台管理部门通过对在云平台运行的多个系统资源使用情况进行统计分析，按照系统重要性、系统安全性、系统资源利用率等三个方面进行资源初始分配。

（3）云计算资源调整。在资源总额范畴内，云主机资源的调整按照以下管理原则进行。

（4）达标升级原则。各单位云主机资源需达到一定使用量或条件时才能申请升级，具体如下：

①CPU 周平均使用率超过 80% 及以上。

②1 小时内 CPU 使用峰值超过 90% 达到 3 次以上。

③内存周平均使用率超过 80% 及以上。

④1 小时内存使用峰值超过 90% 达到 3 次以上。

⑤存储空间使用率达 80% 以上。

同时满足①、②升级扩容 CPU；同时满足③④升级扩容内存；满足⑤升级扩容存储。

（5）资源回收原则。各单位云主机资源使用率极低，由云平台维护单位通知业务系统，共同研判资源回收，具体如下：

①CPU 月平均使用率 1% 以下。

②1 年内 CPU 使用峰值未超过 20%。

③内存月平均使用率 20% 及以下。

④1 年内存使用峰值未超过 20%。

⑤存储空间使用率 20% 以下。

同时满足①、②回收 CPU；同时满足③④回收内存；满足⑤回收存储。

（6）临时升级原则。当用户单位的信息系统出现预期的访问高峰时，用户单位在明确升级时间长度和资源需求后，向云平台管理部门提出资源临时升级申请。

（7）应急管理原则。云平台维护部门在发现用户单位的云主机出现资源瓶颈情况时，及时报送云平台管理部门详细情况，待审批后采取资源扩容操作，施工完成后由云平台管理部门通知用户单位。

（8）云计算、存储资源的变更。用户单位需对已分配的云计算资源（第三方软件）进行变更时，须提交资源变更申请，按照申请流程办理。

（9）云计算、存储资源的回收。用户单位已申请的资源如出现闲置时通知云平台管理部门和云平台维护单位，待审批通过后进行资源回收。云平台维护单位每季度整理出资源使用率偏低的云主机，对于资源长期闲置不用或已停止服务的主机，在经用户单位和云平台管理部门确认后将收回资源。

2）网络资源管理

网络资源管理包括以下方面。

（1）云平台网络资源管理。云平台网络的新增、迁移和撤销申请由云平台管理部门按照相关流程审批后交由云平台维护单位实施。

（2）对于由用户单位自行负责租赁费用的网络链路需接入云平台网络的，由用户单位提出申请，经审批后实施。

（3）对于现有已接入云平台的专线网络，凡涉及链路增减、带宽调整、点位迁移等变更情况，由用户单位向云平台管理部门提出申请，经审批后由云平台维护部门负责实施。

（4）云主机端口开放管理。用户单位须充分重视应用系统的端口开放管理，在申请端口开放时做到以下几点。

①明确端口用途和范围。每一个开放端口均需明确用途和开放范围（互联网、内部管理网、安全生产网或固定 IP），短期无明确用途的预留端口不建议申请，同时端口的开放范围能小则小（精确为 TCP、UDP、IP、ICMP 的单个端口），以减少安全风险。

②为加强安全管理，常用端口如 TCP21（FTP）、TCP1433（Microsoft SQL）、TCP1521（Oracle）、TCP3306（My-SQL）、TCP50000（DB2）、TCP5000（SyBase）等传输数据类，通常只允许在用户单位应用系统不同云主机之间访问，而不允许外部访问，如需要在非云平台环境内访问此类端口，需要修改到其他非周知端口。

③对于不再使用的端口，用户单位及时通知云平台管理部门和云平台维护单位进行端口权限取消工作，及时调整或更新端口开放权限。

（5）VPN 账户管理。用户单位须充分重视 VPN 账户管理，在申请 VPN 账户时做到以下几点。

①申请资格：云平台用户单位因特殊原因无法到达现场调试且保障网络安全，要保证"专机专用"，一个 VPN 对一个 MAC 地址。

②账号管理：申请的用户单位对任何经由该账号所产生的安全事件负责。

③账号有效期：所有申请 SSL VPN 账号原则上申请使用的有效期不超过 3 个月。

④账号访问权限修改：用户单位对账号的访问云主机运维 IP、端口权限增加或减少，用户单位须填写申请表交云平台管理部门审批后由维护单位实施。

3）安全资源管理

（1）云平台部署了防火墙、WAF、入侵检测、漏洞扫描、态势感知平台等安全设备，当用户单位需要将业务系统加入此类安全设备的纳管中，需要云平台管理部门提交《云平台资源申请表》（附件一），云平台管理部门审核完成后由维护单位进行纳管实施，待操作完成后由云平台管理部门通知用户单位。

（2）用户单位须做好应用系统安全防护（如修补安全漏洞等）。应用系统上线前用户单位通知云平台管理部门和云平台维护单位。并由用户单位提供安全检测证明后上线。

4）数据资源管理

（1）数据包含城轨云运维数据、城轨云安全数据、PaaS 平台数据及 SaaS 应用数据等，城轨云运维数据包括设备硬件状态数据、网络状态数据，根据不同的业务需求，对城轨云数据资源进行定期保存、备份。

（2）用户单位根据业务需求，向云平台管理部门申请查看、导出云平台数据资源。

12.5.3　机房管理

（1）机房管理满足云平台数据机房的各项标准，包括并不限于环境卫生、温度、湿度、防虫防鼠等。

（2）对云平台数据机房实施日巡检，巡检过程中对卫生、温湿度做好相应记录。

（3）机房内温湿度控制满足下列要求。

①机柜进风区域温度：18～27℃。

②机柜进风区域相对湿度：≤60%。

③机柜进风区域露点温度：5.5～15℃。

④机房环境温度（停机时）：5～45℃。

⑤机房环境相对湿度（停机时）：8%～80%。

⑥机房环境露点温度（停机时）：≤27℃。

（4）对机房中的消防设备重点检查，外观状态日巡检。根据消防器材种类制定功能检查计划，确保消防功能正常。

（5）对人员、设备进出机房制定相应管理办法，确保机房、机房内设备的安全性。

12.5.4　计划性维护

1）巡检类维护

巡检类维护工作表见表 12-2。

巡检类维护工作表 表 12-2

巡检类型	频次	对象	输出内容	作业标准	业务影响分析
每日机房巡检	≥2次，白班一次、晚班一次	机房内 IT 硬件的健康状态	机房巡检记录表	按照既定计划和指导书完成巡检工作； 输出对应巡检报告，完整列举所发现的问题； 输出问题整改建议方案； 对发现的异常及时处置、升级和闭环，保持平台的稳定性，确保承载业务的可用性	巡检过程无影响； 如涉及问题整改，需评估变更方案的影响范围
每日平台巡检	≥2次，白班一次、晚班一次	云平台软件、IaaS 基础设施健康状态、告警情况巡检	平台每日巡检报告		
每周巡检	每周 1 次，周五执行	云平台、IaaS 基础设施的监控状态、告警、系统日志、资源容量、底层关键服务等的例行巡检	周巡检报告		

2）风险排查维护

风险排查维护工作表见表 12-3。

风险排查维护工作表 表 12-3

维护类型	频次	对象	输出内容	作业标准	业务影响分析
整网架构风险评估和优化整改	每半年 1 次	云平台环境整网架构，含软硬件、配置、容量、版本风险等	架构风险评估报告	按照架构评估计划和内容完成评估； 输出风险点、整改措施建议； 按照整改建议，完成风险的整改闭环	排查过程无影响； 如涉及整改，需要评估风险整改的影响范围

3）集中维护作业

每年度对现网的软硬件版本进行一次综合性评估，基于原厂产品发布的版本特性、已知版本问题解决情况，结合云平台的实际诉求，给出待升级年度稳定版本建议，向运营单位申请整网升级时间窗口。

（1）执行频度：每年一次。

（2）集中维护作业窗口建议时长：2 天。

（3）集中维护作业业务停机时长：≤3 小时（预估）。

（4）业务影响。

①升级过程会对各专业系统造成业务中断影响，建议根据运营单位的集中检修计划执行升级，尽可能降低对业务的影响。

②升级采取对每朵云单独集中维护的方式，升级过程只对维护中的云平台业务产生影响。比如：升级内部服务网的云平台，就只会对内部服务网上的业务产生影响。

12.5.5 重大节日保障

1）保障总体原则

高度重视，职责明确：成立服务保障小组，统一领导，任务到人，职责明确。

专家团队全力保障：成立专家团队，集中各产品线专家、研发专家、解决方案专家，覆盖城轨云工程涉及的所有产品。

第一时间恢复业务：如出现故障问题导致业务中断，按照应急演练方案第一时间恢复业务。

故障问题升级处理：对故障问题进行升级处理，严格要求定位处理时限，保证问题解决效率。

集中监控，及时通报：保障执行小组组长对保障情况以周报、日报形式进行监控，跟踪故障问题处理进展并及时通报。

2）保障工作安排

保障工作分为设备巡检、整改优化、现场保障和保障总结 4 个阶段。结合具体情况，各阶段的具体工作安排如下。

（1）设备巡检

由运维经理安排专人对城轨云平台进行机房 IT 硬件、云平台、IT 基础设施等健康度健康检查，对现有系统的运行状况进行全面的检查和评估，提交检查报告。

（2）整改优化

现场运维团队自查阶段结束后，根据健康检查和现场巡检的结果，针对云平台中存在的问题和隐患，提出整改建议措施和整改计划，并在原厂本地服务团队、原厂行业运维专家、产品二线等的支持下，由现场运维团队完成风险整改闭环。

（3）现场保障/远程保障

本次保障期间，根据业务需要，为城轨云平台提供现场和远程保障。保障人员名单见表 12-4。

值班保障工作表 表 12-4

20××年××云×××值班保障							
日期	10 月 1 日	10 月 2 日	10 月 3 日	10 月 4 日	10 月 5 日	10 月 6 日	10 月 7 日
现场							
远程							

（4）备品备件保障

备品备件保障包括现场备件保障和原厂备件保障。

项目现场已建立相对完善的备品备件库，依托此备品备件库部件，一般性的硬件故障 5 分钟内响应、30 分钟内给出处置建议方案，1 小时内完成故障解决。

对于现场备品备件库无法支持的备品备件，提前协调制造商原厂备件库进行支援，盘点现场所需关键备品备件，做到现场备品备件的及时补充。

12.6 安全管理与应急响应

12.6.1 安全管理

1）总体要求

城轨云平台网络安全管理的目标是确保城市轨道交通交通运输调度、客流管理、安全控制和运营的网络与信息安全，促进信息化业务发展和保障数据隐私安全。

2）安全管理机构

（1）网络安全领导机构

建立网络和信息安全工作协调和决策机制，设立由本机构领导、业务与技术相关部门主要负责人组成的网络安全工作的委员会或领导小组，其最高领导由单位主管领导担任或授权，负责协调云平台内网络安全管理工作。明确主要负责人为本机构网络和信息安全工作的第一责任人，分管网络和信息安全工作的领导班子成员或者高级管理人员为直接责任人。

（2）网络安全组织框架

网络安全组织架构示意如图 12-5 所示。

图 12-5　网络安全组织架构示意图

安全管理岗主要负责网络安全组基础运维岗，安全监控岗，响应处置岗的操作审批及授权。

基础运维岗主要负责城轨云平台相关资产的台账管理，以及日常巡检、安全资源下发、版本/规则库升级、产品加固、产品问题处置、定期漏洞扫描等工作，定期输出运维报告。

安全监控岗主要负责城轨云平台网络安全态势的实时监测，对异常流量进行分析、研判，输出监控报告。

响应处置岗主要针对运维及监控报告里的安全事件进行响应处置，若为城轨云平台自身发生安全事件，则牵头处理；若为云内租户发生安全事件，则协助、指导应用厂商处理，并输出安全事件处置报告。同时，需定期进行渗透测试，输出渗透测试报告。

3）人员安全管理

（1）人员录用管理

城市轨道交通公司对第三方运维人员的身份、安全背景、专业资格或资质等进行审查，对其所具有的技术技能进行考核。

凡是因违反国家法律法规和组织有关规定受到过处罚或处分的人员，不能从事城轨云平台网络安全管理工作。

城市轨道交通公司与运维人员签署保密协议，与关键岗位人员签署岗位责任协议。

（2）人员离岗管理

运维人员离岗办理严格的调离手续，关键岗位人员离岗须承诺履行调离后的保密义务且离岗安全审查合格后离开，并保证离岗人员负责的信息技术系统的口令立即更换。

运维人员离岗及时终止离岗人员的所有访问权限，取回各种身份证件、钥匙、徽章等以及机构提供的软硬件设备。

（3）安全意识与培训

制定网络和信息安全岗位技能培训计划，定期组织培训交流，提升运维人员网络和信息安全技术水平，提高应对网络安全事件的能力和应变能力。

（4）外部人员访问管理

建立完善的第三方人员访问管理流程，包括申请和审批、登记备案、访问控制等环节。外部人员物理访问受控区域前先提出书面申请，批准后由专人全程陪同，并登记备案；外部人员接入受控网络访问系统前先提出书面申请，批准后由专人开设账户、分配权限，并登记备案；外部人员离场后及时清除其所有的访问权限。

对允许被外部人员访问的网络资源，建立存取控制机制、认证机制，列明所有用户名单及其权限，其活动受到监控。

4）安全制度管理

形成由安全策略、管理制度、操作规程、记录表单等构成的涵盖物理、主机、网络、应用、数据、建设和管理等各方面的安全需求、控制措施及执行程序的安全管理制度体系。同时，制定违反和拒不执行安全管理措施规定的处罚细则。

安全管理活动中的各类管理制度包括：环境管理、资产管理、介质管理、设备维护管理、漏洞和风险管理、网络和系统安全管理、恶意代码防范管理、配置管理、密码管理、变更管理、备份与恢复管理、安全事件处置、应急预案管理、外包运维管理等要求和责任。

指定或授权专门的部门或人员负责安全管理制度的制定；安全管理制度通过正式、有效的方式发布，并进行版本控制。

定期对安全管理制度的合理性和适用性进行论证和审定，对存在不足或需要改进的安全管理制度进行修订。

5）安全运维管理

（1）物理环境管理

建立机房安全管理制度，对有关物理访问、物品进出和环境安全等方面的管理作出规定。

指定专门的部门或人员负责机房安全，对机房出入进行管理，定期对机房供配电、空调、温湿度控制、消防等设施进行维护管理，填写机房值班记录、巡视记录。

机房所在区域安装 24 小时视频监控录像装置，机房实行封闭式管理，设置一个主出入口和一个或多个备用出入口，出入口控制、入侵报警和电视监控设备运行资料妥善保管，保存期限不少于 6 个月，销毁录像等资料经单位主管领导批准后实施。

机房内的设备按照规定放置，如服务器、交换机等设备放置在机柜内。机柜设置锁具，只有授权人员才能开启机柜进行操作。

机房出入口设置门禁系统，只有授权人员才能进入机房。机房保持适宜的温度、湿度和通风条件，避免设备受损。机房内设置防火设施，如灭火器、消防栓等。

（2）资产管理

编制并保存与保护对象相关的资产清单，包括资产责任部门、重要程度和所处位置等内容，并根据资产的敏感程度和重要性，对网络资产进行分类、标识管理和选择相应的管理措施。对于网络资产，采取相应的保护措施，包括防火墙、入侵检测、数据备份和数据加密等，确保网络资产不受损害或盗窃。

新资产入云进行详细登记、评估和分类，包括资产类型、用途、所属部门、责任人等信息。同时，设定合适的访问权限，以确保数据安全。对于敏感数据，采用更加严格的权限控制，只有特定的人才能访问。

城轨云平台内新资产正式上线前，须开展安全合规和漏洞检查，确保符合安全合规基线要求且没有重大安全漏洞的情况下，方允许提供服务。

组织定期对城轨云平台的网络资产进行安全性审计，发现并解决潜在的安全风险和隐患。

（3）设备维护管理

制定设备管理规范，根据设备使用年限，及时进行更换升级，落实设备使用者的安全保护责任。

建立配套设施、软硬件维护方面的管理制度，对其维护进行有效的管理，包括明确维护人员的责任、维修和服务的审批、维修过程的监督控制等。

定期对机房设施进行维修保养，加强对易损、易失效设备或部件的维护保养。

对各种设备（包括备份和冗余设备）、线路等指定专门的部门或人员定期进行维护管理。

扫描、检测类网络安全产品仅限于本机构网络安全管理人员使用。

设备确需送外单位维修时，彻底清除所存的工作相关信息，并与设备维修厂商签订保密协议，与密码设备配套使用的设备送修前请生产设备的科研单位拆除与密码有关的硬件，并彻底清除与密码有关的软件和信息，并派专人在场监督。

定期检验网络设备软件版本信息，并通过有效测试验证后进行相应的升级，同时留存测试验证相关记录。

及时升级维护网络安全产品，凡超过使用期限的或不能继续使用的网络安全产品，要按照固定资产报废审批程序处理。

需要废止的设备，由网络安全组使用专用工具进行数据信息消除处理或物理粉碎等不可恢复性销毁处理；信息消除处理仅限于废止设备仍将在组织内部使用的情况，否则进行信息的不可恢复性销毁。

（4）漏洞和风险管理

定期通过使用漏洞扫描工具、人工渗透测试等漏洞检查手段，及时发现城轨云平台可能存在的已知漏洞，并在经过充分测试评估后，及时修补漏洞。

建立应用系统紧急补丁的开发、发布流程，以备必要时提供紧急补丁或应急方案进行处理，以修补重要安全漏洞。

（5）配置安全管理

记录和保存基本配置信息，包括网络拓扑结构、各个设备安装的软件组件、软件组件的版本和补丁信息、各个设备或软件组件的配置参数等。

定期对设备的配置文件进行备份，发生变动时及时备份。

将基本配置信息改变纳入变更管理，实施对配置信息改变的控制，并及时更新基本配置信息库。

（6）密码管理

使用国家密码管理主管部门认证核准的密码技术和产品，确保密码产品与服务的采购和使用符合国家密码主管部门的要求，遵循密码相关的国家标准和行业标准。

选用的密码产品和加密算法符合国家相关密码管理政策规定，优先使用国产密码算法。同时基于硬件密码模块对重要通信过程进行密码运算和密钥管理。

系统和设备的口令密码设置在安全的环境下进行，口令密码的强度满足安全性要求。

（7）恶意代码防范管理

对恶意代码防范要求做出规定，包括防恶意代码软件的授权使用、恶意代码库升级、恶意代码的定期查杀等。

定期验证防范恶意代码攻击的技术措施的有效性。

定期检查恶意代码库的升级情况，对截获的恶意代码进行及时分析处理。

客户端统一安装病毒防护软件，设置用户口令和屏幕保护口令等安全防护措施，确保及时更新病毒特征码并安装必要的补丁程序。

提高所有用户的防恶意代码意识，对外来计算机或存储设备接入系统前进行恶意代码检查。

在关键网络节点处对垃圾邮件进行检测和防护，并维护垃圾邮件防护机制的升级和更新。

（8）数据安全管理

健全数据安全管理机制，对数据全生命周期的操作规范、保护措施、管理人员职责等进行规定。包括但不限于数据的采集、存储、处理、应用、流动、销毁等过程等全生命周期进行管理与控制，并进行安全检查与评估。

制定并执行数据分类分级保护策略，针对不同类别级别的数据制定不同的安全保护措施。

采用密码技术保证重要数据在传输和存储过程中的完整性和保密性，包括但不限于鉴别数据、重要业务数据、重要审计数据、重要配置数据、重要视频数据和重要个人信息等。

提供重要数据的本地数据备份与恢复功能，采取实时备份与异步备份或增量备份与完全备份的方式，增量数据备份每天一次，完全数据备份根据系统的业务连续性保障相关指标以及系统数据的重要程度、行业监管要求，制定备份策略。备份介质场外存放。数据保存期限依照国家相关规定。

根据"业务需要"和"最小权限"原则，进行数据访问相关权限管理，严格控制和分配相关操作权限，禁止未授权访问和非法使用数据。

在收集、使用个人信息时，遵循合法、正当、必要的原则，以隐私政策等方式公开收集、使用规则，向个人信息主体明示收集、使用信息的目的、方式和范围，并获得个人信息主体的同意。仅采集和保存业务必需的用户个人信息。

（9）应用安全管理与责任管理

城轨云平台负责提供各应用系统所需的安全能力，并为各应用系统提供独立的安全运营入口，各应用系统的安全策略部署、安全保障、安全责任等需各应用系统自行承担。

（10）监控和审计管理

保证所有系统均启用安全审计功能，审计覆盖到每个用户，对重要的用户行为和重要安全事件进行审计。同时在网络边界、重要网络节点进行安全审计，审计覆盖到每个用户，对重要的用户行为和重要安全事件进行审计。审计记录包括事件的日期和时间、用户、事件类型、事件是否成功及其他与审计相关的信息。

对分散在各个设备上的安全事件、审计数据进行收集汇总和集中分析，并保证审计记录的留存时间符合法律法规要求。定期对各类网络安全产品产生的日志和报表进行备份存档，保存时限不低于 6 个月。

（11）审核和检查

定期进行常规安全检查和全面安全检查，检查内容包括系统日常运行、系统漏洞和数据备份等情况，以及现有安全技术措施的有效性，安全配置与安全策略的一致性、安全管理制度的执行情况等。

安全检查过程中采用自动化工具和人工方式相结合的方法，制定安全检查表格实施安全检查，汇总安全检查数据，形成安全检查报告，并根据整改要求对相关整改情况进行后续跟踪。

（12）重保时期安全管理

为保障重保时期城轨云平台安全稳定运行，运维人员须建立 7×24 小时安全监控、事件分析处置和应急响应保障机制。

重保活动开始前，做好隐患排查及加固整改工作，具体包括：资产梳理及暴露面排查，敏感信息泄露排查，口令策略检查，漏洞扫描及基线核查，安全专项检查、渗透测试及安全加固等。

12.6.2　应急响应

1）基本要求

（1）基本原则

城市轨道交通公司应科学应对运维过程中的各种应急事件，提高运维人员对应急事件的处理能力，确保信息系统安全运行，维护网络和系统正常运行，降低安全事件对运维工作所造成的损失和影响。

应急响应遵循以下基本原则。

①预防为主。实行应急事件统一管理、统一指挥、各级负责的原则。

②统一领导，分级负责，全面规划、及时发现、快速反应、措施果断的原则。对应急事件进行分级管理，并按照事件级别迅速上报相关领导和责任人。

③制度规范，加强管理。严格按照事件处理流程规范操作，使应急的工作规范事件化、制度化。

④快速反应，协同应对。当应急事件发生时，各级要立即按应急预案，投入应急工作；加强各个部门配合协作。形成统一指挥、反应灵敏、功能齐全、协调有序、运转高效的应急管理机制。

⑤主动报告。当应急事件发生后，要及时报告应急预案实施情况。

（2）主要范围

城轨云平台相关信息技术服务领域。应急响应是指：在城轨云平台相关信息系统运行维护阶段，城轨云平台应急紧急状况时，为保持和恢复系统设施完好性，以避免事故的发生或减轻事故后果而立即采取的维护行为。

城市轨道交通运营时发生的非城轨云平台相关信息技术服务领域突发紧急事件时，城轨云平台相关信息系统保持发布渠道畅通，及时向乘客发布紧急情况的信息，告知乘客采取的措施，避免造成不必要的恐慌。

（3）运维应急响应级别

①一级——严重事故：城轨云平台相关信息系统出现严重故障，影响列车正常行驶，大面积停车或严重滞迟运行的；运维人员应立即响应，2小时内到达事故现场，初步处理时间6小时内。

②二级——安全事件：城轨云平台相关信息系统出现故障，导致业务停滞、数据丢失、硬件损失；运维人员应在20分钟内响应，4小时内到达事故现场，初步处理时间12小时内。

③三级——严重威胁：城轨云平台相关信息系统出现网络安全严重威胁的；运维人员应在60分钟内响应，必要时到场，初步处理时间2个工作日内。

2）应急响应过程

应急响应过程分为4个主要阶段：预防与应急准备、监测和预警、应急处置、总结和改进，如图12-6所示。

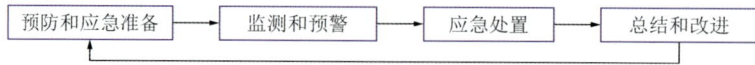

图12-6　应急响应工作流程示意图

①预防和应急准备：组建应急响应组织，确定应急响应制度，系统性识别运行维护服务对象及运行维护活动中可能出现的风险，开展风险预防储备，定义应急事件级别，制定预案，开展培训和演练。

②监测与预警：进行日常监测，及时发现应急事件并有效报警，进行核实和评估，以规定的策略和程序启动，并保持对应急事件的跟踪。

③应急处置：采用必要的应急调度手段，基于预案开展故障排查与诊断，对故障进行有效、快速的处理，及时通报应急事件，提供持续性服务保障，进行结果评价。

④总结和改进：对应急事件发生原因、处理过程和结果进行总结分析，持续改进应急工作，完善云平台相关信息系统。

（1）预防与应急准备

①应急响应组织

应组建应急响应组织。应急响应组织人员包括其他机构的专家和人员。应设置应急响应责任人、现场负责人、分组责任人、值班人员等角色；关键角色应设置备份人选。

②应急响应制度

应制定应急响应制度，明确对云平台相关信息系统进行风险评估工作，做好预防准备工作。

③应急物资

应根据自身情况制定相应的备品备件管理标准制度，确保应急物资充足。

④风险评估

应急响应组织自行或授权服务提供方进行风险评估，评估内容包括：数据中心、云平台、系统设备、网络设施、计算机软件、数据等。

对于识别出的各种风险，明确控制策略，必要时对信息系统进行升级改造，制定必要的规章制度做好风险预防工作。

⑤划分应急事件级别

对应急事件进行分级管理分级响应，应急事件应按照事件发生后的危害程度、影响范围等因素进行分级，并相应地规定应急处置措施。

⑥培训及演练

以应急响应预案为核心进行应急响应培训,每年至少举办一次;定期组织应急响应预案的演练,演练以抽选分项预案进行,每年至少要进行一项预案的演练。建立必要的突发事件模拟系统。

(2)监测和预警

①应急信息发布

对信息发布的后果进行评估,决定信息发布的范围、措辞、员工指令等。

②实时监测和预警提示

设立实时监测系统,对城市轨道交通运营情况进行监控和分析,及时发现和处理异常情况。监测的内容包括:

a.局域网通信性能与流量。

b.网络设备和安全设备的操作记录、网络访问记录。

c.服务器、摄像机、网络硬盘录像机等设备性能、数据库性能、应用系统性能等运行状态,以及备份存储系统状态等。

d.服务器操作系统、数据库安全审计记录、业务系统安全审计记录。

e.计算机漏洞公告、网络漏洞扫描报告。

f.病毒公告、防病毒系统报告。

g.其他可能影响目标系统的预警内容。

当出现故障或其他异常情况时,城轨云平台相关信息系统应该及时向相关部门发出预警提示,让相关人员能够及时采取措施应对。

③预防预警

应急响应组织针对各种可能发生的目标系统应急事件,建立和完善预测预警机制。

预警信息分为外部预警信息和内部预警信息两类。外部预警信息指目标系统外应急的可能需要通信保障、安全防范,或可能对目标系统产生重大影响的事件警报。内部预警信息指目标系统网内的事故征兆或局部目标系统应急事故可能对其他或整个网络造成重大影响的事件警报。

应急响应组织获得外部重大预警信息或通过监测获得内部预警信息后,应对预警信息加以分析,按照早发现、早报告、早处置的原则,对可能演变为严重事件的情况,部署相应的应对措施,通知相关部门做好预防和保障应急工作的各项准备工作,并及时报告相关领导。

④监测与预警状态的调整

通报信息作为监测与预警状态调整的输入,调整内容包括监测范围、监测频率等;监测与预警状态的调整通知各相关利益方。

(3)应急处置

①应急处置决策

在应急响应组织内组建应急决策办公室并制定相应的管理办法,遇到应急事件能够协调判断应急事件、启动相应的应急预案，协调应急处置方案。

发现目标系统应急事件后，及时报告应急响应组织。应急响应组织及时组织相关人员查找故障原因，在短时间内依据故障情形和修复时间进行初步判别，确定故障分类级别，进行相应的响应。

根据不同的事件级别，采取相应措施进行应急处理。应急事件处理过程中，可以根据需要调整故障级别。

②后期处置

故障排除后，应急响应组织向运维项目部通报故障解除、系统恢复正常运行通知。

系统恢复运行后，对故障发生前所进行过的业务操作进行检查，核对是否正确或有无丢失，不正确或有丢失的马上更正或补录，确保系统的正确和完整。

组织有关人员组成事件调查组，对事件发生原因、性质、影响、后果、责任及应急处置能力、恢复重建等问题进行全面调查评估，总结经验教训，完善目标系统应急处理预案，整改目标系统存在的隐患。

对在目标系统应急事件处置中做出突出贡献的集体和个人，提出表彰奖励建议；对玩忽职守，造成不良影响或严重后果的，按有关规定提出处理意见，并依法依规提出处理意见建议，并追究其责任。

（4）总结和改进

①数据分析要求

云平台相关信息系统对紧急情况进行数据分析，总结经验教训，优化应急预案，提升应对能力。

②应急工作总结

定期对应急响应工作进行分析和回顾，总结经验教训，并采取适当后续措施。

为保证应急响应的有效性和时效性，应急响应责任者应每年组织一次对应急响应工作的评审，以确保应急响应过程和管理符合遇到的标准和要求。

应急事件总结、应急工作审核的结果应该为预防和应急准备阶段各项工作的改进要素。

3）应急预案及措施

（1）总体预案和专项预案

能为应急响应组织采取应急处置及恢复操作提供快速明确的指导，预案流程设置主备处理机制，不得出现单点决策环节。

（2）应急响应预案内容

包含预案启动条件、应急响应流程、决策路径规定、信息通报要求、应急调度处置、排查与诊断、问题沟通确认、处理与恢复、调查和取证、事件响应关闭、总结和改进等。

（3）应急预案的分类

从系统方面考虑，专项应急方案在各类应急场景方面进行细化，处置方案应明确详细的处置流程或措施。

（4）城市轨道交通运营单位应制定如下应急响应预案：

①数据中心系统异常应急响应预案

当发现数据中心出现地震、火灾、水灾、排风、电力系统等故障时，立即通知应急小组。

应急响应组织应当对事故及事件严重性进行判断，必要时报请决策人批准采用保护数据、关闭设备、启动灾备流程等措施。

应急响应组织提出修正错误方案和措施，通知处理。

②线网级城轨云平台异常应急响应预案

当发现城轨云平台出现异常报警、系统宕机等故障时，立即通知应急响应组织。

应急响应组织应当进行事故及事件严重性进行判断，一般情况下进行局部调整或切换，必要时报请决策人批准采用保护数据、关闭设备、启动灾备流程等措施。

应急小组提出修正错误方案和措施，通知处理。

③网络攻击事件应急预案

当发现网络被非法入侵、网页内容被篡改，应用服务器的数据被非法拷贝、修改、删除，或有黑客正在进行攻击等现象时，使用者或管理者断开网络，并立即报告应急小组。

应急响应组织立即关闭相关服务器，封锁或删除被攻破的登录账号，阻断可疑用户进入网络的通道，并及时清理系统、恢复数据和制度，尽快将系统和网络恢复正常。

④信息破坏事件应急预案

当发现信息被篡改、假冒、泄漏等事件时，立即通知应急响应组织。

应急响应组织通过跟踪应用制度、查看数据库安全审计记录和业务系统安全审计记录查找系统被破坏的原因和相关责任人。

应急响应组织提出修正错误方案和措施，通知处理。

⑤系统安全事件应急预案

当发现不良信息或网络病毒时，系统使用人员立即断开网线，终止不良信息或网络病毒传播，并报告应急响应组织。

应急响应组织根据情况通告局域网内所有计算机用户，隔离网络，指导各计算机操作人员进行杀毒处理、清除不良信息，直至网络处于安全状态。

⑥网络故障事件应急预案

发生网络故障事件后，系统使用人员应及时报告应急响应组织。

应急响应组织及时查清网络故障位置和原因，并予以解决。

不能确定故障的解决时间或解决故障的期限并属三级以上的，应急响应组织应通报相关领导。

⑦服务器、摄像机、网络硬盘录像机等故应急预案

设备故障后，应急响应组织确定故障设备及故障原因，并通知相关厂商。

根据设备修复和恢复系统所需时间，由云平台运维组决定是否启用备份设备。

如启用备份设备，在设备故障排除后，应急响应组织在确保不影响正常业务工作的前提下，利用网络空闲时期替换备用设备。如不启用备份设备，应急响应组织应积极配合相关厂商解决设备故障事件。

⑧软件故障事件应急预案

发生计算机软件系统故障后，系统使用人员立即保存数据，停止该计算机的业务操作，并将情况报告应急响应组织，不得擅自进行处理。

应急响应组织立刻派出技术人员进行处理，必要情况下，通知各业务部室停止业务操作和对系统数据进行备份。

应急响应组织有关人员在保持原始数据安全的情况下，对计算机系统进行修复；修复系统成功后，利用备份数据恢复丢失的数据。

⑨灾害性事件应急预案

一旦发生灾害性事件，应急响应组织每一位成员都有责任在第一时间到现场抢救重要设备，如服务器，存储设备。

应急响应组织对损坏程度进行评估。如无法使用，立即联系相关厂商，进入维保服务制度。

⑩其他应急事件应急预案

应急响应组织立刻派出技术人员进入现场，制定相应措施，根据实际情况灵活处理，并按要求报告相关领导。

各城市轨道交通运营单位根据各自城轨云平台相关信息系统的情况制定应急响应预案、细化、完善并补充上条所述的预案内容，明确各责任人、决策人、后备决策人等的姓名、联系方式等。

当环境及人员发生变化时，在环境及人员交接期间更新预案内容，并作为交接工作的考核条件之一。

请相关专业机构对云平台相关信息系统的应急响应能力和应急预案进行评估，并获取相关意见进行必要的改进和提高。

12.7 服务质量评价

12.7.1 一般规定

实现对于云平台运行状态、运维团队服务质量、系统可用性、运维服务状态等方面进行评价。

12.7.2 运行状态评价

运行状态评价是实现对于云平台资源健康指标、云平台基础指标进行检测。

云平台资源健康指标是对于云资源、云服务的运行状态评价，评价指标包含云资源可用率、云服务可用率。

云平台基础指标是实现对于云平台运行状态评价，评价指标包括服务器、网络设备、存储设备的状态指标。

服务器评价指标包括健康率、CPU 使用率、内存使用率等。

网络设备评价指标包括健康率、CPU 使用率、内存使用率、端口使用率、端口带宽等。

存储设备评价指标包括健康率、使用率、IOPS 等。

综合以上来实现对平均无故障时间（MTBF）、平均修复时间（MTTR）、可用度（A）、服务中断次数、云服务器可用性和业务连续保障能力等的评价。

12.7.3　服务质量评价

实现对于运维团队服务质量评价，包含培训管理评价、出勤管理评价、绩效考核评价。

培训管理评价能满足对人员培训时间、人员平均考核合格率、新入职员工培训率、安全教育完成率等的评价。

出勤管理能满足对空岗率、人员离职率和人员出勤率等的评价。

绩效考核能满足对于绩效考核覆盖率、岗位考核通过率、安全教育考核通过率等的评价。

服务质量评价还包括对事件关闭率、故障关闭率、问题关闭率、变更成功率、紧急变更率、服务内容达成率和平均故障响应时间等的评价。

12.7.4　评价指标

（1）云平台运行状态评价指标

云平台运行状态评价指标见表 12-5。

运行状态评价指标表　　　　表 12-5

一级分类	二级分类	指标项	指标公式	指标评价建议标准		
				业务重要性高	业务重要性中	业务重要性低
云平台资源健康指标监测	云资源可用率监测	CPU 分配率	$\frac{\Sigma 已分配 CPU 核数}{\Sigma 云总 CPU 核心数}\times100\%$	≤80%	≤90%	≤95%
		内存分配率	$\frac{\Sigma 已分配内存}{\Sigma 云总内存数}\times100\%$	≤80%	≤90%	≤95%
		存储分配率	$\frac{\Sigma 已分配存储}{\Sigma 云总存储数}\times100\%$	≤80%	≤90%	≤95%
	云服务监测	CPU 使用率	运维管理工具采集	≤70%	≤80%	≤85%
		内存使用率	运维管理工具采集	≤70%	≤80%	≤85%
		存储使用率	运维管理工具采集	≤70%	≤80%	≤85%

一级分类	二级分类	指标项	指标公式	指标评价建议标准		
				业务重要性高	业务重要性中	业务重要性低
云平台基础指标监测	服务器监测	健康率	$\dfrac{健康服务器个数}{服务器总数}\times100\%$	≥99%		
		CPU使用率	$\dfrac{\sum 服务器已分配CPU核数\times CPU负载}{\sum 服务器已分配CPU核数}\times100\%$	≤60%	≤70%	≤80%
		内存使用率	$\dfrac{\sum 服务器已分配内\times内存使用率}{\sum 服务器已分配内存}\times100\%$	≤60%	≤70%	≤80%
	网络设备监测	健康率	健康设备个数/设备总数×100%	≥99%		
		CPU使用率	运维管理工具采集	≤50%	≤60%	≤70%
		内存使用率	运维管理工具采集	≤50%	≤60%	≤70%
		端口使用率	已分配端口数量/端口总数×100%	≤95%		
		端口带宽	运维管理工具采集	≤50%	≤60%	≤70%
	存储设备监测	健康率	$\dfrac{健康存储设备个数}{存储设备总数}\times100\%$	≥99%		
		使用率	$\dfrac{\sum 存储设备已分配容量\times存储使用率}{\sum 存储设备已分配容量}\times100\%$	≤80%	≤90%	≤95%
		IOPS	运维管理工具采集	≤设备性能参数50%	≤设备性能参数60%	≤设备性能参数70%

（2）运维团队服务质量评价指标

运维团队服务质量评价指标见表12-6。

运维团队服务质量评价指标表　　　　　　　　表 12-6

一级分类	二级分类	指标项	指标公式	达标值
云平台运营团队服务质量	培训管理	人员培训时间	统计半年/全年培训人均小时数	5小时/月，60小时/年
		人员平均考核合格率	合格人数/考核总人数×100%	100%
		新入职员工培训率	新入职员工参培人数/新入职员工总数×100%	100%
		安全教育完成率	完成安全生产教育培训的人员数量/人员总数×100%	100%
	出勤管理	空岗率	$\dfrac{岗位需求人数-在岗人数}{岗位需求人数}\times100\%$	0%
		人员离职率	$\dfrac{期间离职人数}{期初人数+期末人数/2}\times100\%$	≤20%
		人员出勤率	按时出勤人次/总人次×100%	≥97%

续上表

一级分类	二级分类	指标项	指标公式	达标值
云平台运营团队服务质量	绩效考核	绩效考核覆盖率	被考核人员数量/人员总数×100%	100%
		岗位考核通过率	通过岗位考核的人员数量/人员总数×100%	100%
		安全教育考核通过率	通过安全教育考核的人员数量/人员总数×100%	100%

（3）系统可用性评价指标

系统可用性评价指标见表 12-7。

可用性评价指标表　　　　　　　　　　　　　　表 12-7

类别	指标项	指标公式	指标评价建议标准		
			业务重要性高	业务重要性中	业务重要性低
云平台系统可用性评价	平均无故障时间（MTBF）	实际运转时间/故障次数	≥12000小时	≥10000小时	≥8000小时
		故障是指对业务造成影响			
	平均修复时间（MTTR）	总故障时间/故障次数	≤5分钟	≤1小时	≤8小时
		故障是指对业务造成影响			
	可用度（A）	$\dfrac{MTBF}{MTBF+MTTR}\times100\%$	≥99.999%	≥99.99%	≥99.9%
	服务中断次数	云平台服务中断次数/年	≤1	≤3	≤5
	云服务器可用性	$\dfrac{单实例服务月度总分钟数-单实例服务不可用分钟数}{单实例服务月度总分钟数}\times100\%$	≥99.9%	≥99%	≥95%
	业务连续保障能力	$\dfrac{无中断业务数}{业务总数}\times100\%$	≥99.9%	≥99%	≥95%

（4）运维服务状态评价指标

运维服务状态评价指标见表 12-8。

运维服务评价指标表　　　　　　　　　　　　　　表 12-8

类别	指标项	指标公式及解释	达标值
云平台运维服务状态评价	绕过服务台事件数量	统计绕过服务台事件数量	≤2
	事件关闭率	$\dfrac{期间关闭事件数量}{总事件数量}\times100\%$	≥95%（月度） ≥98%（年度）
	故障关闭率	$\dfrac{期间关闭故障数量}{总故障数量}\times100\%$	≥95%（月度） ≥98%（年度）
	问题关闭率	$\dfrac{期间关闭问题数量}{总问题数量}\times100\%$	≥90%（月度） ≥95%（年度）
	变更成功率	$\left(1-\dfrac{回退变更数量}{变更总数量}\right)\times100\%$	≥90%（月度） ≥95%（年度）
	紧急变更率	$\dfrac{紧急变更数量}{变更总数量}\times100\%$	≤10%

类别	指标项	指标公式及解释	达标值
云平台运维服务状态评价	服务内容达成率	$\dfrac{满足要求的服务数量}{服务总数量} \times 100\%$	≥95%
	云平台平均故障响应时间	$\dfrac{\sum(做出有效动作时间-故障发生时间)}{故障次数}$	≤10分钟

第13章
展望

在 2023 年可信云大会上，中国信息通信研究院正式发布《云计算白皮书（2023 年）》（以下简称：《白皮书》）。《白皮书》聚焦一年多来云计算产业的新发展、新变化，总结梳理国内外云计算政策、市场、技术、应用等方面的发展特点，并对未来发展进行展望。

13.1 云计算产业在国内外的发展趋势

（1）云计算战略价值持续提升，我国政策宏观指引云计算应用创新。美国继"云优先"（CloudFirst）、"云敏捷"（CloudSmart）之后，又出台多个战略文件，将云计算应用至相关领域，并明确提出通过云战略获取全球优势。欧洲、亚洲等主要国家纷纷发布国家战略或计划，推动云计算在各行业的应用布局，深度挖掘云计算产业价值。我国政策宏观指引云计算应用创新，地方政府持续推动云计算与实体经济融合走深。

（2）全球云计算市场稳定增长，我国保持快速发展。根据 Gartner（高德纳咨询公司）统计，2022 年全球云计算市场规模为 4910 亿美元，预计在大模型、算力等需求刺激下，市场仍将保持稳定增长，到 2026 年全球云计算市场将突破万亿美元。根据中国信息通信研究院统计，2022 年我国云计算市场规模达 4550 亿元人民币，较 2021 年增长 40.91%。相比于全球 19% 的增速，我国云计算市场仍处于快速发展期，预计 2025 年我国云计算整体市场规模将超万亿元人民币。

（3）云计算产业环境日益激烈，新一轮竞争全面开启。全球各国将云计算看作抢占新一轮科技革命制高点的关键环节。云计算巨头厂商在全球化布局基础上，纷纷调整发展重心，并聚焦热点区域、热点领域和热点方向，试图在市场上抢得先机。

（4）云计算技术不断推陈出新，助力产业高质量发展。随着上云进程持续加深，企业需求逐步向用云转移，效率、性能、安全等成为用户关注点，应用现代化、一云多芯、平台工程、云成本优化、系统稳定性、云原生安全等新技术层出不穷，满足用户多样性场景需求，助力产业数字化升级。

（5）行业上云用云呈阶梯状分布，中小企业成影响上云进程关键。从行业应用来看，我国云计算应用已从互联网拓展至政务、金融、电信、工业、交通、能源等传统行业，但各行业应用水平参差不齐，应用深度呈现阶梯状分布。从企业规模来看，央企、国企是发展数字中国的主力军，而中小企业类型多、数量大，是影响整体上云进程的关键。两类企业在上云用云过程中呈现出不同的特点。

（6）数字应用方式与算力资源供给变革，云计算向数字世界操作系统转变。人工智能大模型快速发展，引发数字应用使用方式和算力资源供给的双向变革。算力资源呈现出计算异构、算网融合的特点，数字应用呈现出分布式、多模态、超大量级的特点，云计算加速向面向大体量分布式应用的体系化、工程化创新的操作系统演进，向下加速催生算力服务新范式，向上定义数字应用新界面。

13.2 云计算产业发展趋势的十大关键词

基于对云计算产业的长期研究与观察，中国信息通信研究院认为，应用现代化、一云多芯、分布式云、低/无代码、软件工程、系统稳定性、云原生安全、云优化治理、中小企业上云、超算/智算服务是 2023 年云计算的十大关键词，充分凸显云计算产业发展最新趋势。

（1）关键词 1：应用现代化

云原生成为数字基础设施，加速应用现代化发展。

数字时代生产生活方式的变革，推动应用加速创新，基于云计算基础设施构建技术架构、应用架构、数据架构、组织流程和用户体验全面提升的现代化应用成为重要发展趋势。从技术角度看，云原生已成为数字基础设施。从大环境看，数字时代引发了生产生活方式的巨大变革。在多因素的驱动下，以云为底座的应用需要充分契合时代诉求，迈向现代化。

（2）关键词 2：一云多芯

云融合带来异构复杂性，一云多芯是重要解决方案。

随着"云计算"和"算力"深度融合发展，异构的底层硬件、客户操作系统及支撑软件等因素进一步加剧算云融合进程的复杂性，一云多芯应运而生。一云多芯是一种屏蔽异技术栈差异，提供统一的云计算环境和管理方式的技术架构，可以实现多种平台环境的高效协同，为保障业务系统的稳定运行提供新的路径。

（3）关键词 3：分布式云

多方需求推动云计算向分布式部署演进，各行业利用分布式云加速转型升级。

随着用户对边缘计算、数据安全合规、混合多云部署、行业定制等方面的需求不断增加，集中式云计算部署模式已经无法满足所有用云场景需求，将云能力扩展到任意位置，实现算力分布泛在、弹性敏捷部署、全局管理调度、一体安全防护，满足时延敏感、数据合规、大型组织分支机构管理、分布式应用治理等业务场景需求，推动政务、金融、交通、制造、能源等各行业数字化转型发展。

（4）关键词 4：低/无代码

低/无代码推动软件编程平民化，引领业务和技术真正走向融合。

随着企业数字化转型加快，降低成本投入、提升技术组件复用度和需求响应速度、加强企业组织结构管理是企业对低/无代码的首要需求。随着 AIGC（人工智能生成内容）的兴起，低/无代码 2.0 将基于大型预训练模型，支持理解和生成代码、组件、可视化操作界面等开发元素，进一步强化低/无代码组件化、高复用、高灵活的特点，直接触达业务需求，极大提高研发流畅度。

（5）关键词 5：软件工程

云上软件研发需求日趋规模化和多样性，平台工程应运而生。

云时代大量应用高频率发布和部署，故障模式难以预测和跟踪，软件交付速度与软件质量的平衡问题也愈加凸显。伴随着云上软件研发的需求日趋规模化和多样性，平台工程应运而生。平台工程是自助式内部开发者平台的技术架构和运营管理模式，通过实践平台工程，可减轻开发工程师的认知负担，屏蔽基础设施的复杂性，实现应用程序灵活扩展升级，提高云应用性能和安全性，最终提高研发效率、实现快速高质量交付。

（6）关键词 6：系统稳定性

云上系统稳定性保障挑战巨大，SRE（网站可靠性工程师）提供"稳保"方法论。

我国监管层面高度重视系统稳定安全运行，但当前全面上云的环境下，技术侧和用户侧的变化为稳定性保障带来巨大挑战。网站可靠性工程师作为一种以韧性为核心的实践方法，在云上环境中能够提供系统稳定性保障的最佳实践。通过关注系统韧性、自动化、故障管理和跨团队合作等方面，SRE 能够支持事前故障预防、事中故障发现与定位、事后故障止损与优化，帮助构建和维护在云上环境中稳定韧性的系统。

（7）关键词 7：云原生安全

云安全加速向云原生安全演进，聚焦以应用为核心的全栈安全。

云原生经过多年发展，已实现高质量规模化落地。云原生革新了云上软件架构和应用构建模式，建设面向云原生的新安全防护体系成为保障云上安全的刚需；同时，云原生不可变基础设施、可编排、弹性敏捷等技术优势也在赋能传统安全，助力安全与基础设施、业务应用的深度融合，云原生安全成为云上安全防护的最佳路径。云原生安全技术生态日趋成熟，聚焦以应用为核心的全栈式安全防护。

（8）关键词 8：云优化治理

云优化治理内涵不断丰富，加速企业降本增效。

随着企业核心业务逐步上云，云资源使用量和架构复杂度不断提升，企业面临云成本管理、资源治理等优化治理挑战。随着企业需求不断提高，云优化治理的理念、技术、工具、生态全面发展，支撑企业云优化治理能力建设，加速企业降本增效，进一步释放云计算价值。

（9）关键词 9：中小企业上云

国家高度重视中小企业上云，中小企业是上云用云的主力军。

"十四五"时期，国家高度重视中小企业上云水平和深度。在政策指引下，中小企业上云意识和积极性显著提升，上云进度不断加快，应用程度不断加深。中小企业在数字化发展中主要面临业务数据分散、自动化水平低、个性化需求高，建设预算有限以及缺乏技术人才储备等痛点问题，亟须上云用云提高信息系统互联互通和低成本定制化开发能力。SaaS 服务成为中小企业上云用云的主要选择，"一站式"模式降低中小企业上云用云门槛。

（10）关键词 10：超算/智算服务

云计算促进算力资源服务化、普惠化，超算/智算服务加速推进产业发展。

随着云计算技术的发展与成熟，其逐步推动智算/超算服务以资源交付走向任务交付，实现算力资源以云服务的方式提供，推动智算/超算服务的普惠化、泛在化。在智算规模持续扩大的背景下，涌现出众多应用智算的服务场景，包括智慧交通、智慧医疗、智慧城市和智慧制造等，智算服务成为众多行业发展的催化剂。以航天、国防、气候建模和石油勘探等领域为主的高精尖领域依靠超算提供的服务不断发展进步，超算服务成为衡量尖端领域发展的晴雨表。

13.3　中国标准城轨云发展展望

城市轨道交通是云计算等新一代信息技术深化应用的先行行业，经过全行业有志之士多年的刻苦钻研、努力奋斗，在中国城轨云标准体系的指导下，基本实现了信息系统由传统架构向云计算架构的转型升级。因此，在推动的技术进步、创造的经济效益、培育的人才队伍等方面均取得了可喜的初步成果。

事物发展无止境，技术进步无止境，人们追求无止境。云计算等新一代信息技术不断更新演进，城市轨道交通高质量发展加速推进，跟踪世界信息技术发展的趋势，在城轨云计算取得初步成果的基础上，持续推进城轨云技术的优化完善，持续推进城市轨道交通的数智化发展，为实现城市轨道交通的高质量发展和中国式现代化作出新努力。

附　录
城轨云
应用案例

多年来，中国城市轨道交通协会践行"创新、协调、绿色、开放、共享"新发展理念，力推城轨交通行业高质量发展。自 2017 年以来，城轨交通行业"1-3-5-3-1"信息化总体规划适时推出，城轨交通信息化"1-3-5-3"标准规范体系陆续发布，呼和浩特地铁首个城轨云平台顺利投产应用，《纲要》将"统一城轨云与大数据平台"绘入蓝图，城轨云在全国城轨交通行业全面推广应用。

目前，在中国城轨云标准体系指导下，全国 30 多个城市因地制宜、自主创新，建成或正在建设一批既符合城轨云技术标准，又具有各城市特色的城轨云，在支撑城轨交通行业数字化、智能化、绿色化和高质量发展中发挥着不可或缺的重要作用。

本书精选了 9 个城轨云的应用案例，力图呈现"原汁原味"的城轨云建设成果及应用实践，以飨读者。

附录 1

甲市城轨云应用案例

1.1　项目概况

甲市城轨云项目是基于"用云计算、大数据技术为城轨交通提供地铁运营生产、企业管理、建设管理、运营管理以及资源管理等服务"理念，为轨道交通从设计、建设、运营全环节搭建智慧云平台，实现信息化业务全覆盖及统一运维管理、安全管控。本项目依托甲市地铁 1 号线、2 号线建设，构建了城轨云、大数据平台及网络安全管理中心，通过统一构建计算、存储、网络、安全资源，为运营生产系统、企业管理信息系统、乘客服务管理系统提供基础设施。

该项目是国内城轨交通行业首次采用多线路、多专业的融合云平台方案，基于此平台对传统综合监控、乘客信息系统、门禁系统、自动售检票系统架构进行优化，从而构建了统一的 IP 规划原则，以"技术 + 管理"为抓手，构建满足"系统自保、平台统保、边界防护"的平台安全保障体系，辅以绿色节能的模块化机房单元，打造了高效、安全、节能的城轨交通云平台应用案例。此外在数据共享平台及大数据挖掘方面进行积极探索，初步实现智能调度、智能引导、智能监控，为甲市地铁 1 号线、2 号线安全运营与优质服务保驾护航，为后续智慧化运维奠定坚实基础。

1.2　项目实践

本项目搭建甲市城轨交通统一云平台，纳管主用中心、同城异地灾备中心、站段云，依托安全生产网、内部管理网、外部服务网，拓展运营生产、运营管理、企业管理、建设管理、资源管理等领域，构建运营生产（应急指挥）中心、企业管理中心和乘客服务管理中心，打造轨道交通企业的门户网站，甲市城轨云系统架构如附图 1-1 所示。

城轨云平台按一云四域进行建设，承载运营生产、企业管理和外部服务业务。

1.2.1　全业务承载的云平台

传统城轨各线路业务系统部署采用"烟囱式"建设模式，各自为政，造成大量重复建设。甲市城轨云以网络化运营为目标，遵循《智慧城轨交通信息技术架构及网络安全规范》（T/CSUS 36—2021）要求，充分发挥云平台可弹性扩展、资源集约化管理的优势，将各线路、各专业基础设施资源池化，实现资源共享、按需分配、灵活扩展。通过城轨云平台的建设，做到了城轨业务、纵深安全防护、资源平台、数据平台的等元素有效整合，实现了优势互补，最终达到降低总体城轨业务建设成本的目标。建设特点如下：

多网域全业务承载的城轨云集成。规划主备双中心、车站云节点的架构，覆盖安全生产网、内部管理网、外部服务网三个网域，全面承载运营生产系统、企业管理系统、乘客服务系统，引入微模块数据中心解决方案，探索线网级云平台配置、资源划分、网络方案，采用横向到边、纵向到底的安全防御体系。

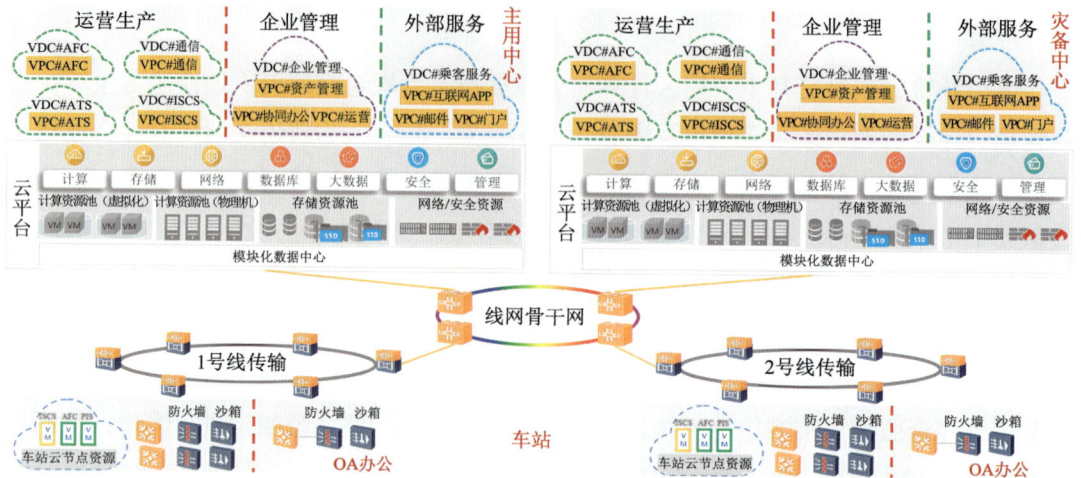

附图 1-1　甲市城轨云系统架构示意图

秉承开放包容的多业务形态并存建设。根据城轨交通系统的业务特性和运营特征，结合线网级城轨云平台弹性可扩展特点，以提供 IaaS 服务核心、逐步扩展 PaaS 服务，预留未来提供 SaaS 服务能力，建设合理、经济、预留未来发展空间的多业务形态并存的承载环境。

1.2.2　纵深防御安全体系

安全防护与城轨云平台、轨道交通行业特性深度结合，形成了为基于城轨云的轨道交通系统量身打造的纵深防御体系。以"一个中心"为管理核心，建设"三重防护"体系，遵循协会规范要求，横向到边、纵向到底，形成城轨云纵深安全防御体系。相比传统城轨建设方式，提供更好、更全面的安全防护，避免出现业务系统自行防护时参差不齐的现象。建设特点如下：

（1）建设"一个中心"管理下的"三重防护"体系

遵照《信息安全技术　网络安全等级保护基本要求》(等保2.0)，建设"一个中心"管理下的"三重防护"体系，即以"安全管理中心"为核心，提供统一管理、集中审计、集中管控和安全态势感知能力；以"安全通信网络防护"提供网络架构冗余、传输信息价目、可信设备保护能力；以"区域边界安全防护"提供边界已知威胁安全防护、未知威胁深度防护能力；以"计算环境安全防护"提供最小颗粒度的访问策略、主机防病毒和防入侵、数据完整性和保密性安全能力，如附图1-2所示。

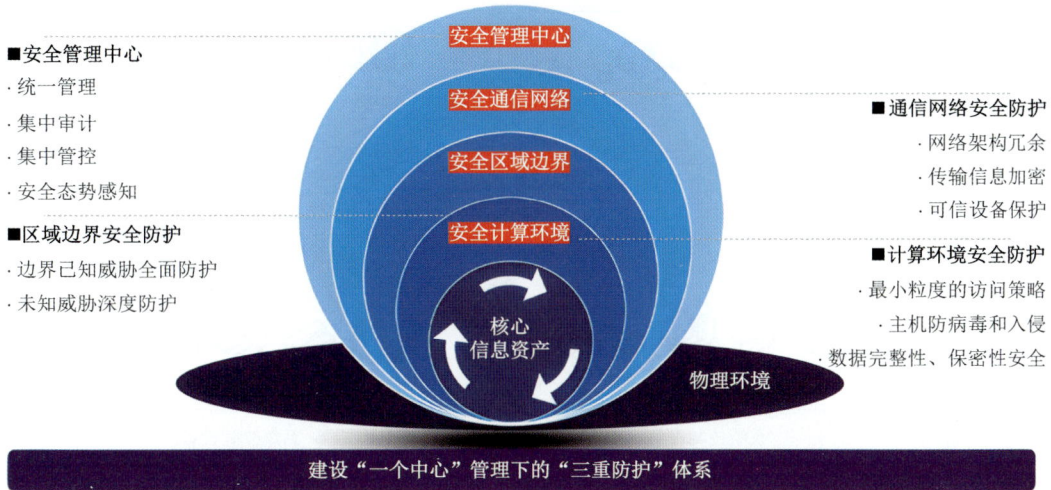

附图1-2 安全体系示意图

（2）建设结构化的城轨云纵深防御体系

基于分级隔离和网络纵深防御的安全框架，是由多种安全措施组合而成的一个由内到外、逐层深入的安全防御体系，能够保障甲市城轨云整体的安全。采用"网间分级隔离"的策略，根据业务特点、安全性和可靠性的需求，对应安全生产网、内部管理网和外部服务网设置安全机制和对应的资源池，并对各类资源池进行保护；采用"网内分类防护"的策略，在同一网络中根据业务特点划分安全区域，不同安全区域应采用相应的安全防护措施。

1.2.3 业务系统创新应用

为了充分利用云计算的各类资源高度集中、资源统一管理、软硬件资源高可扩展的特性，一方面对综合监控系统（ISCS）、自动售检票系统（AFC）、乘客信息系统（PIS）、门禁系统（ACS）、列车自动监控系统（ATS）、企业管理等核心业务系统分别进行了优化创新，另一方面利用云平台特性实现新需求快捷交付。使得业务系统与云平台有更好的适配性，充分发挥彼此优势，满足运营维护需求。

（1）扁平化的线网融合综合监控系统

传统方案中，每条线路的综合监控系统分线路中心级、车站级两级管理，线路中心级、车站级和现场设备级，三级控制，设置线路中心级、车站级服务器及终端。如附图1-3所示，在每条线路控制中心、本线站段对多个系统获取的信息进行综合处理并整合，为管理者提供一个友好、完整且统一的人机界面，使各机电系统在统一的信息平台监控下可靠、高效、节能地运行，实现城轨交通设备、环境、供电等监控的集中运营管理，从而提高城轨交通行业运营管理的自动化水平，降低人工操作的复杂性和强度。

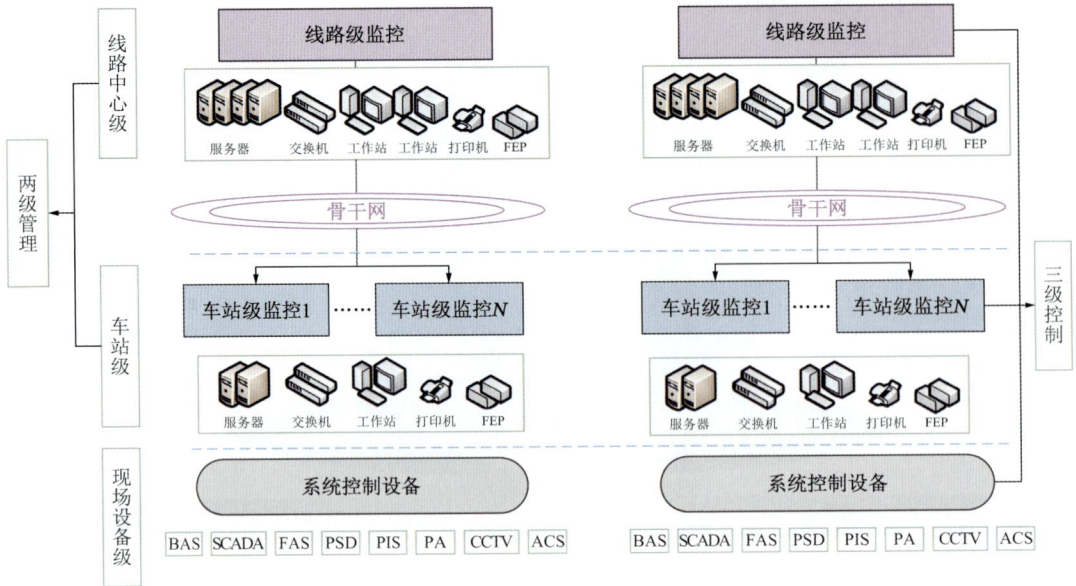

附图 1-3　传统综合监控系统构成图

基于甲市城轨云总体架构，为了便于统一指挥，综合监控系统（ISCS）采用扁平化系统架构方案，设置区域站级虚拟服务器，中心调度员工作站、站段操作员工作站均与区域站级虚拟服务器通信获取数据。线网中心综合监控系统可以与各线路区域站级虚拟服务器通信，具备对全线网被集成系统的监控和管理，以及对互联系统的监控和联动控制管理功能，既可以实现按照传统模式的分线路监控、调度指挥功能，又可以实现分业务的监控、调度智慧功能，打破线路之间的壁垒，提升运营管理、调度指挥的灵活性。车站级综合监控系统仍具备本车站内集成系统的监控和管理，以及对互联系统的监控和联动控制管理功能，当线网中心级综合监控系统故障后，系统可通过车站级系统实现系统降级功能。城轨云平台架构下综合监控系统构成如附图 1-4 所示。

基于城轨云架构的综合监控系统不仅通过与云平台深度融合，采用集中式部署方式，在线网中心统一部署服务器，从而实现了服务器资源的高利用率；还简化综合监控系统的层级架构，在综合监控系统内部优化了实时数据处理流程，进而提高实时性。该系统支持通过虚拟机模板批量创建，实现了业务的快速部署；同时，历史数据集中存储，可方便后续利用大数据等技术开发智慧地铁、智慧运营等相关应用。

（2）全网编播的乘客信息系统

乘客信息系统通过文字、图像为进出车站的旅客提供列车到发等相关信息，引导旅客快捷方便地乘车，而且可为候车旅客提供新闻节目、播放广告等服务。灾害情况下，该系统还具备紧急疏散引导显示功能。

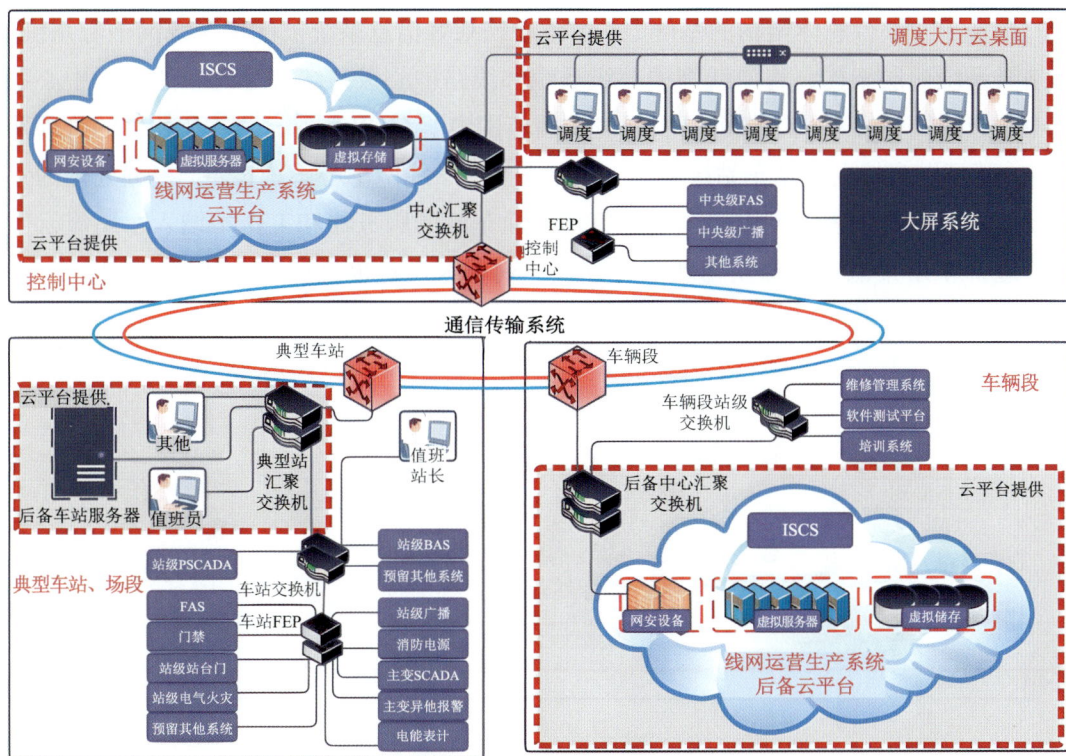

附图 1-4　城轨云平台架构下综合监控系统构成图

传统模式下，一条线的乘客信息系统分别按照线路中心级、车站级、现场终端设备级三级进行建设。线路中心级系统主要负责对本线路范围内设备及软件进行监控和管理。为了确保地铁发布内容一致，往往需要在每条线路中心级之上再建设更高一级的线网中心级系统，该线网中心级主要实现发布内容及节目制作、对外信息接口等功能，线网中心级所需发布内容再下发给各线路中心级系统进行发布。传统乘客信息系统构成如附图 1-5 所示。

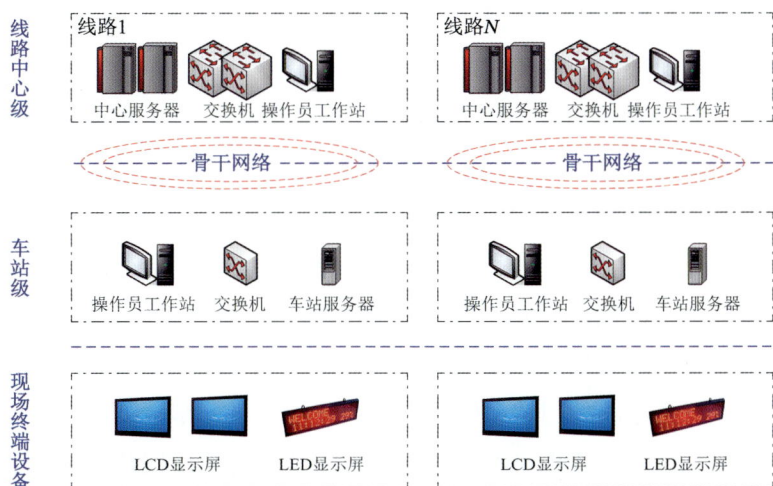

附图 1-5　传统乘客信息系统构成图

在基于云平台总体架构的基础上，甲市地铁乘客信息系统被优化为线网中心系统、车站级系统两层架构，将原线网中心级系统和线路中心级系统整合到新的线网中心系统中，该线网中心系统不仅可以实现对线网范围内所有 PIS 系统设备及软件的管理及监控，还可以直接向所辖车站级系统下发播放信息。线网中心系统设备（视频处理的专业设备除外）均纳入线网中心云平台管理，而车站的服务器和工作站纳入车站级云平台管理，车站其他设备独立物理部署方式，列车级设备也进行独立部署，如附图 1-6 所示。

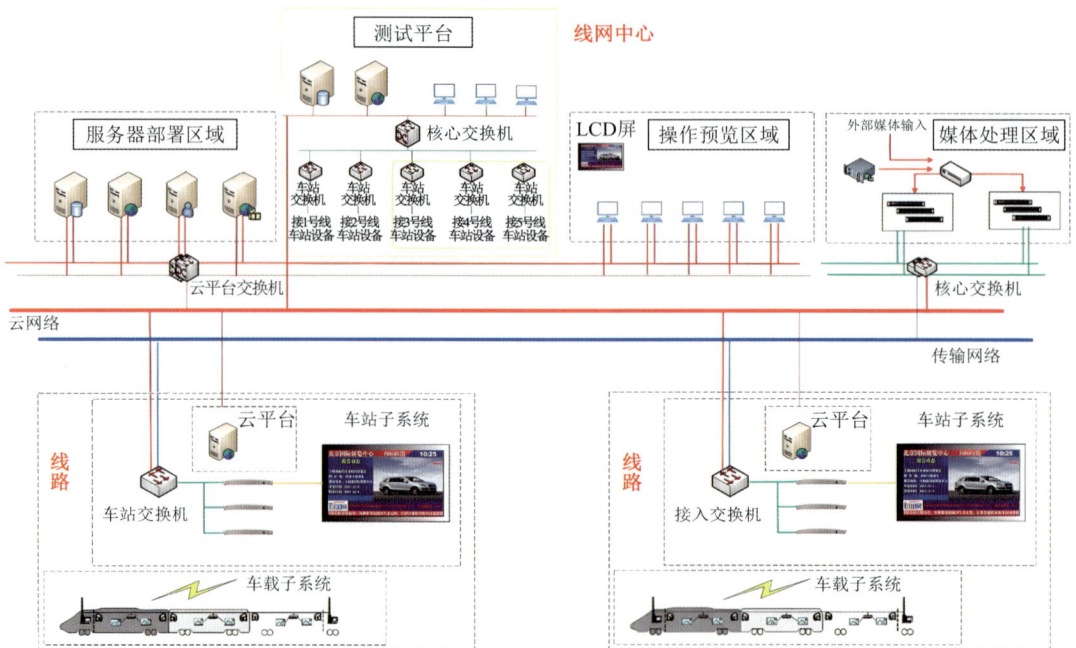

附图 1-6　城轨云平台架构下 PIS 系统构成图

通过使用云平台技术管理服务器及存储设备，可以实现对线网级设备状态的监控；系统架构扁平化，简化数据处理及人员操作流程，减少了不必要的设备及数据通信采用用 Restful API 架构作为通信协议，与云架构平台深度融合，真正实现 PIS 系统线网级的统一管理，为运营提高了效率，降低运营维护成本。

（3）生产办公一体化的线网门禁系统

根据城轨交通行业的特殊条件和特点，为确保城轨交通安全运营，保证授权人员在授权情况下方便地进入设备及管理区域，防止非授权人员进入限制区域，在控制中心、车站、车辆段的设备房及管理用房设置门禁系统。

传统模式下，一条线路的门禁系统主要分线路中心级、车站级、现场终端设备级共三级。线路中心级系统可以实现对本线路内所有门禁设备的授权及控制。多条线路建成以后，为了实现线网的统一管理和控制，则需要在线路中心级系统之上再建设一个统一管理和授权的线网级门禁管理系统。传统门禁系统构成如附图 1-7 所示。

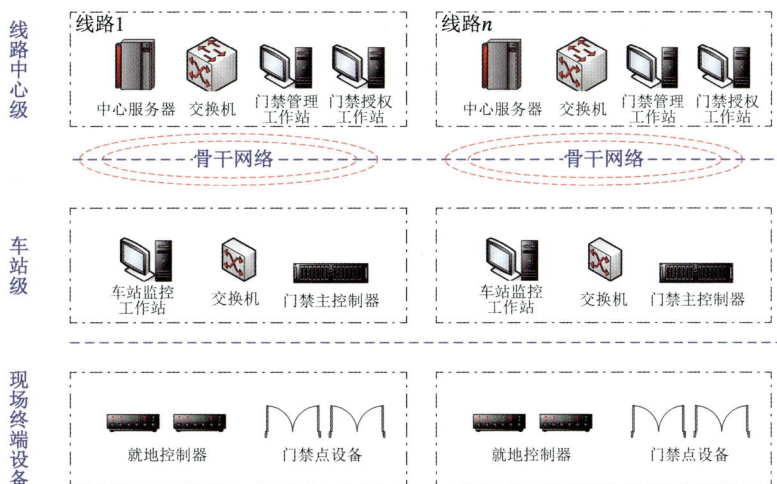

附图 1-7 传统门禁系统构成图

基于云平台总体架构背景下，门禁系统由线网中心级和终端级两个层级组成，系统支持常规运行模式、降级运行模式（含离线模式）、紧急运行模式，并含有测试模式、维护维修模式。线网中心级系统不仅可以统一对全线网中所有门禁卡进行授权管理，还可以实现对所有门禁终端设备的控制。城轨云平台架构下门禁系统构成如附图 1-8 所示。

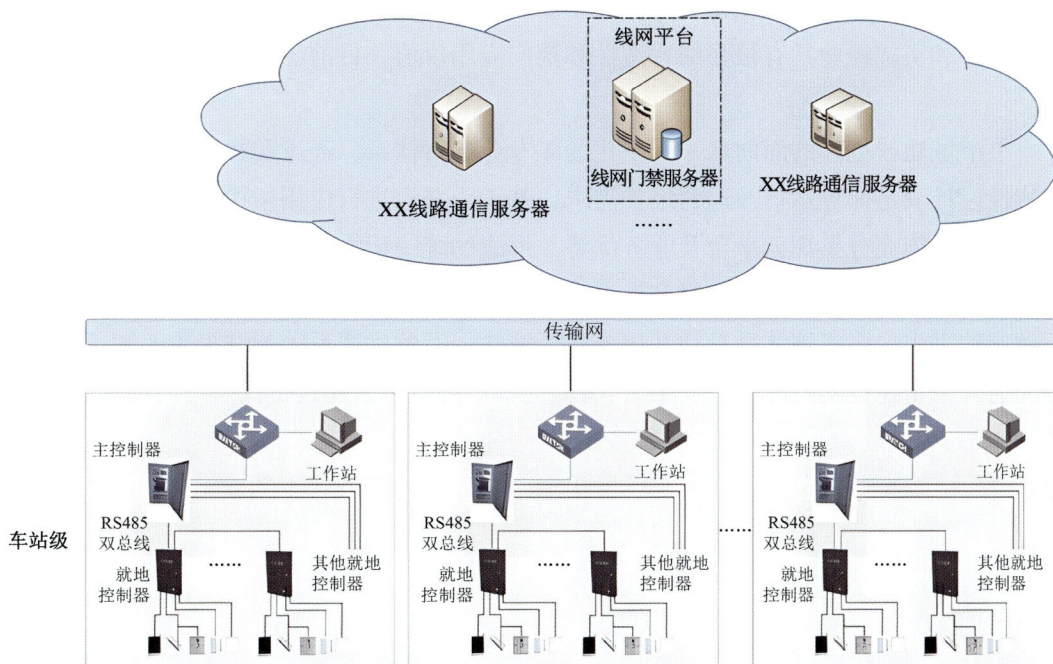

附图 1-8 城轨云平台架构下门禁系统构成图

云平台架构下，门禁系统安装部署简化，线路级和车站级门禁软件系统取消，只需安装主控制器，采用云端通信，无需在每个车站部署通信服务程序，通过云平台分配所需资源，简化基础软硬件平台的安装配置工作，由平台保证业务可用性。同时，基于线网门禁系统统一管理分布在各线路车站的运营生产门禁系统以及控制中心、车辆段、停车场的办公环境门禁系统，实现生产办公一体化管理。

1.3 经验总结

2019 年 12 月，甲市城轨云项目顺利投入运营。目前，甲市城轨云平台总体运行稳定、云上承载的业务运行状态良好。信息安全得到整体增强，业务需求得到快速响应，甲市地铁 1 号线开通至今，先后上线了微信支付、支付宝支付、银联支付、人脸识别等十数项便捷支付业务，并接入了地铁 2 号线信息化服务。面对新增业务，城轨云平台充分发挥其快速交付、按需使用资源的优势，快速响应，极大地缩短了业务上线周期，有效保障各项业务的安全稳定运行。

本项目研究成果在甲市地铁 1、2 号线建设工程中应用，取得了显著的社会效益与经济效益，被中国城市轨道交通协会评定为"中国城轨交通 2019 年'十件大事'之一"，并列入《中国城轨交通智慧城轨发展纲要》示范工程，荣获中国城市轨道交通协会 2020 年度科技进步一等奖，成为国内城轨交通行业信息化、智能化、智慧化发展的"甲市样本"，同时被工业和信息化部列为"2019—2020 年度物联网关键技术与平台创新类、集成创新与融合应用类示范项目"。2022 年被列入所在省级工信厅登云示范项目。本项目研究成果和实施经验具有很强的普适性和推广应用价值，目前已经取得了很好的推广效果。

甲市城轨云创建的面向未来网络化的多专业运营体系，经过实践验证，城轨云的关键特性设计满足业务运行及运营维护需求，基于云平台进行应用架构优化，符合扁平化设计理念，能充分发挥云平台及业务优势。形成的统一运维打破了传统独立维护模式，有效降低运营维护人工成本、提升效率。经实践验证，此运营维护体系符合多线路统一运营维护需求，已将该体系总结并记录在《城轨云运营生产系统测试报告》和《城轨轨道交通云平台建设实践经验白皮书》，为其他城市的城轨云建设提供参考与范例。

附录 2

乙市城轨云应用案例

2.1　项目概况

乙市地铁城轨云平台遵循中国城市轨道交通协会"1-3-5-3-1"的标准进行总体系统架构设计，按照线网级规模云平台系统进行建设：搭建 1 个云平台，依托安全生产、内部管理、外部服务 3 张网络，实现乘客服务、运输指挥、安全保障、企业管理、建设管理 5 个领域的应用，构建生产指挥、乘客服务、企业管理 3 个中心，打造 1 个智慧地铁门户网站。乙市城轨云整体架构如附图 2-1 所示。

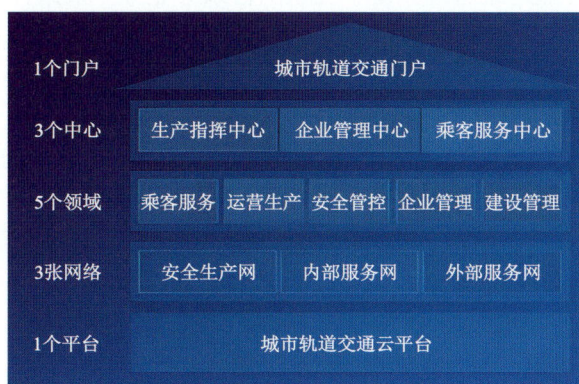

附图 2-1　乙市城轨云整体架构

乙市地铁 2 号线引入城轨云平台进行资源的统一配置和管理，是乙市建设智慧地铁的创新举措之一。应用云计算、大数据、物联网、人工智能等新兴信息技术，全面感知、深度互联和智能融合乘客、设施、设备、环境等实体信息，构建智慧型城轨交通系统。

城轨云平台实现了对底层差异化基础架构的纳管，统一对跨线网、控制中心、车站的所有的计算资源、存储资源、通信资源进行调用，虚拟化形成统一的资源池。该资源池大大提高了地铁硬件资源的利用效率，减少资源闲置。同时该资源池可弹性扩展，可根据实际业务的需求灵活地增减硬件资源。依托容器虚拟化技术，根据上层应用的需求，城轨云能够自动按需调配资源，以最优的资源配比、最快的运算调度、最短的响应时间并提供资源池中的资源。乙市地铁城轨云项目为国内建设新型智慧地铁线网城轨云的建设提供了实践典范。也是行业内第一条实现多业务系统的数据采集、数据治理、数据资产管理及数据可视化、全场景运维于一身的数字化地铁。

乙市城轨云的云服务能力层面涵盖了 IaaS、PaaS、DaaS、SaaS 多个层面。以 IaaS 服务作为基础，采用云计算技术构建统一的 IaaS 层服务，为上层应用提供敏捷、可靠、安全、弹性的 IT 基础设施服务，系统架构具备良好的可扩展性，确保了业务动态扩展和新业务的快速上线。为所有上云系统提供所需要的基础设施资源，包含了虚拟机、裸金属、云硬盘、边界云安全、数据灾备等。系统采用同城异地的主备架构设计，以 IaaS 服务作为基础，实现综合调度指挥系统（IDCS）、自动售检票（AFC）、车辆智能运维系统等弱电系统都部署在云平台上，通过云计算环境提高各系统资源利用效率的同时，消除多专业、多系统存在的"数据孤岛"问题；同时，通过云平台软件的安全设计和优化，提升了云平台的安全性，成为全国第一条全自动运行系统上云的城轨项目。

2.2 项目实践

2.2.1 中心云平台

中心云平台部署于控制中心，承载 IDCS、PIS、CCTV、ACC、AFC、ACS、公务电话、集中告警、车辆智能运维管理系统、互联网售票等业务。根据各业务系统融合承载独立运维的原则，在主数据中心划分不同业务分区，实现精细化安全管控与敏捷化运维管理。

2.2.1.1 安全生产网

控制中心安全生产网如附图 2-2 所示。

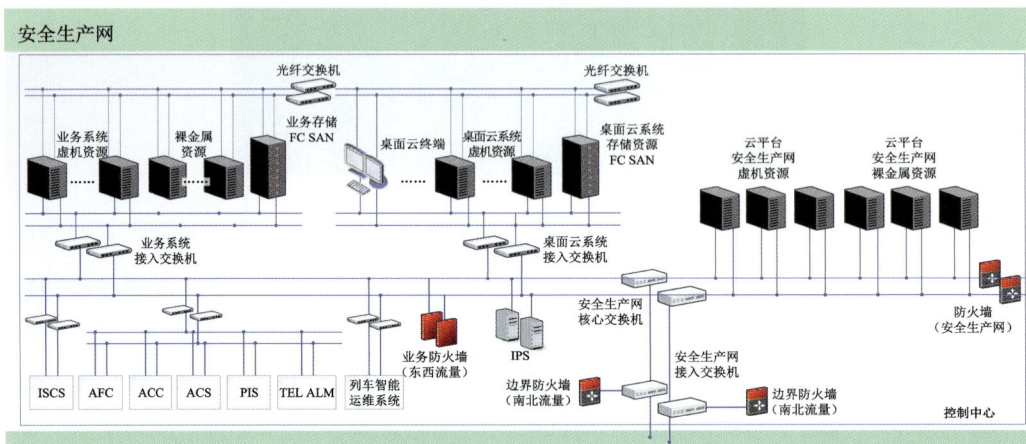

附图 2-2 控制中心安全生产网示意图

安全生产网在控制中心承载 IDCS 中央级业务，AFC 的 ACC、LC 以及 SC 业务，ACS 中央级、车站级业务，PIS 中央级与车站级业务，TEL ALM 中央级业务，列车智能运维系统中央级业务。

2.2.1.2 内部管理网

控制中心内部管理网如附图 2-3 所示。

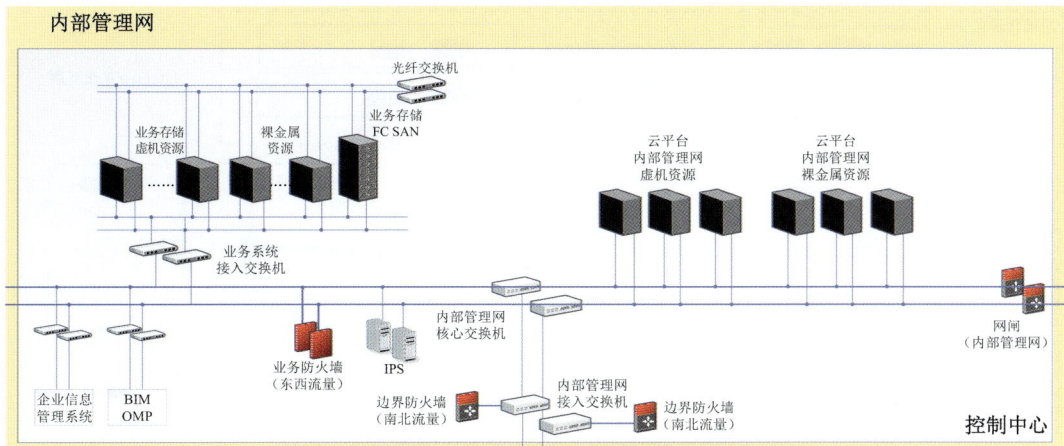

附图 2-3　控制中心内部管理网示意图

内部管理网承载运营管理、企业管理和建设管理三大子类业务，目前仅实施企业信息管理系统与基于 BIM 的运营管理平台（BIMOMP），部署必需的计算、存储、网络与信息安全资源。

2.2.1.3　外部服务网

控制中心外部服务网如附图 2-4 所示。

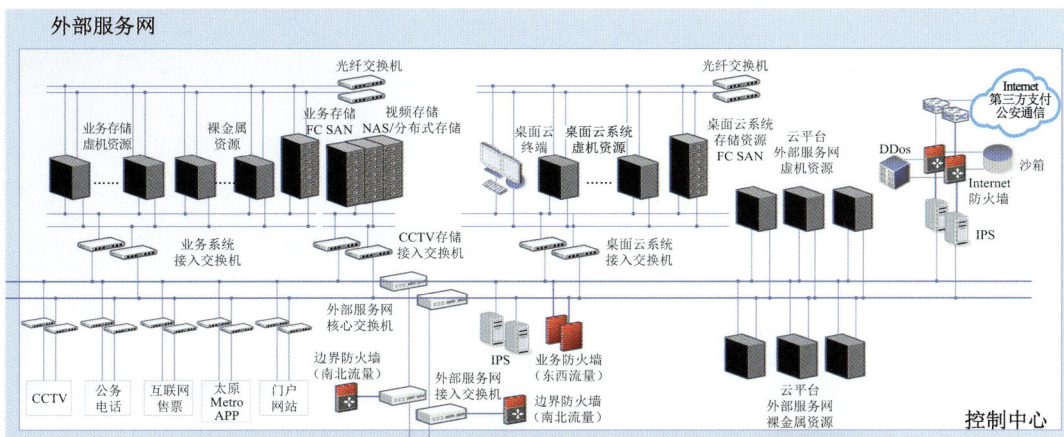

附图 2-4　控制中心外部服务网示意图

外部服务网在控制中心承载互联网售检票业务，CCTV 中央级、车站级业务，公务电话中央级业务。此外，外部服务网还部署门户网站与 App 业务所需的计算、存储、网络与信息安全资源。

2.2.1.4　运维管理网

控制中心运维管理网如附图 2-5 所示。

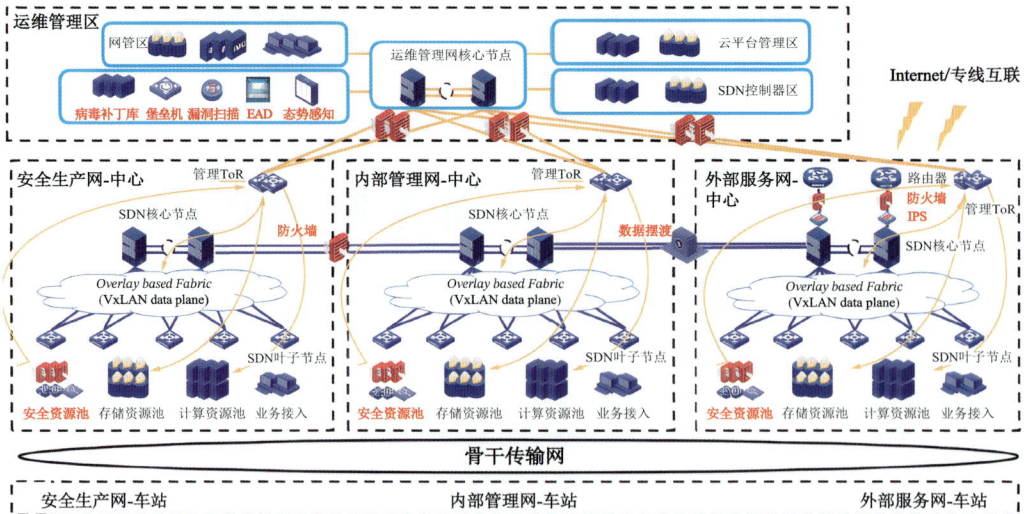

附图 2-5　控制中心运维管理网示意图

运维管理网通过独立的带外网络与安全生产网、内部管理网、外部服务网互联。

在线网中心，运维管理网为三张业务网分别构建独立的带外网络，采用双节点冗余部署，接入、汇聚两层规划设计。

在车站，分别为安全生产网、内部管理网、外部服务网规划独立带外接入交换机与骨干传输网络互联；骨干传输网络为三张车站带外网络规划独立通道，保证管理信息安全、可靠传输。

2.2.2　灾备中心及数据备份

灾备中心与控制中心通过光缆直连。网络由 4 台接入交换机和两台核心交换机，核心交换机上行通过四条 40Gbps 链路与控制中心相连。存储网络中包含 2 台光交、1 台存储，2 台光交通过 4 条 16Gbps 线路与控制中心两台光交级联实现业务数据的高速备份，如附图 2-6 所示。

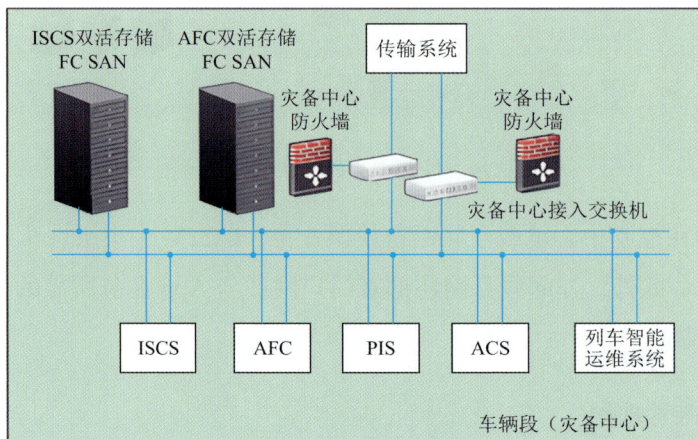

附图 2-6　灾备中心示意图

乙市城轨云，实现对城轨所有业务应用的统一部署承载，资源动态分配，统一开发运营部署运行环境，为乙市城轨交通行业各类信息系统应用提供服务。

2.2.3 站段云节点

站段云节点构建边缘资源池，通过车站设置站段服务器为业务系统提供计算、存储资源，并纳入云平台统一管理，如附图 2-7 所示。

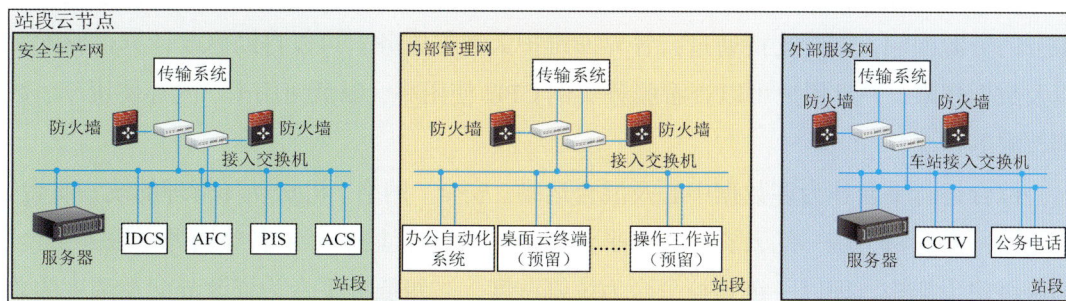

附图 2-7 站段云节点示意图

安全生产网部署自动售检票系统、视频监视系统、乘客信息系统、安防系统、云桌面等，实现资源有效利用、运维集中化管理。站段云节点计算、存储、网络配置按照各业务系统的配置需求在站段进行配置，满足数据灾备和业务应用主备的功能。

内部管理网暂未在站段级配置业务系统，为后续业务需求预留条件。

外部服务网暂未在站段级配置业务系统，为后续业务需求预留条件。

运维管理网配置运维管理接入交换机，将站段云节点的云管、运维管理接入中心运维管理网，实现综合云管平台对站段云节点的统一管理。

安全生产网、内部管理网、外部服务网分别设置 2 台业务交换机、超融合服务器，在交换机两侧分别旁挂边缘云防火墙，实现生产系统相关业务系统的安全防护。在站段云节点交换机旁挂流量探针，实现安全信息和网络流量的收集。

2.2.4 桌面云系统

乙市城轨云设置桌面云系统，为安全生产网、内部管理网、外部服务网业务提供桌面云服务。

桌面云系统架构共分为终端接入层、桌面和会话管理层、云操作系统管理层、硬件资源层共计四层架构。

桌面云系统除提供传统 PC 机的功能外，还支持高可用、动态迁移、平滑扩容、集中管理、统一接入等功能。

安全生产网桌面云终端主要用于控制中心与 SIL 认证无关的调度、运维工作站，以及站段级的维修管理工作站。内部管理网、外部服务网桌面云终端主要用于业务终端与员工办公、上网终端。

2.2.5　城轨云综合管理平台

乙市城轨云综合管理平台是具备云平台管理、网络管理、安全管理、大数据平台管理、运维管理等功能的综合性管理平台，其功能要求包括但不限于：云平台管理、运维管理、云桌面管理、网络管理、灾备管理、网络安全管理、数据管理、动环监控管理等，并支持第三方大数据平台提供的开放接口，能够为用户提供大数据服务，用户可通过综合运行平台管理大数据服务，可以按照业务需求，申请大数据服务，并可以指定大数据服务的资源配额，同时支持通过云管界面维护大数据服务，可以自助修改计算存储配额以及数据权限，并且用户可以查看服务实例 CPU 使用率、磁盘使用率、内存使用率、数据权限等情况。

综合运行平台作为多数据中心及混合运维、安全、网络、机房动环管理的统一平台，将建设一套逻辑上统一的云资源管理平台，形成"统筹管控平台 + 各类资源子服务平台"的两级建设架构，即以一级管控平台为统筹调度，二级服务平台为资源分配及调度的总体框架。综合运维管理平台如附图 2-8 所示。

附图 2-8　综合运维管理平台示意图

综合运行平台的建设采用两层架构，满足异构云平台的统一账号管理、统一业务管理规范、异构云资源的统一调度和管理，在保证平台稳定性、安全性的前提下，支持用户实现资源的创建申请、释放申请，以及云主机、负载均衡等服务管理内容，同时实现运维管理、安全管理、网络管理、动环管理的统一查看。

2.2.6　测试平台

乙市城轨云在控制中心搭建测试平台，可对云平台的全部系统软件及承载的各线网级业务系统应用软件的功能进行测试，满足线网级业务开发及入云前的模拟测试需求以及各线路入云前的模拟测试需求和接入测试需求，测试平台如附图 2-9 所示。

测试平台由核心交换分区、中心资源分区、站段资源分区、场外接入区、云管理分区等组成。其中核心交换分区设置两台测试核心业务交换机；核心交换分区设置测试业务核心交换机、入侵监测、负载均衡、防火墙、探针等设备；中心业务资源分区设置业务集群接入交换机，安全资源池服务器，业务资源池服务器站段资源区设置站段综合接入交换机，超融合服务器、视频存储服务器、综合接入防火墙。场外接入区设置普通工作站、胖终端工作站、彩色打印机；云管理分区设置云管理交换机、云管理服务器。

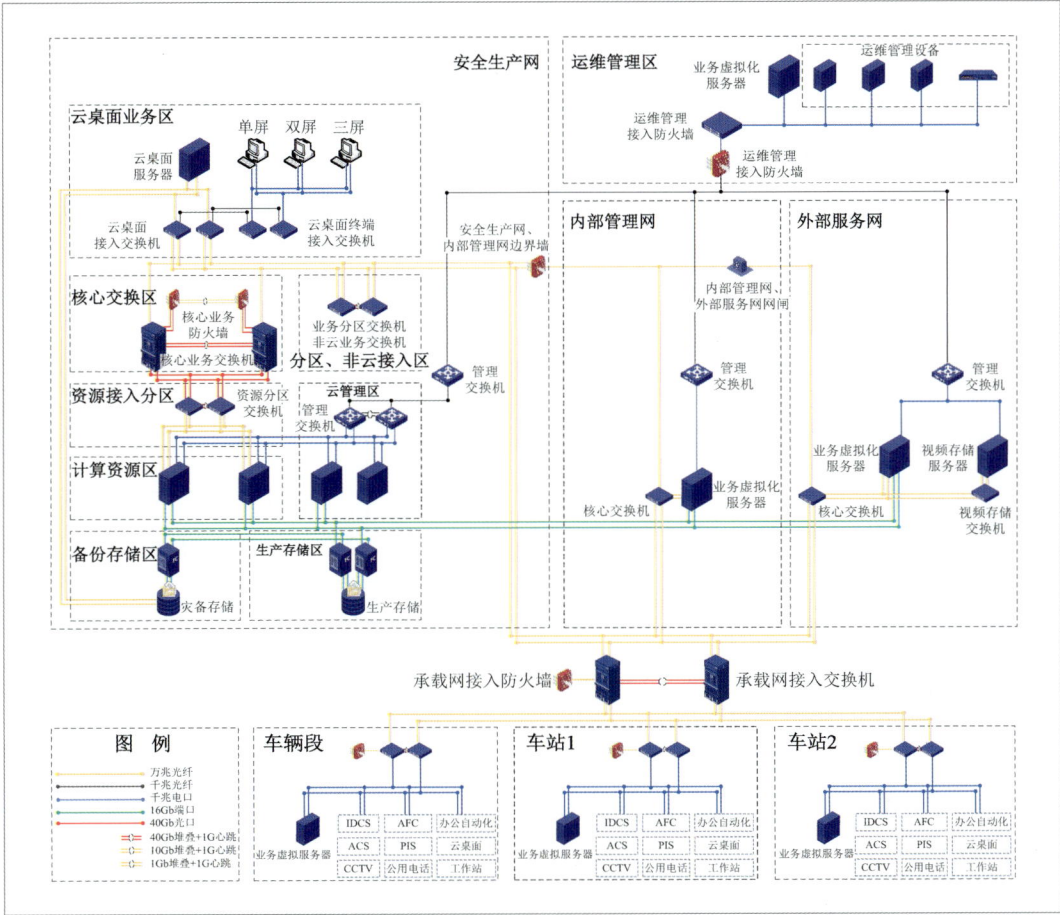

附图 2-9　测试平台示意图

城轨云负责牵头对各上云业务系统在测试平台上进行上线测试，并对业务系统的资源需求进行核查及调整，保证业务系统的资源使用率达到规范要求。业务系统测试合格后，由云平台向业务系统发放测试合格报告。

2.2.7　大数据平台

2.2.7.1　整体架构

大数据平台是为在安全生产、内部管理和外部服务三个域内的应用系统提供跨系统数据共享管理的信息服务平台，由乙市城轨云平台统一承载。

2.2.7.2　数据接入

大数据平台承载于云平台之上，分布式数据存储基于开源的 Hadoop 大数据生态系统进行开发，结合大数据平台架构（MPP）、视频处理等多种数据处理组件，在云平台上提供多元数据采集、实时数据处理、分布式文件存储、海量数据运算、多维数据分析、交互式数据工具、可视化数据展示、历史数据检索、安全认证与权限管理等功能。

为了更好支持未来智慧业务的建设，在业务上云的基础上，从线路运营之初即着手建立数据资产管理机制，开始积累运行、运营数据，使得线网逐步建设成型时城轨云与大数据平台可具备城轨数据的全生命周期管理能力。

数据平台依据数据治理标准，通过接口适配、数据集成等一列加工、转换过程，形成线网统一标准的数据资产，实现对数据的长期积累，同时通过数据服务组件，实现数据的快速发布与共享。大数据平台接入如附图 2-10 所示。

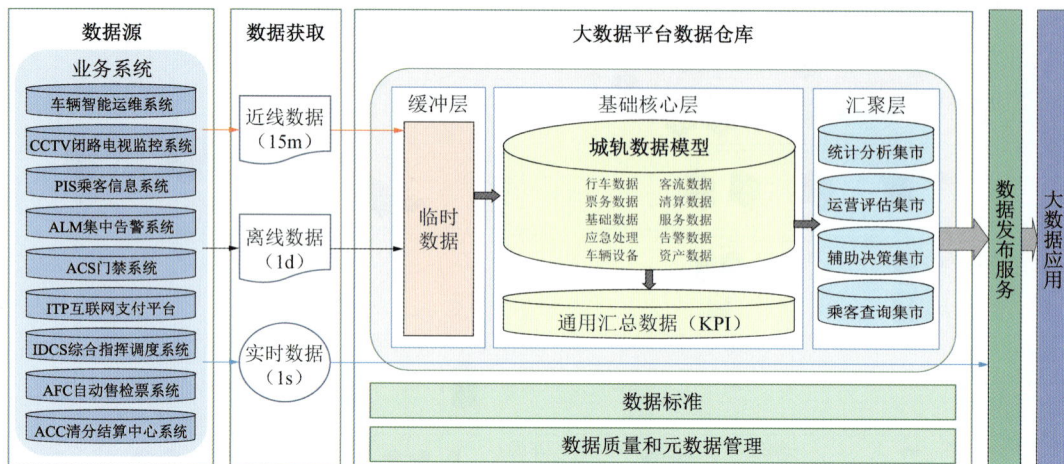

附图 2-10　大数据平台接入示意图

大数据平台针对业务系统的数据的不同使用需求，将接入数据分为实时数据、近线数据及离线数据。大数据平台设置多种类型、不同协议的数据接口，可通过推送、抓取及爬虫等不同方式将数据纳入大数据平台中进行统一的存储、清洗、治理、分析。

大数据平台与各系统的接口形式见附表 2-1。

大数据平台接口表　　　　　　　　　　　　　　　　　　　附表 2-1

序号	系统名称	接口协议	数据内容
1	综合调度指挥系统 IDCS	MODBUS TCP	行车数据
			运行图数据
			信号设备状态数据
		MODBUS TCP	机电设备运行状态数据
			供电设备运行状态数据
			站台门运行状态数据
			区间感温光纤状态数据
			防淹门设备状态数据
2	清分系统（包含 ITP、AFC）	RabbitMQ	AFC 设备运行状态数据
			车站静态参数
			车站客流 OD 数据
			票务数据

续上表

序号	系统名称	接口协议	数据内容
3	集中告警系统 ALM	kafka	通信各子系统设备故障数据
4	乘客信息系统 PIS	kafka	服务器、播放控制器运行状态信息
			服务器、播放控制器运行资源参数
5	视频监视系统 CCTV	RESTful	设备状态信息
			录像巡检信息
6	车辆智能运维系统	API	车辆状态数据
			车载设备状态数据
7	门禁系统 ACS	JDBC/ODBC	设备运行状态数据
			门禁点人员进出数据

2.2.8　网络配置

云平台网络按应用性质分为安全生产网、内部管理网、外部服务网和运维管理网；按地理位置分为主用控制中心数据中心、灾备控制中心数据中心及车站云节点。

在数据中心三张网络内部，根据功能又划分了核心交换区、承载网接入交换区、计算资源分区、存储分区、大数据分区、桌面云分区等部分。

同时，所有信息化系统无论是否上云，都必须接入云平台数据中心网络。信息化系统接口统一通过本系统与云平台的物理接口实现。云平台承载的业务系统也统一由云平台组建主干网，带宽由云平台统一考虑，QoS 等级由云平台统一划分。城轨云网络配置统计见附表 2-2。

城轨云网络配置统计表　　　　　　　　　　　附表 2-2

网络划分	承载业务	网络需求	合计	传输通道	备注
安全生产网	综合调度指挥系统（IDCS）	1000Mbps	6.5Gbps	10Gbps×2	独立双网，业务系统自动切换
		1000Mbps			
	自动售检票系统（AFC）	1000Mbps			物理双网、逻辑单网
		1000Mbps			
	门禁系统（ACS）	100Mbps			独立双网，业务系统自动切换
	乘客信息系统（PIS）	1000Mbps			物理双网、逻辑单网
	车辆智能运维系统（IFMS）	1000Mbps			控制中心至车辆段
	视频监控系统（CCTV）	10Gbps	30Gbps	10Gbps×2	全线划分独立三环，每个环网均为物理双网、逻辑单网
		10Gbps		10Gbps×2	
		10Gbps		10Gbps×2	
内部管理网	企业管理信息系统	100Mbps	800Mbps	1000Mbps×2	物理双网、逻辑单网
	BIM	500Mbps			物理双网、逻辑单网
	PHM	200Mbps			物理双网、逻辑单网

网络划分	承载业务	网络需求	合计	传输通道	备注
外部服务网	公务电话	1000Mbps	1000Mbps	1000Mbps×2	物理双网、逻辑单网
运维管理网	安全生产网运维管理	100Mbps	100Mbps	100Mbps	—
	内部管理网运维管理	100Mbps	100Mbps	100Mbps	—
	外部服务网运维管理	100Mbps	100Mbps	100Mbps	—

同时，由于云平台打通了所有信息化系统的网络，因此务必对全线网 IP 地址进行有效划分。乙市城轨云根据远期线网整体规划，将 IP 地址分为设备类地址、业务类地址两大部分，其中业务类地址分为线路业务地址和线网业务地址。

后续工程实施过程中，乙市地铁 2 号线、1 号线 IP 地址均按照规划进行配置。但实施过程中，有以下问题需要重点考虑：

（1）将信号系统 IP 地址划分为专网，配置充足的地址池，且红蓝网、ATS 双网、维修网络相对独立。

（2）IDCS 与变电所自动化系统（PSCADA）、环境监控系统（BAS）等集成子系统的 IP 地址应统一规划，但应对不同等保级别的系统间的 IP 地址划分应有清晰的边界。

（3）应根据线网规模不同，制定 IP 地址回收制度，对开放给业务系统但长期未使用的地址进行回收，避免陌生设备接入带来网络安全风险。

2.2.9 业务承载

大数据平台业务承载示意如附图 2-11 所示。

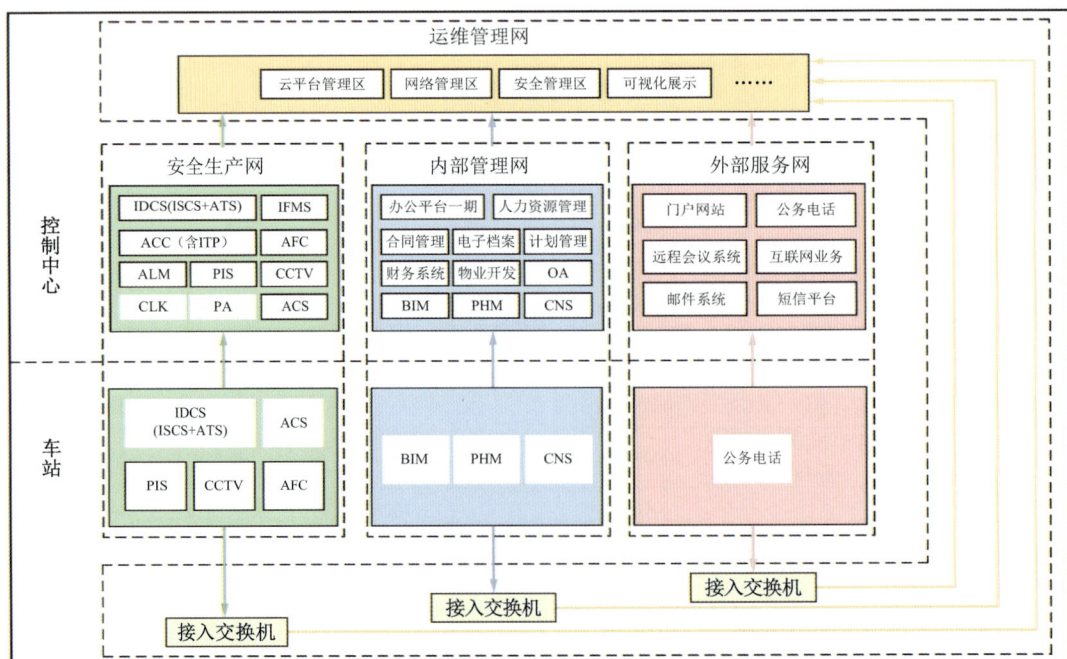

附图 2-11 大数据平台业务承载示意图

乙市轨道交通所有信息化系统都由云平台承载，所有网络在中央级汇聚至云平台。

根据对业务属性的划分，整体承载情况见附表2-3。

业务承载规划表　　　　　　　　　　　　附表 2-3

序号	网络	业务	承载范围	入云位置
1	安全生产网	IDCS	中央级	控制中心、车站
2		ACC	线网级	控制中心
3		AFC	中央级、车站级	控制中心、车站
4		ACS	中央级	车站
5		CCTV	线网级、车站级	控制中心、车站
6		PIS	中央级、车站级	控制中心、车站
7		ALM	中央级	—
8		IFMS	中央级	控制中心、灾备中心
9		CLK	—	控制中心
10		PA	—	控制中心
11	内部管理网	数据集成平台	中央级	—
12		OA 管理系统	中央级	车站
13		档案管理系统	中央级	—
14		合同管理系统	中央级	—
15		HR 管理系统	中央级	—
16		计划管理系统	中央级	—
17		短信平台	中央级	—
18		邮件系统	中央级	—
19		BIMOMP	中央级	—
20		PHM	中央级	—
21	外部服务网	企业门户网站	中央级	—
22		Metro App	中央级	—
23		公务电话	中央级	车站

2.2.10　资源池配置

乙市城轨云制定了标准化的资源需求提资表单，在设计联络阶段向各业务系统征集了资源需求，经测试平台优化调整后，形成资源配置，见附表2-4。

业务系统资源配置统计表　　　　　　　　附表 2-4

序号	业务名称	物理位置	资源类型	设备数量	计算资源		存储资源	网络资源（传输带宽）	安全资源（安全协议）
					vCPU/CPU（thread）	内存（GB）	硬盘（TB）		
1	IDCS	控制中心	虚拟化资源	7	60	120	10.86	2×1000Mbps	25
			裸金属资源	6	168	768	13.8		
2	ACC	控制中心	虚拟化资源	18	134	300	9.52	2×1000Mbps	26
			容器资源	63	61	122	0.46		
			裸金属资源	25	1896	5760	302		
3	AFC	控制中心	虚拟化资源	6	96	160	6.6		8
		车站	虚拟化资源	23	120	240	9.2		
4	ACS	控制中心	虚拟化资源	1	8	16	1.3	100Mbps	3
5	ALM	控制中心	虚拟化资源	1	8	16	0.5	100Mbps	11
6	CCTV	控制中心	虚拟化资源	10	78	320	8.15	3×10Gbps×2	8
		控制中心	视频存储资源	49	784	3136	9344.8		
		车站	虚拟化资源	23	92	368	4.6		
7	PIS	控制中心	虚拟化资源	5	112	160	2.7	1000Mbps×2	9
		车站	虚拟化资源	23	192	384	11.3		
8	PBE	控制中心	虚拟化资源	4	20	72	2.7	100Mbps×2	5
9	IFMS	控制中心	虚拟化资源	4	48	192	5.92	1000Mbps×2	8
		控制中心	大数据资源	三副本 165TB 数据存储					
				Zookeeper、Hadoop、Yarn、Hbase、Hive、Kafka、Spark、Flink 等 11 个组件					

2.3　创新应用

　　乙市地铁 2 号线一期工程是全国首条采用全自动运行系统（FAO）并实现上云的线路，技术要求高，建设难度大。作为全国首个同时建设全自动运行系统和线网级城轨云平台的城市，最核心的问题是云平台安全、可靠地承载全自动运行系统。并利用云平台资源共享、信息共享的优势向各业务系统提供全栈服务，推动 FAO 各系统之间的信息快速传递和共享，为智能调度、智能维护及智慧城轨的实现提供充分的技术支撑。

2.3.1　全栈服务云平台和大数据共享平台

随着轨道交通线网规模的扩大，城轨设备制式多样、运行组织模式复杂、网络客流叠加效应越发明显等特点也被放大，行业内逐步开始关注如何统一、高效地管理设备运维、优化运行组织、整合各业务系统数据。因此乙市地铁 2 号线引入城轨云平台到全自动运行系统，通过云平台进行资源的统一配置和管理，实现数据共享进而优化运行组织，提升全自动运行效率。

乙市城轨云平台遵循中国城市轨道交通协会"1-3-5-3-1"标准进行总体系统架构设计，采用同城异地的架构，初期建设规模包括了 23 个车站、1 个车辆段、1 个控制中心及 1 个灾备中心。其中安全生产业务主要承载综合调度指挥系统 IDCS（集成 ATS）、PIS、CCTV、互联网售检票业务、ACS、AFC、集中告警、车辆智能运维业务，内部管理业务主要承载轨道公司信息平台业务，外部服务业务主要承载公务电话，运维管理业务包括云平台管理、网络管理、应用管理、安全管理。系统架构图如附图 2-12 所示。

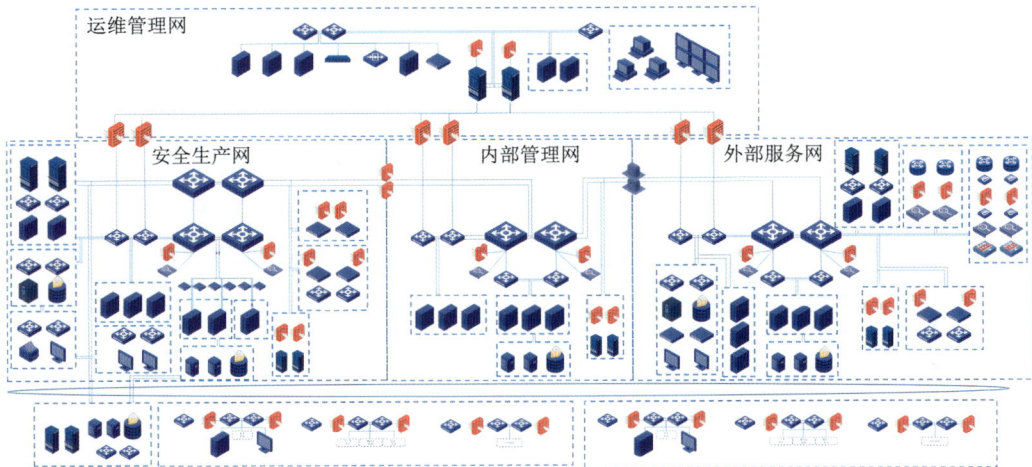

附图 2-12　乙市地铁线网云平台系统架构

（1）开放的城轨云 IaaS 层服务

乙市城轨云实现了开放共享的 IaaS 层服务，不仅能为所有上云系统提供所需要的基础设施资源，包含了虚拟机、裸金属、云硬盘、边界云安全、数据灾备等；同时乙市地铁 2 号线建设的城轨云平台软件利用虚拟化技术，将不同类型、架构的计算资源、存储资源、通信资源统一为标准化的云，实现软件和硬件的解耦，进而支持用户在建设或运维过程中灵活选择不同类型设备来组建或扩充云，降低运营风险和成本。

（2）城轨云首次实现 PaaS 层服务容器管理服务

乙市城轨云在 PaaS 层不仅部署了传统的中间件和大数据等服务，同时还结合全自动运行系统中车辆智能运维的需求部署了容器管理服务，主要提供容器的交付中心（镜像仓库、应用模板、流水线等）、服务治理、应用管理、应用仓库等丰富的云服务，通过流程化服务模板和操作向导帮助用户在平台上快捷地部署运行业务系统。

（3）城轨云 SaaS 层服务

乙市城轨线网级自动售检票清分中心、线网级 CCTV 视频云存储依托乙市城轨云搭建，结合项目需求，城轨云上部署了视频存储服务、视频补录等服务，首次实现云平台提供 SaaS 服务，只要后续线路在按照标准接口来进行配置，即可共享云端提供的各种服务，又可在相应的终端（如 CCTV 工作站、服务器，AFC 工作站、BOM、TVM、AGM 等设备）按照标准接口和协议进行交互，实现业务系统不用开发部署，直接由云平台提供的线网 CCTV、自动售检票系统来支撑，共享线网级的云端服务。

（4）城轨云 DaaS 层服务

乙市城轨云在 PaaS 层部署了大数据共享平台，在传统的 Hadoop + MPP 架构数据平台的基础之上，补充数据治理、数据开发工具服务，满足用户多场景数据分析需求，又保障了城轨数据平台的对外 DaaS 服务能力。通过设置的数据采集平台，利用 Modbus TCP、FTP、Kafka、SQL 数据库等标准化接口实现所有系统的数据对接。对数据采集后，通过大数据平台的清洗、挖掘、分析等处理后，直接把相关处理后的数据推送给各业务系统，实现智慧调度、车辆智能运维，同时节能降耗。

为了更好支持未来智慧业务的建设，在业务上云的基础上，建设了大数据平台，对业务系统的运营数据进行采集，从线路运营之初，建立数据资产管理机制，在线网逐步建设成型时，具备城轨数据的全生命周期管理能力。数据平台依据数据治理标准，通过接口适配、数据集成等一列加工、转换过程，形成线网统一标准的数据资产，实现对数据的长期积累，同时通过数据服务组件，实现数据的快速发布与共享。

2.3.2　基于云平台的全自动运行系统

基于云平台的综合承载，乙市地铁采用了基于云平台的 GoA4 级别多专业的融合技术构建综合调度指挥系统（IDCS）支持 UTO 运行。

综合调度指挥系统（IDCS）系统将传统综合监控系统和列车自动监控系统进行系统集成，采用分层分布式结构，实现变电所自动化系统（PSCADA）、环境监控系统（BAS）、列车自动监控系统（ATS）、门禁系统（ACS）等系统的集成，互联火灾报警系统（FAS）、站台门系统（PSD）、闭路电视系统（CCTV）、广播系统（PA）、乘客信息系统（PIS）、车载信息系统（TIS）、自动售检票系统（AFC）、时钟系统（CLK）等子系统，使各专业纳入一个统一的综合数据信息平台之内，为行调、电调、环调、车辆调、乘客调、维调、信息调提供多岗位统一调度界面，基于云平台的 IDCS 系统进行了信息整合及数据共享，实现全自动运行核心设备系统供电、通信、信号、综合监控、站台门、车辆等系统统一调度指挥及多专业智能联动。

综合调度指挥系统（IDCS）承载在城轨云计算平台的安全生产网资源池中，中央级实时服务器、历史服务器、FEP、磁盘阵列等计算资源、网络资源、存储资源、工作站的桌面云统一由城轨云平台配置，车站级采用传统物理机配置。安全相关业务承载在裸金属服务器和实体工作站上，非安全相关业务承载在虚拟服务器和桌面云终端上，云平台为 IDCS 提供的计算资源包括裸金属服务器与虚拟机两种，其中历史服务器、ATS 裸金属服务器、综合监控裸金属服务器分别通过 2 台裸金属服务器承载；虚拟 FEP 服务器通过虚拟机承载，保证 2 台虚拟 FEP 之间仍然保持物理隔离的冗余架构。IDCS 承载于城轨云计算平台的网络环境中，接受云平台的管控；同时云平台提供控制中心到车站的网络通道。

由于基于云平台的全自动运行综合调度指挥系统相较传统综合监控系统和 ATS，主要差异在于基于云平台的硬件平台和网络结构发生了变化，从 RAM 的层面看，根据乙市地铁 2 号线城轨云平台的网络架构，建立了基于云平台的 IDCS 系统 RBD 模型，从安全的层面看，对通用产品/通用应用进行了分析，然后针对基于云平台的全自动运行综合调度指挥系统特定应用进行了进一步的安全分析，同时对硬件的 FMEA 分析，证明硬件故障不会对安全功能产生影响，经过权威第三方评估机构评测，系统支持 GoA4 等级的全自动列车运行，通过对云平台的安全加固和对 IDCS 软件的安全防护，系统达到 SIL2 安全完整度等级。

2.3.3　基于云平台的智能调度和智能运维系统

（1）基于云平台的智能调度系统

乙市地铁 2 号线智能调度系统（IDCS，集成 ATS）、PSCADA、BAS 等子系统，采用主备、冗余、分层、分布式 C/S 结构，采用控制中心、车站二级组网。控制中心与车站之间采用城轨云计算平台提供的共享通道以太网。IDCS 系统在控制中心的网络为城轨云计算平台的安全生产网，由云平台统一部署；IDCS 系统在车站设置冗余以太网交换机，并上联至城轨云计算平台设置的车站冗余汇聚交换机，云平台车站汇聚交换机为两台高端交换机，实现集群后，再根据综合调度指挥业务需求，虚拟化成逻辑汇聚交换机，提供给 IDCS 系统使用。

IDCS 系统由位于控制中心的中央级 IDCS 系统、网络管理系统（NMS）、培训管理系统（TMS）、位于各车站的车站级 IDCS 系统、位于车辆段的中央级 IDCS 系统（备用）和设备维修管理系统（DMS）构成。中心 IDCS 系统资源是热备、冗余、开放、可靠、易扩展的；热备冗余方式的主机故障时，主备切换可确保连续的显示及控制功能。当中心 IDCS 系统或骨干网发生故障时，车站 IDCS 系统仍继续工作，从而实现车站级的行车综合自动控制。

IDCS 具有数据库管理功能、输入数据处理功能、通用的 HMI 功能、监视功能、冗余自动切换功能、系统安全与权限管理功能、操作员工作站的角色分配功能、操作互斥和操作授权功能、遥控功能、报警功能、时间同步功能、数据点的允许/禁止功能、内部运算功能、状态概况展示、统计和报表等通用功能，以及行车调度（ATS）、电力监控

（PSCADA）、环境与设备监控（BAS）等专用功能；最重要的是，乙市地铁 2 号线基于云平台的 IDCS 还具有日常和紧急联动功能。

乙市地铁 2 号线的 IDCS 智能调度系统承载于云平台上，其统一的调度界面和各系统之间的信息快速传递和共享的特点，提高了调度的联控监管能力、联动及应急响应能力、运营调度能力，有利于调度岗位复合、能耗优化。

（2）基于云平台的智能运维系统

通过车辆安装车载专家主机 WTD，通过 MVB 总线和 Ethernet 总线，实时采集各子系统运行数据，实现车辆弓网、车门、走行和牵引等数据的采集，然后通过 PIS 系统 WLAN 网络传输到地面云平台中。基于云平台的智能运维系统，采用基于云平台微服务架构，通过云平台提供虚机、中间件服务，将实时采集到的车辆运行数据，经过数据预处理、数据清洗、协议解析、主数据管理、数据库管理、分发、推送、故障模型搭建以及机器学习算法等流程，实现了车辆状态实时监控、能耗计算、设备寿命预测、健康评估、故障预警、报警、诊断、应急响应、运维决策支持、数据统计分析、专家知识库等功能，更好地支持车辆检修业务，提升检修效率，降低运维成本。

2.3.4　基于云平台容器化承载的清分中心

基于云平台的线网清分中心系统通过在 PaaS 层部署容器管理系统，采用 K8S 容器化部署，第三方产品和服务采用虚拟机部署，数据库采用裸金属服务器形式部署。

清分中心系统采用分布式处理技术、微服务框架和消息服务等，将系统功能解耦，拆解现有的业务逻辑，最小化业务逻辑单元，重新设计业务架构，实现业务深度融合，功能模块化，便于后续新增业务和功能的拓展和升级。

采用微服务架构的创新处理方式，允许同时部署多个同类业务处理服务器，每台服务器能够并行处理不同的数据包。如果某台服务器出现故障时，系统将自动执行回滚操作，未成功处理的数据包会自动返回队列中。接下来，其他服务器可以继续处理这个数据包，从而承担故障服务器的任务。这种机制不仅能确保业务处理不受单个服务器故障的影响，还能显著提升处理速度，实现几乎线性的横向扩展。同时部署多台业务处理服务器也可显著提高处理速度，实现线性横向扩展。

2.3.5　基于云平台的视频集中存储

乙市轨道交通视频存储采用云平台构建的集中存储分布式，由云平台设置分布式存储资源池，将车站、车辆段视频流直接接入，实现基于《公共安全视频监控联网系统信号传输、交换、控制技术要求》（GB 28181）标准格式下的视频流直存。

分布式存储共设置 49 台服务器，其中 4 台服务器为控制节点，45 台服务器为存储节点，组建可用容量为 9.34PB 的线网级视频存储平台。视频存储数据采用纠删码作为冗余方式，可实现最大 80% 的有效存储，减少冗余耗损。

通过发挥城轨云数字底座对业务系统的承托功效，乙市城轨云可将 CCTV 的视频存储系统与 ACC 的人脸识别、视频分析系统融合，可实现对全线网的视频综合分析功能。

2.4 经验总结

乙市城轨云平台的建设与运维标志着城轨交通信息化和智能化达到了新高度。通过引入先进的云计算技术，乙市地铁实现了轨道交通核心系统 IDCS 的安全承载，优化了 FAO 功能，强化了故障转化机制，提升了运营的灵活性和调整手段。云平台还整合了信号监控和综合监控系统，实现了双向全自动运行，显著提高了运营效率和系统的可用性。

云平台在数据驱动和智能决策方面发挥了关键作用。乙市城轨大数据平台有效整合了多源异构数据资源，通过深入的数据加工和分析，为智能调度和运营决策提供了强有力的数据支持。此外，平台的统一管理和服务优化功能，提高了资源利用率，降低了建设和运营成本。全栈服务能力覆盖 IaaS、PaaS 和 SaaS，为各业务系统提供了全面的云服务。

乙市城轨云平台不仅是技术创新的体现，更是智慧城轨发展的推动力。平台遵循行业规范，提供了完整的云平台规范和适应性强的解决方案，成为行业内的重要示范。通过持续创新和服务演进，云平台加速了业务应用的敏捷创新，提升了服务能力和运作流程。资源整合和业务创新避免了重复建设和资源浪费，实现了业务的高效建设和全网受益，为城轨行业的数字化转型和高质量发展提供了坚实的基础。

附录 3

丙市城轨云应用案例

3.1 项目概况

为推进我国城轨交通行业信息化、智能化的发展，加强信息整合、实现各系统数据共享，确保网络和信息安全，丙市地铁集团以城轨交通为突破点，结合丙市地铁实际，站在线网的高度、以长远的眼光和全面的思维对丙市城轨交通信息系统进行统筹规划和顶层设计，秉承数据共享、网络安全原则，采用云平台技术手段，对丙市地铁集团所有业务板块以信息化手段重构。推动网络化建设、网络化运营和网络化管理，实现现代化管理和精准化经营，为践行"智慧地铁"理念、实现"世界级地铁城市""互联网＋城轨交通"目标创造条件。

本项目包括线网信息化云平台系统及相应的灾备和测试系统，其中云平台系统部署在主用控制中心，灾备系统部署在灾备控制中心，测试系统部署在既有控制中心。系统同时考虑后续接入线路的扩容和兼容性，满足未来后续新建线路的接入和既有线路的迁移。具体建设内容为云平台、大数据共享平台、网络安全、管理信息系统云化、线网骨干传输系统、线网运营指挥中心系统、既有线迁移等。

3.2 项目实践

3.2.1 云平台部署架构

云平台工程遵循"1-3-5-3-1"信息化总体架构：搭建 1 个云平台，依托安全生产、内部管理、外部服务 3 张网络，实现乘客服务、运输指挥、安全保障、企业管理、建设管理 5 大领域的应用，构建生产指挥、乘客服务、企业管理 3 个中心，打造 1 个智慧地铁门户网站。基于"系统自保、平台统保、边界防护、等保达标、安全确保"的原则，建立标准的网络安全架构，统一业务确保线网信息化云平台网络安全。根据各业务系统容灾需求及对运营生产的重要性，根据业务系统类别，分为业务级容灾和数据级容灾。建设主用中心云平台和灾备中心云平台，确保丙市轨道安全稳定运营。为确保新建线路安全接入和既有线路安全迁移搭建测试中心，保证运营生产业务正常运行，避免对云平台上已运行业务的影响，新建线路接入及既有线迁移均需在测试平台上验证后才可接入云平台。云平台多中心网络部署架构如附图 3-1 所示。

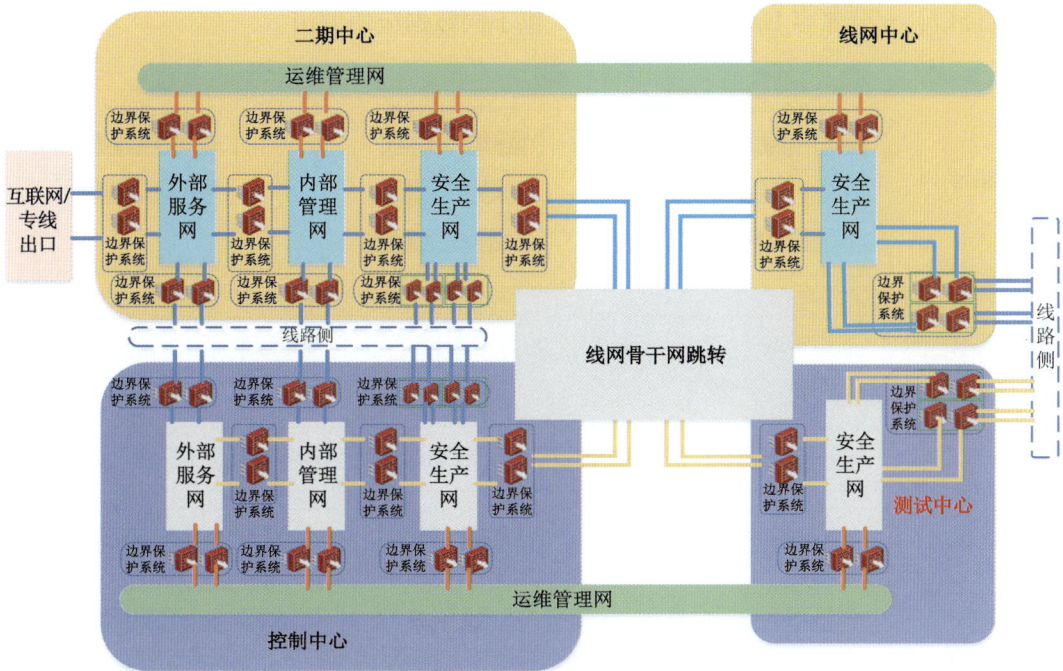

附图 3-1　云平台多中心网络部署架构

云平台整体采用统一云管平台的一片云建设模式，服务发放和云平台运维均在统一云管平台完成；根据业务类型不同分为安全生产、内部管理、外部服务 3 个资源区；每个资源池中规划虚拟化资源池、裸金属资源池和大数据资源池；每个资源群的业务按云主机应用划分 VDC。

云平台整体部署架构要求必须能够对计算、存储、网络进行虚拟化管理，实现虚拟化资源池，在提供稳定可靠业务服务同时，为未来地铁系统扩展、信息集中或共享，大数据分析等奠定基础。

线网信息化云平台逻辑架构包括基础设施即服务（IaaS）层、大数据平台服务（DaaS）、平台即服务（PaaS）层和应用即服务（SaaS）层。云平台逻辑架构如附图 3-2 所示。

线网信息化云平台为运营生产系统、管理信息系统各应用系统提供 IaaS、DaaS、PaaS、SaaS 等多层级的服务。具体功能如下：

（1）IaaS 层：提供整个云平台的硬件资源，包括计算资源、存储资源、网络资源以及安全资源等，云平台实现对硬件资源的池化，各业务系统可以灵活调度底层硬件资源池。同时，云平台可以根据业务需求，将硬件资源进行逻辑隔离或物理隔离，保证业务稳定可靠运行。

（2）DaaS 层：提供企业级大数据存储、查询、分析的统一平台，主要对安全生产网、内部管理网、外部服务网的业务数据、系统日志、系统元数据等进行分析处理，包含了数据采集、数据集成、数据管理、数据存储以及数据计算能力。大数据平台基于不同业务场景可对 Hadoop 组件灵活调度，以服务实例方式灵活发放。与此同时，向上提供多种开放接口，充分兼容 Hadoop 开源生态，供不同数据应用调用。

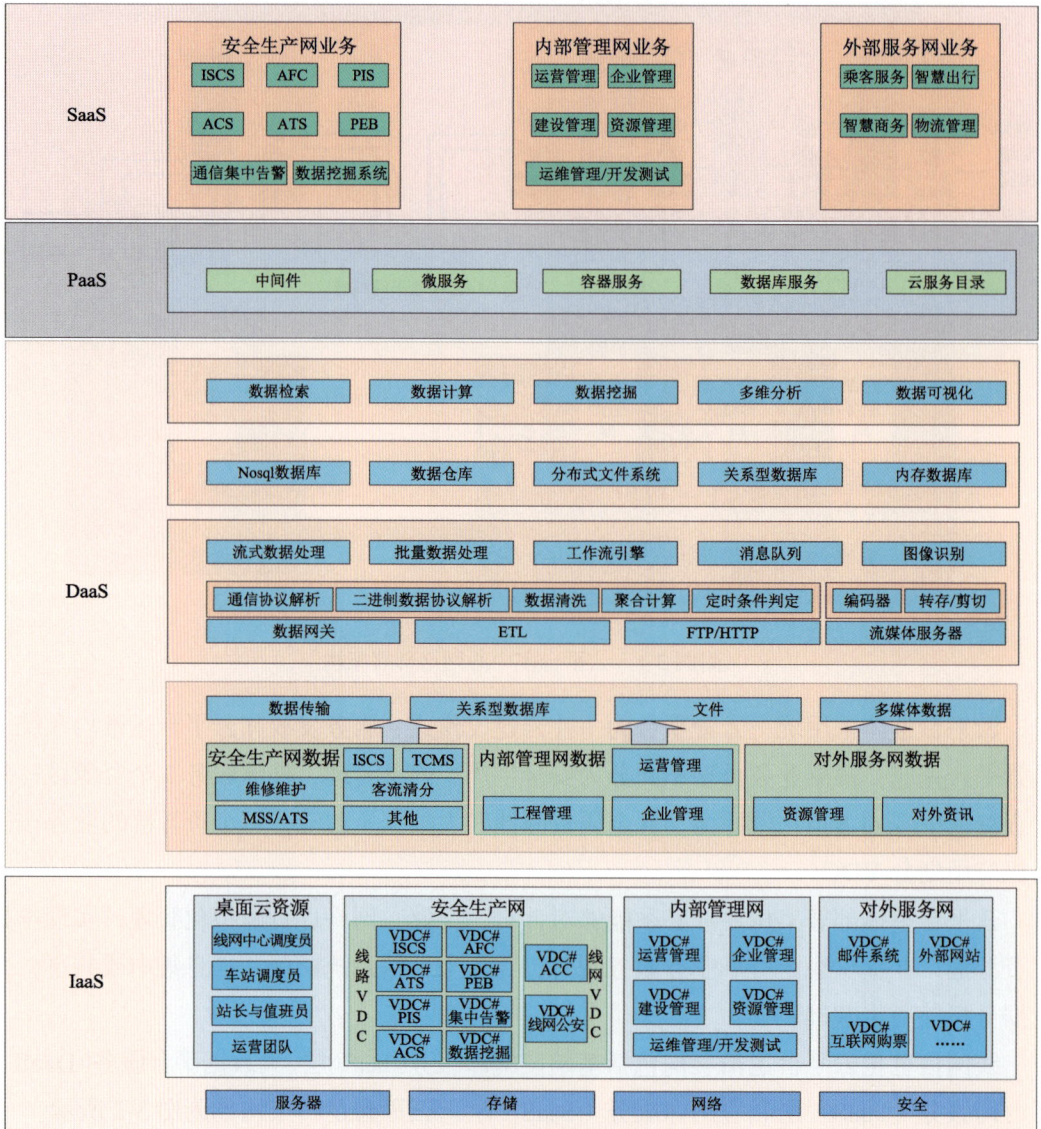

附图 3-2 云平台逻辑架构

（3）PaaS 层：PaaS 平台作为应用开发的支撑平台，提供了基于 docker 的容器服务、微服务框架、消息中间件、API 网关等功能，支持多种编程语言、开发框架以及通信协议，提供图形化编排界面，实现复杂应用一键部署。支持统一的服务发放、服务审批以及服务管理。

（4）SaaS 层：基于底层云平台的服务化能力，结合地铁业务需求，划分为三张业务子网，包含安全生产网业务（ATS、PIS、CCTV 等）、内部管理网（企业管理、运营管理等）、外部服务网（乘客服务、智慧出行等）。SaaS 应用可以灵活调动底层资源，按需获取，即使发放。同时，基于开放的 API 接口，面向未来地铁的创新应用，提供持续演进能力。

3.2.2　大数据共享平台

丙市地铁集团数据共享平台建设的核心目标是推动丙市地铁集团运营管理水平的全面提升，从路网运营层面支持丙市地铁集团应对超大规模客流和超大规模网络的挑战，并从企业经营管理层面推进丙市地铁集团管理转型发展的需求，从业务上数据共享平台应实现对丙市地铁集团全业务流程的覆盖，从能力上应支持"智慧地铁"的构建。数据共享平台是面向丙市轨道交通运营全过程，实现各系统生产数据、运营核心主数据、领域知识数据的梳理、抽象提炼、集成、分析、关联挖掘和重构，统一数据标准，打破数据孤岛，进行数据的统一汇聚和管理。建立丙市轨道交通数据共享平台，提供在多源数据、大数据量情况下的存储、综合调用、分析挖掘以及相应的计算能力，提升丙市地铁运行安全，提高工作效率，支撑服务的智慧化升级。数据共享平台逻辑架构如附图 3-3 所示。

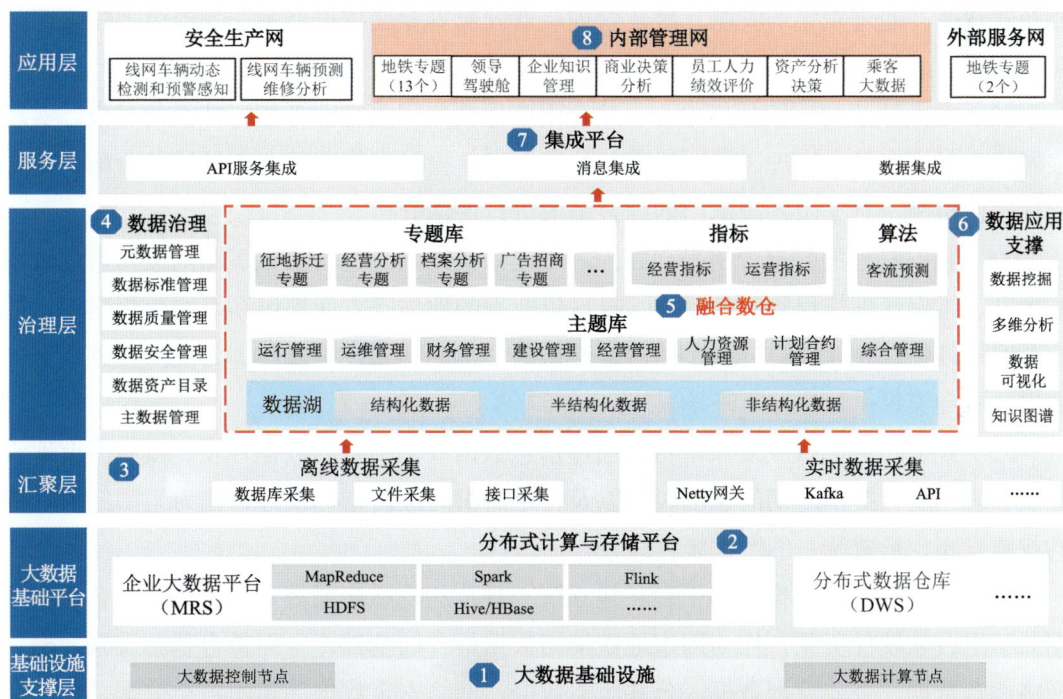

附图 3-3　数据共享平台逻辑架构图

数据共享平台应基于云平台按照数据源、数据集成、数据存储、应用支撑、业务应用五层架构来设计的，并在安全生产网、内部管理网、对外服务网这三张网域分别构建相对独立的大数据平台，为三网内的应用提供数据服务。对于需要跨网域数据的应用，可以通过数据共享模块实现跨网域数据流转。数据共享平台构建在统一的云平台之上，数据集成、数据存储、应用支撑等数据共享平台软件，以及数据应用软件均以云化方式部署，统一由云平台运维管控。数据共享平台将构建一整套城轨数据治理标准体系，提供从数据采集、数据融合、数据治理、数据分析、数据服务端到端的数据治理参考规范。数据共享平台通过数据安全工具平台以及数据安全标准对从数据采集到数据服务的各环节提供数据安全保证。

数据共享平台是丙市地铁集团基于统一整合的数据平台，一方面为丙市地铁集团业务部门提供数据应用服务，另一方面也是集团 IT 建设的重要基础设施，也将作为丙市城市公共交通管理组织的重要信息源，为不同组织部门、不同管理层级的用户提供多样化的服务，因此数据共享平台功能定位，对内外部用户及不同的视角有着不同的功能定位。

（1）集团战略决策的辅助支持中心，信息数据共享平台整合集团经营管理数据、路网运营数据、人力、财务等企业管理数据，并通过数据整理，历史数据分析，为集团领导的综合决策提供数据支持。

（2）经营状态的综合展示中心，通过信息数据共享平台展示集团的全面经营状态，如项目建设进度情况、财务指标完成情况、路网运行情况等，全面及时地反映集团各方面经营状态，通过领导驾驶舱、经营管理层驾驶舱等专题数据展示，为丙市地铁集团各层管理经营人员提供掌握集团综合信息的数据渠道。

（3）全面绩效的评估分析中心，结合丙市地铁集团关键业务指标体系的建设，实现集团战略目标在建设管理、路网运营、经营开发、投融资管理等业务领域的分解，建立指标评价机制，对集团各级部门的综合绩效进行评估分析。

（4）精益管理的数据分析平台，为丙市地铁集团领导经营决策、路网运营指挥效率的提升、维保管理修程修制的优化、投融资效率的评估等方面提供高级的分析应用，如综合对标评估、企业风险分析、路网客流预测、车辆预测性维修等，为集团业务专家、数据分析专家提供数据分析环境。

（5）经营指标的权威发布平台，通过信息数据共享平台的数据开发，按照丙市地铁集团管理约定，提供定期的、临时的以及特定需求的经营指标统计，作为集团经营指标的权威发布，形成统一的数据统计口径。

（6）全面整合的数据存储平台，建立统一规范的轨道交通数据模型，配置企业级数据共享平台软硬件资源，作为丙市地铁集团数据整合的基础，全面整合基础设施数据、网络运营数据、企业管理数据、公共服务数据、网络安全数据等集团各类数据，统一纳入信息数据共享平台实现数据整合，为各类数据分析应用提供数据基础。

（7）数据资源的标准管理平台，建立数据质量管理标准、配置相关的岗位和人员，按照既定的数据质量标准和数据治理机制，对丙市地铁集团数据上报质量、数据规范进行统一管理，确保数据的可用性。

（8）统一的对外数据服务平台，以指标体系为基础，作为丙市地铁集团对外数据服务的技术平台，一方面对市管、交警、公交、交通、铁路、民航等方面提供统一的丙市轨道交通信息，协助交通指挥组织；另一方面通过数据产品的设计开发，形成轨道交通有价值的数据产品，创新数据价值。

3.2.3　网络安全

为了保障丙市轨道交通线网信息化云平台的网络安全，结合轨道交通线网信息化云平台网络环境的实际情况，为丙市轨道交通线网信息化云平台规划的网络安全体系框架建设按照物理层、虚拟化控制层以及安全服务层等角度进行设计，保证云平台内安全生产网、内部管理网、外部服务网均达到等级保护第三级安全要求。网络安全整体框架如附图 3-4 所示。

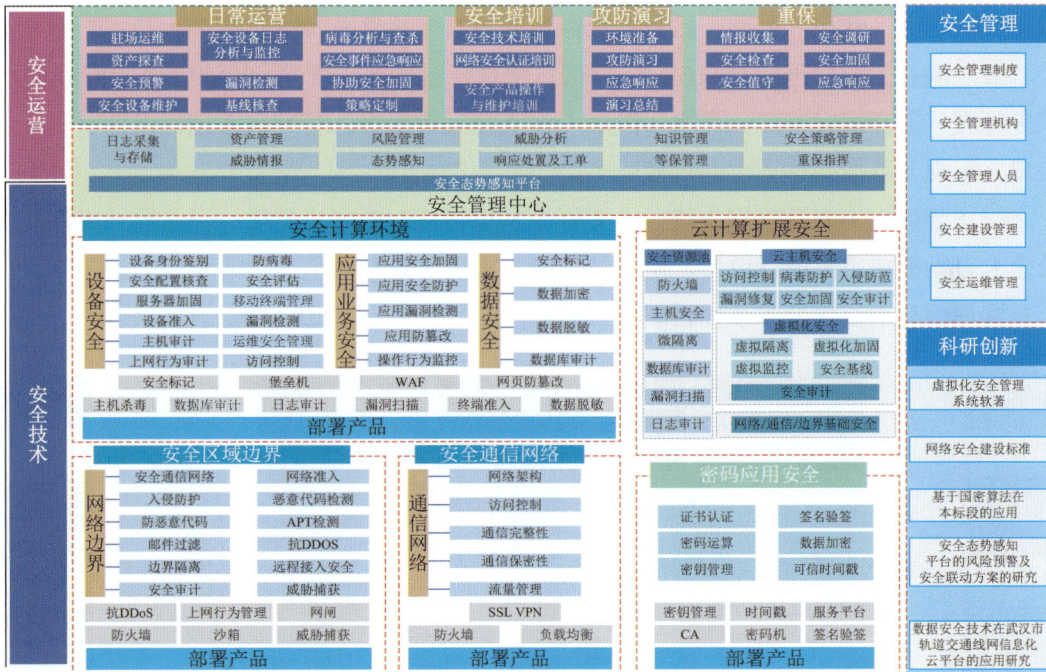

附图 3-4　网络安全整体框架图

安全体系纵向通过外部服务网、内部管理网和安全生产网三张网隔离，互联网用户不能直接访问安全生产网、内部管理网区域的数据和信息系统。横向通过计算环境安全、安全区域边界、安全通信网络的安全防护设备和安全防护策略加以实现，通过管理网的安全管理中心实现正式云平台一期的网络集中安全管理和运营。

云平台的安全保障体系实现包含物理和环境安全、网络和通信安全、设备和计算安全、应用和数据安全、安全管理等方面的安全能力，构建基础架构和纵深防御能力，全面掌握云平台资产安全状态，快速精准地发现云平台的安全威胁；持续监测风险状态，复盘改进，输出分析报告。构建立体防护架构体系，通过重塑安全边界，缩小攻击面，提升基础防护能力，加强应用、数据和身份安全。针对云平台的业务资产、威胁及风险，以应用和数据为保护对象，加强基于身份认证、Web 层攻击防护、日志大数据分析等技术进行持续性保护。提升云平台威胁监测及运维管理能力。通过打造安全可视能力，让安全了然于胸。通过持续性的风险评估，构建态势感知平台，提高云平台威胁发现和运维能力。

3.2.4 管理信息系统云化

云平台搭建完成后，地铁集团既有业务逐步平滑迁移至灾备中心；新建的运营管理信息系统和人力资源管理系统直接接入灾备中心。目前具体实施内容为：

（1）整合升级、迁移已有系统。已有系统包括 OA 系统、合同系统、资产系统、流程平台、征地拆迁系统、权证系统、档案系统、Link App 及丙市地铁 App 等平滑迁移至云平台资源上，并正常运行。已有系统需实现与数据共享平台的对接。

（2）新建运营管理信息系统。运营信息化系统包括施工管理、培训管理、维保管理、乘务管理、资产管理、安全管理、移动 App 支持、数据报表管理等需进行设计、研发与集成，实现与数据共享平台的对接。

（3）新建人力资源管理系统。人力资源系统包括 HR 用户模块、企业领导决策模块及个人自助模块等需进行设计、研发与集成，实现与数据共享平台的对接。

管理信息系统建设体系如附图 3-5 所示。

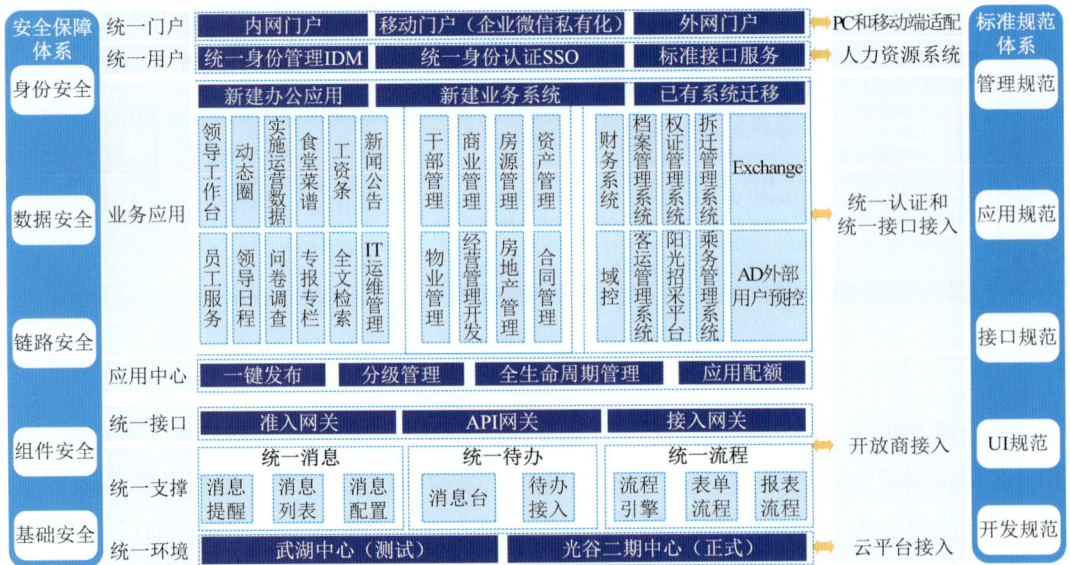

附图 3-5　管理信息系统建设体系

3.2.5 线网骨干传输系统

线网骨干传输系统作为丙市轨道交通线网级各控制中心互联互通的骨干传输网络，实现对多条线路业务流量的骨干承载，为线路业务终端与线网级应用系统、云平台和测试云平台之间提供高速、可靠、低时延互联通道。本次上层网设计主要包括上层网传输系统、电源系统和光缆线路。

为了保证传输系统具有较高的生存能力，传输系统应采用环状网结构，构成自愈环。

采用 OTN 方案组网时，上层网共 8 个控制中心节点，各节点配置一套 100G OTN 设备，同时预留后续工程接入的条件。

3.2.6 线网运营指挥中心系统

线网运营指挥中心系统（NOCC）是全市轨道交通指挥的最高机构，其具有代丙市地铁行使监视、协调、管理和应急指挥全市城轨交通网的运营的职能。通过协调各条线路运营，发挥网络的整体运能，使各线及轨道交通网络高效、经济、有序运行。作为全市轨道交通的线网指挥中心，掌握全市轨道交通网的全部信息，NOCC 应为丙市提供轨道交通的运营统计决策信息，为各运营主体、乘客等提供资讯服务信息。日常运营时，NOCC 监视、掌握各线运营情况，为各线提供帮助及协调指导信息，各线的运营指挥控制由各条运营线路的控制中心（OCC）完成；在应急情况下，特别是影响到两条线路以上的情况下，代表丙市地铁集团行使指挥权。在线路运营中发生意外事件时，如地面交通拥堵、相关车站大客流疏散、某车站发生重大事故或灾害等情况，通过监控的相关视频信息，协调线路运营计划，有效、高效地处理应急事件，以确保各线路尽快恢复正常运营。

线网控制中心整体功能是依托地铁线网线路控制中心的通信、信号、AFC、ISCS、FAS、BAS、PSCADA、PIS 等业务系统，结合网络化运营管理和决策分析需要，对地铁全线网的行车、设备、调度指挥、突发事件、客流、AFC 等数据进行收集、存储、分析、挖掘，构建线网控制中心系统，实现对轨道交通系统数据资源进行一体化整合以及长期存储的支持。通过构建线网控制中心系统，将轨道交通线网投融资、建设、运营及管理数据进行合理统计和分析，有利于总结经验和教训，挖掘出地铁行业的规律，从而加深对地铁的认识，用以科学指导地铁的后期规划、建设和网络化运营管理。NOCC 体系架构如附图 3-6 所示。

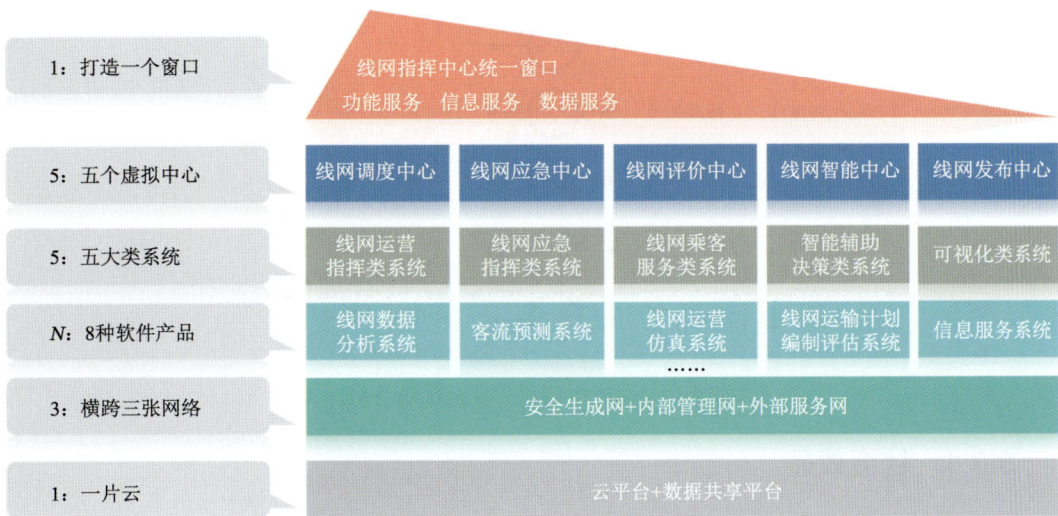

1：打造一个窗口	线网指挥中心统一窗口 功能服务 信息服务 数据服务				
5：五个虚拟中心	线网调度中心	线网应急中心	线网评价中心	线网智能中心	线网发布中心
5：五大类系统	线网运营指挥类系统	线网应急指挥类系统	线网乘客服务类系统	智能辅助决策类系统	可视化类系统
N：8种软件产品	线网数据分析系统	客流预测系统	线网运营仿真系统 ……	线网运输计划编制评估系统	信息服务系统
3：横跨三张网络	安全生成网+内部管理网+外部服务网				
1：一片云	云平台+数据共享平台				

附图 3-6 NOCC 体系架构

3.2.7　既有线迁移

目前丙市轨道交通已运营线路在后续大修改造时将线路入云系统迁移至云平台主用中心，非入云业务系统大修改造后系统设备仍设置在原控制中心内。线路迁移遵循原则如下：

（1）中心迁移不影响正常运行。云平台实施过程中，不能影响到与运营线路正常运营；线路迁移测试、衔接工作将利用夜间非运营时段进行施工。

（2）数据同步传输、分别处理。控制中心的优先级可根据现场具体情况由工作人员进行调整，中心迁移完成后切换原则和优先级：主云中心 > 备云中心 > 降级到就地后备中心。

（3）线路系统先测试再迁移。已运营线路控制中心在测试前，首先在测试中心搭建线路冗余控制中心，实行数据双备份；在数据采集稳定后，确定控制中心控制权限交接时间节点，同时确保线路运行数据可倒回，保证线路运行安全。

3.3　经验总结

丙市线网信息化云平台一阶段建设已初步完成，围绕三个中心构建的云平台现已承载新建线 1 条、既有线迁移 1 条（已完成测试）、管理信息系统云化部署、NOCC 主要功能建设，同时大数据平台建设已初具规模，三网业务主题域、专题域数据资产池已具雏形并逐步开展领导驾驶舱建设工作。云技术的深度融合不仅为城轨业务的建设与部署带来了革命性的变革，更显著地推动了应用效益的提升。城轨云平台优势分析如附图 3-7所示。

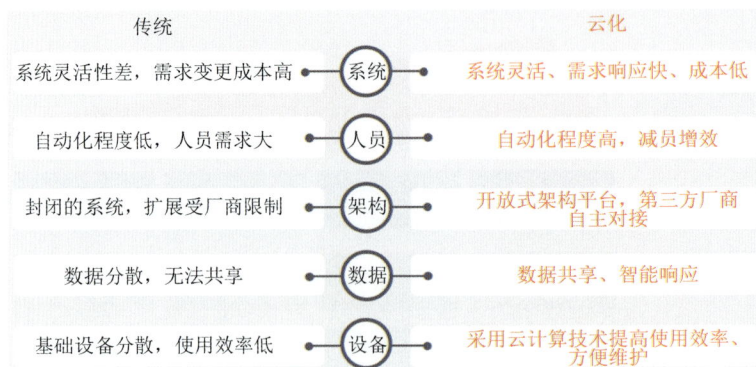

传统		云化
系统灵活性差，需求变更成本高	系统	系统灵活、需求响应快、成本低
自动化程度低，人员需求大	人员	自动化程度高，减员增效
封闭的系统，扩展受厂商限制	架构	开放式架构平台，第三方厂商自主对接
数据分散，无法共享	数据	数据共享、智能响应
基础设备分散，使用效率低	设备	采用云计算技术提高使用效率、方便维护

附图 3-7　丙市城轨云平台优势分析

3.3.1　社会效益

本项目通过引入云计算、大数据等信息技术，加快城轨交通与互联网的融合发展，有利于优化运输组织方式，调整产业结构和转变经济增长方式，更好满足乘客出行、消费、娱乐等多样化的需求。实施带来社会资源有机整合，包括各条线路运营人员、客运人员、建设人员、维护人员有机地整合优化，减少运营维护人员工作量，减少人工在调度管理模式下误操作；重塑各设备及设备间接口，确保设计及生产技术及资源的有机整合，有利于技术的再创新和性能的提升；施工及调试标准化，有利于施工建设、设备调试规范，同时促进测试工具、自动化测试设备等因规模效益而实现良性发展；运营及运维管理手段也将在统一标准的基础上得到持续改进和完善。通过建立集监测、监控和管理于一体的网络安全防御体系，以实际行动践行"网络安全"理念，有力保障高精度、高敏感的城轨交通网络安全，防范因网络安全问题带来的社会风险。充分利用互联网等信息技术手段，打破信息不对称，通过数据共享和数据交换，可精准对接供需、高效配置资源，促进城轨交通领域信息资源高度开放共享和综合开发利用，为民众多元化的信息需求提供跨越式发展服务。

3.3.2 经济效益

城轨云平台建设，其成果有助于提升整个城轨交通信息化建设水平，推动城轨智能化、智慧化发展。各业务应用系统都按照云计算的统一标准进行开发实施，方便对各类业务工作进行标准化管理，从统一管理的角度对系统进行规范管理，在大大降低管理成本的同时，也大量节约系统的运行成本。整合全线网规划线及改造线硬件资源，在实现业务系统软、硬资源的高度集约化、节约化，节能的同时减少工程造价，可提高设备利用率、减少机房面积、降低能耗、降低维护难度、为未来大数据开发提供底层数据支持。云平台技术以及集中式控制中心的设置方案，提高管理效率、资源利用率，大幅减轻运维工作量、降低运营维护成本。从云计算特性出发，后期扩容升级改造便利、资源节约。

3.3.3 环境效益

本工程可以减少控制中心数量，合并运营及运维站房，降低对土地资源的占用量，从而降低系统运行的资源、能源消耗。在优化行业资源配置、规范业务流程和推动产业转型升级等方面，具有极大的行业推广和示范作用。本工程实施后，在线运行的服务器、存储设备等信息化基础设施相对减少；通过虚拟化、实时迁移电源管理技术，还可以降低在线设备的数量和运行时间，进而实现节能减排。此外，通过综合换乘、价格杠杆等手段吸引客流、减少拥堵，践行低碳环保、绿色出行。

3.4 结束语

云计算、大数据技术经过多年沉淀发展，已被广泛应用于互联网、游戏、教育、社交、金融、政务等领域，用以解决传统资源浪费、数据孤岛等问题。在城轨交通蓬勃发展的今天，利用成熟的云计算、大数据等信息技术，解决城轨信息化发展的弊端，实现资源共享、信息互通、智慧调度、智慧运营等，是新时代城轨发展的必由之路。丙市轨道交通网络信息化云平台建设是践行国家交通强国和新基建建设战略部署的切实举措，符合信息化、智慧化发展趋势。为保障网络信息化云平台建设的顺利实施，需要对传统的城轨交通规划设计、建设运营及维护管理模式进行调整以适应。信息化建设节约建设投资，降低运营成本，有利于资源开发，是实现智慧地铁的根本保障。

附录 4

丁市城轨云应用案例

4.1 项目概况

丁市地铁运营里程已超过 350km，运营里程稳居全国前十，实现对主要商圈、交通枢纽、医院全覆盖。丁市地铁开通速度越来越快，大规模建设的背后给地铁建设、运营、运维智慧化带来较大压力。主要体现在云平台、大数据及智慧化应用建设投资规模化，需关注绿色低碳可持续发展；运营线网化，需强化各板块、领域间的协同联动，并借助智慧化手段辅助运营能力提升；运维复杂化，设备分散、品牌型号不一，智能运维水平亟待提升。整体需补充短板，优化提升，实现从信息化管理者向数字化引领者的角色转变。最终建设为行业领先、世界一流的绿智城轨企业。

丁市目前已建成地铁大厦、X 路、Y 岛控制中心，结合目前丁市各区域控制中心的规划，线网云平台的主中心与备中心设置方案确定为：集中线网云平台主中心，云平台备中心分不同地点设置方案。

三张网四中心具体部署规划：X 路控制中心，建设内部管理网管理系统业务主用中心、外部服务网对外系统业务主用中心和安全生产网线网系统业务灾备中心。地铁大厦控制中心，建设内部管理网管理系统数据灾备中心。Y 岛控制中心，现在是地铁 6 号线主用中心，未来升级为安全生产网线路系统业务灾备中心。Z 岛控制中心，建设安全生产网线网、线路系统业务主用中心，内部管理网管理系统业务灾备中心，外部服务网对外系统业务灾备中心。丁市城轨云总体架构如附图 4-1 所示。

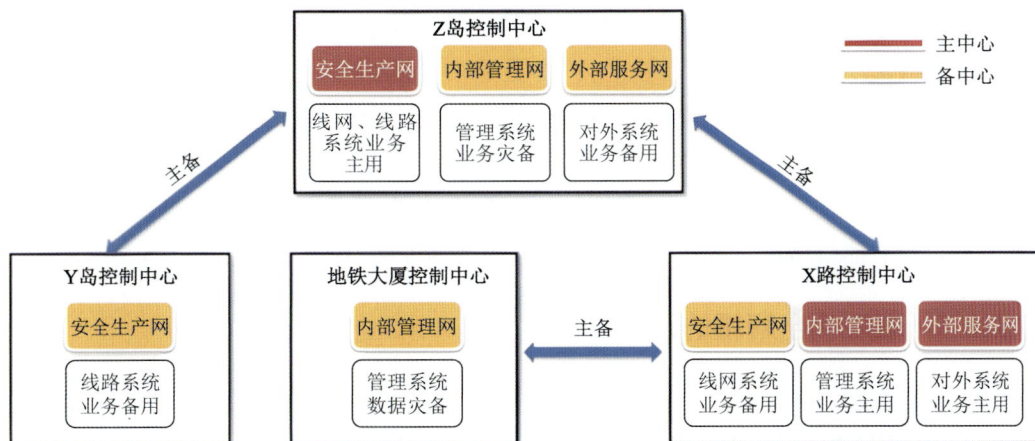

附图 4-1 丁市城轨云总体架构图

4.2 项目实践

本项目云平台的建设遵循丁市城轨交通云平台规划，承载地铁 6 号线规划的生产网业务以及丁市地铁大数据中心（含管理网业务），通过分期扩容云平台计算、存储及其他必需资源完成业务部署。丁市城轨云总体架构如附图 4-2 所示。

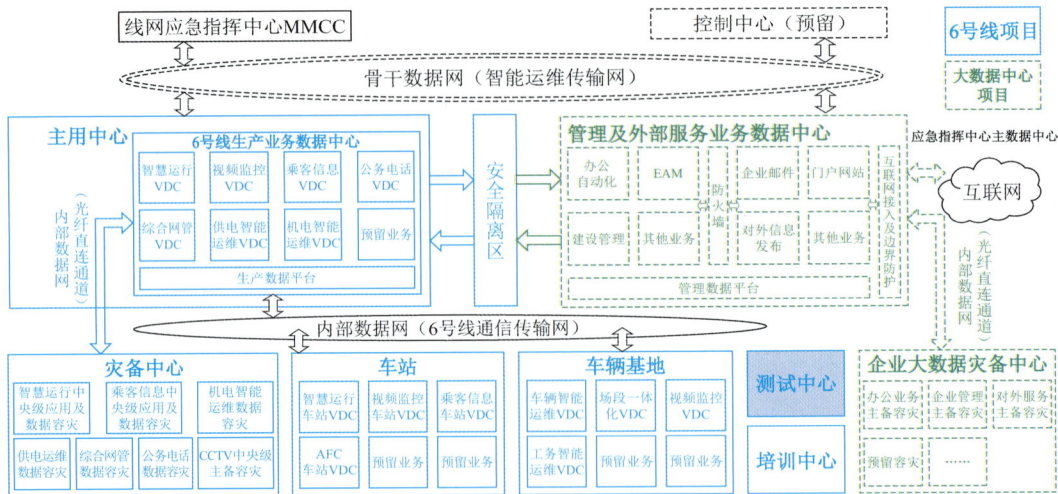

附图 4-2　丁市城轨云总体架构图

地铁 6 号线生产业务环境通过安全隔离区与内部管理网、外部服务网完成网络对接，建设不同网域下云资源的统一云管平台。且实现集团大数据中心对应云网络对接。云平台遵循"系统自保，平台统保，边界防护，等保达标，安全确保"的总体设计原则，为城轨各个业务系统的安全防护提供对应信息安全服务。

作为丁市第一条上云线路，丁市地铁 6 号线实现中心云平台和站段边缘云两层架构统一，由中心云管平台进行运营、运维管理。丁市地铁大数据中心实现集团智慧化应用领域创新，整体实现丁市地铁数字化转型。丁市地铁以丰富的云 + 大数据技术为核心，建设丁市地铁集团"智慧大脑"。

丁市地铁建设一套智能、高效、可扩展的城轨云平台，构建易于管理、动态高效、灵活扩展、稳定可靠、按需使用的城轨云平台架构，实现"云、网、智、端"异构全域混合资源的"一站式"管理，全面支撑城轨业务应用模块，满足城轨生产业务对安全、性能、实时、节能等方面的需求。丁市地铁 6 号线城轨云系统架构如附图 4-3 所示。

4.2.1 软硬件全解耦的云平台

（1）兼容开放

云平台在项目中提供标准的南北向接口，对所有产品进行全面测试，避免兼容性风险，充分发挥不同厂商优势特点，建设灵活的行业生态，完善云底座的生态环境，开放度业内领先。

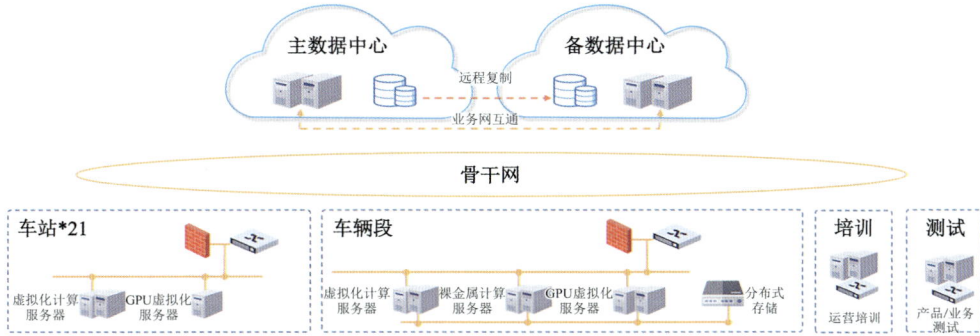

附图 4-3　丁市地铁 6 号线城轨云系统架构

（2）架构优化

云边协同架构，结合丁市地铁智慧车站建设需求以及车站侧对数据实时性的要求，打造了中心＋边缘站段两级云平台架构；实现大量车站级数据在车站级就地处理，减少硬件设备分散重复建设，降低骨干网带宽负担与中心电力资源负荷，提高安全性。

"矩阵式"容灾，城轨云平台支持数据中心内部虚拟机自愈、虚拟机异地重生；支持数据中心之间的平台级容灾，通过容灾编排工具实现业务虚拟机容灾切换自动化；通过两级云平台的云边协同架构，实现数据中心到车站的降级服务。

基于 IP 的主备容灾，丁市地铁安全生产网业务基本都是基于 IP 地址访问的传统业务，借助容灾编排工具，为丁市地铁打造基于 IP 的平台级主备容灾方案，业务系统 IP 地址无需变动，满足城轨业务无需改造的需求实现容灾自动化切换。

（3）产品业务相融合

列车控制系统是控制列车安全、准时运行的指挥部。TACS 系统基于云平台实现国内首次车辆与信号的深度融合，对传统系统的整体逻辑架构进行了重组，其全新的系统架构、资源化的设计理念，颠覆了行业对列车控制系统的认识，如同为地铁列车装上了"智慧大脑"和"眼睛"，实现了列车的自我导航、自我决策与自我控制，整个运行过程无需人工介入，极大地提升了运营效率与安全性。这一技术的突破性应用，不仅是中国地铁史上的一大里程碑，也是全球范围内轨道交通技术迭代升级的典范。

上云业务组播需求采用 Vxlan 组播，针对丁市地铁 PIS、PA 等定制化云内 Vxlan 组播流量方案，有效减轻云内网络设备流量负载，同时也降低云内网络阻塞风险以及骨干网带宽占用。典型上云场景-PIS 架构如附图 4-4 所示。

为了保障业务的平滑上云，城轨云平台制定云上冗余 AB 网，充分保障业务双网独立，实现网络故障隔离，满足传统 OT 业务的上云网络需求。

全栈云平台面向丁市地铁传统安全生产业务，城轨云平台提供完备的 IaaS 层服务，计算、存储、网络可弹性伸缩、动态调度；面向丁市地铁智能运维业务云原生需求，城轨云平台立足容器集群、微服务等云原生技术构建高效容器云底座，同时引入数据库、中间件等，满足创新业务的实际需求。

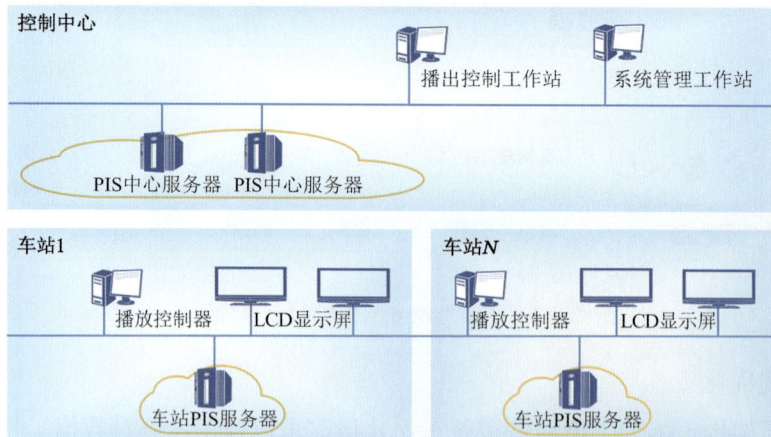

附图 4-4　典型上云场景-PIS 架构图

（4）可靠性云网底座

国产自主可控，丁市地铁城轨云平台工业级安全操作系统 CGSL，可靠性高达 99.9999999%，云平台可靠性高达 99.999%，并部署国产化资源池，保障整体业务安全可靠。

支持超大规模集群，城轨云平台单资源池可管理云主机大于 5000 台，可管理虚拟机大于 50000 台，可有效满足丁市地铁远期 25 条线路的接入需求，给未来的"以线扩网"预留了充足的扩展空间，满足线网云部署需求。

CPU 智能节能，在丁市城轨云建设中应用领先的 CPU 节能技术，对有潮汐效应的虚拟机（如自动售检票系统等）具备动态频率控制，现场实测能够节省 30%以上的服务器能耗。

4.2.2　数据治理与开发的大数据平台

丁市地铁以数字化底座为基础，融合建设、运营、开发经营资本运作五大赛道＋企管核心数据，以数据驱动业务优化、组织变革、流程再造。通过数据中心实现城轨业务的统一部署，资源分配，数据融合，实现应用标准化、规范化这两大关键点，统筹集约共建共享；实现跨部门、跨网域的数据共享，多专业数据共融，协调配合，助力城轨智能化、智慧化发展。

整个大数据中心以各系统的数据源为基础，在上云的同时，通过大数据平台进行数据采集，在数据中台进行数据治理，往上形成数据服务和应用，整个流程以数据标准体系为依据，以一体化运维服务作为支撑，为上层决策分析提供支持，形成集团总览，首先为五大赛道提供垂直板块，同时也形成集团、企管各领域决策专题。丁市地铁大数据中心系统架构如附图 4-5 所示。

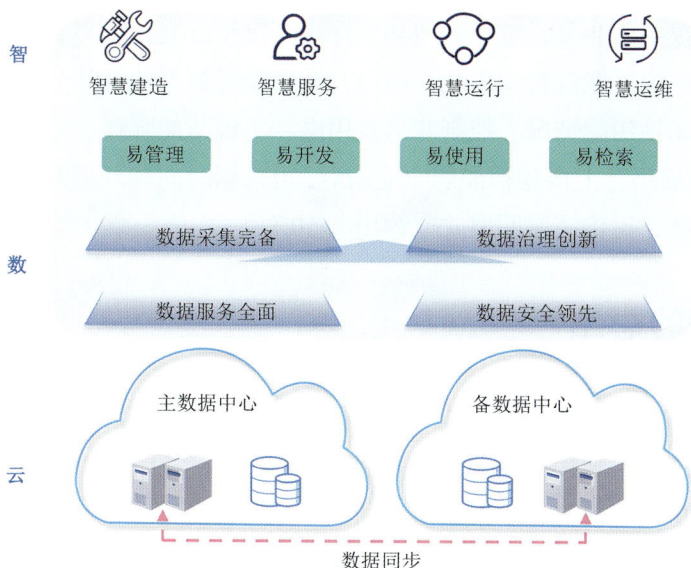

附图 4-5　丁市地铁大数据中心系统架构

（1）数据资源统一管理

围绕数据资源全生存周期管理。

制定集团统一的数据管理体系，建立数据标准，为数据资源统一管理、数据要素市场化奠定基础。

（2）统一服务应用

简化数据检索和使用过程中多系统、数据库频繁切换的步骤，实现降本增效。

（3）为数字化管理提供支撑

结合地铁生产和业务数据，通过大数据挖掘分析，以领导驾驶舱、决策分析系统等直观的方式向集团决策者和管理者提供更准确、及时、全面的决策信息。

（4）为人工智能提供高质量的数据资源

"无治理、不分析"，没有高质量的数据，就不会有可信的 AI。数据治理是人工智能基础，为人工智能的学习和训练提供准确、有效的数据输入。

集团大数据中心项目中采集安全生产、内部管理、外部服务全网域的实时和离线数据，实现城轨采集场景的 100%覆盖，提炼了 11 个主题组，63 个主题域，800+指标，使得数据治理全流程可视化，真正支撑了端到端业务应用开发。

4.2.3　绿智融合的数据底座

与传统物理服务器、交换机分散部署建设相比，城轨云可实现集中部署，并且防火墙、机柜、机房等数量部署数量均会相应的减少，减少设备成本；云平台软硬件弹性伸缩，运营简便，可降低扩建成本；设备部署数量减少后，电力成本可减少 35%左右；集中式部署可提供统一的硬件基础设施监控，运维智慧化，备品备件提供方便；避免单独建设数据中台，提高各业务系统平台间共享计算、决策方案，提高数据共享服务能力。

在此基础上构建了能源管理系统，通过对车站能耗数据的统计分析、指标分析，便于工作人员掌握车站用能情况、控制非必要用电、实现节能降耗。应用上线后实测车站节能5%以上。在云平台上构建智能照明应用后，可根据时间和环境的变化精准设置不同的照度，实现节能，比传统照明模式节约用电50%以上。

4.3　经验总结

经统计，丁市地铁基于云平台节约各设备系统计算存储资源的采购费用约500万，为各业务系统可节约单独建设数据中台费用近1000万元。目前丁市地铁已实现机场、铁路、商圈等重要枢纽全覆盖，丁市轨道交通数字化转型提升了丁市轨道交通整体服务水平，将持续推动城市信息化和智慧化发展，促进城市经济发展等，减少交通拥堵和污染，提高城市管理和服务水平，为丁市轨道交通和城市发展带来更多的创新和变革。

统一的数智平台为数字化转型引领奠定基础，在提升列控智能化水平、线网顶层设计、全面兼容开放、数据治理与开发全业务流程、节能减排方面均为业界领先。

附录 5

戊市城轨云应用案例

5.1　项目概况

从城轨交通发展的实际出发，戊市城轨建设采用线网城轨云的模式，以"优服务、提效能、降成本、强保障"的根本宗旨，按照《中国城轨交通智慧城轨发展纲要》的体系架构，以创新驱动智慧城轨建设，实现企业的数字化转型和智慧化升级。结合该市地铁建设现状和近远期轨道交通建设规划，以及地铁集团企业信息化业务发展需求，从数据共享、网络安全、智慧乘客服务等角度出发，分期建设地铁线网云平台。从而遵循地铁集团以信息技术为基础，统一规划、统一标准、统一管理、协同建设、数据共享、安全可控、运营高效的建设思路，实现集团建设、运营、开发、投资"四位一体"，打造数字化、网络化、协同化、一体化及"智能化综合管理平台＋大数据"管理体系。

5.2　项目实践

5.2.1　云平台架构及方案

戊市轨道交通云计算平台的建设遵循城轨交通信息化规划，符合互联网＋城轨交通的理念，代表城轨交通网络化运营的发展方向，承载该市轨道交通信息化所规划的业务，遵循中国城市轨道交通协会"1-3-5-3-1"标准进行总体系统架构设计，采用同城异地的架构，采用"中央集中＋站段云节点"方式构建云平台，为该市新建的三条线路中央级及站段级云化业务提供云计算服务，为安全生产网、外部服务网提供 IaaS 层服务，为内部管理网提供 IaaS 层、PaaS 层服务及系统迁移服务。站段云节点为云桌面及各业务系统提供降级及其他资源。云平台一期工程实施范围主要包括云平台主用中心、云平台灾备中心、综合测试平台、内部管理网机房及新建三条线路的车站、段场云平台。工程架构如附图 5-1 所示。

5.2.2　主用中心、灾备中心方案

云平台主用中心作为戊市城轨交通线网级云平台的主服务中心，在线路正常运行时，承担主服务功能。灾备中心为云平台主用中心承载业务提供应用级或数据级灾备所需资源。当主用中心出现紧急情况时，灾备中心承载双活业务运行，并保存其他云化业务历

史数据，接管线路的部分职能工作，保障线路正常运行。云平台将运营生产系统、乘客服务管理系统传统架构下中心级、车站级资源云化统一部署，预留弹性资源以备智慧车站、列车状态监测等所需基础资源，为后续大数据平台提供基础设施服务。

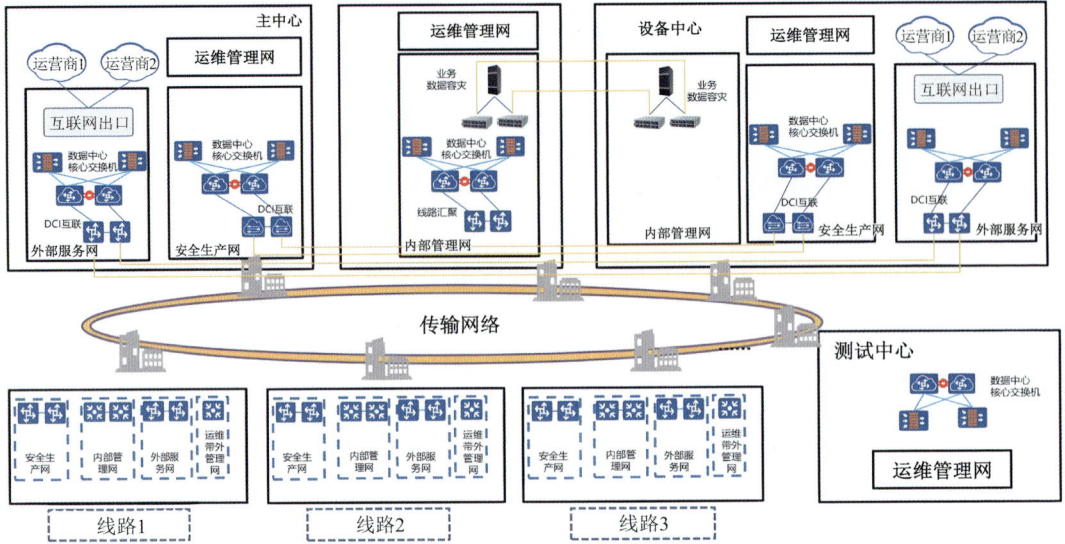

附图 5-1　戊市轨道交通云平台一期工程架构

5.2.2.1　安全生产网方案

安全生产网资源池设置虚拟机化资源池、裸金属资源池、云桌面资源池、大数据资源池，存储设置高性能集中式存储资源池。

云平台资源池按三级规划资源池，其中安全生产网作为云平台一级资源池，涵盖所有线路生产业务资源。二级资源池按照资源类型进行划分，涵盖 ACLC 线网专用资源池、ATS 专用资源池、统一资源池和大数据专用资源池。ATS 专用及统一资源池的三级资源池按线路划分。

5.2.2.2　内部管理网方案

内部管理网资源池设置虚拟机化资源池、裸金属资源池、云桌面资源池、大数据资源池、存储资源池。

内部管理网按三级规划资源池，其中内部管理网作为云平台一级资源池，涵盖公司全部的内部信息化系统资源。二级资源池按照内部信息化业务系统类型进行划分，涵盖专用资源池、共享资源池和大数据专用资源池。三级资源池根据业务类型划分。

5.2.2.3　外部服务网方案

外部服务网资源池设置虚拟化资源池、裸金属资源池、云桌面资源池和大数据资源池。

外部服务网主要承载 CCTV、公务电话等业务系统，其中配置 CCTV 集中存储 90 天资源。

外部服务网按三级规划资源池，其中外部服务网作为云平台一级资源池，涵盖所有线路生产业务资源。二级资源池按照业务系统类型进行划分，涵盖 CCTV 业务资源池、公务电话资源池、统一资源池和大数据专用资源池。三级资源池根据线路划分。

5.2.2.4 运维管理网方案

运维管理网通过独立的带外网络与主用中心的安全生产网、内部管理网、外部服务网互联。

控制中心运维管理网采用双节点冗余部署。

车站设置一台运维管理网交换机，与线路传输网网络互联；线路传输网为带外网络规划独立通道，保证管理信息安全、可靠传输。

5.2.3 车站/段场方案

车站/段场设置云节点，逻辑划分安全生产网、内部管理网和外部服务网，物理上有两台交换机设备做堆叠配置，作为业务系统接入及线路传输节点。统一旁挂防火墙实现边界防护。

单独设置单节点对外管理交换机，实现管理数据交互。

车站/段场安全生产网配置云节点服务器，承载 ISCS、PIS、AFC 等车站级业务，满足车站降级使用的要求。段场安全生产网接入车辆智能运维等系统。

车站/段场云节点资源由中心统一管理，车站/段场设置云桌面。云节点资源供各业务系统降级共享使用。

5.2.4 测试中心方案

测试中心是正线的线路/线网系统建设中，在预研、验证、联调联试等环节将发挥关键的作用，保证正线的正常交付，提供可靠、完备的测试验证环境、流程和预研方案。测试中心不仅承担自身和业务系统测试交付的任务，还适当考虑在系统、应用设计等方面上的探索创新，为后续的线路建设提供技术、环境的支撑。

5.2.4.1 总体测试目标

为保障各业务系统软件基于云化平台部署后的功能、性能、可靠性、接口等正常性；各业务系统均采用最小化系统部署，涵盖主备中心云平台、车站等三个典型场景进行环境准备；配合双活业务完成容灾测试。

业务系统性能测试依据业务厂家评估，通过数据模拟、软件模拟方式开展，不开展大规模的业务部署。

为云化业务提供资源支撑，结合云化业务系统功能、配合线路业务集成商制定测试报告，包含业务系统功能、云桌面功能、业务单调运行状态、业务间接口、业务联调、主备中心切换、车站降级、性能测试、资源利用率等内容。

5.2.4.2　整体架构

构建独立主备中心，三个车站的资源池，统一云管，每个中心通过逻辑划分为三张网（安全生产网、内部管理网和外部服务网），车站划分逻辑三张网，除安全生产网外暂保留接口。

5.2.4.3　长远规划

（1）业务系统标准建设

组织并开展云平台企业标准-业务系统标准的制定，并结合标准在测试中心进行验证测试，为后续的设备选型提供依据。

（2）大数据试点探索

在测试中心部署大数据平台，结合相关业务系统，在包括列车运行、管理、能耗、智慧运维、智慧车站等方向上进行研究，在提升运营效率、降低成本、节能减排上进行探索和应用，同时制定数据标准，为大数据建设提供思路和方向。

（3）智能运维方向和思路探索

基于已有或者将有智慧地铁设备进行研发，根据场景和需求，在基于云平台、大数据、业务中台、统计系统平台、微服务等技术的支撑下，整合轨道交通弱电系统，并对弱电系统进行整理，基于数据分析，打造智能模块，应用于调度指挥、系统设备运维上进行探索和应用，尝试构建一体化平台的整体解决方案，在提升运维效率、降低运维成本上进行尝试和创新。

（4）智慧车站应用模式与探索

基于车站云技术，探索 5G、物联网等技术的应用，结合 BIM 模型构建，实现设备的互联互通，通过数字孪生、乘客召援、运营驾驶舱等功能，室内定位实现人员主被动定位，支持智慧车站无人化或少人化运行等功能。

5.2.5　网络安全方案

5.2.5.1　网络安全系统整体逻辑构成

本次戊市线网云平台网络安全系统构建遵循"系统自保，平台统保，边界防护，等保达标，安全确保"的总体设计原则，从网络边界安全、（云平台）虚拟化安全、系统应用安全方面实现云平台全网的安全需求。

按照信息安全网络安全法、等级保护以及最新的安全技术发展趋势要求，参考轨道交通行业已经发布的一些技术规范及指导要求；本次安全系统建设的能力范围主要是包括区域边界安全能力、云平台安全防护能力、系统安全防护能力。网络安全系统整体逻辑架构如附图 5-2 所示。

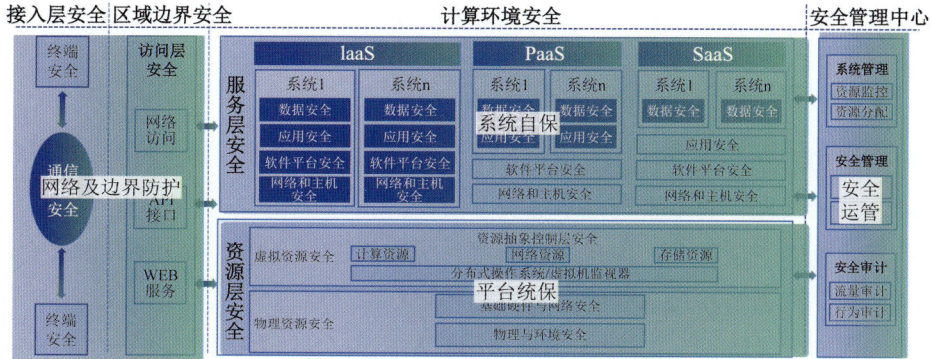

附图 5-2 网络安全系统整体逻辑架构图

5.2.5.2 区域边界安全能力

线网云平台整体安全系统构建的第一步是需要做好边界防护，网络边界防护要点：边界防护隔离、身份鉴别、授权访问、入侵防范、安全审计方面进行网络安全建设，通过安全域划分、各安全域采用符合等级要求的隔离强度等技术手段形成纵深防御体系。参考中国城市轨道交通协会发布的上位规范及线网云平台实际的建设内容，此次线网云平台网络安全系统包含以下 7 项边界防护分别是：

（1）安全生产网、内部管理网、外部服务网数据交互安全边界。

（2）安全生产网、内部管理网、外部服务网与各车站上云业务边界。

（3）运维管理网与安全生产网、内部管理网、外部服务网安全边界。

（4）安全生产网、内部管理网、外部服务网与非上云业务的边界。

（5）外部服务网云平台与外联系统边界。

（6）安全生产网、内部管理网、外部服务网内各专业系统之间的边界防护。

（7）车站局域网边界防护。

5.2.5.3 云平台安全防护能力

戊市线网云平台的物理网络架构设计是按照业务特点分成了三张网络，三张网承载不同的业务系统，然后基于不同的业务设置不同的 VPC，三网虽然独立，但是整体上需要通过统一的云综合运管平台。

线网云平台的安全重点是解决业务统一上云后的安全问题，本质上是虚拟化等技术带来的防护挑战，结合纵深防御思想，就是要确定云的东西向和南北向多层次的安全防护策略。纵深防御体系涵盖针对网络边界制定符合安全域防护等级的边界访问控制、每张网络负责自身的安全边界和业务安全，制定从下到上的安全策略，满足纵深监测、防御等能力协同要求。

遵照国家网络安全法等有关法规和条例，遵循"系统自保、平台统保、边界防护、等保达标、安全确保"的策略，以网络安全等级保护为基础，分级分类建立应用系统的安全保护措施。云平台安全生产网按照等级保护三级标准建设，内部管理网、外服务网按照等级保护二级标准建设。云平台安全设计按照云服务的使用范围以及层次，提供整合的云服务安全体系，并与安全防护体系、安全运维体系相结合，形成完整的云平台防护体系。

5.2.5.4 系统安全防护能力

遵照国家网络安全法等有关法规和条例，遵循"系统自保、平台统保、边界防护、等保达标、安全确保"的策略进行系统安全设计。

按信息系统的安全需求，构建保证信息系统可用性、完整性和保密性的平台和安全保证体系，确保云平台相关系统的业务安全。

采用"网内分类防护"的策略，在同一网络中根据业务特点划分的安全区域，不同安全区域应采用相应的安全防护措施。

业务系统的安全由应用系统自身安全机制和云平台安全机制协同保障，云平台具备最高支持应用系统达到相关等级保护标准的能力。

为保证关键业务的持续可用性，根据各个业务的特点和环境定制其所需的安全服务，达到其所需的安全能力；为部署在多个安全域的业务系统，定制协同一致的安全策略，平台为保证业务的完整性提供所需的安全服务。

采用带外管理技术构建安全管理域，支持对应用系统的安全集中管控。设置与集中管理相匹配的系统管理员、安全管理员和审计员，并制定管理规章和岗位职责。

5.2.6 云桌面方案

戊市云平台一期项目，采用云桌面形式，为车站、场段、控制中心等相关工作人员，提供便捷安全的办公终端服务。

云桌面系统从架构上可分为数据中心侧和云桌面客户端侧两部分，数据中心侧包含超融合云计算平台（底层资源平台）和云接入管理平台（桌面管理平台），客户端侧包含云终端计算机硬件及云桌面客户端软件，云桌面系统架构如附图 5-3 所示。

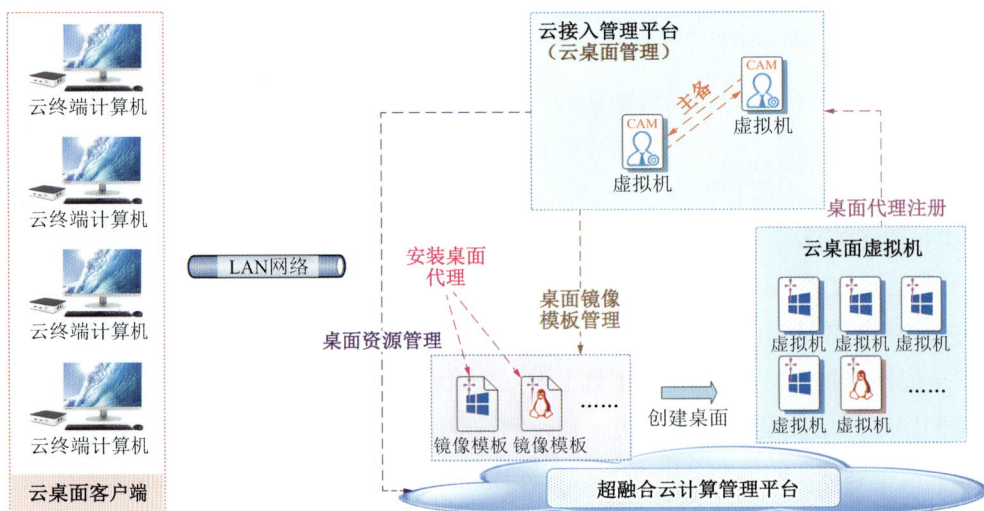

附图 5-3 云桌面系统逻辑架构

云桌面系统可以为用户提供类似传统 PC 机的功能，通过本系统可以将原来分散在终端（PC）上的计算、存储等资源集中到数据中心，实现虚拟化和集中管理，用户可以通过任何云终端计算机（Thin Client 瘦终端）来接入云桌面服务。

云桌面系统按照功能不同可划分为超融合云计算管理平台、云接入管理平台、云桌面交付代理以及云桌面客户端四个子系统，云桌面系统功能结构如附图 5-4 所示。

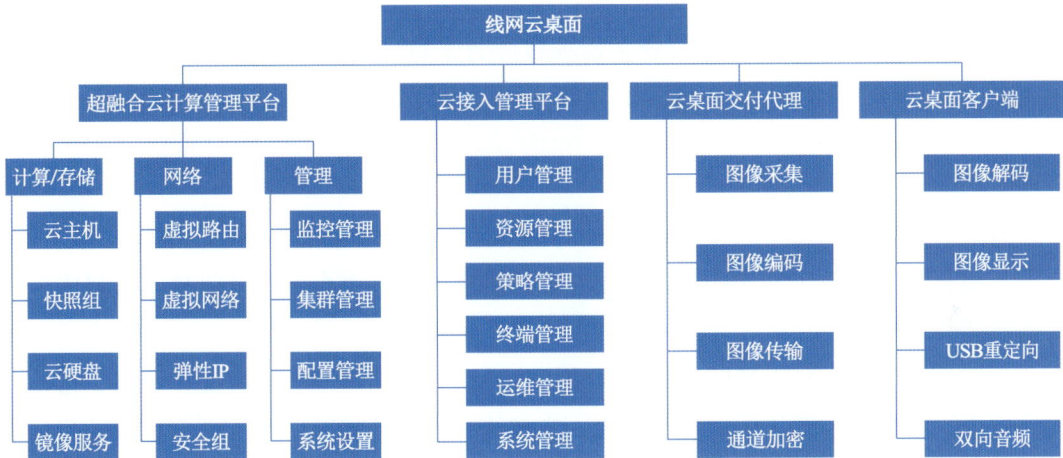

附图 5-4　云桌面系统功能结构

5.2.7　云综合运管平台

5.2.7.1　建设目标

云综合运管平台是以线网云综合服务为目标，采用"以多云管理为基础，统筹各类子服务平台"的设计理念，通过打造"一个门户，四大中心"的服务框架，构建基于"五个统一"的一体化管控体系，实现对异构、泛在、多元基础设施和服务生命周期的有效管理。最终促进运管整体效能的提升。

平台功能主要涵盖：云平台管理、运维管理、云桌面管理、网络管理、备份管理、网络安全管理、动环监控管理，可通过云平台管理的接口实现大数据硬件资源的监控、管理。

云综合运管平台主要实现"五个统一"的建设目标：

（1）统一云管理：用户只需登录云综合运管平台，可管理本工程不同物理位置的多个数据中心；可访问安全、运维、网管、机房动环等系统，实现"一站通"。

（2）统一云服务：用户只需登录云综合运管平台，可以提供丰富的云服务功能，包括 IaaS 层的计算与存储、网络与安全；PaaS 层的中间件服务、应用服务、云数据库服务；SaaS 的软件服务；同时支持更高级的服务编排和云备份服务。

（3）统一云运营：用户只需登录云综合运管平台，可以统一管理不同云环境提供的资源，统一封装出产品对用户呈现；提供统一的产品上架，支持多种计费策略、计量计费和账单功能；提供统一的分级组织管理功能，每个组织可以自定义使用多个数据中心的资源；提供云成本分析、云服务质量分析等功能。

（4）统一云认证：用户只需登录云综合运管平台，做一次认证，即可登录和使用不同物理位置的多个数据中心；对接底层云资源平台及其他第三方运维、动环、安全、网管等系统。通过接入企业管理网 ESB，实现人力资源和内部门户的统一认证，在内部门户上实现内容、待办和流程集成。提供统一的用户认证体系，实现统一鉴权。

（5）统一云运维：用户只需登录云综合运管平台，做一次认证，即可登录和使用不同物理位置的多个数据中心运维管理系统，实现线网云综合运管平台统一运维操作。

5.2.7.2　建设原则

云综合运管平台作为支持多数据中心资源管理的统一平台，有效管理本项目中所有设备设施。

基于多云管理平台为基础，进行系统扩展，实现包括运维、云桌面、网络、备份、网络安全、动环监控系统的对接和管理，实现统一监控、统一用户、统一权限的目标，降低异构资源池、跨系统的管理和维护的难度，提升整体运营效率。

通过深入分析对接系统以及业务场景，云综合运管平台基于"一个门户、四大中心"的服务框架，落实建设目标。

门户：通过多指标动态分析，基于角色差异化呈现，实现监控数据的可视化展示。

云服务中心：提供以服务目录为载体的全栈云服务能力，实现云管理、云运维等系统的接入和管理。

监控告警中心：实现基于全局视角的监控指标实时采集、告警及时发现、故障快速处理和平台级告警策略配置。

分析中心：提供全局日志的统一收集、处理和分析，按需生成报表。

管理中心：提供平台自身及外围系统的管理配置服务，实现权限、流程以及信息的管理。

5.2.7.3　系统架构

云综合运管平台系统架构如附图 5-5 所示。

云综合运管平台采用模块化设计，依靠主流技术框架，平台可扩展性强；对接简单易操作，可通过驱动实现第三方系统对接。同时结合平台的管理功能实现"统一云管理、统一云服务、统一云认证、统一云运维以及统一云运营"。

云综合运管平台提供的接口标准化，后续第三方系统根据接口定义进行对接，即可实现第三方系统的接入和管理。

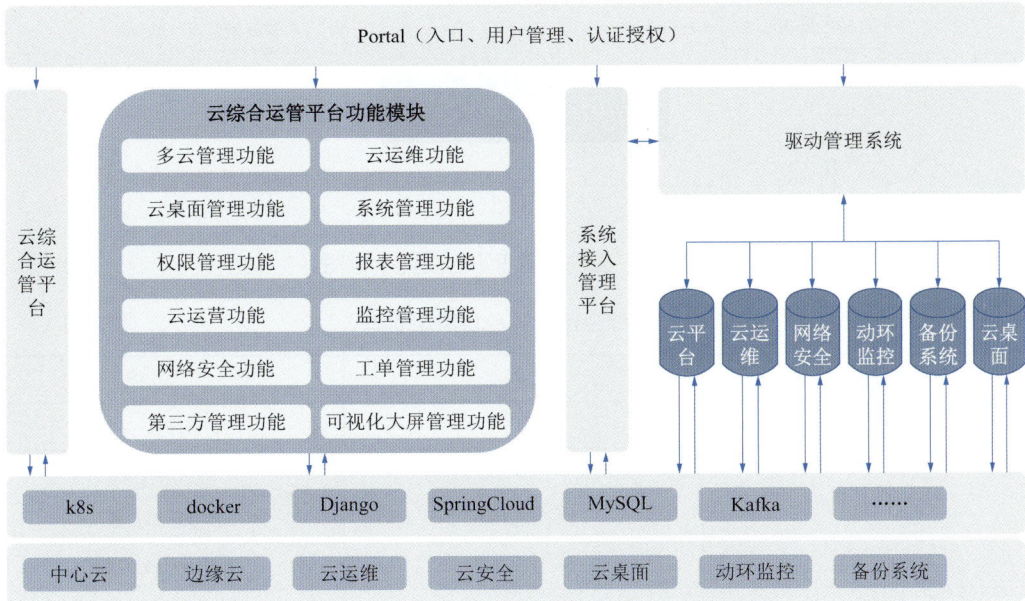

附图 5-5 云综合运管平台系统架构图

云综合运管平台具备以下主要特点：

（1）多平台纳管

云综合运管平台具有不同云平台、网络安全、动环监控、网络管理、备份管理等系统的对接管控能力，防止被单一厂商锁定。具备一个平台统一纳管多平台的功能，提高资源利用率，减少运维及运营成本，有效提高运营、运维的效率。

（2）多云纳管

本平台可实现对不同厂商云平台的统一纳管，统一监控告警，统一展示，统一账户，包括云管理、云运营、云运维等服务，实现资源的全生命周期管理。

（3）扩展性良好

云综合运管平台采用微服务化设计理念，具备良好的扩展和接入能力，可满足现在及未来扩展、二次开发的需求。

（4）标准化

云综合运管平台通过接口实现对不同系统的数据收集，对不同平台的不同日志、告警等信息进行标准化，具备全局按需查看、定位的能力，并提供通知推送，提升运维效率。

5.2.7.4 功能规划

云综合运管平台作为一套逻辑上统一的管理平台，实现了多数据中心及运维、安全、网络、动环监控、备份系统的管理。通过对接各个第三方系统，整合、分析关键数据及核心指标，形成统一监控和管理。

如附图 5-6 所示，云综合运管平台包含"一个门户，四大中心"，其主要功能清单见附表 5-1。

附图 5-6 云综合运管平台功能示意图

云综合运管平台功能规划表　　　　　　　　　　　　附表 5-1

项目	一级功能	二级功能
一个门户	门户	首页
	可视化大屏	云资源专题
		态势感知专题
		模块化机房专题
四大中心	云服务中心	云管理
		云运维
		云运营
		云桌面
		云安全
		云备份
	监控告警中心	监控管理
		告警管理
	分析中心	报表管理
		安全分析
	管理中心	消息管理
		系统管理
		个人中心

5.3　经验总结

　　戊市地铁线网云平台已完成搭建工作，正搭载这三条全自动线路相关业务系统开始单调和联调联测中，计划随着首条新建线路开通试运营而正式投运。城轨云的建设降低建设成本、提高运维管理效率，有效地支撑面向未来的智慧城轨演进。依托云平台资源共享、按需分配等优势，一方面无需因考虑业务 3～5 年的发展而进行一次性投资；同时资源利用率提升至 50% 以上，前期投资节省 40% 左右。统一运维管理平台，提供业务自动化部署、设备状态智能分析，实现敏捷运营，简化运维难度，节省人力成本 30% 以上。

　　通过建设云平台和大数据共享平台，可打破地铁各专业数据孤岛，整合多源异构数据资源，盘活数据资产，有效管理和利用数据资产，提高数据开发效率，并通过平台的数据服务能力实现数据驱动线网运营指挥。避免多个部门独立规划造成的重复规划问题，整合建设资源，提供更高效的建设成效比；避免多个业务应用平台重复建设，同时避免因开发接口不同造成多套平台对接困难，资源有效整合困难；通过一套平台的业务建设，实现业务一处开发全网受益；对城轨云涉及的软、硬件资源以及机房环境、供电系统等进行统一管理；加强了城轨云的服务和技术运营，不断丰富和完善城轨云的服务能力和云平台运作流程，持续实现产品迭代，加速业务应用的敏捷创新，城轨云运营和管理持续演进。

同时，线网城轨云的三网融合、创新应用、大数据平台、算法平台、业务平台等提供了丰厚的沃土；为实现多业务资源整合、数据快速检索响应、应急联动、预测预警等提供了加速平台；为大数据的扩展应用、数据的深度挖掘、智慧业务的融合创新提供了桥梁和纽带，线网城轨云为线网多专业的智慧运维、线网运营指挥中心、线网智慧建造平台等建设提供更有利的基础底座，是实现城轨高质量发展的一条道路。

附录 6

己市城轨云应用案例

6.1 项目概况

己市城轨云平台工程遵循中国城市轨道交通协会"1-3-5-3-1"信息化总体架构：搭建 1 个云平台，依托安全生产、内部管理、外部服务 3 张网络，实现乘客服务、运输指挥、安全保障、企业管理、建设管理 5 大领域的应用，构建生产指挥、乘客服务、企业管理 3 个中心，打造 1 个智慧城轨门户网站。同时，在安全生产网和内部管理网建设轨道线网大数据平台，陆续汇聚各条线路安全生产网和企业内部管理网的设备运行数据、状态数据和故障数据以及内部管理数据、互联网数据、相关政府部门共享数据，以支撑己市轨道线网安全运营、指挥调度、建设规划和管理决策。

基于"系统自保、平台统保、边界防护、等保达标、安全确保"的原则，建立标准的网络安全架构，统一业务确保线网信息化云平台网络安全。

根据各业务系统容灾需求及对运营生产的重要性，根据业务系统类别，分为应用级容灾和数据级容灾。建设主中心云平台、灾备中心云平台和站段云节点，确保己市轨道交通安全稳定运营。为确保新建线路安全接入和既有线路安全迁移，搭建测试中心，保证运营生产业务正常运行，避免对云平台上已运行业务的影响，新建线路接入及既有线迁移均需在测试平台上验证后才可接入云平台。

6.2 云平台方案

6.2.1 云平台总体架构

云平台采用主中心、备中心容灾的数据中心架构建设模式。己市城轨云平台整体架构如附图 6-1 所示。

主中心承载安全生产网、内部管理网、外部服务网、测试中心等业务应用主用服务，备中心提供安全生产网、外部服务网业务数据级容灾能力。

主中心数据备份系统提供数据级备份资源，为云平台主中心提供各业务系统历史数据备份服务。

建设线网云主中心云平台分为三个 Region，灾备中心分为两个 Region，主中心分别为安全生产 Region1（主 Region）、内部管理 Region2（从 Region）、外部服务 Region3

（从 Region）以及灾备中心分为安全生产 Region4（备 Region）和外部服务 Region6（从 Region）。其中主中心安全生产网 Region1 和外部服务 Region3 与灾备中心安全生产 Region4（备 Region）、外部服 Region6（从 Region）做数据容灾。

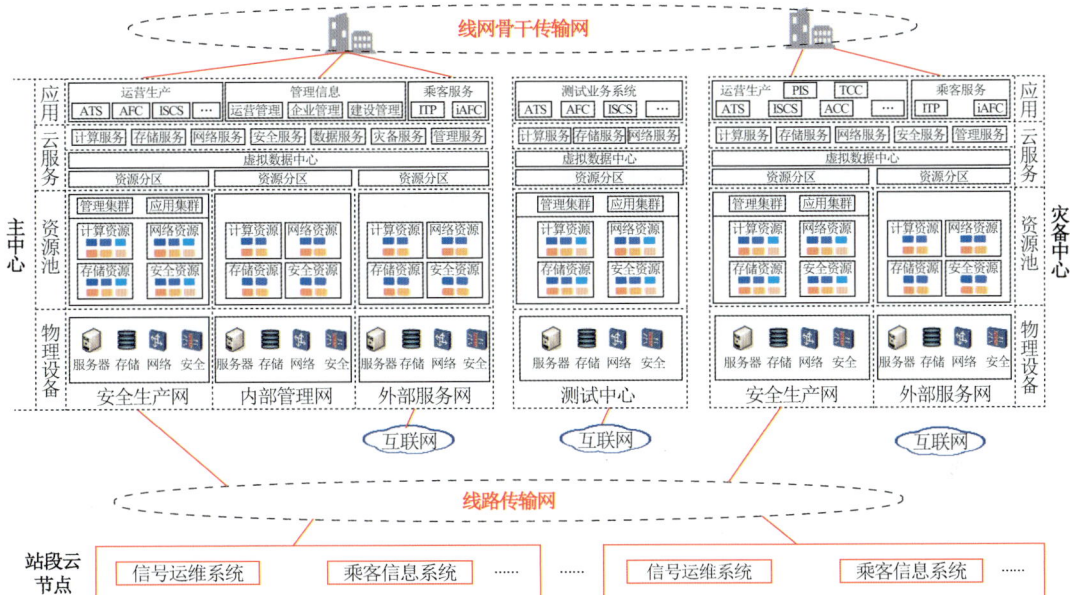

附图 6-1　己市城轨云平台整体架构示意图

测试中心单独部署一套云环境，供业务测试使用。主备中心示意如附图 6-2 所示。

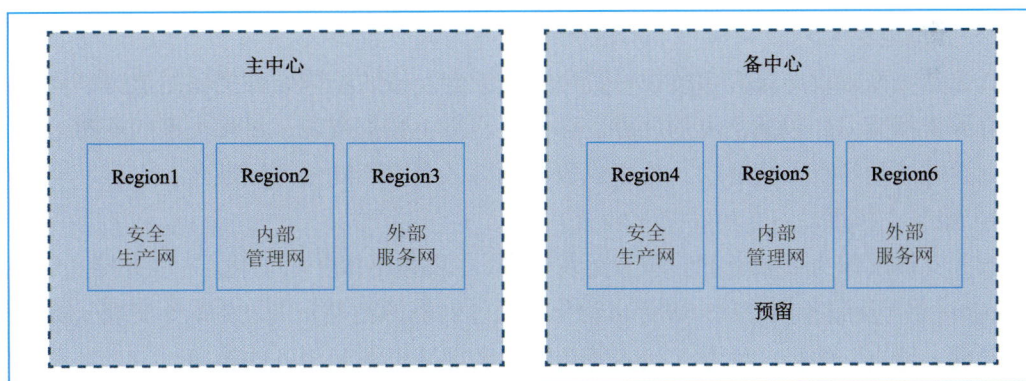

附图 6-2　主备中心示意图

6.2.2　云平台逻辑架构

系统整体逻辑架构由基础设施层、资源池层、云服务层、展现层、管理域组成。

其中基础设施层按照每个数据中心、每个网域分别部署、分别组网，分别形成不同网域的资源池，这些资源将通过服务方式提供给业务应用系统使用。逻辑架构设计如附图 6-3 所示。

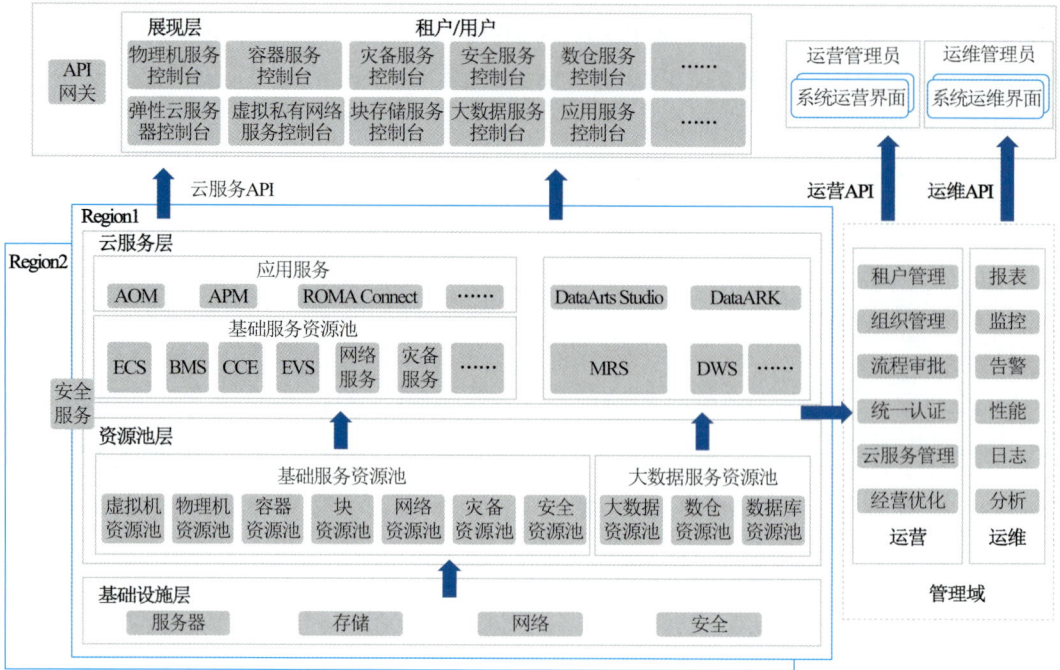

附图 6-3　逻辑架构示意图

1）基础设施层

基础设施包括构建数据中心所需的服务器、存储设备和网络设备，提供基于物理资源构建的虚拟计算、虚拟存储和虚拟网络资源池，并提供可直接使用的物理服务器资源。基础设施层可根据不同业务的需求，提供多种类型的硬件部署架构。

2）资源池层

资源池将基础设施层提供的硬件资源进行组合，按照不同硬件提供的能力，构建不同的服务支撑能力，包括常见的计算、存储、网络、数据资源，每种类型的资源池可能对基础设施的硬件有不同要求，构建成资源池后，会有不同的作用域名。

3）服务支撑层

服务支撑层作为云服务的管理及运营平台，主要包括服务自动化层、服务接入层（服务 console 层）及服务门户层。服务自动化层通过对资源池层资源的封装，实现云资源服务的发现、路由、编排、计量、接入等功能，实现从资源到服务的转换。

服务接入层是云管理平台的对外呈现，分为用户门户及管理员门户。用户门户面向各部门的业务管理员等，管理员门户面向系统管理员等。

4）云服务层

云服务层作为云服务的后端实现实体，主要完成服务的封装和对资源的自动化分配、使用。通过对资源池层相关资源的封装，实现云资源服务的发现、路由、编排、计量、接入等功能，实现从资源到服务的转换。

5）展现层

展现层是云管理平台的对外呈现，分为用户门户及管理员门户。用户门户面向最终租户/用户，管理员门户面向系统运营/运维管理员等。租户/用户可通过服务控制台自助实现对服务的申请、使用、监控、删除等生命周期管理的操作。运营/运维管理员可以通过管理员门户完成对系统的管理。

6）管理域

管理域通过统一运管平台提供数据中心统一管理能力，从功能上来说分为以下两个功能集：

（1）运营管理，提供运营管理门户，提供对云服务的统一运营能力，提升运营操作的敏捷性，提升业务运营效率。运营管理门户除提供云服务申请和自助服务控制台外，支持包括 VDC 管理、租户管理、服务目录、服务控制台、计量等运营管理功能。

（2）运维管理，提供运维管理门户，提供对虚拟资源和物理资源的统一运维能力，支持对多数据中心的统一运维管理，包括资源管理、告警管理、拓扑管理、性能管理以及统计报表等，提升运维操作效率管理及公共能力层是云平台整体运维管理及公共组件的管理平台。

线网云平台整体架构方案如上所示，一期工程建设已市轨道交通正式云平台，正式云平台主要针对两个数据中心云平台建设。

采用统一云管平台的一片云建设模式，服务发放和云平台运维均在统一云管平台完成。城轨云资源池划分见附表 6-1。

城轨云资源池划分统计表

附表 6-1

网域	主中心	灾备中心	临时中心
安全生产网	虚拟化资源池	虚拟化资源池	虚拟化资源池
	裸金属资源池	裸金属资源池	裸金属资源池
	大数据资源池	—	—
内部管理网	虚拟化资源池	—	虚拟化资源池
外部服务网	虚拟化资源池	虚拟化资源池	—

6.2.3　云平台服务功能

云平台整体架构从功能上划分为基础设施、云服务、云营运、云运维。云平台服务架构如附图 6-4 所示。

基础设施：基础设施包括构建数据中心所需的服务器、存储设备和网络设备。基础设施层可根据不同业务的需求，提供多种类型的硬件部署架构。

云运营管理：ManageOne 运营面提供对云服务的统一运营能力，提升运营操作的敏捷性，提升业务运营效率。

云运维管理：ManageOne 运维面提供对虚拟资源和物理资源的统一运维能力，提升运维操作效率。

云服务：云服务统一管理多个数据中心资源池层提供的资源，云服务能力如附图 6-4 所示。

附图 6-4　云平台服务架构示意图

在管理上，最终由 ManageOne 提供对多个云数据中心的统一管理调度能力。云服务统计见附表 6-2。

云服务统计表　　　　　　　　　　　　　　　　　　　　附表 6-2

网络	安全	计算	存储
虚拟私有云服务（VPC）	资源安全隔离	弹性云服务器（ECS）	云硬盘服务（EVS）
弹性 IP 服务（EIP）	安全审计	镜像服务（IMS）	—
安全组服务（SG）	传输加密	裸金属服务（BMS）	—
弹性负载均衡服务（ELB）	安全日志	弹性伸缩服务（AS）	—
云专线服务（Direct Connect）	租户隔离 VDC	—	—
网络 ACL 服务（Network ACL）	网络隔离 VPC	—	—
二层桥接服务（L2BR）	安全组 Security Group	—	—
云解析服务（DNS）	—	—	—

6.2.4　VDC、VPC 的划分

VDC、VPC 划分架构如附图 6-5 所示。

针对主中心、灾备中心以及临时主中心按照每个专业划分为一个大的 VDC 资源池。考虑到整体业务系统的稳定性，和后续业务上线速度，支撑数据中心的资源需要根据业务应用工作负荷需求进行弹性伸缩，IT 基础架构应与业务系统松耦合。在业务系统进行容量扩展时，只需增加相应数量的 IT 硬件设备。

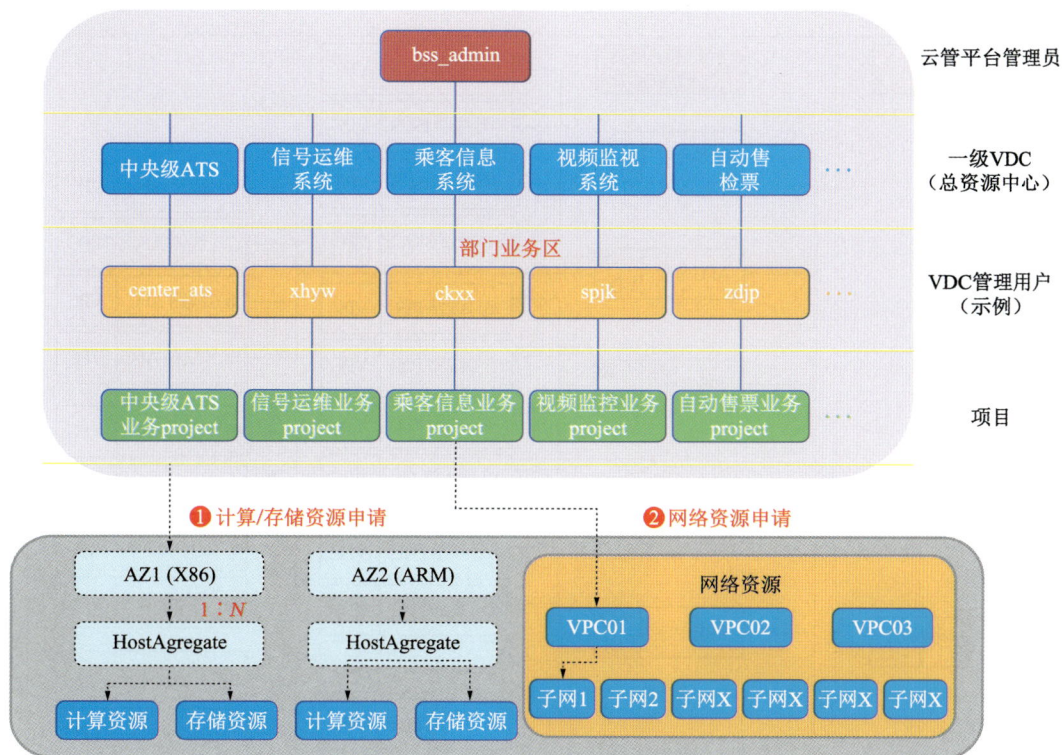

附图 6-5　VDC、VPC 划分架构图

一级 VDC 按照各个专业进行划分，如 ATS、信号运维、乘客服务、视频监视系统、安防集成平台系统、集中告警系统、集中录音系统、综合监控等，每个专业系统按照不同的人员划分，可按需划分二级 VDC，设置不同的管理人员。在 VDC 内，按照不同线路划分不同的 VPC。VDC、VPC 划分如附图 6-6 所示。

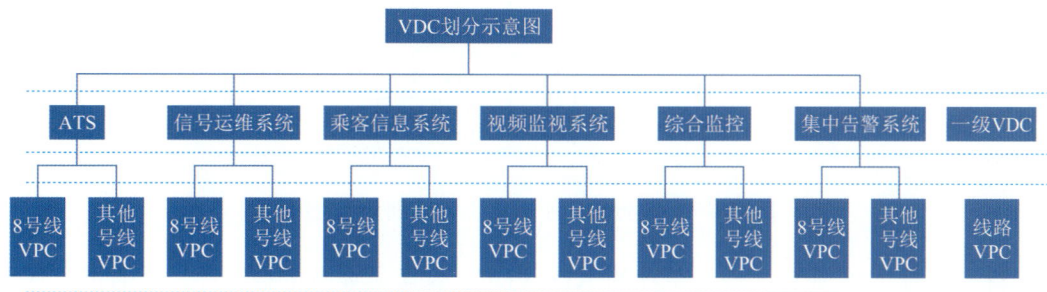

附图 6-6　VDC、VPC 划分示意图

（1）安全生产网的 VDC 划分

安全生产网从线路和线网维度将网络资源划分为 9 个 VDC：ISCS VDC、AFC VDC、PIS VDC、ACS VDC、PBE VDC、ATS VDC、PC VDC、ACS VDC、NOCCS VDC。安全生产网 VDC、VPC 划分如附图 6-7 所示。

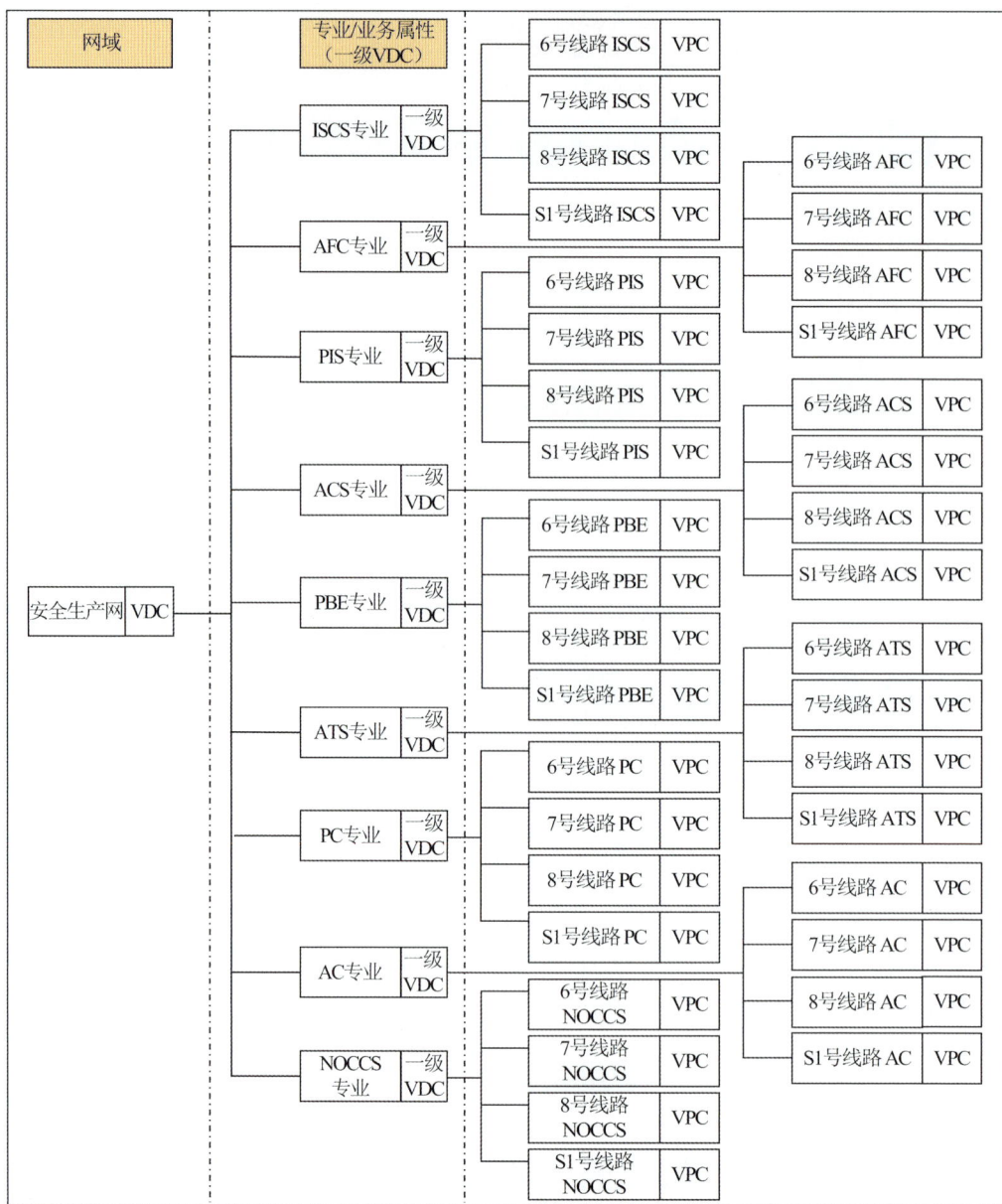

附图 6-7　安全生产网 VDC、VPC 划分示意图

特别针对 ATS 业务，设置单独的 ATS VDC，保障其业务的稳定性，并通过云管平台 SC 运营服务应提供对所管理的云服务资源进行分权分域的权限管理，可以给不同职责的用户授予不同的权限，全局管理员只监不控。

（2）内部管理网的 VDC 划分

内部管理从应用上将网络资源划分为若干个 VDC，主要有运营生产管理 VDC、集团综合办公 VDC、工程建设 VDC、资产经营 VDC 等，后续可根据集团业务发展需要，按需灵活调整。内部管理网 VDC、VPC 划分如附图 6-8 所示。

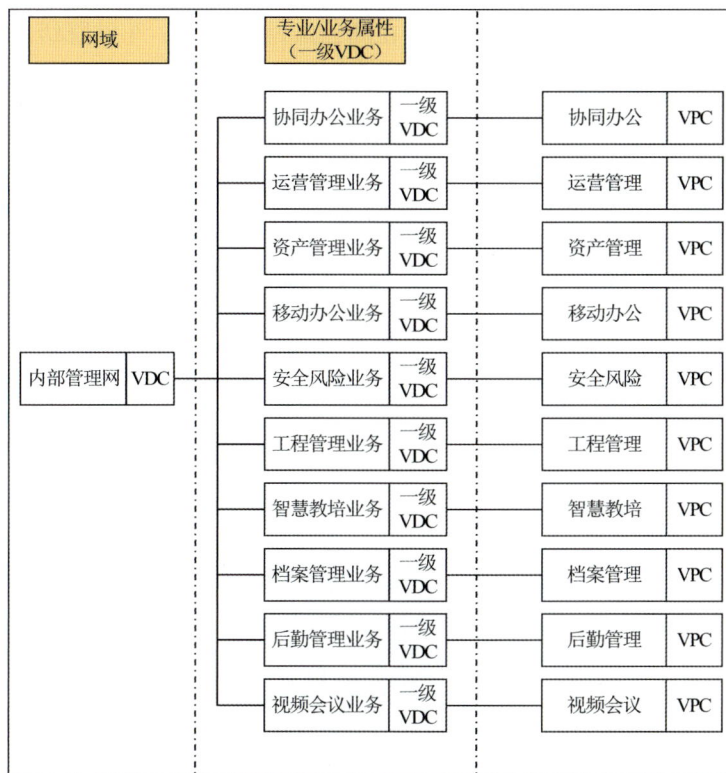

附图 6-8　内部管理网 VDC、VPC 划分示意图

（3）外部服务网的 VDC 划分

外部服务网 VDC、VPC 划分如附图 6-9 所示。

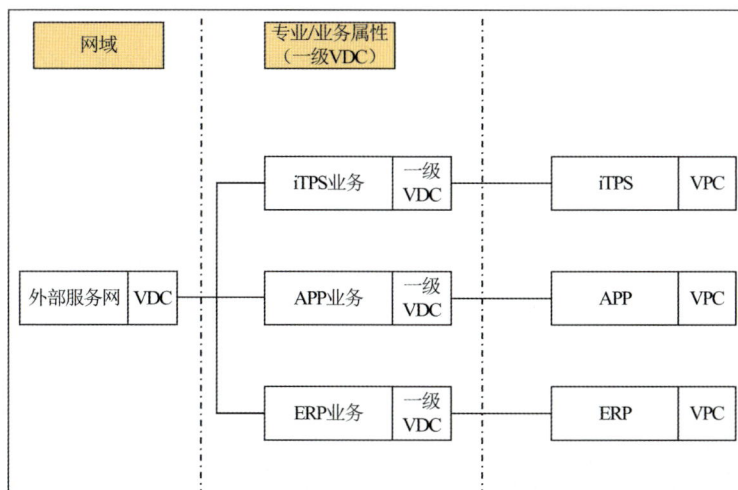

附图 6-9　外部服务网 VDC、VPC 划分示意图

6.2.5　站段云节点管理

本次车站降级站点方案采用在车站/段场构建分支云站点的解决方案，在车站/段场

安全生产网配置云节点服务器，可以实现在断云端网情况下，车站降级站点接管部分业务，承载 ISCS、PIS 等车站级业务，满足车站降级使用的要求。

站段云节点使用超融合软件，实现了分布式计算、分布式存储、分布式网络等功能，为边缘数据中心的建设提供了新的选择。此次站段资源池采用超融合模式部署在各个车站、停车场/车辆段，实现了车站、停车场/车辆段的降级时的计算、存储、网络等功能。能够为各个车站、停车场/车辆段提供虚拟化资源池、容器资源池，作为云平台的边缘资源池。

6.2.6 大数据平台架构

（1）部署架构

大数据平台总体架构如附图 6-10 所示。

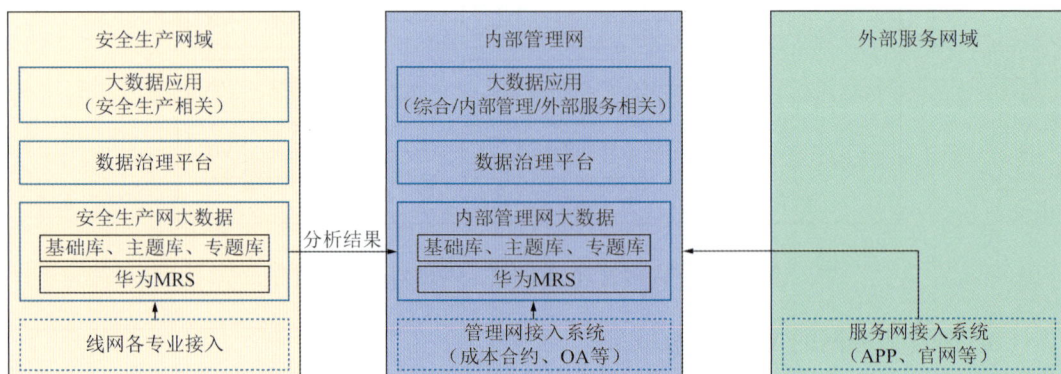

附图 6-10 大数据平台总体架构示意图

大数据平台支持湖仓一体，采用数据源、数据集成、数据存储、应用支撑、业务应用五层架构。为安全生产网、外部服务网的各应用提供数据的汇聚采集、融合治理、存储计算、挖掘分析、应用赋能等数据综合服务。进行安全生产网、外部服务网的数据集成，建立统一的资源共享及管控的基础管理平台。

数据源层按照三个网络域内业务内容，以应用系统为基础颗粒度，梳理应用系统构成和数据内容，从各应用系统对外数据交换情况进行整理和分析，生成城轨交通全域数据资产清单。

数据集成层通过可监控的数据集成技术，采用消息队列、流式计算、结构化数据同步、ETL 等数据集成和预处理方法及技术组合，满足不同业务场景数据集成处理的需要。数据集成层负责完成源系统的数据采集、清洗转换、数据加载等功能，大数据平台从源系统中通过数据库接口、文件接口或者其他接口方式进行数据采集，并将采集的数据经过数据清洗、转换，加载至大数据平台的数据存储层，进行数据整合。

数据存储层应采用混合存储技术来支持海量大数据存储，分析并整理不同数据存储和存储管理技术的适用模式，满足结构化、半结构化、非结构化三种数据不同的存储需求。数据存储层加载经过数据集成层预处理之后的数据，在大数据平台内实现数据汇总整合，各类数据加载入大数据平台之后，通过在数据库内执行处理程序，完成数据整合，生成基础层数据的存储，并根据数据模型分层设计原则，在库内进行数据汇总，生成汇总层数据存储，再根据应用需要进行数据分主题的整理，生成应用层数据存储，支撑轨道交通各类数据分析系统的各类型应用和功能。

应用支撑层应通过对智慧城轨内外部数据资源的加工、处理、关联，形成向数据应用层提供多种类型的服务能力，实现数据计算、数据检索、数据挖掘等应用支撑能力。

已市城轨云由三个独立网域组成，包括安全生产网域、内部管理网域和外部服务网域。其中安全生产网域承载专业生产系统，包括车辆专业、信号专业、通信专业等。管理网域承载内部管理系统，包括协同办公、财务、人资等。服务网域承载外部服务系统，包括官网、App 等。其中安全生产网和内部管理网域通过网闸隔离，内部管理网域与外部服务网域采用防火墙隔离。城轨云大数据平台设计部署策略见附表 6-3。

大数据平台部署表　　　　　　　　　　　　　　　附表 6-3

网域	类别	状态	说明
安全生产网	大数据平台	部署	获取安全生产网各专业数据及关联业务系统构建围绕生产管理主题库、专题库
	数据治理平台	部署	具备支撑安全生产网数据仓库开发功能具备支撑安全生产网数据标准、质量等治理功能
	大数据应用	部署	部署生产相关大数据应用，包含生产综合、能耗、客流及设备运维等
内部管理网	大数据平台	部署	获取安全生产网数仓分析结果数据； 获取内部管理网各业务系统数据； 获取外部服务网各业务系统数据； 构建围绕集团管理服务相关主题库、专题库
	数据治理平台	部署	具备支撑该网域内数据开发功能； 具备支撑该网域内数据标准、质量等治理功能
	大数据应用	部署	部署城轨云综合大数据应用； 部署内部管理相关大数据应用； 部署城轨服务相关大数据应用
外部服务网	大数据平台	无	无
	数据治理平台	无	无
	大数据应用	无	无

（2）系统交互

大数据平台交互如附图 6-11 所示。已市城轨云数据平台分为三个层次，底层为基于华为 MRS 的数据组件，主要包括 Flink、Hive、HBase 等，上述数据组件通过 HetuEngine 提供统一 SQL 接口。数据治理平台与 HetuEngine 或其他大数据组件对接，由数据开发模块至此回数据仓库构建，由数据治理模块提供元数据管理、数据标准管理、数据质量等功能。数据集成模块提供 API 管理功能向安全生产网大数据应用提供权限控制且脱敏后的数据接口。安全生产网与内部管理网大数据平台都遵循此架构层次。

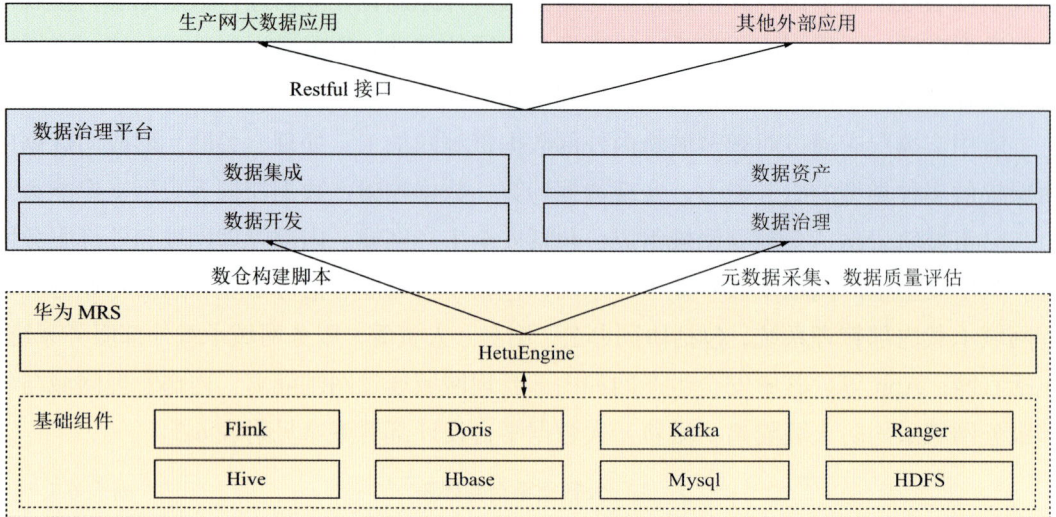

附图 6-11　大数据平台交互示意图

（3）数据治理

数据治理平台如附图 6-12 所示。

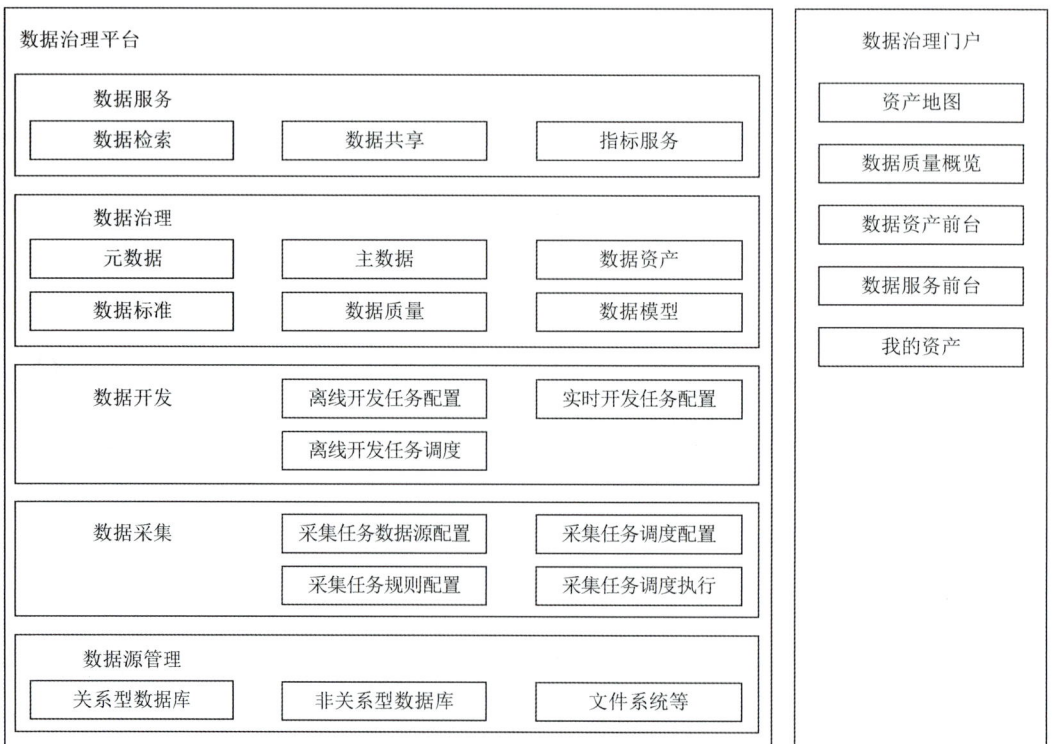

附图 6-12　数据治理平台示意图

数据治理平台是基于大数据平台的数据能力支撑平台,包括平台及门户两大子系统。依赖于大数据平台提供的存储和计算能力,采用数据源、数据采集、数据开发、数据计算、数据治理、数据服务多层架构。建立统一的资源共享、集成、业务服务及数据管控平台。

其中数据治理应遵循相关技术标准和规范(国际数据管理协会制定的 DAMA 数据治理框架、数据治理协会提出的 DGI 数据治理框架)要求,为跨部门,跨地域,跨平台提供基础。数据治理主要包括:主数据管理、元数据管理、数据标准管理、数据质量管理、数据模型管理和数据资产管理。在数据治理过程中支持可视化自定义数据开发,数据治理结果可视化展现。

6.3 项目实践

(1)顶层规划打造线网级城轨云

线网云平台秉承实现数据共享目的,确保网络安全前提,采用云平台技术手段的原则,整体按照远期接入多条线路的规模进行顶层规划,通过统一规划、整合资源和优化管理,为己市轨道交通的可持续发展提供强有力的基础技术支撑。云平台采用可持续扩展的底层架构设计,在线网控制及应急救援指挥中心建设主中心和测试中心,在另一个控制中心建设备中心,主、备中心分别构建安全生产网、外部服务网和内部管理网三大网域,通过运维管理网实现统一管控。主、备中心之间实现核心业务系统和数据的同城异地容灾,实现物理分散、逻辑统一、业务驱动、云管协同、业务感知,支持既有线路和新建线路业务系统的持续接入,满足对轨道交通业务全生命周期的管理。

线网云一期资源可承载 1 条线和己市轨道交通集团内部管理业务系统,正计划扩容,为即将在后续两年内计划开通运营的多条线路提供业务上云保障。线网云平台的建成,一举改变了早期"一线一中心"建设模式,不仅显著降低了传统单线路或单专业独立自建信息基础设施的建设成本,还极大地提升了系统的稳定性、可靠性、安全性和容灾能力,同时运维水平和运营效率也得到了有效增强。城轨云综合承载示意如附图 6-13所示。

(2)"一云多芯"响应国家战略

为积极响应国家自主可控、安全可靠的信创战略部署,线网云平台采用"一云多芯"技术架构,在一个云平台内支持 X86、ARM 等多种类型的芯片,实现异构资源的统一管理和调度,并通过云平台屏蔽底层架构差异,通过对多种资源进行统一运维管理,实现资源的灵活调度分配,提供体验一致的云计算服务。"一云多芯"云管平台如附图 6-14所示。

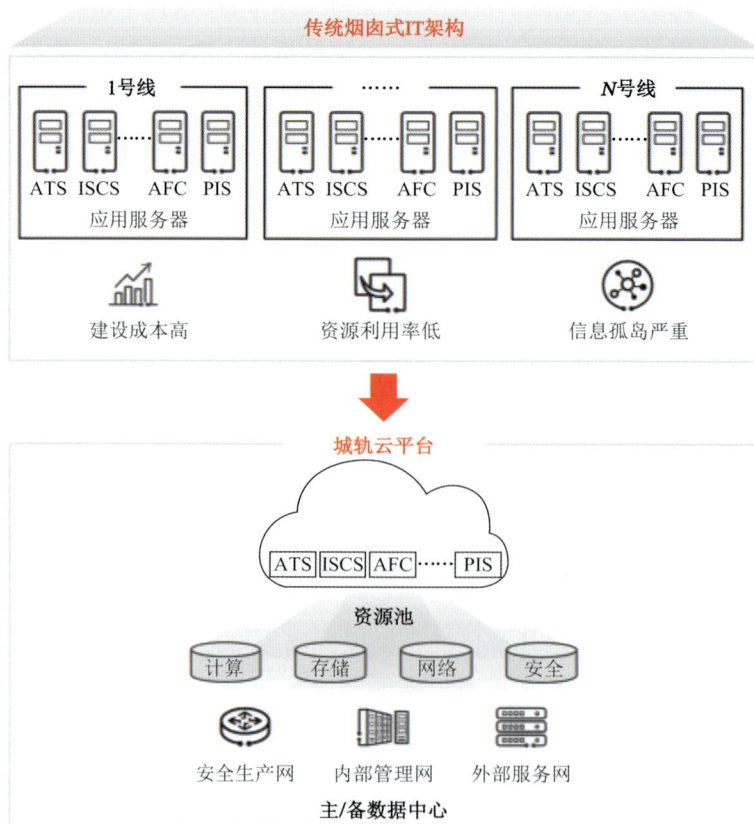

附图 6-13　城轨云综合承载示意图

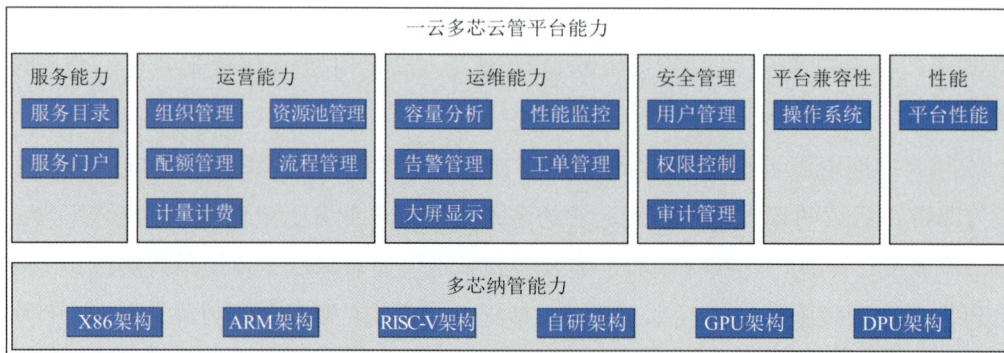

附图 6-14　"一云多芯"云管平台示意图

本项目中，己市轨道交通集团统一用户平台、单点登录系统、企业服务总线、内网门户、OA 协同办公系统、费控系统、合同系统等数十个应用系统全部基于 ARM 架构的鲲鹏信创芯片部署，为企业信创工作探索出一条最佳路径。

基于"一云多芯"设计，线网云平台能够根据不同业务需求快速部署和调整芯片资源，支持未来新型芯片的接入，保持系统的持续更新和升级能力，满足自主可控要求，未来逐步减少对外部技术的依赖，提高系统的安全性和稳定性。

（3）盘活数据打造新质生产力

随着科技的不断进步和产业的深度转型，数据已成为形成新质生产力的重要生产要素。本项目建设了线网大数据平台，平台采用湖仓一体设计，基于数据源、数据集成、数据存储、应用支撑、业务应用五层架构，为安全生产网、外部服务网和内部管理网的各应用系统提供数据的汇聚采集、融合治理、存储计算、挖掘分析、应用赋能等数据综合服务。大数据平台如附图 6-10 所示。

己市轨道交通线网大数据平台将数据从静态、沉睡的状态中唤醒，通过数据集成、清洗、分析等手段，盘活数据资产，实现行车、客流、设备、票务等数据的集中统一，使其转化为有价值的信息资源。建设一整套大数据标准规范体系，对己市轨道集团管理及生产相关数据进行统一的盘点整理，形成统一的数据目录，明确生产网和管理网中各系统的数据获取形式及传输要求，为业务应用和数据获取打下基础。同时，通过建立统一、切实可行的数据质量监控体系，设计数据质量稽核规则，加强从数据源头控制数据质量，形成覆盖数据全生命周期的数据质量管理，实现数据向优质资产的转变。基于高质量数据，项目采用微服务架构设计实施了客流分析、运力分析、行车监察分析、运营分析、IT 运维分析、票务营收分析等创新性大数据应用，推动数据资产的广泛应用和深度挖掘，为己市轨道交通提供运营支撑和决策支持。

数据作为新型生产要素，在数字经济背景下，通过大数据平台的建设和运用，不仅能够促进己市轨道集团数字化转型，推动企业转型升级，通过完善数据要素，大幅提升全要素生产率，打造新质生产力，为企业高质量发展注入新的动力。

（4）"一云遮天"，统一运管

项目建设了己市轨道线网级城轨"一片云"，通过"一云遮天"，实现城轨安全生产、内部管理和外部服务等城轨业务的整体承载，为城轨应用的云数融合、智慧赋能提供支撑。为了做好不同物理位置、三大网域内云平台、网络、安全、机房等基础设施的统一运行管控，在运维管理网建设了一套综合运管平台，以支撑多中心资源的统一管理，确保云平台主中心、云平台灾备中心以及各站段的云节点设备得到有效管理。"一云遮天"云管平台如附图 6-15 所示。

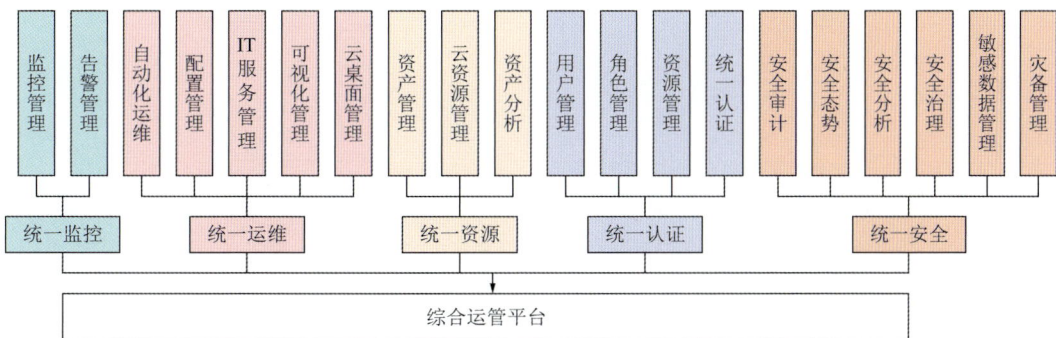

附图 6-15　"一云遮天"云管平台示意图

综合运管平台采用统一监控、统一运维、统一资源、统一认证、统一安全等五统一设计思想，提供云平台管理、云桌面管理、运维管理、机房管理、网络管理、安全管理等统一综合运管功能。

（5）应用国密算法保障平台安全

己市轨道交通线网云平台依据《城市轨道交通云平台网络安全技术规范》（T/CAMET 11005—2020）设计，遵循"系统自保、平台统保、边界防护、等保达标、安全确保"的策略，按照等保三级技术要求，采取从云到边、从外到内的安全措施，构建了纵深的云平台安全防护体系。同时为云上应用提供了防火墙、主机安全、WAF、漏洞扫描、数据库审计、日志审计、运维审计等多种安全服务，为"系统自保"提供云安全服务能力。

在此基础上，为贯彻落实《密码法》《商用密码管理条例》等法律法规，本项目遵循《信息安全技术信息系统密码应用基本要求》（GB/T 39786—2021）中的第三级信息系统商用密码应用要求，建设应用了身份认证网关、数字签名服务器、密码机、密钥管理服务、云平台密码证书签发服务等国家商用密码产品和算法，确保线网云平台符合商用密码应用要求，更好地保障平台安全。

6.4 经验总结

己市轨道交通线网云平台一期项目构建了一个城轨交通线网级城轨云框架体系和大数据标准规范体系。集团内部管理网业务系统和第一条线路各专业系统已陆续上云部署和运行。随着后续线路即将开通，己市轨道交通线网云平台将不断横向扩容，承载更多线路的专业系统，业务数据不断汇集，线网云平台在资源整合、提升资源利用率、降低建设和运营成本、提升运营效率和推动业务创新等方面的价值将不断显现。

未来，己市轨道交通将深度挖掘线网云平台中的海量数据价值，积极探索人工智能与大模型技术在轨道交通规划、建设、运营、维护等各个阶段的深度应用，不断提升乘客出行体验，增强企业科学管理能力，并加速企业全面数字化转型。

附录 7

庚市城轨云应用案例

7.1　项目概况

庚市轨道交通生产业务云平台（以下简称"生产云平台"）充分运用云计算等先进理念和技术，按照"集约高效、共享开放、安全可靠、按需服务"的原则，以"云网合一、云数联动"为构架，构建城轨交通生产业务云平台。

从全国来讲，庚市生产云平台体现了三个"最"：一是全国规模最大的城轨云平台，从设计之初就赋予平台 20 多条线路的承载能力，目前已接入 5 条地铁线路；二是承载专业系统最全的城轨云平台，承载地铁信号、通信、自动售检票、综合监控等 24 个生产业务系统；三是覆盖最多线路类型的城轨云平台，包括新建线路、改造线路都会陆续接入其中。

7.2　项目实践

7.2.1　生产云平台技术架构

庚市轨道交通生产云平台遵循生产业务的管理架构要求，统一规划、分期实施、资源共享、互联互通、融合运营、统一运维，满足绿色低碳、智慧城轨的发展需要。

云平台起始依托单线路建设工程进行初始建设，生产云平台构建起统一云管理平台，为单线路 24 个业务系统提供支持运营运维的云计算服务，满足地铁日常运营生产的灵活需求。

生产云平台总体架构如下，分为中心云平台区、边界接入区、车站接入区、备份区、管理核心区和运维区。中心云平台区是本项目中的核心部分，各业务核心服务器运行在本区域；边界接入区是云平台区域与其他业务系统互联的区域；车站云节点负责站内业务，提供虚拟化资源池；管理核心区负责 SDN、云管服务器接入，以及信息安全区服务器接入；维护区负责本项目内所有设备带外管理，提供统一运维平台。庚市城轨云架构如附图 7-1 所示。

车站云节点负责站内业务，采用超融合架构提供虚拟化资源池，通过两台车站交换机连接传输设备和各个系统车站设备。防火墙旁挂在车站交换机上，提供安全隔离。部署一台维护网接入交换机，通过传输设备与中心云平台统一运维软件互通。由各自分别独立的虚拟化管理平台管理及资源下发，通过云管平台进行统一纳管监控管理。如果车站服务器跟中心云管服务器断开，车站服务器本身虚拟机不受影响。车站云节点架构如附图 7-2 所示。

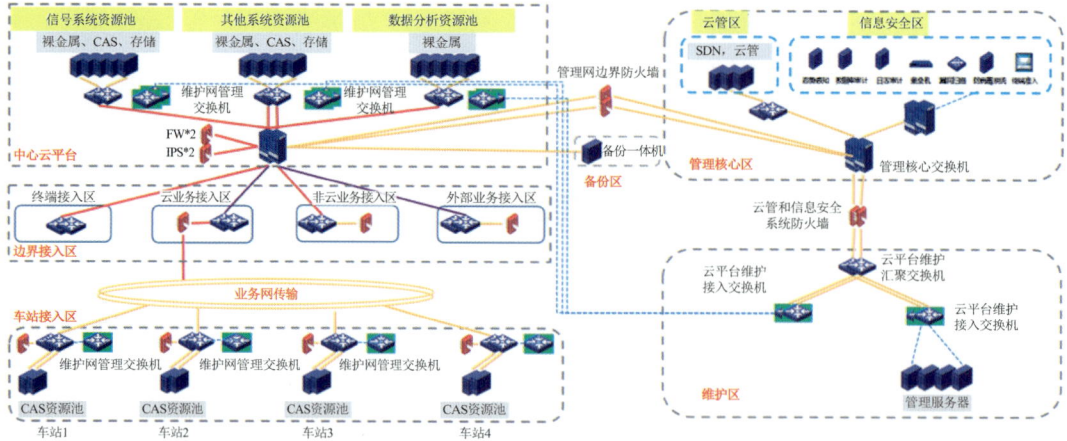

附图 7-1　庚市城轨云架构示意图

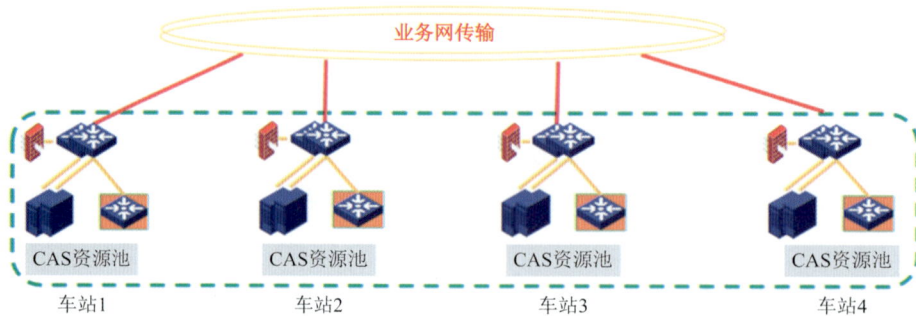

附图 7-2　车站云节点架构示意图

　　生产云平台资源池根据业务系统进行划分，分为信号系统资源池、其他系统资源池和数据分析资源池。系统资源池为可用域（AZ），统一提供给生产云平台统一调度，实现不同业务系统虚拟机资源隔离。在每个资源池中按照不同系统划分一级 VDC，按不同线路划分二级 VPC 资源池。资源池划分如附图 7-3 所示。

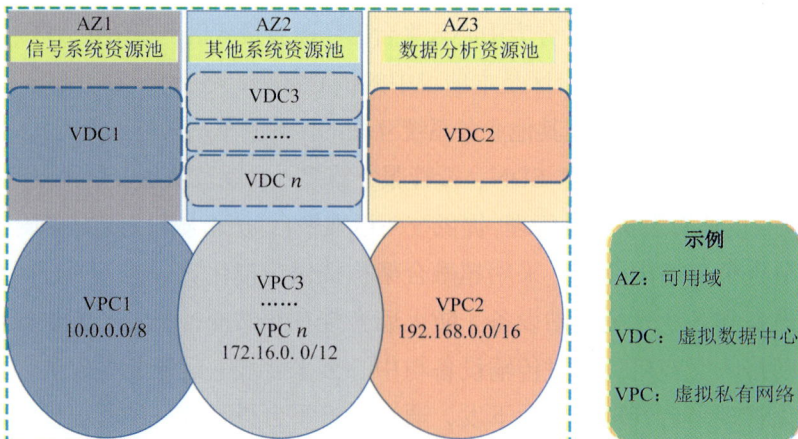

附图 7-3　资源池划分示意图

在每个资源池（除数据分析资源池）中部署集中存储为各个业务系统提供存储资源。数据分析资源池部署大数据平台和数据分析应用，采用大数据平台自身存储。

7.2.2　线网云的升级与扩建

根据线网规划，庚市线网规模不断扩大，生产云平台逐步将目前在建的新线路接入进来，其中已接入线路共计 8 条线路。当多条线路接入后，单线路云平台扩建为多线路大云平台，整合扩充到 8 大资源池，实现全线网一片云，共用资源，成为线网规模最大、承载业务系统数量最多、面向运营单位数量最多、接入线路业务系统最复杂的城轨云平台，同时建设完善的云安全资源池，保障云平台及云上业务实现三级等级防护能力，如附图 7-4 所示。

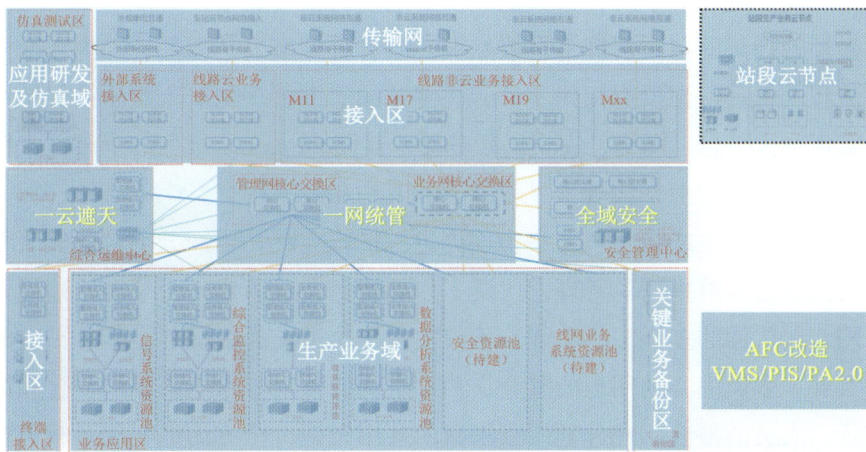

附图 7-4　后续扩展示意图

7.2.2.1　大规模线网云 SDN 组播的高性能支撑

在接入新线路后，庚市地铁生产云平台对于云上 SDN 组播的性能要求有指数级增长。5 条新线的 PIS、CCTV 和 PA 系统都属于组播业务系统，音视频业务通常采用组播协议进行传输，如 PIS、PA、CCTV 等。适用的场景较为复杂，分为两类：一是 PA 和 PIS 的组播源在数据中心，接收者在车站。二是 CCTV 的接收者在数据中心，组播源在车站。随着接入线路的增加，对网络的可靠性要求提出了挑战。为了满足上述关键业务系统的开通运营需求，本项目开发出支撑音视频组播业务全场景上云的技术能力，实现多层次容灾保障，最高单组核心能够超过 3000 路的接入并发，接入总量最多可达数万点。另外核心防火墙采用独立硬件交换引擎，硬件板卡通过横向扩展可以提升转发效率 10 倍之多，能够满足未来数十条线路接入的性能要求。

7.2.2.2　深度定制开发满足运营管理权限的复杂需求

庚市有多家运营单位，在按照中城协规范建议的基础上，横向打通跨业务系统 VDC

的账号管理权限的壁垒，帮助运营公司打破既有一级 VDC、二级 VPC 划分的局限性，本项目进行深度开发定制，可以根据不同运维运营管理角色，以最小权限划分模式接入到统一管理账号中，这样就能实现云平台租户账号权限的灵活配置。

7.2.2.3 线网云扩建，节约成本，运维加量不加人

在接入新线路时，无需既有云、网、计算资源等基础设备的重复投入，只需增加云软件授权、服务器节点、交换机板卡和少量的相关设备，充分发挥云平台的集约化特性，为后续业务集成提供统一数字底座。基于单线路初始建设生产云时涉及服务器台数 50 多台，交换机 40 多台，当到了后续四条新线路接入时，服务器节点数总计增加 60 台，平均每条新线路只增加了 15 台。交换机总计增加 8 台，平均每条线路增加 2 台。单线路的设备需求量出现了陡崖式下降，极大地降低了用户的投资成本。

另外带外管理区的各个管理平台依然保持原有管理模式，即使管理内容增加 4 倍，但是管理流程、管理习惯没有任何变动，线网云的运维管理团队人数始终保持在 7 人左右，便能实现对云平台、网络、安全、服务器、存储、PaaS 及服务的全域技术栈的监控值班，在人力资源配置上，实现了显著的成本节约和效率提升。

上述建设内容均在统一生产云平台之内进行扩容完善。生产云平台建成后将成为服务于庚市轨道交通线网指挥、管理、协调工作的智慧大脑。生产云平台的建设整合了轨道交通路网、线层面的多个中心功能，不仅实现了轨道交通线网各类信息平台的一体化构建，还实现了多类中心的用地的整合、物理空间的整合、水电资源的整合和运营管理部门的整合、人员的整合，充分利用云平台的共用设施，全方面地实现了轨道交通资源共享，节约了城市资源。

7.2.3 云平台承载的微服务清分中心

随着庚市轨道交通网络的持续扩张，现有的自动售检票系统（AFC）面临线路和乘客人数日益增长的运营挑战，已难以适应未来网络扩展的需求。为了优化运营效率并推动业务创新，庚市地铁利用生产云平台的扩建机会，对现有的 AFC 系统实施了一项基于微服务架构的升级改造工作。

AFC 改造系统采用微服务架构，将原来 5 层浓缩为 2 层，只有 SLE 层和 AFC 层。AFC 系统改造涉及传统 AFC、ACC、互联网售票（支持央行最新虚拟货币支付）等多业务系统及诸多新功能，将整个系统划分为五层：地铁售票业务层，接入网关层，业务微服务层，中间件层和数据库层。地铁售票业务层包含乘客购买的地铁票、地铁卡和互联网支付的地铁 App，提供乘客和车站闸机的刷卡刷码的付费交互。接入网关层采用基于 Nginx 和 Lua 开发的 Kong 网关，利用高性能、高稳定、插件具有限流和鉴权等扩展功能的特点，为乘客访问提供统一的 API 网关服务。根据业务逻辑、可靠性、可扩展性和性能等特点不同，对业务系统做服务解耦，得到如用户注册服务、客流清分服务、二维码

服务、人脸管理服务、电子票服务、财务清分结算服务、票务稽查服务、交易计费结算服务、联机交易服务、交易采集服务、文件处理服务、报表统计服务、通信服务、统一接入网关服务、状态管理服务、密钥及认证服务、权限管理服务等功能模块。各服务之间采用基于 HTTP 协议的 Restful API 接口进行通信。整套微服务框架采用 Spring Cloud 来开发 AFC 系统，并对各服务进行微服务治理，包括负载均衡、限流、熔断等操作，以应对可能的网络抖动或服务出错所带来的请求延迟而造成的部分或者整个系统瘫痪的情况。中间件层采用 Kafka 和 RabbitMQ 双路线模式，实现应用分层解耦、消息异步处理和控制消息削峰填谷。数据库层采用分布式数据库 DRDS，替换原有的 Oracle 数据库，利用一套分布式数据管理平台管理多套业务数据库，提供强一致性透明的分布式事务。AFC 微服务架构如附图 7-5 所示。

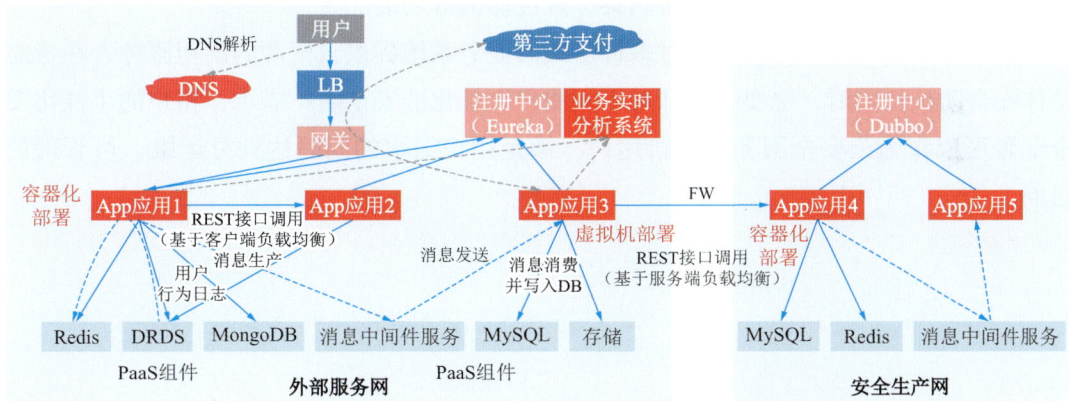

附图 7-5　AFC 微服务架构示意图

在庚市地铁 AFC 改造项目后期，共切分微服务 360 个，申请和使用 PaaS 组件 75 套。经过测算，在进行微服务化改造之后，需求提出到上线的变更时长同比下降 90%，系统可用性同比提升 200%，系统闲时资源使用率同比下降 75%，能够满足每天 1400 万客流量的交易处理需求，每秒最大 2 万的并发处理需求，是城轨交通行业中能够承载最大业务并发量的一整套完善的微服务架构方案，其他城市均可以根据自身需求在该基础上进行减配复用。

7.2.4　"云网安融合"的安全防护

本项目的方案分别从南北向、东西向和带外管理三个维度进行安全建设。从边界安全、计算安全、运维安全、应用安全等多个视角，为云平台提供多方位、多角度的安全防护措施。

通过虚拟化技术将安全设备资源池化并建设南北向安全资源池及东西向安全资源池。

南北向安全资源池主要针对各子区域的通信网络安全、区域边界安全进行防护，通过高性能、高吞吐的硬件安全防护设备以及池化的软件安全资源实现，以保障南北向安全弹性扩展和按需分配。

东西向安全资源池主要针对各子区域内部从虚拟化资源和服务角度对云计算虚拟化进行安全防护和策略设计，通过虚拟化平台自身的安全机制及虚拟机层安全防护组件（虚拟机隔离、Hypervisor 层访问控制、虚拟机安全加固等）实现。

管理网与业务网之间采用防火墙设备进行隔离。对所有流经防火墙的数据包按照严格的安全规则进行过滤，将所有不安全的或不符合安全规则的数据包屏蔽，杜绝越权访问，防止各类非法攻击行为。对现有网络进行安全域划分，每个安全域/或重要的安全域通过部署防火墙实现安全域隔离防护。

云平台统一提供对于内部的东西向流量的访问控制与审计，利用 SDN 流量导流技术对东西向流量进行牵引，满足防病毒、入侵监测等功能。

云安全资源的统一管控可通过多种形式向业务系统提供云资源的出租服务，在考虑整体安全防护的同时，也要关注针对不同租户个性化的安全防护需求，租户的个性化安全部署可以作为云安全服务出租给用户，满足用户需求的同时达到可运维、可管理的目的。

附录 8

辛市城轨云应用案例

8.1　项目概况

辛市地铁吸收、借鉴国内外信息技术，遵循《交通强国建设纲要》《中国城轨交通智慧城轨发展纲要》及中国城市轨道交通协会的城轨云相关规范等文件的精神和原则，完成了《辛市地铁城轨云平台规划》（以下简称"规划"）。在规划中，辛市城轨云平台具备主用中心和灾备中心，设置安全生产网、内部管理网、外部服务网三个域，由统一云平台进行管理。在车站设置站段云节点，为 ISCS、AFC、PIS 等系统提供降级运行支撑。

在"规划"指导下，根据地铁发展和建设现状，以在建单线路工程项目作为安全生产网云平台建设示范起点，建设生产云平台，接入线路相关生产业务系统，预留其他线路接入能力，近期在建线路可考虑逐步云化建设，通过扩展云平台资源池，形成多线路、多专业的安全生产网云平台。辛市城轨云规划架构如附图 8-1 所示。

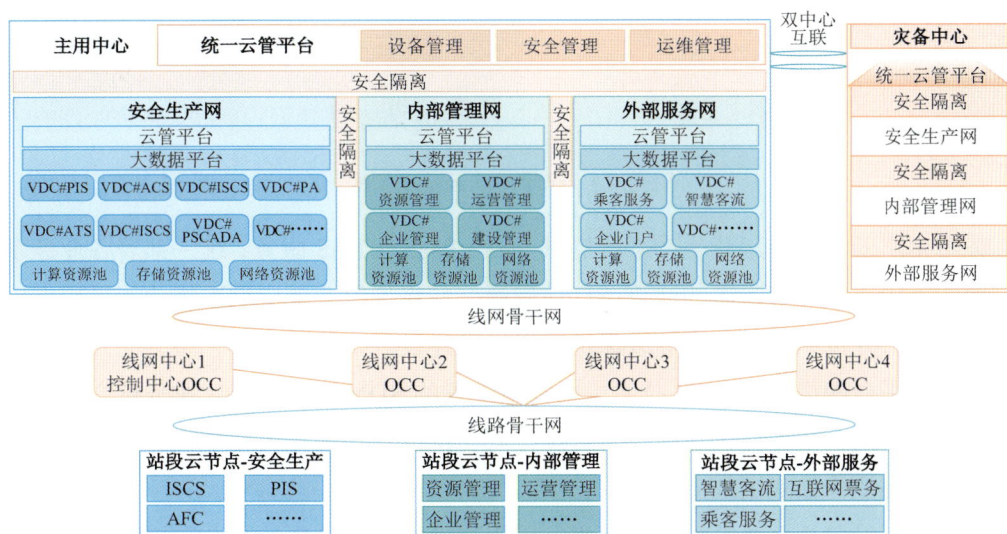

附图 8-1　辛市城轨云规划架构示意图

8.2　云平台方案

8.2.1　总体方案

辛市轨道交通生产云平台由中心云平台、车站云节点及测试平台组成。中心云平台和车站云节点两层架构统一由中心云管平台进行运营、运维管理；规划了生产业务区、内部管理区、DMZ 区三大业务分区；在云平台上部署大数据平台，构建数据分析系统；云平台具备后续线路的接入能力，安全生产网根据业务需求进行资源扩展。辛市生产云技术架构如附图 8-2 所示。

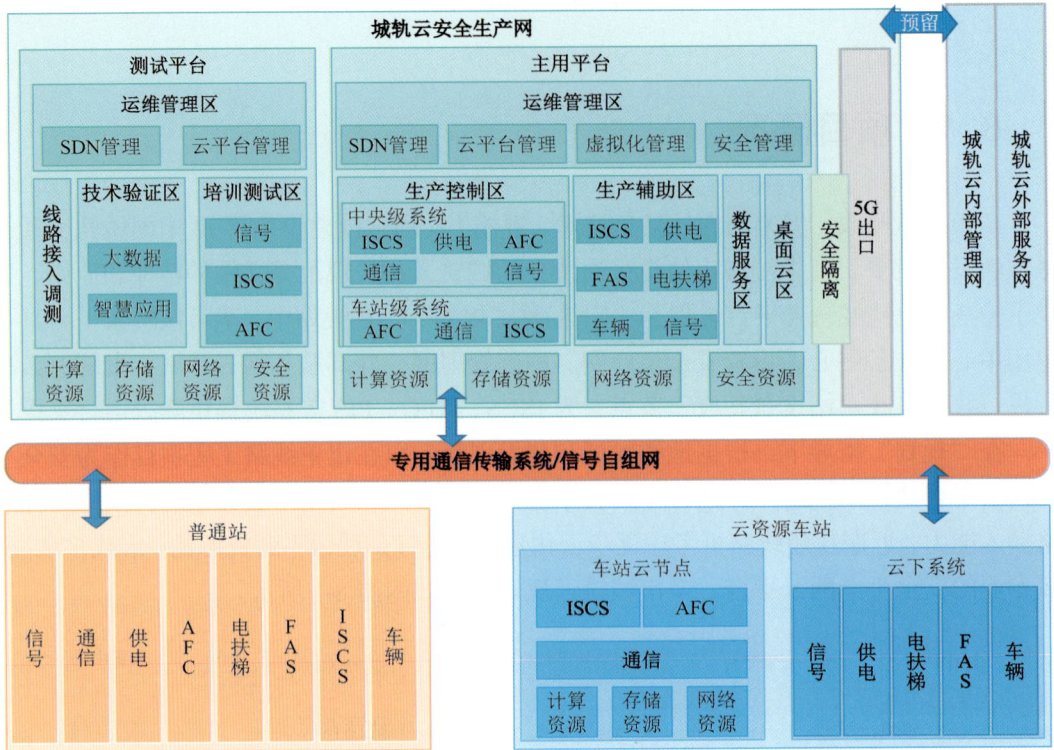

附图 8-2　辛市生产云技术架构

辛市生产云平台为运营生产系统提供 IaaS、PaaS、DaaS 服务，统一部署各业务系统传统模式下中心级硬件所需的计算、存储资源，并将传统业务应用系统功能采用虚拟资源进行承载，并按照信息安全等级保护三级标准建设。

生产云平台网络采用 SDN 技术，由冗余配置的 SDN 管理节点、业务核心交换机、管理核心交换机、业务接入交换机、管理接入交换机、外部接入交换机等设备组成。辛市云平台网络架构如附图 8-3 所示。

中心云平设置 2 台业务核心交换机，采用高性能、高扩展的高端数据中心交换设备部署；核心交换机网络资源具备承载后续线路及线网级系统的接入能力，后期线路及系统线接入时，无需增设网络设备，只需增加接口板、端口模块即可满足扩容需求。

生产控制区、生产辅助区、数据分析系统区、桌面云业务区分别部署 2 台业务接入交换机分别与业务核心交换机相连，实现业务网数据交换。

DMZ 区部署 2 台网闸，与运营生产业务和内部管理业务的网络隔离；网闸与内部管理区业务交换机相连，并统一提供互联网/专线出口，实现生产服务业务的外网应用。

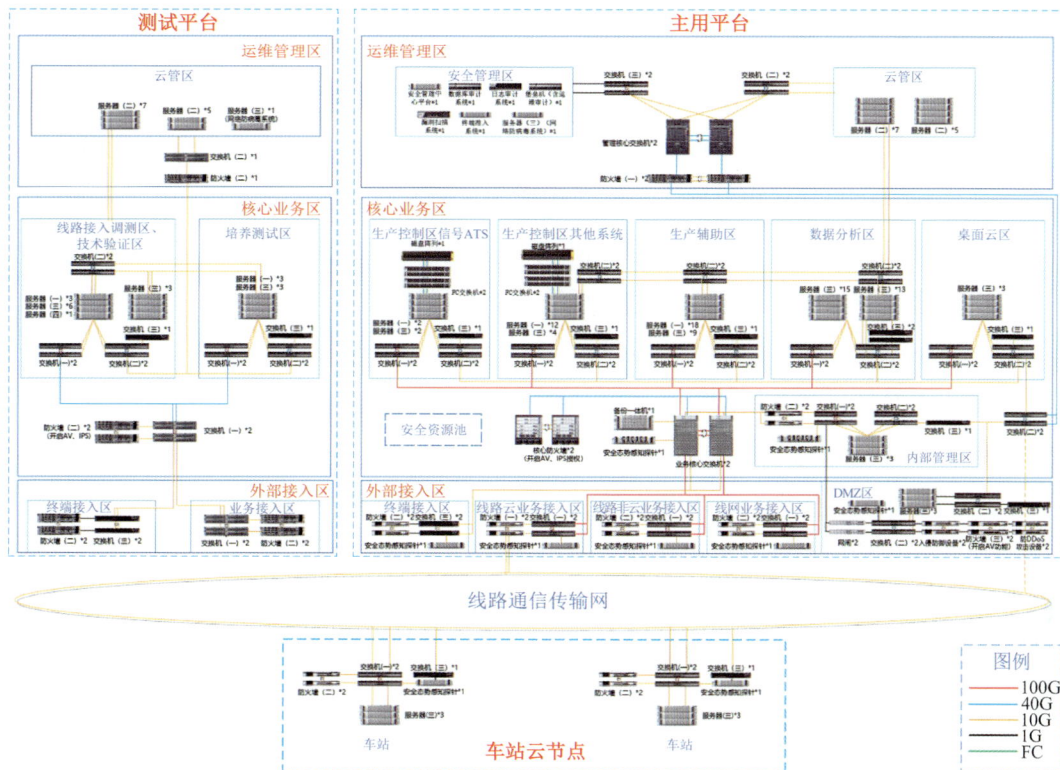

附图 8-3 辛市云平台网络架构示意图

桌面云系统瘦终端集中部署在终端接入区，部署两台外部接入交换机与业务核心交换机相连，实现瘦终端接入中心云平台。

线路云业务接入区、线路非云业务接入区、线网业务接入区分别部署两台外部接入交换机与核心交换机相连。

8.2.2 VDC 划分

通过大量的使用调研，结合专业及运营维护需求，制定了生产云 VDC 的划分方案。数据中心级 VDC 负责整个数据中心资源管控；按线路划分一级 VDC，后按该线路下指定专业划分二级 VDC；线网业务按照专业划分一级 VDC，再按专业子系统划分二级 VDC。VDC 划分原理如附图 8-4 所示。

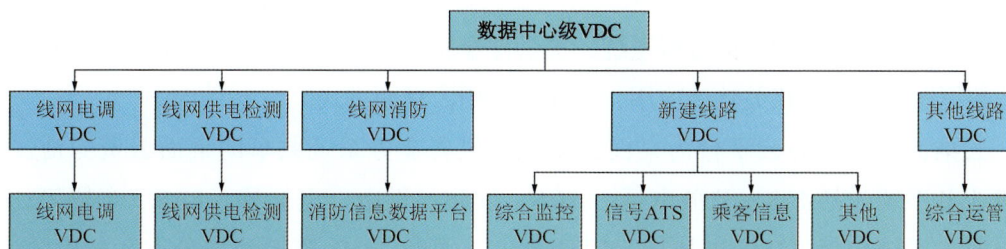

附图 8-4 VDC 划分原理

8.2.3 业务承载

辛市生产云为信号、车辆、供电、通信、综合监控、电扶梯等"八大专业、十八个业务系统"提供资源服务，实现资源集约化、专业数据融合，搭建坚实的架构基础，引领辛市地铁数字"芯"基建发展。生产云承载业务如下所述。

（1）信号系统：包含 ATS 系统、MSS 系统、信号智能运维系统。

（2）综合监控系统：包含综合监控系统、综合运管系统、门禁系统、安防系统。

（3）车辆系统：包含车辆运维系统。

（4）供电系统：包含线网电力调度系统、杂散电流监测系统、能源管理系统、在线监测系统。

（5）通信系统：包含公务电话系统、时钟系统、乘客信息系统。

（6）自动售检票系统：ZLC 系统、SC 系统。

（7）消防系统：包含电气火灾系统、消防数据平台。

（8）电扶梯：包含电扶梯健康管理系统。

8.2.4 IaaS 资源池

辛市生产云 IaaS 资源池为各业务系统提供计算、网络、存储、安全的基础资源。在中心主用平台上划分生产控制、生产辅助、数据分析、桌面云四个资源池，实现各业务系统物理资源的独立划分。

生产控制区：承载信号 ATS 系统、综合监控系统［包括 ISCS、门禁系统、安防系统（含 CCTV）］、通信系统（包括 PIS 系统、公务电话系统）、AFC 系统、线网电力调度系统等各专业生产控制系统中央级业务，信号 ATS 系统采用独立的物理资源池与其他专业生产控制系统隔离。除综合监控系统、AFC 系统外，其他系统工作站采用云桌面方式。

生产辅助区：承载各专业生产管理系统中央级业务，包括信号 ATS 维修系统、信号智能运维系统、供电线网在线监测系统、能源管理系统、杂散电流监测系统、综合监控智能运管系统、FAS 消防数据分析系统、电扶梯健康管理系统、车辆智能运维（应用）等。

数据分析区：承载数据分析系统，提供裸金属服务器部署大数据平台，提供虚拟机部署数据服务系统的相关软件应用，工作站采用云桌面方式。

云桌面区：中心云平台为桌面云系统提供各业务系统共享的桌面云资源池，中心级业务系统包括 PIS、公务电话、ACS、安防、供电、电扶梯、FAS、车辆等；车站级业务系统包括 PIS、电扶梯、门禁等。云平台 IaaS 资源池划分方案如附图 8-5 所示。

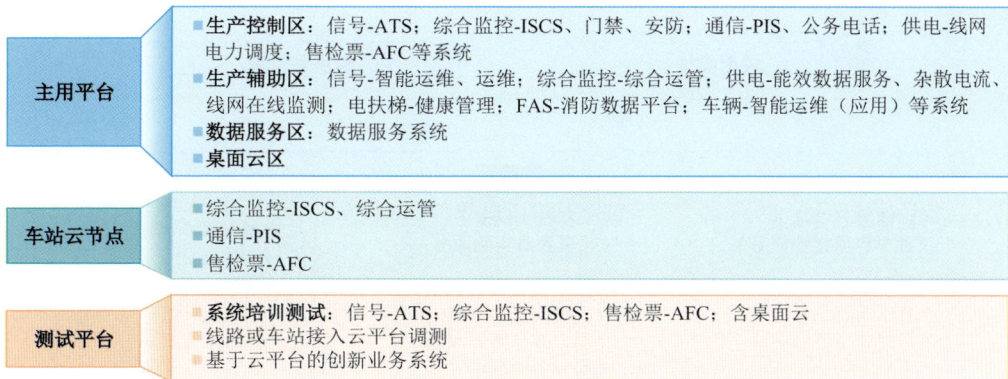

主用平台	■**生产控制区**：信号-ATS；综合监控-ISCS、门禁、安防；通信-PIS、公务电话；供电-线网电力调度；售检票-AFC等系统 ■**生产辅助区**：信号-智能运维、运维；综合监控-综合运管；供电-能效数据服务、杂散电流、线网在线监测；电扶梯-健康管理；FAS-消防数据平台；车辆-智能运维（应用）等系统 ■**数据服务区**：数据服务系统 ■**桌面云区**
车站云节点	■综合监控-ISCS、综合运管 ■通信-PIS ■售检票-AFC
测试平台	■**系统培训测试**：信号-ATS；综合监控-ISCS；售检票-AFC；含桌面云 ■线路或车站接入云平台调测 ■基于云平台的创新业务系统

附图 8-5　云平台 IaaS 资源池划分方案

车站云节点资源池部署综合监控、智能运管、乘客信息、自动售检票系统，也为未来建设智慧车站预留了资源扩充能力。

测试平台覆盖运维管理区、核心业务区、外部接入区，可进行平台级、业务级测试，为生产业务提供开发、模拟、测试的资源，提前排除业务上线问题，提高生产云测试效率，加快建设周期。

中心云平台网络采用 SDN 技术，由冗余配置的 SDN 管理节点、业务核心交换机、管理核心交换机、业务接入交换机、管理接入交换机、外部接入交换机等设备组成。

8.2.5　PaaS 容器云

PaaS 及容器是云平台提供的平台即服务，是云中的完整开发和部署环境，其资源使组织能够提供从简单的基于云的应用到复杂的支持云的企业应用程序的所有内容。通过云网安对接，使用硬件 SDN 控制器拉通 VM、BM 裸金属和容器间网络访问，能帮助业务系统平滑迁移上云；声明式的容器应用编排，通过插件自动对接云上 LB、存储，实现应用快速部署、服务发布，并且容器应用间访问延迟在毫秒级；使用 3 台节点的容器集群，支撑业务云容器实例 30+，空闲资源仍旧可满足容器应用扩容及上线；2 分钟可实现 300 个容器实例的上线及服务发布。

辛市生产云平台下发了 18 套+的 Mysql、Postgresql、MongoDB、Redis、Kafka、日志服务，支撑信号智能运维系统、综合运管、能源管理系统、智能运管系统、数据分析系统的 PaaS 部署，无需业务系统手工安装部署和管理；为业务系统提供中间件、数据库的高可用访问，主节点故障可自动切换，业务数据零丢失，实现业务系统无中断的连续性运行。云平台 PaaS 容器云服务架构如附图 8-6 所示。

辛市能源管理系统充分利用云平台资源，在行业内创新使用云平台容器技术、PaaS组件、微服务和数据平台资源服务机制进行建设，与云平台深度原生融合，使能源管理系统具有快速升级迭代、扩容弹性伸缩、挖掘多元数据等技术特点。

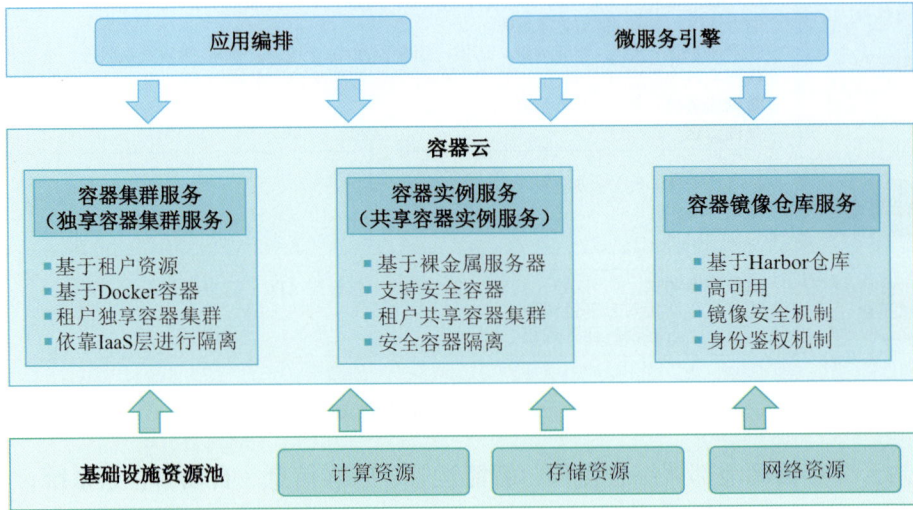

附图 8-6　云平台 PaaS 容器云服务架构

8.2.6　DaaS 数据服务

辛市生产云利用云上大数据平台构建 DaaS 服务体系，形成城轨生产云平台多维度资源服务能力。大数据平台接入了各生产系统的业务数据，通过云平台服务与数据平台形成 DaaS 服务。云平台 DaaS 功能架构如附图 8-7 所示。

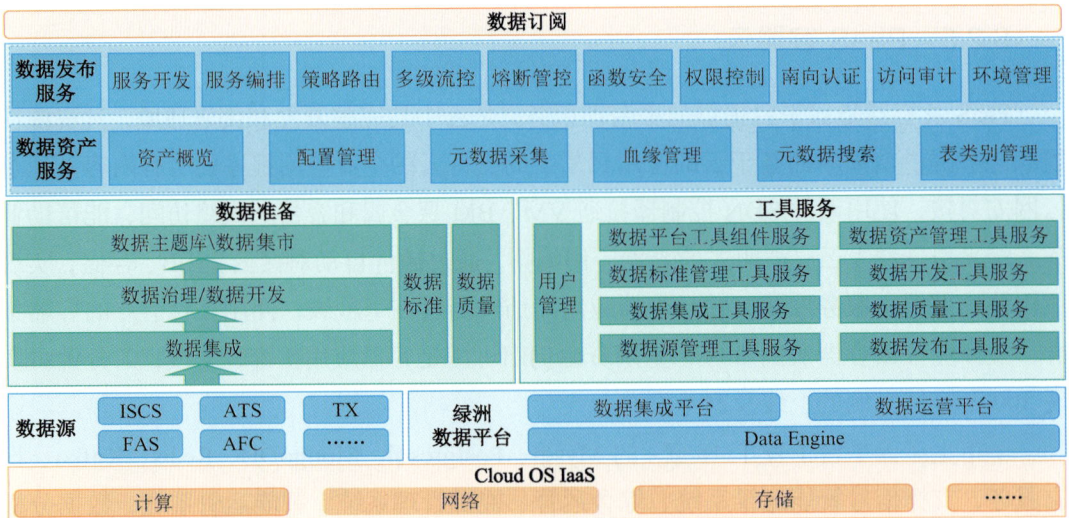

附图 8-7　云平台 DaaS 功能架构

在云平台上产生数据资产的数据源如附图 8-8 所示，生产系统以信号系统、综合监控系统、通信集中告警系统、乘客信息系统、自动售检票系统、票务清分系统等，数据内容基本分为五大类内容：行车运营数据、设备状态数据、环境状态数据、能源计量数据、票务客流数据。

附图 8-8　生产系统数据源内容

　　数据治理标准是进行城轨数据标准化工作的主要依据，目的是构建一套完整的数据资产标准体系，为开展数据标准管理工作打下的良好基础，打通数据的互通性和一致性，提升数据的可用性。数据治理标准是对数据内容进行梳理和编排，由地铁公司相关主管机构批准、发布的数据治理工作规范性指导文件，是一种城轨线网企业标准，各线路生产、运营的数据，均遵照数据治理标准进行数据建模，在数据平台才能形成标准化的数据资产。业务数据处理过程如附图 8-9 所示。

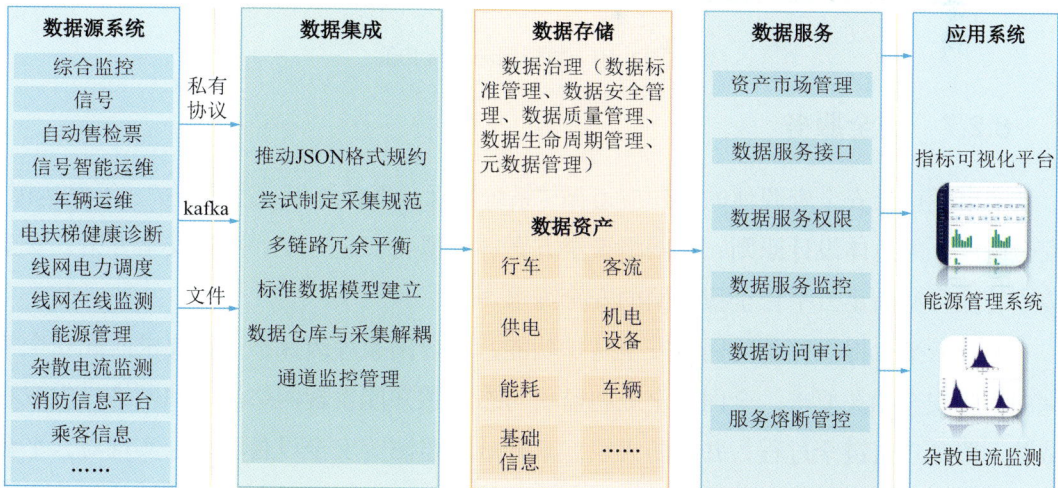

附图 8-9　业务数据处理过程

　　大数据平台实现了云平台内业务系统数据采集和处理，形成数据资产，为综合监控运管系统、能源管理系统、杂散电流监测系统等提供车辆、供电、行车及机电设备等数据服务，满足智慧业务对跨专业数据的共享需求，实现智慧业务的功能开发与业务升级。

辛市大数据平台目前完成 80+项数据资产整理，其中 43 项数据资产已发布、38 项 API 服务发布、9 项消息服务发布，业务涵盖了设备设施、行车、客流、能耗等多个专业数据。

数据资产通过数据平台的数据服务功能模块，完成数据对外服务的功能。用户可将数据资产在平台上根据一定的筛选或组合规则进行数据发布，各专业系统根据需要对发布的数据进行订阅，发布与订阅通过建立 API 接口进行数据传递，将数据资产服务给各租户。在数据资产的发布和订阅过程中，平台按照资产管理方制定的审批规则和安全规则进行统一管理。

基于 DaaS 数据服务能力所形成的数据服务系统，为综合运管系统、杂散电流监测系统、能源管理系统等，提供车辆、供电、行车及客流等数据，辅助业务系统实现功能快速上线，数据多元化共享。数据服务系统功能如附图 8-10 所示。

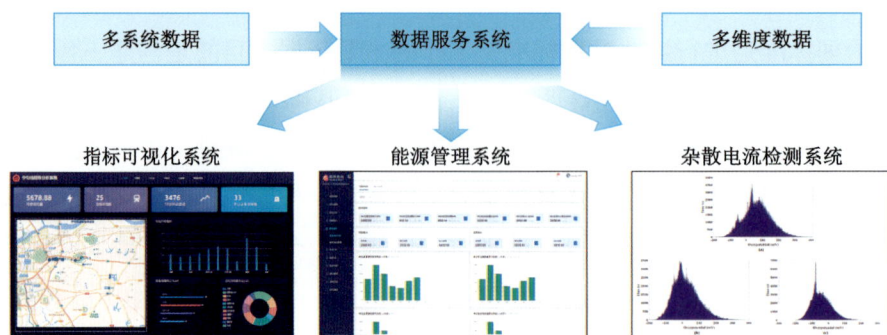

附图 8-10　数据服务系统功能

8.2.7　安全服务

辛市生产云安全资源池的构建应遵循"系统自保，平台统保，边界防护，等保达标，安全确保"的总体设计原则，从网络安全方案、虚拟化安全方案、数据安全方案、安全集中管控方案满足云平台全程全网的安全需求。

生产云平台提供完整的网络安全防护功能，符合国家等级保护三级要求匹配安全等保中网络安全相关要求。全网安全威胁监测与态势感知能发现网络流量和网络日志双重威胁，覆盖攻击链全过程，并与防火墙、未知威胁监测等安全设备联动，实现对云平台的实时防护监控、风险控制、服务支持和运行安全保障，提高对各业务系统的信息安全服务能力。

防火墙、入侵防御监测等安全设备支持 VxLAN 技术以实现网络划分和隔离，并具备配套云平台提供虚拟资源的能力，能够根据云平台下发的配置，实现自动化的虚拟资源匹配，并下发相应策略。通过 VxLAN 技术实现网络划分和隔离，确保不同系统之间的强隔离，并设计单独的管理和服务区。

安全资源池服务为各专业提供虚拟化防火墙、虚拟化运维审计、虚拟化日志审计、虚拟化数据库审计、虚拟化漏洞扫描等安全服务。利用硬件防火墙虚机化技术通过区域边界划分和安全隔离，实现内部边界重塑，确保各专业系统重新树立安全边界。生产云边界防护方案如附图 8-11 所示。

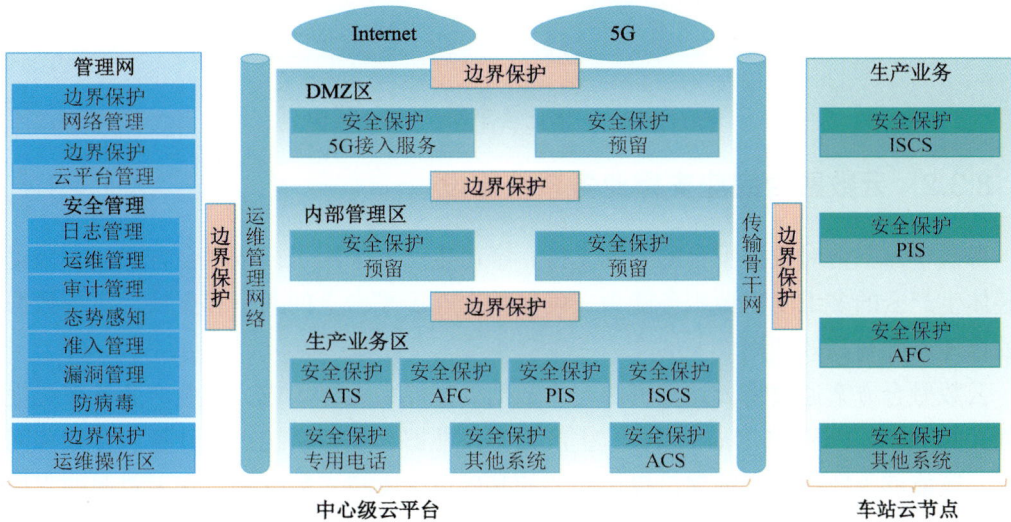

附图 8-11　生产云边界防护方案

8.3　项目实践

8.3.1　构建一体化的融合云服务平台

辛市生产云涵盖了云计算平台、大数据平台、容器平台与安全服务平台等多个关键组件，形成了一个多元化的资源池，为各生产业务系统提供了完备的 IaaS、PaaS、DaaS 多维度资源服务。IaaS 层面，提供灵活的计算、存储和网络资源，满足生产业务系统的基础设施需求；PaaS 层面，创新应用了容器、PaaS 组件、微服务和数据共享机制，实现多层次的深度融合，通过容器平台和其他开发工具，支持应用的快速开发和部署；DaaS 层面，通过大数据平台，提供强大的数据处理和分析能力，支持业务系统的数据驱动决策，首次构建城轨云上 DaaS 服务体系，为各生产业务提供多维度资源服务。

辛市生产云通过多维度的云服务，形成了一套完整的生态系统，能够满足不同业务系统的多样化需求，支持业务的快速发展和创新。无论是基础设施资源、应用开发环境，还是数据分析能力，生产云都提供了强有力的支持，为企业的数字化转型和智能化运营提供了坚实的基础。一体化融合多维云服务架构如附图 8-12 所示。

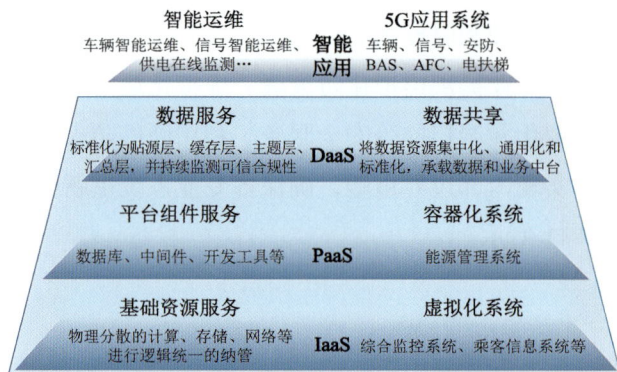

附图 8-12　一体化融合多维云服务架构

8.3.2　云数融合底座支撑业务系统建设

得益于云平台对数据平台的资源支持，辛市生产云采用了云数融合方案，大幅提升了整体生产云的多维度资源服务能力，确保数据在云平台上的共享和交换，实现数据资源的合理调配与高效利用。

云数融合方案通过将云计算资源与大数据处理能力无缝集成，为生产业务系统提供了强大的 IaaS、PaaS 和 DaaS 服务。生产云不仅能够为业务系统提供计算、存储和网络资源，还能够为数据平台的建设提供必要的基础设施支持。数据平台在云资源的支撑下得以快速扩展和优化，进一步增强了整体云平台的服务能力。

云数融合方案确保数据可以在云平台上进行高效的共享和交换，打破了数据孤岛，促进了不同业务系统之间的数据流通。通过云平台的统一管理和调度，数据资源得以合理分配和优化利用，提升了业务系统的运行效率和决策能力。

在数据平台中，构建了城轨行业的数据资产，这些数据资产包含了城轨运营、维护、管理等各个方面的信息。通过与云平台的资源融合，这些数据资产能够被充分利用，支持业务系统的运行和优化。数据平台和云平台共同形成的 DaaS 服务，为各类业务应用提供了强大的数据支持，推动了智慧城轨的创新与发展。

传统的数据接口建设往往面临网络和安全方面的诸多挑战。而通过云数融合方案，数据交换服务在云上进行，简化了数据接口的建设过程，降低了网络和安全方面的复杂性。这不仅提高了数据交换的效率，还增强了系统的安全性和可靠性。

在智慧城轨创新业务开发中，数据资源的获取往往是一个关键难题。云数融合方案通过将数据平台与云平台深度融合，为创新业务提供了便捷的数据访问渠道，使得数据资源的获取更加高效和便捷。开发者可以通过云平台快速调用所需的数据资源，支持智慧城轨的各类创新应用。

8.3.3　集中运维实现 IT 设备专业化维护

辛市生产云实现了对各业务系统 IT 设备的专业化统一维护，使各专业系统能够更加专注于其业务应用的运维。通过这一措施，生产云不仅简化了 IT 设备的管理流程，还提升了整体运维效率和系统可靠性。

（1）运维监控可视化

生产云通过云平台的可视化管理功能，实现了对基础架构的全面监控。运维人员可以通过直观的界面，实时监控主机 CPU、内存、存储和网络流量等关键指标。对于潜在的故障，系统能够事前及时预警，帮助运维人员迅速发现和处理问题。可视化管理不仅提供了详实的数据用于故障定位，还减少了故障排查的时间和人力成本，提高了整体运维效率。

（2）专业化统一维护的优势

通过云平台的集中管理功能，IT 设备的维护工作得以标准化和简化，减少了人力资源的浪费和重复性工作；专业化的维护团队能够更高效地处理设备故障和维护任务，减少系统停机时间，确保业务系统的连续性和稳定性；统一维护不仅降低了运维成本，还减少了由于设备故障导致的业务中断损失；集中的安全管理和监控措施使得系统的安全性大大增强，减少了安全漏洞和攻击的风险。

（3）业务应用专注运维

通过将 IT 设备的维护工作交由专业团队负责，各业务系统可以更加专注于其核心业务应用的运维。专业系统不再需要分散精力处理基础设施的维护任务，而是可以集中力量优化和提升业务应用的性能和用户体验。这种分工协作的方式，不仅提高了运维工作的专业性和效率，还促进了业务系统的创新和发展。

利用云平台的镜像管理功能，企业可以在测试平台上进行模拟部署测试，确保业务软件的稳定性和兼容性。一旦测试完成，业务软件可以随虚拟机一起通过云平台网络进行快速发放。这种方式不仅显著加快了系统建设速度，还减少了部署过程中的人为错误和重复工作，确保了系统上线的高效与可靠。

云平台的热迁移功能为业务系统的维护和故障处置提供了先进的技术手段。热迁移允许在不中断系统运行的情况下，将业务软件和服务从一个物理服务器迁移到另一个。这种无缝迁移能力极大地提高了业务系统的维护能力，确保了系统的高可用性和连续性，减少了因硬件故障或维护工作带来的停机时间。云平台虚拟资源与传统模式优势对比如附图 8-13 所示。

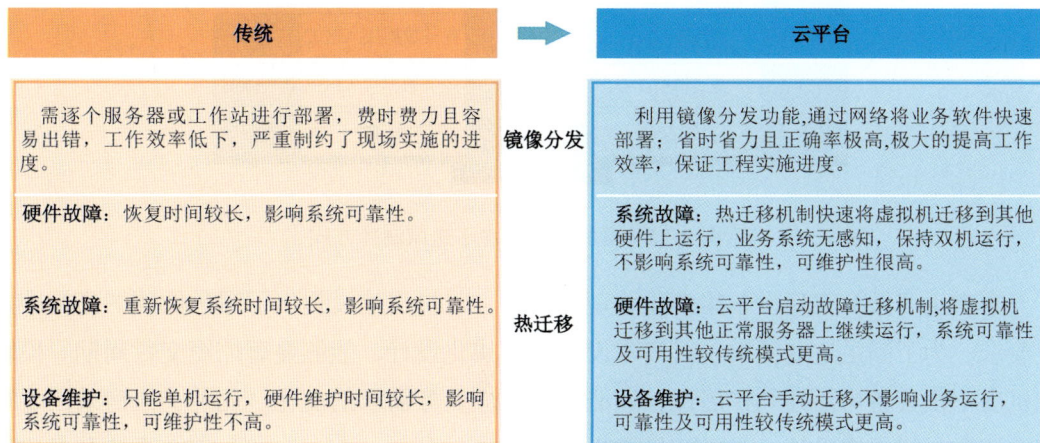

传统		云平台
需逐个服务器或工作站进行部署，费时费力且容易出错，工作效率低下，严重制约现场实施的进度。	**镜像分发**	利用镜像分发功能,通过网络将业务软件快速部署；省时省力且正确率极高,极大的提高工作效率,保证工程实施进度。
硬件故障：恢复时间较长，影响系统可靠性。		**系统故障**：热迁移机制快速将虚拟机迁移到其他硬件上运行,业务系统无感知,保持双机运行,不影响系统可靠性,可维护性很高。
系统故障：重新恢复系统时间较长，影响系统可靠性。	**热迁移**	**硬件故障**：云平台启动故障迁移机制,将虚拟机迁移到其他正常服务器上继续运行,系统可靠性及可用性较传统模式更高。
设备维护：只能单机运行，硬件维护时间较长，影响系统可靠性，可维护性不高。		**设备维护**：云平台手动迁移,不影响业务运行,可靠性及可用性较传统模式更高。

附图 8-13　云平台虚拟资源优势

8.3.4 绿色低碳体现资源共享理念

云平台在实现了设备集中化管理的同时，对机房建设提出了更高的要求。以低碳绿色为建设原则，采用为模块化机房，交付周期短；采用行间空调及封闭通道，提高了云平台精密空调的利用率，采用高效的 UPS 及高负载率运行，实现高效低能耗。

微模块数据中心有着更高效的气流组织管理方式，通过送风距离的改变将传统下送风改为水平送风，采取就近制冷，缩短了热交换距离，解决了下送风体量梯度问题，另外采用冷热通道封闭，将空气隔离，使整个数据中心的气流畅通，提高了数据中心精密空调的利用率。模块化机房水平送风制冷方式如附图 8-14 所示。

列头柜A		列头柜B	
IT柜A14	车辆专业03	分布式存储区02	IT柜B14
IT柜A13	车辆专业02	分布式存储区01	IT柜B13
IT柜A12	车辆专业01	生产辅助区04	IT柜B12
IT柜A11	预留	生产辅助区03	IT柜B11
列间空调		列间空调	
IT柜A10	DMZ区	生产辅助区02	IT柜B10
IT柜A09	内部管理区	生产辅助区01	IT柜B09
IT柜A08	数据服务区03	生产控制区06	IT柜B08
IT柜A07	数据服务区02	生产控制区05	IT柜B07
IT柜A06	数据服务区01	生产控制区04	IT柜B06
列间空调		列间空调	
IT柜A05	核心网络区02	生产控制区03（ATS区02）	IT柜B05
IT柜A04	核心网络区01	生产控制区01（ATS区01）	IT柜B04
IT柜A03	云管区03	业务数据接入区02	IT柜B03
IT柜A02	云管区02	业务数据接入区01	IT柜B02
IT柜A01	云管区01	预留	IT柜B01

附图 8-14 模块化机房水平送风制冷方式

辛市生产云在实现设备集中化管理的同时，对机房建设提出了绿色低碳的高标准建设要求。为了满足这些要求，机房建设采用模块化设计，能够显著缩短交付周期。模块化机房不仅具备灵活性和扩展性，还能迅速响应业务需求的变化。此外，机房采用了行间空调和封闭通道设计，大幅提高了精密空调的利用率。通过高效的 UPS 系统和高负载率运行，机房实现了高效低能耗的目标。机房微模块动环监控功能如附图 8-15 所示。

附图 8-15　机房微模块动环监控功能

8.4　经验总结

辛市生产云平台采用了国内先进的云计算、容器、边缘计算、大数据等技术，为各生产业务系统提供灵活敏捷、安全高效、云端融合的智能承载，最大限度地整合各生产业务系统计算机设备、网络资源、机房空间，降低机房能耗，实现统一运维，达到了降本增效的作用，带动了地铁绿色低碳发展。

（1）基础支撑平台

基础支撑平台为车端、信号、供电、综合指挥等智能云集和 5G 执点应用提供了强有力的支持。通过协调信息化推进，显著降低了成本并提高了效率，特别是在市域轨道和市域地铁工程的建设中，发挥了关键作用。基础支撑平台的建设不仅满足了当前的业务需求，还为未来业务的扩展和升级预留了足够的空间。

（2）业务快速部署

利用镜像分发和弹性资源管理，业务软件可快速通过网络部署。这种部署方式不仅大幅缩短了部署时间，还显著提高了部署的成功率。自动化运维功能大幅提升了工作效率，并确保工程实施进度。为多个部门服务，显著缩短了部署时间。

（3）综合管控

云平台通过提供了统一的网络安全体系，为多个系统提供了全面的安全服务。通过这一体系，确保了地铁运营的安全性和可靠性。统一的网络安全体系不仅简化了安全管理流程，还提高了安全事件的响应速度和处理效率。

（4）可靠性高

云平台具备高可靠性的冗余服务，通过多层次的备份和恢复机制，确保业务系统的连续运行。云平台的可靠性达到了 99.99%，为地铁运营提供了坚实的保障。高可靠性的云平台不仅提高了系统的可用性，还降低了系统故障的风险。

（5）降本增效

综合指挥部（含门禁、安防）成功入云，显著降低了投资成本。通过 ISCS 系统的投资，可以有效提升管理和运营效率。ISCS 系统的引入，不仅简化了管理流程，还提高了管理效率和精度。

（6）低碳环保

通过整合各专业的云化设备，并采用冷通道封闭式模块化机房设计，显著提升了能效。单线入云节约设备费用 22%，设备节能率达到 57%，站房能源消耗减少了 30%，实现了低碳环保的目标。低碳环保的建设理念，不仅降低了能源消耗，还减少了碳排放，为环境保护做出了积极贡献。

附录 9

壬市城轨云网络安全应用案例

9.1　项目概况

壬市线网云平台一期工程网络安全建设参照中国城市轨道交通协会发布的行业标准《城市轨道交通云平台网络安全技术规范》（T/CAMET 11005—2020），按照"系统自保、平台统保、边界防护、等保达标、安全确保"规划建设原则，从技术和管理两个方面，建立线网云平台网络安全防护体系。以网络安全等级保护为基本要求，以国家、地方相关政策要求和行业技术规范为建设指引，打造协同化、智能化、可闭环的网络安全技术体系。

9.1.1　总体原则

壬市云平台安全等级严格遵照国家网络安全法等有关法规和条例，遵循"系统自保、平台统保、边界防护、等保达标、安全确保"的策略，以网络安全等级保护为基础，分级分类建立应用系统的安全保护措施。在网络安全实施过程中满足以下技术规范及要求：

（1）按信息系统的安全需求，构建保证信息系统可用性、完整性和保密性的平台和安全保证体系，确保城轨业务安全。

（2）采用"网间分级隔离"的策略，根据业务特点、安全性和可靠性的需求，对应安全生产网、内部服务网和外部服务网网络设置安全机制和对应的资源池，并对各类资源池进行保护。

（3）采用"网内分类防护"的策略，在同一网络中根据业务特点划分的安全区域，不同安全区域采用相应的安全防护措施。

（4）业务系统的安全由应用系统自身安全机制和云平台安全机制协同保障。

（5）采用带外管理技术构建安全管理域，支持对应用系统的安全集中管控。设置与集中管理相匹配的系统管理员、安全管理员和审计员，并制定管理规章和岗位职责。

（6）建立符合国家有关网络安全要求的安全管理体系和机制。包含非法外联行为、外部设备非法接入、移动存储设备的数据交换、发行介质等高危环节的管理内容。

（7）安全管理系统能对平台和应用进行持续监控，掌控外部服务网、三网区域边界和关键业务系统的安全态势。

（8）安全保障体系的基础设施、支持性基础设施所采用的设备符合国家相关网络安全设备的标准规范。

（9）物理与环境安全、安全工程建设按照国家网络安全等级保护的相关文件执行。

（10）定期或在网络威胁环境发生变化时进行全面安全风险评估，确保信息系统的安全风险处于可接受水平。

9.1.2　创新技术

在此网络安全应用案例中，使用创新技术如下：

（1）安全运营中心

通过 XDR 技术构建安全运营中心基座，采集安全生产网、内部管理网、外部服务网以及各线路入云业务系统的网络安全数据，基于人工智能分析引擎，精准定位网络安全风险节点。并开放南向接口允许新建线路、旧线系统网络安全数据接入，全面掌握城市级网络安全态势。

（2）安全资源池

通过软件定义安全技术将多种物理安全设备进行融合，大大降低了机房空间占比，解决了各个系统网络安全的孤岛，同时具备平滑的升级与扩展能力。

（3）自动化协同闭环组织

建立一套动态安全处置流程，匹配系统运营组织架构，联动安全运营中心自动化闭环网络安全攻击。

9.2　体系架构

9.2.1　整体拓扑架构

网络安全整体拓扑架构如附图 9-1 所示。

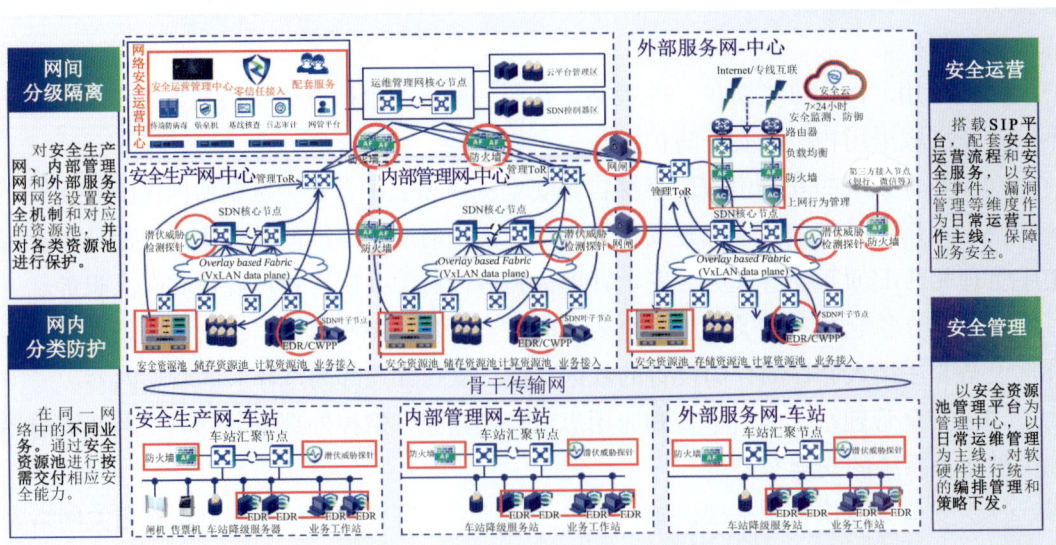

附图 9-1　网络安全整体拓扑架构示意图

9.2.2　安全管理中心架构

9.2.2.1　安全管理中心定位

基于对智慧城轨交通云平台安全建设整体需求、云架构下安全风险分析的结果，在应用云化改造过程中，应要求建立"安全管理中心"，从合规、技术、管理层面出发，为云资源池提供网络和通信、设备和计算、应用和数据等领域的全面安全防护，并为日常安全运营管理提供有效技术支撑。

城轨云平台应建立统一的网络安全态势感知平台，支持采集网络流量、计算环境、业务应用、资产、审计日志、运行状况、脆弱性、安全事件和威胁情报等数据，利用大数据技术和机器学习技术，首先分析网络行为及用户行为等因素，进而获取整个网络的当前状态和变化趋势，获取、理解、回溯、显示能够引起网络态势变化的安全要素，预测网络安全态势发展趋势。平台应支持如下类型的数据源：流量监测设备解析流量后生成的数据；日志采集设备输出的日志数据；服务器、网站监测平台产生的告警数据；第三方平台或者威胁情报库提供的数据。

（1）安全管理区应采用独立安全区域进行部署，并通过独立的管理通道对分布在整个线网的安全设备进行集中管理和监控。

（2）安全管理区应通过独立管理交换网络连接到网络设备、安全设备、服务器等网元的管理口，安全设备应规划独立的端口用于管理和传输安全日志。

（3）安全管理区应通过独立管理交换网络连接到网络设备、安全设备、服务器等网元的管理口，安全设备应规划独立的端口用于管理和传输安全日志。

（4）应具备全网日志的统一收集、存储、分析和展示，应具备对安全日志的二次分析能力，通过日志之间的关联分析整网的安全态势。

（5）应能通过告警、报表的方式向运维人员告知安全状态。

（6）安全管理区出口应部署独立的网络安全设备对其他网络接入进行安全策略控制和入侵防御。

（7）应支持采集各类日志及用户、资产信息，并可基于该数据提供统一监控、威胁分析与预警。

（8）应部署安全态势感知平台，实现系统安全信息提取采集、关联分析、数据挖掘和可视化展示和模块化的系统结构。

（9）安全态势感知平台应支持采集应用系统服务器、网络、安全等设备与平台的运行监测日志或数据，支持对关键网络节点的数据流量进行采集提取、深度监测，支持录入资产信息和人员信息。

9.2.2.2　安全管理中心规划

壬市线网云平台安全管理中心部署在运维管理网内，基于"网内分级保护"划分出了安全管理中心区、云管理系统区，根据《城市轨道交通云平台网络安全技术规范》（T/CAMET 11005—2020）要求实现，要实施访问控制策略和边界防护。

首先，在安全管理中心部边界部署下一代防火墙，在提供隔离措施的同时保障对外开放云管理 Web 控制台和开放 REST API 接口的安全。

其次，安全管理中心部的防护要采取充分的权限管理与审计措施，在云管理平台区核心交换机侧部署 SSL VPN 与运维堡垒机，实现对云管理平台运维的统一入口，对于远程访问通过加密 VPN 隧道连接，落实强身份认证、操作审计和敏感指令管控等功能等。

最后，在安全管理中心部内，根据等保 2.0 及相关要求，需要部署运维堡垒机、漏洞扫描、日志审计、数据库审计、态势感知平台、病毒管理平台等。建立统一的网络安全态势感知平台，支持从安全生产网、内部管理网、外部服务网等网络中采集网络流量、计算环境、业务应用、资产、审计日志、运行状况、脆弱性、安全事件和威胁情报等数据，利用大数据技术和机器学习技术，分析网络行为及用户行为等因素构成的整个网络当前状态和变化趋势，获取、理解、回溯、显示能够引起网络态势变化的安全要素，预测网络安全态势发展趋势。

9.2.2.3 安全管理中心运维保障机制

壬市线网云平台安全管理中心依据等保 2.0 和行业规范要求，在安全管理中心必须支持三权分立的管理原则，采用带外管理技术构建安全管理域，支持对壬市线网云平台上的应用系统的安全进行集中管控。设置与集中管理相匹配的系统管理员、安全管理员和审计员的职责，并制定管理规章和岗位职责。

其中壬市线网云平台安全管理中心依运营保障机制包括日常管理、隐患排查、应急响应三大核心组织、机制与运维流程，通过服务的标准化，提升安全运营的效率和保障能力。同时，需要从人员、机制、流程等层面构建一系列的安全运营规则制度。另外，还需要考虑网络安全法、等级保护等合规方面要求。

9.2.2.4 安全管理中心安全运营效果

壬市线网云平台具备安全运营功能，当壬市某条线路/某个专业系统在车站内出现高危的安全事件，管理员能够通过统一的网络安全运管中心进行监测和定位，然后通过预先设置好的机制与流程进行网络安全事件的通报预警和协同处置。

地铁城轨云建设的特点是逐条线路上云，并且按照专业系统划分 VPC，因此在城轨云平台上构建统一可视的线网级网络安全运管中心，包括线网运营指挥中心级全网监控的一级平台，和基于线路和专业系统视角的二级平台，分别满足不同业务视角的运维需求。

当线网级网络安全运管中心出现安全事件预警，管理员可以通过线网级监控大屏快速锁定是哪条线路或者哪个专业系统大类，如果从线路视角下钻和定位，就会点击进入到某条线路的安全运管界面中，在这里可以对线路的整体安全态势一览无余，出现安全事件的车站也会由绿色变成红色，这样就能从线路维度下钻定位到是哪条线路的哪个车站里哪一个系统处出现。

同样地，安全事件也可以快速地通过专业系统安管中心视角下钻和定位。

9.2.2.5 安全管理中心安全运营平台建设方案

壬市线网云平台使用专业网络安全厂家安全运营平台类产品，在运维管理网内部放置安全运营中心平台，并将安全运营中心探针旁挂在安全生产网、内部管理网、外部服务网以及各个车站的网络汇聚侧，从而对线网网络流程进行监测并反馈至安全运营中心平台内。

通过安全运营平台全网安全态势、资产脆弱性态势、网络攻击态势、安全事件态势、分支安全态势等各类大屏投放，为用户建立实施监控与预警中心。

通过电子化流程实现线网对线路/车站的安全事件通报和热点威胁信息预警，全面提升主管单位监管能力。

安全运营平台实现对于安全设备的统一管理、集中监控、策略集中下发等。同时，充当轻量级安全运营中心角色，与安全感知平台 SIP/防火墙 AF 实现对接，实现安全事件的集中监测、预警。

安全运营平台具备网络安全攻击的溯源取证功能，对于网络安全事件进行可视化威胁追捕、溯源分析、情报关联、行为分析等技术提供的可视化数据呈现，展现那些虽然暂未形成安全事件，但存在可疑迹象或结合业务现状分析发现存在异常的数据，提供给驻点安全专家，或有一定安全分析能力的运维人员进行分析，从正常现象中挖掘异常。

9.2.3 系统自保安全架构

壬市城轨云平台针对安全生产网、内部管理网、外部服务网中的各个业务系统使用安全资源池提供云上安全服务。安全资源池使用方式参见第 9.9 节。

城轨云平台中不同的专业系统是独立的 VPC，各个业务系统之间需要做充分的隔离。对于云平台系统的南北向流量是在云中心的核心交换机上配置策略路由，将某一专业系统（如 AFC）的流量引流到安全资源池，安全资源池对流量进行清洗后再返回给核心交换机，流量在核心交换机匹配默认路由转发出去。

而对于云平台各个业务系统的东西向流量而言，当 AFC 系统流量需要留到 ISCS 系统时，AFC 系统流量需要通过核心交换机中的策略路由将 AFC 流量引导安全资源池中的 AFC 租户，安全资源池中的 AFC 租户需要对流量进行清洗后再转发至安全资源池的 ISCS 租户中，再返回核心交换机，流量在核心交换机依据路由表转发至 ISCS 系统。

因此有东西向流量存在的时候，两个不同系统的防火墙都要做相应的策略放行，否则东西向流量就会不通。同时，也可以通过在防火墙做策略实现不同租户之间的隔离。

9.2.4 平台统保安全架构

壬市城轨云平台按照"平台统保"的网络安全设计理念，按照国家网络安全法等有关法规和条例，以网络安全等级保护为基础，分级分类建立云平台预计应用系统的安全保护措施。

壬市城轨云平台根据云平台以及各个业务系统的安全需求，构建保证信息系统可用性、完整性和保密性的安全保证体系，确保城轨业务安全。并且由云平台整体配备相应的网络安全组件，为云上各个城轨业务系统提供云网络安全服务。

壬市城轨云平台内部对云内虚拟化安全、虚拟网络安全、主机安全、数据安全、存储安全、终端安全、应用安全等所有网络安全防护内容进行统一设计。保证云平台的网络安全方案满足技术与管理要求，保护环境模型满足《信息系统等级保护安全设计技术要求》基本要求。并且防护内容涵盖安全计算环境、安全区域边界、安全通信网络和安全管理中心池等相关内容。

壬市城轨云平台统一对云上网络控制访问、入侵防御进行策略下发，保证云平台掌控外部服务网、三网区域边界和关键业务系统的安全态势。当云平台实现网络域和终端域的安全防御全覆盖（部署在三网的网络及终端设备能够实时获取安全能力）。

本次云平台网络安全建设中，要求所有使用的终端主机 EDR 产品、防火墙设备以及安全运营产品平台等形成联动，防火墙和安全运营产品平台等网络侧威胁发现和防护设备等感知威胁，给 EDR 下发主机杀毒指令、网络隔离指令，EDR 执行指令之后将病毒或僵尸网络信息上报给防火墙做关联分析，构建系统化防御能力，抵御不同介入点风险，从而构建端点到网络的纵深防御能力，真正在日常网络安全使用中，形成全网联动效应，实现"平台统保"。

9.2.5 边界防护安全架构

9.2.5.1 边界防护安全概览

壬市地铁线网云平台整体安全构建的第一步是做好边界防护安全，要点包括边界防护隔离、身份鉴别、授权访问、入侵防范、安全审计等方面进行网络安全建设，通过安全域划分、各安全域采用符合等级要求的隔离强度等技术手段形成纵深防御体系，壬市地铁线网云平台一共存在 7 项边界防护，分别是：

（1）安全生产网、内部管理网、外部服务网数据交互安全边界。

（2）安全生产网、内部管理网、外部服务网与各车站边界。

（3）运维管理网与安全生产网、内部管理网、外部服务网安全边界。

（4）安全生产网、内部管理网、外部服务网与车站的边界。

（5）外部服务网云平台与外联系统边界。

（6）安全生产网、内部管理网、外部服务网内各专业系统之间的边界防护。

（7）车站局域网边界防护。

9.2.5.2　网间安全边界

安全生产网与内部管理网采用防火墙实现安全隔离，防火墙实现双向流量控制，即业务数据需要互访时将数据流量放通，其余流量禁止访问其他网络；安全生产网与运维管理网采用防火墙安全隔离，防火墙仅允许运维管理网访问安全生产网管理业务，其他流量均禁止访问其他网络；内部管理网与外部服务网采用网闸实现安全隔离，网闸采用双向同步机制，即允许应用层之间视频、数据库、文件数据同步，网络流量禁止访问其他网络；内部管理网与运维管理网采用防火墙实现安全隔离，防火墙仅允许运维管理网访问内部管理网管理业务，其他流量均禁止访问其他网络；外部服务网与运维管理网采用网闸实现安全隔离，网闸仅允许文件传输和数据库数据同步。

9.2.5.3　云平台与各车站边界

轨道交通业务特点决定了部分业务无法上云，因此地铁生产系统必然同时存在云化系统与非云化系统的情况，并且业务的关联性仍然保持。对于这种场景，需要将非云化系统视为一个安全域，在与云平台安全域的边界部署高安全能力的防护及交换设备，一般推荐集中多种安全模块的下一代防火墙，实现高度安全隔离。并且，需要将既有应用系统纳入云端应用系统的安全管理范畴，实现业务安全的统一管理。

9.2.5.4　云上专业系统之间的边界防护

为满足城轨行业安全建设中"系统自保"的要求，整体云平台采用全流量保护策略。保护各个业务系统之间的东西向流量，阻止攻击在城轨云平台业务系统内部横向蔓延。云平台内部安全区域之间应采用边界防护设备，并应采用最小授权原则配置访问控制和数据传输策略。

各个业务系统进行业务安全域的逻辑划域隔离，并对业务区域内的服务器提供的服务进行应用角色划分，Agent 代理方式实现租户间隔离以及租户内的虚机隔离。Agent 是一个非常轻量级的软件实现，运行于虚机之内，由云主机安全进行统一管理。不受虚拟化平台、物理机器和虚拟机器的影响。各个业务系统边界由安全资源池提供的虚拟防火墙安全组件实现边界防护，能够与云主机安全实现统一联动，及时发现并阻断安全攻击流量优化安全策略。

9.2.5.5　网络安全运管区的边界防护

运维管理区承载全线网和车站层面的安全设备监控、运维及安全日志的收集、分析及可视化呈现，担当着线网云平台的"安全大脑"。运维管理区采用独立安全区域进行部署，并通过独立的管理通道对分布在整个线网的安全设备进行集中管理和监控。通过防火墙或访问控制策略划分出安全运管区的边界，构建安全边界隔离和内外流量的监测、清洗机制。

9.2.5.6 车站内业务系统间的边界防护

车站云节点边界保护应在数据中心实现，正常情况下车站节点本地网络间不互通数据。一些关键生产业务如信号、综合监控系统等应支持降级运行的功能，在降级运行的模式下，车站各系统的隔离应符合安全生产网内部区域边界保护的要求。

9.3 经验总结

本次壬市线网云平台参照中国城市轨道交通协会发布的行业标准《城市轨道交通云平台网络安全技术规范》（T/CAMET 11005—2020），按照"系统自保、平台统保、边界防护、等保达标、安全确保"规划建设原则，从技术和管理两个方面，建立线网云平台网络安全防护体系。以网络安全等级保护为基本要求，以国家、地方相关政策要求和行业技术规范为建设指引，打造协同化、智能化、可闭环的网络安全技术体系。

遵照中国城市轨道交通协会编制的 1352 体系，吸纳《云内云外融合网络安全纵深防御体系研究》等城轨行业智慧类课题研究成果，网络安全运营中心、安全资源池在网络安全风险监测、定位、告警、闭环以及安全运维方面效果突出明显，在线网云平台网络安全体系建设中具有指导与借鉴意义。

网络安全涉及云平台、业务系统、各集团部门相互协调，不仅仅局限于线网云平台范围内业务系统，更要从集团整体网络安全要求和规划出发，结合各个系统特点与要求，最终明确系统云平台或者裸金属的承载方式，云内和云外数据链传输在数据中心还是跨车站节点等，统筹规划设计网络安全防御体系，提前发现并总结风险点，制定对应的解决策略提高各部门协调效率。

（1）安全运营中心

通过安全运营平台构建安全运营中心基座，采集安全生产网、内部管理网、外部服务网以及各线路入云业务系统的网络安全数据，基于人工智能分析引擎，精准定位网络安全风险节点。并开放南向接口允许新建线路、旧线系统网络安全数据接入，全面掌握城市级网络安全态势。

通过软件定义安全技术将多种物理安全设备进行融合，大大降低了机房空间占比，解决了各个系统网络安全的孤岛，同时具备平滑的升级与扩展能力。

（2）全生命周期管理文档

制定从规划设计方案到项目实施交付文档管理制度，首先分析规划设计与落地差距，为城轨行业信息化项目规划建设提供设计思路；其次动态监控网络设备提供商与集成商方案协调与配合差距，为多方协同沉淀丰富的经验；最后将网络安全设备配置与管理文档归档并制定管理制度，不断积累与更新轨道交通网络安全知识库，为城轨交通行业贡献高效率、强协作、更精确的网络安全管理知识。

（3）自动化协同闭环组织

建立一套动态安全处置流程，匹配系统运营组织架构，联动安全运营中心自动化闭环网络安全攻击。

参 考 文 献

[1] 许豪. 云计算导论[M]. 西安: 西安电子科技大学出版社, 2012.

[2] 刘黎明, 杨晶. 云计算应用基础[M]. 成都: 西南交通大学出版社, 2015.

[3] 韩璞. 技术原理与实战[M]. 西安: 西安电子科技大学出版社, 2016.

[4] 李中浩, 朱东飞, 邢智明. 以信息化助推城市轨道交通快速发展的思考[J]. 城市轨道交通研究, 2017, 20(5): 1-6+46.

[5] 邢智明. 基于城轨云的智慧城轨信息化总体架构[J]. 世界轨道交通, 2018(11): 1.

[6] 沈光亮. 以云平台为底座的城轨云架构研究[J]. 都市快轨交通, 2020, 33(5): 1-6.

[7] 吴昊, 梁樑, 张月坤, 等. 超大线网标准城轨云及共享数据平台研究[J]. 都市快轨交通, 2022, 35(6): 69-74.

[8] 娄永梅, 马申瑞. 城市轨道交通线网指挥中心信息安全设计与研究[J]. 铁路通信信号工程技术, 2018, 15(2): 37-42.

[9] 刘海建, 刘占英, 樊艳, 等. 城市轨道交通线网云平台的研究与应用[J]. 铁道通信信号, 2020, 33(05): 78-81+84.

[10] 王皓, 杨承东. 城市轨道交通云平台建设的思考[J]. 都市快轨交通, 2020, 33(5): 7-9+27.

[11] 赵振杰, 郭建伟, 刘海川, 等. 基于城轨云的全自动运行系统设计与实践[J]. 城市轨道交通研究, 2021, 24(10): 213-217.

[12] 刘海川, 花蕾. 基于 SDN 的云计算数据中心网络技术探讨[J]. 电子世界, 2021(17): 43-44.

[13] 马博超. 容器技术在城轨云平台中的应用研究[J]. 电气化铁道, 2020, 31(S1), 230-232.

[14] 叶纯淳, 林建霖. 电子信息系统机房防火设计分析[J]. 电子世界, 2020(14): 169-170.

[15] 钟景华. 数据中心供配电系统架构及备用电源的选择[J]. 建筑电气, 2018, 37(1): 3-7.

[16] 郭鹏. 浅谈信息通信机房接地系统及实现[J]. 低碳世界, 2015(32): 53-54.